海商法導論

金怡雯題

海商法导论

孙思琪 著

Introduction to Maritime Law

法律出版社
LAW PRESS · CHINA
北京

图书在版编目(CIP)数据

海商法导论／孙思琪著. -- 北京:法律出版社,
2023
现代海商法教科书系列
ISBN 978 -7 -5197 -7761 -6

Ⅰ.①海… Ⅱ.①孙… Ⅲ.①海商法－研究－中国
Ⅳ.①D923.993.4

中国国家版本馆CIP数据核字(2023)第056716号

现代海商法教科书系列

海商法导论
HAISHANGFA DAOLUN

孙思琪 著

策划编辑 赵明霞 田 浩
责任编辑 赵明霞 田 浩
装帧设计 鲍龙卉

出版发行 法律出版社
编辑统筹 法商出版分社
责任校对 王晓萍
责任印制 胡晓雅
经　　销 新华书店

开本 787毫米×1092毫米 1/16
印张 27 **字数** 470千
版本 2023年5月第1版
印次 2023年5月第1次印刷
印刷 唐山玺诚印务有限公司

地址:北京市丰台区莲花池西里7号(100073)
网址:www.lawpress.com.cn
投稿邮箱:info@lawpress.com.cn
举报盗版邮箱:jbwq@lawpress.com.cn

销售电话:010-83938349
客服电话:010-83938350
咨询电话:010-63939796

书号:ISBN 978-7-5197-7761-6
定价:108.00元

凡购买本社图书,如有印装错误,我社负责退换。电话:010-83938349

序

法学院的学生与海商法的关系可谓“这么近，那么远”。所谓“近”，是因为从数字看，全球约 80% 的货物是通过船舶运输的。海运，已是大多数行业的供应链支柱。学生们的日常所需都可能和海运有万缕千丝的关系。所谓“远”，是因为从现实看，港口、船舶等海运的基础元素，又确实远离学生们的生活经验。不可向迩，应该是大多数法科学生对海商法的第一印象。

孙思琪博士这本《海商法导论》，要破除的就是这种距离感。书中所讨论的主要问题是海商法是一门什么样的学科？从教学的角度看，把这个问题尽可能讲清楚，就能使学生认清自己到底在学什么，以及为什么要学。

对“海商法是什么”这一问题达地知根，不仅对于学生深入学习班轮运输、租船运输、海上保险、海事法等海商法具体制度不可或缺，而且对于海商法学者也至关重要。法学研究本就很难与法学教育脱离。

众所周知，海商法实践性强，但是，这绝不意味着基础理论对海商法不重要。从学术的角度看，也许没人会否定海商法是一门独立科目，而所有学术科目的目标都在于将知识系统化，并力求在一个现有的框架内描述、评估和解释。就此而言，我国的海商法学者做得还远远不够。对于海商法的一些基础问题，如海商法的地位或者说学科属性，学者们虽议论纷纷，但仍莫衷一是。共识的缺乏，在一定程度上甚至造成了海商法的身份认同危机。

孙思琪博士这本《海商法导论》，就是在收集现有松散信息的基础上，通过探讨海商法从何处来、本质如何、向何处去等诸多基础问题，为海商法学科共识的形成，搭建一个框架。

在学科基础领域著书立说，是一次极具挑战性的冒险。孙思琪博士仿佛大航海时代风与波涛中的勇士，在冒险中展现了非凡的勇气，并使跟随他的文字一同冒险的读者收获了探明事物原理的乐趣。夏承焘评论陈寅恪时说：“著书有三种：最上，令读者得宜；其次，令此学本身有发现；其三，但令读者佩服作者之博学精心。陈君之书，在二三之间。”而我斗胆认为，孙君之书，三者兼之。

越是基础的课程，越需要对这个领域了解深刻的学者来讲授。2018 年我院初开“海商法导论”课程之时，胡正良教授是当之无愧的授课人选。如今，胡正良教授即将退休，作为其学术衣钵的继受人，孙思琪博士有责任、更有能力在海商法基础理论的教学和研究领域传承并开拓。

是为序。

郑　睿

上海海事大学法学院海商法教研室主任

2022 年 8 月于上海

前　言

传统上我国两所海事大学的海商法课程体系，虽然课程名称不尽相同，但核心内容大体分为班轮运输法律与实务、租船运输法律与实务、海事法、海上保险法四个部分，教学内容完全围绕具体的海商法律制度展开。导致的结果是学生或许对于海商法的具体规则比较了解，但对于海商法何以存在、为何特殊，却少有准确而清晰的认识，至于制度、规范背后的法理基础更是大多茫然不知所措，即俗语所谓“知其然而不知其所以然”。

2018 年春季，上海海事大学首次在本科阶段开设“海商法导论”课程，主要讲解与海商法入门阶段知识层次匹配的海商法基础理论，2020 年秋季又在硕士研究生阶段开设此课程。本书即是为此类课程的教学需要而撰写的教科书。虽然“工匠精神”一度成为时兴的概念和话题，但高等教育不是职业教育，不能仅满足于培养解决海商法律问题的工匠，而应要求学生对于海商法的理念和精神亦有一定程度的理解。况且脱离理论基础的支撑，法律的工匠是否可成，本显可疑。缺乏海商法基础理论的必要知识，恐怕也无法自如应对实践中纷繁复杂的疑难问题，特别是仅依法条之解释难以得出明确答案的问题。海商法虽有鲜明的实践品格，但理论与实践向来不是割裂的对立面。至少从高等教育培养专业人才的角度，扎实的理论基础才是理论与实践结合的起点。

本书及其对应课程，命名为“海商法导论”而非“总论”，主要是考虑到不少法域的海事立法在体例上本身未设总则；我国《海商法》虽有总则，但其中绝大多数条文不是引领具体海商法律制度的共性规则。因此，海商法在实证法律规则层面难有贯穿各项具体制度的总则，本书也不是侧重于实证规则的讲解，而是为读者提供海商法入门应当了解的引导性知识。

本书的基本设定在于，如果读者通读本书，应当能够比较准确地了解海商法是什么。本书全部的宗旨，也在于解决“海商法是什么”的问题。此前国中乃至世界范围之内，似乎尚无系统性、理论深度、体例均适合此类课程教学的文本。具体而言，本书的内容应有以下方面需要略作说明：

一是本书作为教科书，本应以呈现通说观点为主，但书中却提出了颇多不同于既有论著的新体系或新观点，如海商法的体系、海商法的特性、海商法的非商法内容乃至海商法律关系的主体、客体、内容三项元素的具体梳理，原因首先在于海商法基础理论领域本就少有成熟的通说观点可言，绝大多数现有论述均有可供商榷或加深之处。而且，作为讲解基础理论的课程或教科书，理应具有较强的思辨色彩。因此，本书不同于作者的上一部教材《海上货物运输法教程》，不少内容超出了简明教科书的详略程度，特别是几乎随处可见对于常见观点的评析、指误或质疑。

二是关于本书各讲的顺序安排，主要体现了以下三个方面的考虑：其一，从抽象到具体的思维方法，即第一讲至第四讲关于海商法的概念、地位、特性及体系，均属不依赖法条的纯粹法理探讨，而自第五讲关于法源的分析开始，逐步加入实证法律规则的内容；其二，由于海商法的部门属性历来存在诸多争议，故而首先在第二章阐述海商法在法律体系中的地位，以为后续分析海商法的特性、体系、法源乃至法律关系，确立“海商法是民事特别法”的基本前提；其三，考虑到传统上关于海商法沿革的分析，不同于民法等基础法学科，少有涉及各个历史时期海商法的共性特点，而是偏重不同时期代表性法律文本的介绍，对于其余各讲的知识内容并无先导作用，同时又有相当篇幅用于阐述海商法在当代的发展趋势，故而将其置于除相对独立的海事诉讼时效以外，其余七讲的最后部分，一定程度上起到指向将来的收束作用。

三是本书具有较为明显的比较法色彩，除执海商法之牛耳的英国等英美法系法域外，也涉及德法日韩等大陆法系诸法域，其中尤以东亚法域为重。我始终认为，单一法域的规则可能出现偏差，但比较法上多个法域集合形成的经验，必然有其参考价值，即使此种经验正行走在歧路之上。德日等大陆法系经验的摄取，实则也与中国海商法本身的法律移植渊源颇为契合。例如，郭瑜认为我国海商法的国际基因是“日本的名词，德法的结构，英美的细节”，即名词术语大多来自日本，篇章结构来自德国、法国，具体条款内容来自国际公约，而条款内容的理解深受英美法系的影响。① 本书也尝试在此基础上提出了一些新的观点。其中有些看似新鲜，实则在比较法上已属平常，例如海商法的体系，即是以东亚法域的常见观点为基础改造而来；有些则是在我国学理上作为通说，但比较法上已然渐生质疑，例如海商法是否完全属于商法。同时，也由于我国理论研究较少关注德法日韩等大陆法系法域的海商法，本

① 参见郭瑜：《海商法的未来——中国的方向和方法》，北京大学出版社2022年版，第56-57页。

书对于提及的上述法域学者多数将以注释的形式简要介绍。

四是本书注重与通行教材、经典著作保持有益的互动探讨、真诚的学术对话，目的是展示争议、廓清理论，尽量为读者提供经过思辨而形成的比较合理的观点。正如历史学家朱维铮先生时常称引的马克思名言："真理是由争论确立的；历史的事实是由矛盾的陈述中间清理出来的。"

五是本书延续此前拙著《海上货物运输法教程》的写作方式，强调教科书与学术专著应有的体例差异，除介绍知识点的基础内容之外，设有采用不同版式编排的专题版块。其中多数章节表现为"理论探讨"和"立法资料"，主要介绍理论和实践之中存在争议，一定程度上超出了基础知识的范围，但对于进一步理解海商法又确属必要的内容。本书如是用作本科阶段的教材，对于此类版块的内容可以不作介绍，或者仅选择部分内容进行讲解；如将本书用于研究生阶段的教学，则此类版块的内容可以作为拓展知识或者课堂讨论的内容。"海事诉讼时效"一讲另有一定数量的"司法实践"版块，主要选取各级法院的裁判文书，用于辅助知识点的讲解，特别是呈现法条在司法实践中的运行状态，包括法官如何解释和适用法条。

六是考虑到不同院校、专业的先修课程情况存在差异，本书对于海商法涉及的法理学、民法等基础法学知识也作必要的介绍，或就重要概念以注释的形式稍加说明，目的是为尽量排除海商法入门阶段的基础法障碍。近年的教学实践使我深刻感到：大学教育无论是课程教学还是教材编写，教师对于任何的前提性知识，都不宜理所当然地推定学生知晓。为此本书对于知识点也大多辅以举例进行讲解。

七是本书时有成段直接引用他人既有论著的内容，以不同字体编排。其一，为尊重学术规律，即对于以往学者已有充分、成熟研究的事项，应当合理利用既已问世的研究成果，避免学术上不必要的重复劳动；其二，本书作为海商法入门阶段的教材，同时兼有勾勒学术发展脉络的意图，以此向读者指引应当关注、值得细读的文献资料。

八是本书第八讲为"海事诉讼时效"，超出了海商法基础理论的范围。考虑到高等院校现行的海商法课程体系，尚无完全合适的课程可以安排海事诉讼时效的内容，而海事诉讼时效却又贯穿除船舶物权外海商法各项制度之始终，加之学生在学习"海商法导论"或类似课程时，通常已经较为系统地学习了一般民事诉讼时效制度，可以考虑在本课程中对于海事诉讼时效进行讲解。但是，目前教学实践反映的问题在于，学生学习本课程时是首次接触海商法，尚未学习具体的海商法律制度，因而对于各类海事诉讼时效起算点的理解存在一定困难。本书也着重就此加强解说，尽量消除先修知识欠缺造成的学习障碍。

本书涉及的各类资料，截至 2022 年 9 月 30 日。由于海商法基础理论本身不以实证法律规则为主要依托，多数理论观点颇有可供讨论的空间，如对本书有任何意见或建议，可以电子邮件的形式通过 sqsun@shmtu.edu.cn 与作者联系。

孙思琪

2022 年 4 月 28 日

简　目

详　目

图目录

表目录

第一讲

海商法的概念

【知识提要】

本讲讨论海商法的概念，主要关注如何概括和描述海商法的问题。

1.海商法的名称。“海商法”是中文语境下此一法律领域最为常用的名称，虽然其中的“商”字无法涵盖海商法的全部内容，但海商法已是长期使用形成的较为稳定的习称。海商法与海事法各有多个层次的不同含义。我国通常将海商法译为 maritime law，但二者的内涵不完全对应。maritime law 的含义在比较法上主要具有以下三项特征：一是以海上航行或船舶为中心，二是兼有私法与公法的内容，三是区别于海洋法。与 maritime law 关联密切的英文术语是 admiralty law 和 shipping law。

2.海商法的调整对象。法律的调整对象是法律调整的社会关系。基于《海商法》第 1 条的表述，海商法调整对象在我国的通说是海上运输关系和船舶关系，但具体的理解存在一定争议。海商法仅调整横向的社会关系；海上运输关系与船舶关系存在重合，但可以认为船舶关系更多居于补充地位；“船舶关系”的表述存在瑕疵，船舶作为物不能构成社会活动和交往，无法形成人与人之间的关系，应将船舶关系解释为与船舶有关的社会关系。

3.海商法的定义。海商法在东亚法域的定义主要分为两种方式：一是强调海商法是以海上运输或船舶为中心，二是强调海商法是关于海上企业营利活动的法律。我国学理上基于海商法调整对象的通说，一般认为海商法是调整海上运输关系和船舶关系的法律。海商法可以定义为调整平等主体之间在海上运输及周边活动中形成的特殊的人身关系和财产关系的法律。

【知识结构】

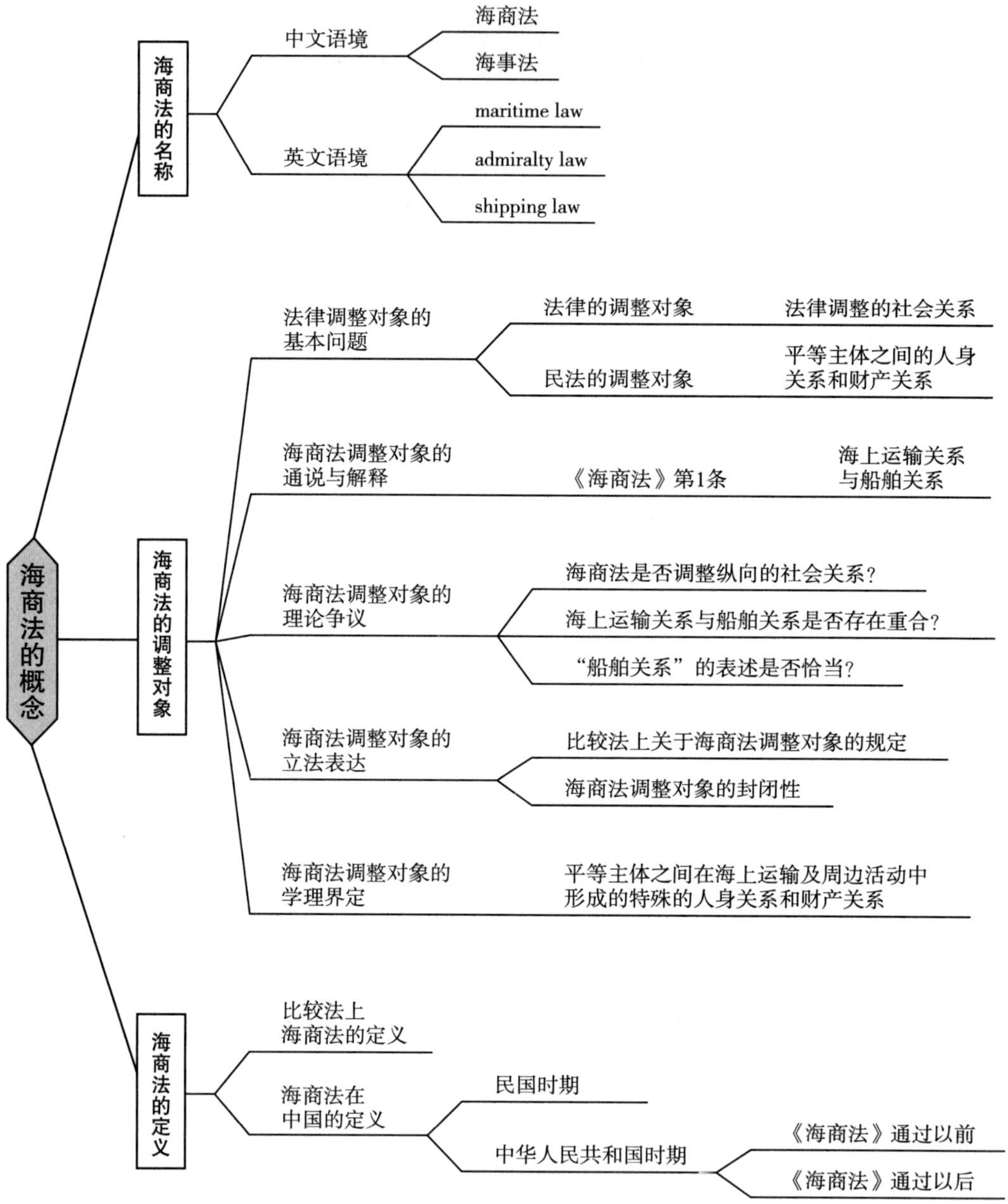
海商法的概念
海商法的名称
中文语境
海商法
海事法
英文语境
maritime law
admiralty law
shipping law
海商法的调整对象
法律调整对象的基本问题
法律的调整对象
法律调整的社会关系
民法的调整对象
平等主体之间的人身关系和财产关系
海商法调整对象的通说与解释
《海商法》第1条
海上运输关系与船舶关系
海商法调整对象的理论争议
海商法是否调整纵向的社会关系?
海上运输关系与船舶关系是否存在重合?
“船舶关系”的表述是否恰当?
海商法调整对象的立法表达
比较法上关于海商法调整对象的规定
海商法调整对象的封闭性
海商法调整对象的学理界定
平等主体之间在海上运输及周边活动中形成的特殊的人身关系和财产关系
海商法的定义
比较法上海商法的定义
海商法在中国的定义
民国时期
中华人民共和国时期
《海商法》通过以前
《海商法》通过以后

第一节 海商法的名称

稳定的名称是称呼和探讨特定法学学科的基本前提。海商法虽是传统商法的主要分支，但不同于民商法等法律部门以及公司法、破产法、票据法等其他商法的主要分支，也不同于航空法、体育法等特别法或领域法，海商法的名称至今时有争议，集中体现在两个方面：一是中文语境中"海商法"与"海事法"两个术语的含义及其相互关系；二是英文语境中"maritime law"的含义，及其与"admiralty law""shipping law"等术语的关系。

一、"海商法"与"海事法"

（一）关于"海商法"的主要争议

"海商法"作为此一法律领域最为通行的称谓，学理上对此却不无争议，主要集中于其中的"商"字，部分学者主张现代海商法已不再或不只调整商业活动关系。例如，司玉琢在其主编的"十二五"普通高等教育本科国家级规划教材《海商法》一书中，基于政治经济学理论认为海上运输活动属于生产行为而非商业行为：

> 商业性航海活动反映的是中世纪商航一体时代的运输特点，船舶所有人和货主是同一个人。他们从事海上运输的目的是到海外进行商品交换，航海只是一种手段，所以也称航海贸易，亚洲国家称为"海商"，调整此种关系的法律规范的总称叫"海商法"。自18世纪末至19世纪初，西欧完成了产业革命，国际贸易和航运事业蓬勃发展，商航一体的时代开始解体，海上运输成为独立的部门后，海上运输活动是属于生产行为还是商业行为，学术界有不同观点。笔者认为，根据传统的政治经济学理论，判断海上运输是生产行为还是商业行为，最重要的标准应是以物质的形态变化来区分。即如果物质（货物）只是发生了位置的改变，这就是生产行为；如果物质不但发生了位移，更重要的是发生了形态的变化，即由商品变成货币，这就是商业行为，此时，海上运输是一种以平等民事主体地位从事的服务性活动。持相反观点的学者认为，海上运输发展成为独立的市场、以平等主体资格提供服务性劳动、追求商业利益是其本身的发展动力，这些决定了海上运输行为具有商业行为的性质。
>
> 如果不再把海上运输看作一种商业性活动，海商法的名称也应正名为"海事

法”。这里的“海事”是广义的海事，即包括了海上运输中发生的和与船舶有关的各种特定民事关系。①

海商法与公司法、破产法、票据法、保险法同为传统商法的主要分支。商法是调整商事关系的法律，即以商事关系为调整对象，此处商事关系是指商事主体从事各种以营利为目的的营业活动而发生的财产关系。② 因此，传统商法名称中的“商”字以及调整对象重在强调营利性，而不是基于政治经济学理论认定的商业行为。

“海商法”作为汉字表述的法律领域名称，可以认为导源于日文，而日文中的“海商法”又是由法文“droit commercial maritime”和德文“Seehandelsrecht”翻译而来。③ 汉语中的“商”字意为生意、买卖。④ 如果以此理解“海商法”的名称，确实无法涵盖此一法律领域的全部内容，因为海商法调整的社会关系其实不限于商事关系。海商法不仅调整人身损害赔偿等以人身利益为中心的社会关系，而且调整的财产关系也并非均有营利性，较为典型的应是船舶碰撞、船舶污染等以侵权责任为中心的损害赔偿关系。但是，东亚法域⑤学理上通常认为，“海商法”的含义是“关于海商的法”，而不是“关于海的商法”。⑥ 因此，“海商”二字有其特定内涵，历来涵盖船舶碰撞、海上人身损害赔偿等商事关系以外的财产关系乃至特定意义上的人身关系，不应割裂进行理解；“海商法”作为长期以来基于习惯形成的习称，内涵同样相对稳定，不能过度拘泥于字面含义进行理解，否则即有望文生义、因辞害义之嫌。例如，侯军、吕建编著的《当代国际海事法》一书即指出“海商法”更多是相沿成俗的名称：

> 国内法学界多数取海商法之称，包括前辈在内，而且目前国内多数该法域的著作均以海商法命其书名，我国的海商法立法草案，亦然。当然，我们并不是说这样的提法有什么不对，这仅仅是相沿成俗的一种提法，尚不能准确反映该法域真实的内涵和外延。⑦

日本、韩国以及我国台湾地区等东亚法域在以汉字表述的场合，均采“海商”或“海

① 司玉琢主编：《海商法》（第4版），法律出版社2018年版，第2页。
② 参见施天涛：《商法学》（第6版），法律出版社2020年版，第3页。
③ 参见林群弼：《海商法论》（修订2版），台北，三民书局2018年版，第4页。
④ 参见中国社会科学院语言研究所编修：《新华字典》（第12版），商务印书馆2020年版，第433页。
⑤ 东亚法域即日本、韩国、中国大陆、中国台湾地区四个法域。法域是指适用独特法律制度的特定空间范围，即具有独特法律制度的特定国家或地区。例如，我国是多法域国家，共由大陆（内地）、台湾地区、香港特别行政区、澳门特别行政区四个法域组成。
⑥ 中村眞澄＝箱井崇史『海商法』（成文堂，2013年）1頁参照。
⑦ 侯军、吕建编著：《当代国际海事法》，人民交通出版社1992年版，第2页。

商法”的名称，无论立法或学理论著均是如此。[①] 反而是我国大陆部分学者提倡的“海事法”，不仅在我国大陆通常用于指称调整船舶在海上或其他可航水域发生事故造成的船舶、其他财产损失以及人员伤亡的损害赔偿、损失分摊等特定社会关系的法律，[②] 即船舶碰撞、船舶污染、海难救助、共同海损、海事赔偿责任限制等法律制度的集合，属于海商法的组成部分，而且在比较法上更有其他不同含义，颇易造成误解。例如，海事法在日本法上通常是指以海事公法为中心的法律领域，[③] 主要对应海上交通安全、船舶登记等航运行政法。而且，“海商法”的“商”字较之“海事法”更能体现作为民事特别法的私法属性。因此，“海商法”作为长期使用形成的较为稳定的习称，当前以及今后一个时期不必也不宜更名为“海事法”。（如图 1）

图 1　东亚地区典型海商法著作书影[④]

立法资料

《海商法（修改送审稿）》关于本法名称的反馈意见

2020 年 5 月《海商法（修改送审稿）》定向征求意见期间，部分单位反馈的意见主张修改本法的名称：

① 例如，日本《商法》第三编为“海商”，韩国《商法》第五编为“海商”，我国台湾地区则有“海商法”作为单行法。学理论著方面，可见［日］中村真澄、［日］箱井崇史：《海商法》（第 2 版），成文堂 2013 年版；［韩］金仁显：《海商法》（第 6 版），法文社 2020 年版；刘宗荣：《海商法》（修订 4 版），台北，三民书局 2021 年版。

② 参见胡正良主编：《海事法》（第 3 版），北京大学出版社 2016 年版，第 4 页。

③ 中村眞澄＝箱井崇史『海商法』（成文堂，2013 年）2 頁参照。

④ 自左向右依次为［日］中村真澄、［日］箱井崇史：《海商法》（第 2 版），成文堂 2013 年版；［韩］金仁显：《海商法》（第 6 版），法文社 2020 年版；刘宗荣：《海商法》（修订 4 版），台北，三民书局 2021 年版。

> ●“海商法”的名称与本法调整的内容不完全相符。“海商法”的英文是maritime law，未体现“商”字，本法可以考虑更名为“海事民商法”或者是“海事法”可能更明确。这也与海事法院、海事局、国际海事组织（IMO）等相对应。“海事”是广义的，并非仅仅指海事事故。
>
> ●送审稿名称《中华人民共和国海商法》，建议修改为《中华人民共和国海事法》。“海商”概念历来存在争议，有学说认为海商分狭义及广义说，狭义海商指海上商事活动，广义海商包括海上商事活动和海上非商事活动。然而海商一词字面难以包括海商和其他非商事活动，即包括其本身和其他非商事活动。而“海事”一词则不存在上述含义和逻辑障碍，海上商事活动及非商事活动，用海事一词概括均无不妥。实践中，海事法院、海事局、海事大学、国际海事组织等这样的名称也得到认可并已经形成习惯。海商法修改，如果沿用“海商法”一词，优点是新法和旧法名称稳定，但并不准确。因此建议修改为“海事法”。

（二）“海商法”与“海事法”的含义

1.“海商法”的含义

“海商法”与“海事法”各有广义与狭义之分。广义的海商法即通常意义上的海商法，是指作为民事特别法的海事私法领域，或者至少是海事私法的中心内容。[①] 关于海商法的含义，日本法上的通说认为海商法是海上企业法。[②] 企业法说也是日本法上关于商法的通说，即商法是以企业为对象，调整以企业为中心的经济主体的利益关系，即企业经济主体之间的权利和义务关系的私法。[③] 海上企业一般是指利用船舶在海上从事经营活动的企业，但却排除了海上保险、航运金融等不是直接利用船舶或不在海上从事经营活动的企业，[④] 日本法上为此又产生了海事私法说意在纠正。[⑤] 因此，广义的海商法事实上超出了“海商”一词，特别是其中“商”字的文义本身可及的射程。除另有说明外，本书讨论的海商法均指广义的海

---

① 部分观点认为，海事私法除海商法外另有其他内容，称为“海民法”。参见王效文：《中国海商法论》（第3版），上海法学编译社1931年版，第2页。

② 法令用語研究会『有斐閣法律用語辞典』（有斐閣，2020年）95頁参照。

③ 参见［日］近藤光男：《日本商法总则·商行为法》，梁爽译，法律出版社2016年版，第4页。

④ 日本法上关于海上企业的范围存在争议，尤其对是否涵盖海上保险和航运金融等不是直接利用船舶或不在海上从事经营活动的企业存有争议。例如，石井照久认为此类企业作为与海事相关的企业，也属于海上企业的范围，而小林登却认为此类企业不包括在海上企业的范围之内。石井照久『海商法』（有斐閣，1964年）3頁参照；小林登『新海商法』（信山社，2021年）5頁参照。

⑤ 中村眞澄＝箱井崇史『海商法』（成文堂，2013年）14頁参照。

商法。《中华人民共和国海商法》也是基于广义海商法的概念。

狭义的海商法则局限于调整海上的商事关系，主要包括海上货物或旅客运输、海上拖航、船舶租用、海上保险，其中涉及的社会关系多数是以合同为基础，而排除了海事法等不是调整商事关系的内容。我国学理上使用狭义海商法的情形尚不多见，少数的例外之一应是冯辉编著的《英美海商法》一书，全书分为"提单下的公共运输"和"租船合同下的私人运输"两编，[①] 对于海商法的理解在狭义的基础上进一步限缩，仅限于海上货物运输法的内容。

理论探讨

超广义的"海商法"？

部分学者对于海商法的界定，含义较之广义的海商法更广。例如，司玉琢主编的《海商法》一书认为：

> 广义的海商法……既调整平等主体之间的横向民事关系，又调整非平等主体之间的纵向关系（海事行政、刑事关系）。是一个独立的、综合的、自成一体的法律部门。笔者认为，随着我国海洋强国战略和"一带一路"建设的实施，适当扩大海商法的调整范围，按照广义海商法的架构修改现行《海商法》的时机已经成熟。因此，从立法上把海商法作为一个独立的法律部门，在学理上作为一个独立的法学学科，比简单地将其划为某个法律部门的分支或属于某个法律部门的特别法更为适宜。[②]

上述观点很大程度上受到了近年我国学界倡导、同由司玉琢教授提出的海法理论的影响，即将最为广义的海商法作为与海法同义的概念。姑且不论此种观点在理论层面周延与否，《海商法》修改时如果全面纳入刑法、行政法、经济法的涉海内容，至少在立法技术上几无现实性可言，目前《海商法》的修改进展也未体现此种趋势。

2."海事法"的含义

广义的海事是"海上事务"的简称，而狭义的海事则是"海上事故"的简称，即海上事务不限于海上事故。例如，《现代汉语词典》"海事"词条分为两个义项：一是泛指一切有关海上的事务，例如航海、造船、验船、海运、海损事故处理；二是船舶在航行或停泊时发

① 参见冯辉编著：《英美海商法》，对外经济贸易大学出版社 2004 年版。
② 司玉琢主编：《海商法》（第 3 版），法律出版社 2018 年版，第 3 页。

生的事故，例如触礁、失火。[①] 前者即指广义的海事，后者则是指狭义的海事。

广义的海事法是指与船舶海上活动相关的法律的总称，[②] 此处的海事法与海法同义。[③] 例如，日本海事法研究会编写的《海事法》一书认为：海事法是与海事相关的法律的总称。此处海事在广义上是指与海洋相关的事务，狭义上是指与海运、港口、船舶相关的事务。海事法规范的对象通常是狭义的海事，多指与航行于海上的船舶相关的法律。[④]

广义的海事法具体分为两个部分：一是调整海上企业活动和相关主体之间利益关系的海事私法；二是维护海上航行安全和秩序，以及海上企业健康发展的海事公法。[⑤] 前者是指广义的海商法；后者是指海上交通安全、船舶登记、船员管理、港口经营与安全以及防止船舶污染等航运行政法，以及航运市场准入和反垄断等航运经济法，有时也涉及海洋法的内容，[⑥] 即调整不同海域的法律地位以及国家之间海洋活动形成的各种关系的法律。[⑦] 例如，韩国学者金仁显[⑧] 即主张海事公法包含海洋法、海上交通法等内容。[⑨]

广义海事法的名称主要见于日本、韩国以及我国台湾地区等东亚其他法域，我国大陆较少使用。少数例外之一应是张湘兰、张辉主编的《国际海事法新发展》一书，该书分为以下九章，其中第一章至第四章涉及海洋法、航运行政法、航运经济法等公法内容：

第一章　中日东海划界争端的若干国际法问题研究

第二章　海上反恐与海运安全制度研究

第三章　海运服务贸易的法律规制

第四章　航运竞争法律制度新发展研究

第五章　国际海上货物运输法的发展与统一

第六章　海上责任保险法律问题研究与我国立法完善

① 参见中国社会科学院语言研究所词典编辑室编：《现代汉语词典》（第 7 版），商务印书馆 2016 年版，第 508 页。

② 参见张新平：《海商法》（增订第 5 版），台北，五南图书出版股份有限公司 2016 年版，第 2 页。

③ 村田治美『体系海商法』（成山堂書店，2007 年）1 頁参照。

④ 海事法研究会『海事法』（海文堂，2020 年）1 頁参照。

⑤ 崔鍾賢（2014），海商法詳論，博英社，7 면.

⑥ 参见交通研究所：《国际海法》，交通研究所 1971 年版，第 3 页。

⑦ 参见北京大学法学院编委会编：《北京大学法学百科全书：国际公法学·国际私法学》，北京大学出版社 2016 年版，第 292 页。

⑧ 金仁显（1959- ），法学博士、船长，高丽大学法学院教授、海商法研究中心主任，曾任韩国海商法协会主席、三光汽船船长，主要著作包括《海商法》、《船舶碰撞法》、《海上交通法》、《海商法研究》（三卷）、《船舶建造与金融法》（主编）、《海上保险法》（合著），以及英文著作 *Transport Law in South Korea*。

⑨ 金仁顯（2020），海商法，法文社，3 면.

第七章 海运物流法律问题研究

第八章 船舶侵权法中的严格责任制度研究

第九章 海事审判制度的改革与创新[①]

狭义的海事法即我国大陆学理上通常意义的海事法，是指调整船舶在海上或其他可航水域发生事故造成的船舶、其他财产损失以及人员伤亡的损害赔偿、损失分摊等特定社会关系的法律，[②]主要包括船舶碰撞、船舶污染、海难救助、残骸打捞清除、共同海损、海事赔偿责任限制等法律制度。传统上广义的海商法分为海上运输法、海事法、海上保险法三个部分，其中的海事法即指狭义的海事法。例如，胡正良主编的《海事法》一书即是基于狭义海事法的立场，其中唯一的例外是第九章"海事行政调查与处理"，主要是考虑到海事行政调查及处理与海事法的各项制度关联密切：[③]

第一章 海事法概述

第二章 船舶碰撞

第三章 海难救助

第四章 残骸打捞清除

第五章 共同海损

第六章 海洋环境污染损害赔偿

第七章 海上人身伤亡损害赔偿

第八章 海事赔偿责任限制

第九章 海事行政调查与处理[④]

我国大陆学理上另有中义的海事法，是与广义的海商法同义的概念，即作为民事特别法的海事私法。例如，赵德铭主编的《国际海事法学》一书，即是基于中义海事法的立场，全书分为以下十三章，与传统海商法的内容基本一致：

第一章 绪论

第二章 船舶

第三章 船员

---

① 张湘兰、张辉主编：《国际海事法新发展》，武汉大学出版社 2012 年版。

② 参见胡正良主编：《海事法》（第 3 版），北京大学出版社 2016 年版，第 4 页。

③ 参见胡正良主编：《海事法》（第 3 版），北京大学出版社 2016 年版，第 2 页。

④ 胡正良主编：《海事法》（第 3 版），北京大学出版社 2016 年版。

第四章　海上旅客运输

第五章　提单

第六章　租船合同

第七章　海上拖航

第八章　海难救助

第九章　海上石油污染

第十章　船舶碰撞

第十一章　共同海损

第十二章　海事赔偿责任限制

第十三章　海上保险[①]

此外，上文已经提及，日本等东亚法域有时也将海事法用以指称以海事公法为中心的法律领域，[②]主要对应海上交通安全、船舶登记等航运行政法。除另有特别说明外，本书讨论的海事法均指狭义的海事法。

3.“海商法”与“海事法”的关系

关于不同含义的“海商法”与“海事法”的关系，狭义的海商法与狭义的海事法共同构成广义的海商法，也即中义的海事法。我国学理上最为通常的用法，是以海商法表示作为民事特别法的海事私法，而将海事法作为海商法的主要分支，表示关于海上事故或海上危险的法律。

我国海事法院的组织架构恰好反映了“海商法”与“海事法”的关系。海事法院均设有海事审判庭和海商审判庭，原则上前者主要审理船舶碰撞、船舶触碰其他设施、海上人身伤亡、水域污染、非法留置船舶和船载货物等海事侵权纠纷案件，后者主要审理海上货物运输合同、海上旅客运输合同、船舶租用合同、船员劳务合同、船舶或货运代理合同、海上保险合同、海上救助合同、海上打捞合同、海上拖航合同等海商合同纠纷案件。[③]据此海事法院名称中的“海事”是指中义的海事，海事审判庭和海商审判庭的“海事”和“海商”均为狭义。近年来由于海事法院开始受理行政、刑事案件，法院名称中的“海事”逐渐向广义的海事靠拢。我国司法实践常将海事与海商并列，例如海事海商案件、海事海商纠纷，此时二

① 赵德铭主编：《国际海事法学》，北京大学出版社 1999 年版。

② 中村眞澄＝箱井崇史『海商法』（成文堂，2013 年）2 頁参照。

③ 参见广州海事法院网：https：//www.gzhsfy.gov.cn/web/list?lmdm=1018，最后访问日期：2022 年 8 月 31 日。近年由于两类案件的数量明显不均衡，海事审判庭通常也审理部分海商案件。

者均取其狭义。

另一较为典型的实例，应是《中华人民共和国海商法》与《中华人民共和国海事诉讼特别程序法》，二者分别是调整对象相互对应的实体法和程序法，前者是基于广义海商的立场，后者则是基于中义海事的立场。（如图 2）

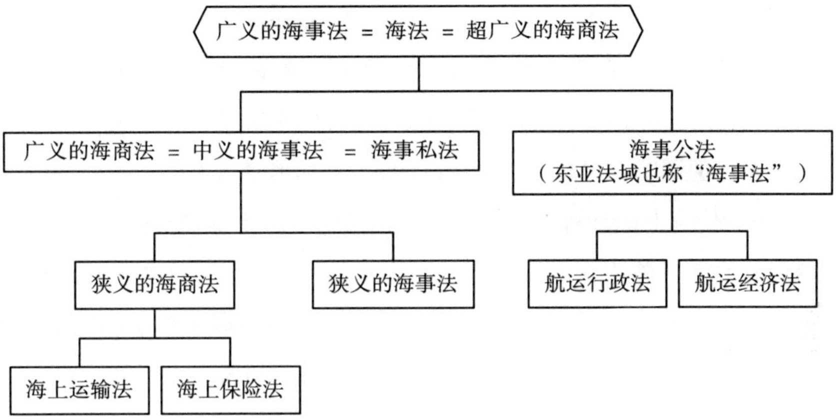

图 2 不同含义的海商法与海事法及其相互关系①

二、“maritime law”与“admiralty law”

（一）maritime law 的含义

关于 maritime law 的含义，*Black's Law Dictionary* 的 maritime law 词条认为：maritime law 是调整海上商事和航行活动、海上人员和财产运输，以及一般意义上的海上事务的法律的整体；调整水上商事活动产生的合同、侵权和劳工赔偿请求的规则。②③ 但是，综合比较法上不同法域学者的实际运用情况，maritime law 的含义多数情况下并不限于广义的海商法，而是兼含海事公法的内容，即与广义的海事法相若。maritime law 的含义主要具有以下三项特征：

---

① 本图仅为总结不同含义的海商法与海事法之间的大致关系，具体情况基于不同法域、不同的学理观点可能存在变化。

② 参见胡正良主编：《海事法》（第 3 版），北京大学出版社 2016 年版，第 3 页。

③ The body of law governing marine commerce and navigation，the carriage at sea of persons and property，and marine affairs in general；the rules governing contract，tort and workers'-compensation claims or relating to commerce on or over water.See Bryan A.Garner（ed.），*Black's Law Dictionary*，Thomson Reuters，2019，p.1159.

一是以海上航行或船舶为中心。比较法上不同法域学者对于 maritime law 的理解，大致分为两类：其一关于海上航行或谓交通的法律，[①] 其二关于船舶的法律。[②] 例如，阿根廷学者 Graciela Arrola 等人认为 maritime law 是关于航行及相关事项的规则、原则和法律概念的集合。[③] 但是，两种理解其实并无实质差异，原因在于船舶本身就是海上航行的主要交通工具。

二是兼有私法与公法的内容。比较法上通常认为 maritime law 的内容不限于私法，还包括与船舶航行相关的公法内容，[④] 重点在于海上航行的组织以及船舶安全。[⑤] 例如，希腊学者 Kyriaki Noussia 等人认为 maritime law 涵盖与船舶相关的全部法律，虽然其中规范的很多内容是基于合同关系，但同时也包括海事公法的内容；[⑥] 瑞典学者 Hugo Tiberg 等人认为，欧陆法对于 maritime law 传统上区分海事公法与私法，其中公法主要调整船舶的安全与排放，私法主要调整旅客伤亡、货物灭失或损坏以及油污的民事责任。[⑦] 但也有少数不同观点存在，例如德国学者 Dieter Schwampe 认为 maritime law 作为运输法应是民商法的组成部分。[⑧]

三是区别于海洋法。比较法上的多数观点认为，maritime law 不同于海洋法，虽然二者之间在涉及船舶的领域可能存在一定交集，[⑨] 海洋法也可能影响 maritime law 调整的海上航行运输。[⑩] 例如，塞尔维亚学者 Nebojša Jovanović 明确指出：海洋法规则在塞尔维亚不属于 maritime law 的内容。[⑪] 即使是在英语以外其他西文语言的法域，德国和法国分别以 “Seehandelsrecht”[⑫] 和“droit maritime”[⑬] 命名的著作多数亦是如此。例如，德国法上与 maritime

---

① See Peter Csoklich & Helga Jesser-Huβ, *Transport Law in Austria*, Kluwer Law International, 2014, p.27; Hugo Tiberg & Johan Schelin, *Transport Law in Sweden*, Kluwer Law International, 2020, p.21.

② See Anders Hedetoft, Henrik Frandsen & Peter Holm Jensen, *Transport Law in Denmark*, Kluwer Law International, 2012, p.31; Kyriaki Noussia & Iro Moraiti, *Transport Law in Greece*, Kluwer Law International, 2021, p.15; Hans Jacob Bull & Thor Falkanger, *Transport Law in Norway*, Kluwer Law International, 2019, p.27.

③ See Graciela Arrola, Patricia Bibiana Barbado, Eduardo Cosentino, María Cecilia Gómez Masía & José Domingo Ray, *Transport Law in Argentina*, Kluwer Law International, 2007, p.17.

④ See Peter Csoklich & Helga Jesser-Huβ, *Transport Law in Austria*, Kluwer Law International, 2014, p.27.

⑤ See Nebojša Jovanović, *Transport Law in Serbia*, Kluwer Law International, 2021, p.51.

⑥ See Kyriaki Noussia & Iro Moraiti, *Transport Law in Greece*, Kluwer Law International, 2021, p.15.

⑦ See Hugo Tiberg & Johan Schelin, *Transport Law in Sweden*, Kluwer Law International, 2020, p.21.

⑧ See Dieter Schwampe, *Transport Law in Germany*, Kluwer Law International, 2018, p.29.

⑨ See James Zhengliang Hu, *Transport Law in China*, Kluwer Law International, 2021, p.36.

⑩ See Hans Jacob Bull & Thor Falkanger, *Transport Law in Norway*, Kluwer Law International, 2019, p.27.

⑪ See Nebojša Jovanović, *Transport Law in Serbia*, Kluwer Law International, 2021, p.52.

⑫ 德国著作例如：Rolf Herber, Seehandelsrecht: Systematische Darstellung, 2.Aufl.2015; Dieter Rabe/Kay Uwe Bahnsen, Seehandelsrecht: Fünftes Buch des Handelsgesetzbuches mit Nebenvorschriften und Internationalen Übereinkommen, 5.Aufl.2017.

⑬ 法国著作例如：Pierre Bonassies, Christian Scapel, *Droit maritime*, L.G.D.J, 3ᵉ éd., Paris, 2016。

law 对应的术语通常是 Seehandelsrecht，德国学者 Rolf Herber[①] 认为 Seehandelsrecht 是一种关于商业航运的特别私法；[②]Seehandelsrecht 的上位概念则是 Schiffahrtsrecht，即广义的 shipping law，同时包含调整海上运输和内河航运的公法与私法，[③] 一般也不涉及海洋法。此外德国法确实也存在海法的概念，即 Seerecht，海洋法是其中重要的组成部分。[④] 法国学者 Pierre Bonassies 等人更是明确指出，droit maritime 应当区别于 droit de la mer 即海洋法，[⑤] 但法国学理上也有相反的观点存在。[⑥] 比较法上的其他法域也存在一些不同观点，例如加拿大著名学者 William Tetley[⑦] 认为 maritime law 作为一个完整的法律体系包含海洋法等公法。[⑧]

（二）maritime law 与 admiralty law 等术语的关系

1.maritime law 与 admiralty law 的关系

我国学理上，习惯于将广义的海商法译为 maritime law，较之比较法上通常理解的 maritime law 的含义有所限缩，特别是一般仅限于私法而不含公法的内容，而将中义的海事法译为 admiralty law。以法学教材为例，司玉琢主编的《海商法》的英文名称是“Maritime Law”，[⑨] 胡正良主编的《海事法》的英文名称是“Admiralty Law”。[⑩] 侯军、吕建编著的《当代国际海事法》一书也指出：

> 国内的多数学者均沿用“海商”这一名称，实际上或许与保留的编译习惯相关。

---

① Rolf Herber（1929–2020），法学博士，曾任汉堡大学教授，主要著作包括《海商法：系统阐释》（Seehandelsrecht：Systematische Darstellung）、《海上货运合同与多式联运合同：当前发展》（Seefrachtvertrag und Multimodalvertrag：Aktuelle Entwicklungen）、《国际买卖法：联合国国际货物销售合同公约（CISG）》［Internationales Kaufrecht：Übereinkommen der Vereinten Nationen über Verträge über den internationalen Warenkauf（CISG），与 Tobias Eckardt 合著］。

② See Rolf Herber，Seehandelsrecht：Systematische Darstellung，2.Aufl.2015，S.1.

③ See Eggert Winter（Hrsg.），Gabler Lexikon Recht in der Wirtschaft，1.Aufl.1998，S.835.

④ See Dieter Rabe/Kay Uwe Bahnsen，Seehandelsrecht：Fünftes Buch des Handelsgesetzbuches mit Nebenvorschriften und Internationalen Übereinkommen，5.Aufl.2017，S.2.

⑤ See Pierre Bonassies，Christian Scapel，*Droit maritime*，L.G.D.J，3e éd.，Paris，2016，p.13.

⑥ See Philippe Delebecque，*Droit maritime*，Dalloz，14e éd.，Paris，2020，p.2.

⑦ William Tetley（1927–2014），曾任麦吉尔大学（McGill University）教授，主要著作包括《国际海商法》（International Maritime and Admiralty Law）、《海上货物索赔》（Marine Cargo Claims）、《船舶优先权与索赔》（Maritime Liens and Claims）、《国际法律冲突：普通法、大陆法与海商法》（International Conflict of Laws，Common，Civil and Maritime）。著作中文译本可见［加］威廉·台特雷：《国际海商法》，张永坚等译，法律出版社 2005 年版；［加］William Tetley：《海上货物索赔》（第 3 版），张永坚、胡正良、傅廷忠等译，大连海运学院出版社 1993 年版；［加］威廉·泰特雷：《国际冲突法：普通法、大陆法及海事法》，刘兴莉译，法律出版社 2003 年版。

⑧ 参见［加］威廉·台特雷：《国际海商法》，张永坚等译，法律出版社 2005 年版，第 2 页。

⑨ 参见司玉琢主编：《海商法》（第 4 版），法律出版社 2018 年版。

⑩ 参见胡正良主编：《海事法》（第 3 版），北京大学出版社 2016 年版。

习惯上，人们在编译时，往往把英文的 Admiralty 译为海事，而把 Maritime 译成海商，延续至今，形成了相沿成俗的提法，而并不去深究其实质性的内涵。[①]

英语语境中 maritime law 与 admiralty law 在现代已是含义基本相同的概念，尤其在美国更是如此。美国法律的权威辞书 *Black's Law Dictionary* 也将二者视作同义词进行处理。[②]但是，非英语国家也有学者认为，maritime law 主要在英国使用，而 admiralty law 主要在美国使用。[③]目前欧美地区已有不少海商法专著或教科书，采用二者并列即“admiralty and maritime law”或类似表述命名。[④]加拿大学者 William Tetley 在 *International Maritime and Admiralty Law* 一书的序言中，较为详细地分析了二者的关系：

> 在《国际海商法》中，从头到尾通篇都将“maritime and admiralty law”作为一个集合的专门术语来使用，本书在其表述方面是贯穿始终的，因为如今在 maritime law 和 admiralty law 之间已经根本不可能明确地划分清楚其区别和界限了。这是因为它们已经分别在世界各国不同的时代里进化和发展了。因此，如今在这两个名词之间其实已经没有什么真正的区别了，它们也不再是分别代表不同含义的两个专门用语了。
>
> 的确，“admiralty law”这个词因其处于英国海商法传统之首的位置而著称，这一用语曾在大英帝国和整个英联邦的范围内被广泛使用。然而，英国的 admiralty law 本身却拥有真正大陆法系的渊源。
>
> 就“maritime law”这部分而言，它更多的是属于大陆法系；但是在许多“英语世界的”司法管辖权的范围内，很早就开始两者兼用了。因此，例如，一些美国早期的法院就曾经被称为“海事和海商法院”（Admiralty and Maritime Courts），甚至直至美国大革命之前都依然如此。
>
> 如今，随着时间的推移，特别是由于如此众多的航运公约都是国际性的，maritime law 和 admiralty law 已经基本融合为一个同一的法律概念了。[⑤]

---

① 侯军、吕建编著：《当代国际海事法》，人民交通出版社 1992 年版，第 2 页。

② *Black's Law Dictionary* 在“maritime law”词条中说明“Also termed admiralty; admiralty law”。See Bryan A.Garner（ed.），*Black's Law Dictionary*，Thomson Reuters，2019，p.1159.

③ 金仁顯（2020），海商法，法文社，3 면 .

④ See William Tetley，*International Maritime and Admiralty Law*，Editions Yvon Blais，2003；Thomas J.Schoenbaum，*Admiralty and Maritime Law*，West Academic Publishing，2019；Robert Force，*Admiralty and Maritime Law（Volume 1）*，Beard Books，2012.

⑤ ［加］威廉·台特雷：《国际海商法》，张永坚等译，法律出版社 2005 年版，第 1–2 页。

美国学者 Grant Gilmore 和 Charles L.Black 的 *The Law of Admiralty* 一书也认为：

> 就实体法而言，海事法（Admiralty）和海商法（Maritime Law）在美国事实上是同义词，前者是美国当代法律与英国法院实施的法律制度相结合的产物；后者所包含的内容更为广泛。海事法主要由调整航运法律关系的私法和与航运有关的全部法律所组成。[①]

2.maritime law 与 shipping law 的关系

另一与海商法关联较为密切的英文术语应是“shipping law”。*Black's Law Dictionary* 认为：shipping law 是指 maritime law 中关于船舶建造、装备、登记、所有权、检验、运输和使用，以及适用于船长、代理、船员和货物的法律。[②]shipping law 在英国主要是作为广义海商法的组成部分，通常分为干航运（dry shipping）和湿航运（wet shipping）两个部分：前者对应海上货物运输法，即关于提单和租船合同的法律；后者主要对应狭义的海事法，包括船舶碰撞、海难救助、共同海损、海洋污染、海事赔偿责任限制等法律制度。[③] 此时 shipping law 一般不涉及海上保险法的内容。

至于在其他使用英语的法域，shipping law 更多即指广义的海商法，有时还包括船舶登记、海上交通安全等公法内容，此时即与比较法上 maritime law 的通常含义基本一致。例如，国际海事组织国际海商法学院（IMO International Maritime Law Institute）组织编写的 *The IMLI Manual on International Maritime Law*，[④] 其中第二卷即为 *Shipping Law*，[⑤] 该卷的内容如下：

> 1.Concept，Sources，and International Organizations Relating to Shipping Law
>
> 2.Nationality，Registration，and Ownership of Ships

---

① ［美］G. 吉尔摩、［美］C.L. 布莱克：《海商法》，杨召南等译，中国大百科全书出版社 2000 年版，第 1 页。

② See The part of maritime law relating to the building，equipping，registering，owning，inspecting，transporting，and employing of ships，along with the laws applicable to the shipmasters，agents，crews，and cargoes.See Bryan A.Garner（ed.），*Black's Law Dictionary*，Thomson Reuters，2019，p.1061.

③ See Simon Baughen，*Shipping Law*，Routledge，2019.

④ *The IMLI Manual on International Maritime Law* 分为三卷，分别是海洋法、航运法、海洋环境法与海上安全法。此处的 maritime law 含义最广，不同于比较法上的通常含义，而是明确包含海洋法的内容。David Joseph Attard（ed.），*The IMLI Manual on International Maritime Law（Volume I）：The Law of the Sea*，Oxford University Press，2014；David Joseph Attard（ed.），*The IMLI Manual on International Maritime Law（Volume II）：Shipping Law*，Oxford University Press，2016；David Joseph Attard（ed.），*The IMLI Manual on International Maritime Law（Volume III）：Marine Environmental Law and Maritime Security Law*，Oxford University Press，2016.

⑤ shipping law 的类似用法也可见于 Vincent Power 的 *EU Shipping Law* 一书。Vincent Power，*EU Shipping Law*，Informa Law from Routledge，2019.

3.Shipbuilding Contracts

4.Ship Sale and Purchase

5.Ship Management and Ship Finance

6.Security Interests in ships

7.Law of Maritime Safety

8.Maritime Labour Law

9.International Trade and Shipping Documents

10.Charter Parties

11.Bills of Lading

12.Multimodal Transport

13.Carriage of Passengers and Their Luggage By Sea

14.Law of Towage

15.Law of Harbours and Pilotage

16.Law of Marine Collisions

17.Law of Salvage

18.Law of Wrecks

19.Law of General Average

20.Arrest of Ships

21.Limitation of Liability for Maritime Claims

22.Law of Marine Insurance①

但是，shipping law 在我国多数作为与航运经济法对应的术语，即狭义的航运法，是指调整国家干预航运经济活动产生的特定社会关系的法律，② 属于经济法部门。例如，胡正良的博士学位论文《中国航运法之研究》，作为我国最早系统阐述航运经济法的论著，英文题名即为“A Comprehensive Study on China Shipping Law”。③

① David Joseph Attard (ed.) , *The IMLI Manual on International Maritime Law (Volume II) : Shipping Law*, Oxford University Press, 2016.

② 参见胡正良、郑丙贵:《中国〈航运法〉制定中几个基本理论问题之研究》，载《中国海商法研究》2012 年第 1 期，第 66 页。

③ 参见胡正良:《中国航运法之研究》，大连海事大学国际法学专业 2003 年博士学位论文。

第二节 海商法的调整对象

一、法律调整对象的基本问题

（一）法律的调整对象

法律是调整社会关系的行为准则，任何法律均有自身调整的社会关系。法律的调整对象是指特定法律调整的社会关系，与法律的调整方法共同构成法律部门的划分标准。法律部门是按照法律规范自身的不同性质、调整社会关系的不同领域和不同方法划分的不同法律规范的总和，即以法律规范调整的社会关系的内容为依据，确定特定法律规范属于何种法律部门。因此，法律的调整对象很大程度上决定了法律规范的性质。① 例如，凡是调整平等主体之间人身关系和财产关系的法律，均应归入民商法部门，属于民事法律。

关于法律的调整对象，特别是民商法调整对象的讨论，主要是我国舶来苏俄法学的结果。值得注意的是，法律关系是法律在调整人们行为的过程中形成的权利、义务关系。法律关系虽然也是社会关系的具体类型，但法律关系是法律对于人们的行为及其相互关系加以调整而呈现的状态，即未经法律调整之前，不可能形成对应的法律关系。② 因此，法律的调整对象不是法律关系，而是尚不具有法律意义的一般社会关系。部分学理论著常有某一法律部门调整某种法律关系的表述，实际上并不严谨。

（二）民法的调整对象

海商法的性质是民事特别法，海商法的调整对象均属于民法调整对象的范畴。自 1986 年《民法通则》以来，民法的调整对象在我国学理上已经形成了较为稳定的表述，③ 即平等主体之间的人身关系和财产关系。④《民法典》第 2 条也规定："民法调整平等主体的自然人、

---

① 参见张文显主编：《法理学》（第 5 版），高等教育出版社 2018 年版，第 103 页。

② 参见张文显主编：《法理学》（第 3 版），法律出版社 2007 年版，第 183 页。

③ 《民法通则》第 2 条规定："中华人民共和国民法调整平等主体的公民之间、法人之间、公民和法人之间的财产关系和人身关系。"

④ 此种表述其实也有瑕疵，因为国家与国家亦属平等主体，但国家之间的财产关系应由国际法而非民法调整。

法人和非法人组织之间的人身关系和财产关系。”[①] 民法的调整对象可从三个方面进行理解，即平等主体、人身关系、财产关系。

所谓平等主体，意在指出民事主体之间的平等性。此处的平等非属实质平等，而是指民事主体法律地位的平等，即形式平等。凡是不属于公权隶属关系中主体行使公权力形成的关系，均可归入此处的平等主体关系。[②] 易言之，认定平等主体关系应采反面排除的方法，即除不平等主体关系外，均为平等主体关系。不平等主体关系存在于行使国家权力一方与不行使国家权力一方之间。国家机关或法律授权组织实施行政行为、司法行为等公权行为时发生的社会关系，不属于平等主体关系，例如公安机关交通管理部门依法对于道路交通安全违法行为实施罚款；但是，国家机关实施的行为如果不属于公权行使行为，此时与相对人之间同样属于平等主体之间的关系，例如交通管理部门为日常工作采购纸笔等办公用品。至于私人之间的社会关系，理应属于平等主体之间的关系。[③]

人身关系是指以人身利益为内容，不直接体现财产利益的社会关系。我国学理通说认为人身关系分为两个方面：一是塑造主体资格促使个人从人类社会整体中脱胎出来的人格关系，但也有不少观点认为人格权系存在于主体自身的权利，不存在所谓的人格关系；[④] 二是保持个人在社会整体中的稳定角色并形成与社会紧密联系的身份关系。[⑤] 人格关系是指因民事主体的人格利益发生的社会关系，人格利益对于自然人而言是指人的生命、健康、姓名、名誉等方面的利益；身份关系是基于主体一定的身份而产生的社会关系，[⑥] 主要是指婚姻家庭关系。海商法涉及人身权的内容集中于旅客、船员的人身损害赔偿，限于生命权、身体权、健康权等人格权，而无关身份权。基于民法学理的观点分歧，如果认可人格关系的概念，海商法的调整对象应当包括人身关系；如果否定人格关系而将人格侵权归入债权关系，由于海商法不涉及身份关系，此时海商法的调整对象仅限于财产关系。

财产关系是指人们在社会生产、分配、交换和消费过程中形成的具有经济内容的社会关系。财产关系分为两个部分：一是财产的归属与利用关系，即一项财产归何人所有和利用；

① 此种表述自《民法通则》以来便有语病存在，即“平等主体的自然人、法人和非法人组织”的表述不通，应为“作为平等主体的自然人、法人和非法人组织”。2016 年 7 月 5 日《民法总则（草案）》第 2 条曾经改为：“民事法律调整作为平等民事主体的自然人、法人和非法人组织之间的人身关系和财产关系。”但是，2016 年 12 月 12 日《民法总则（草案）（三次审议稿）》开始又改回现行表述。

② 参见陈甦主编：《民法总则评注》，法律出版社 2017 年版，第 14–15 页。

③ 参见李宇：《民法总则要义：规范释论与判解集注》，法律出版社 2017 年版，第 16 页。

④ 参见梁慧星：《民法总则讲义》（第 2 版），法律出版社 2021 年版，第 6 页；李宇：《民法总则要义：规范释论与判解集注》，法律出版社 2017 年版，第 21 页。

⑤ 参见谭启平主编：《中国民法学》（第 3 版），法律出版社 2021 年版，第 8 页。

⑥ 参见马俊驹、余延满：《民法原论》（第 4 版），法律出版社 2010 年版，第 5 页。

二是财产的流转关系，即一项财产从一个主体转移至另一主体。[①] 海商法的调整对象以财产关系为主。

民法调整的财产关系可以大致总结为以下模型：[②] 甲乙二人相互协商，约定甲以 1 亿美元购买乙的一艘豪华邮轮，但交付前邮轮被丙的货轮撞毁沉没。三人之间形成了需由民法规范的三种财产关系：

1. 甲、乙之间的约定关系，民法上称为合同关系，主要由合同法调整。合同法是调整平等主体之间的交易关系，即合同的订立、效力、履行、变更、解除、保全以及违反合同的责任等事项的法律。[③] 此处的合同关系为船舶买卖合同关系。海商法调整的合同关系主要表现为海上运输合同、租船合同、海上拖航合同、海难救助合同、海上保险合同等，同时也涉及船舶建造、买卖、融资租赁合同等其他合同类型。

2. 乙与其邮轮之间的关系，民法上称为财产所有关系，主要由物权法调整。物权法是调整人对物的支配关系，即因物的归属和利用而产生的民事关系的法律。[④] 物权除全面支配标的物的所有权外，还包括用益物权、担保物权等定限物权，即仅为特定目的部分支配标的物的物权。[⑤] 海商法调整的物权关系主要表现为船舶物权关系，包括船舶所有权和船舶抵押权、船舶留置权、船舶优先权三种船舶担保物权。

3. 乙与加害人丙之间的关系，民法上称为侵权关系，主要由侵权责任法调整。侵权责任法是规范侵权责任的构成要件与法律后果的法律。[⑥] 海商法调整的侵权关系主要表现为两种损害赔偿关系，即船舶碰撞和船舶污染。

二、海商法调整对象的通说与解释

我国学理通说认为，海商法的调整对象是海上运输关系和船舶关系，原因在于《海商法》第 1 条规定："为了调整海上运输关系、船舶关系，维护当事人各方的合法权益，促进海上运输和经济贸易的发展，制定本法。"该条本是关于立法宗旨的规定，通过法律的首个条文规定立法宗旨是我国立法的通常做法。但是，由于其中包含"为了调整海上运输关系、船舶关系"的表述，促使我国学理上关于海商法的调整对象形成了海上运输关系和船舶关系的通说。

---

① 参见郭明瑞、房绍坤主编：《民法》（第 4 版），高等教育出版社 2017 年版，第 5–6 页。
② 参见梁慧星：《民法总论》（第 6 版），法律出版社 2021 年版，第 6–7 页。
③ 参见崔建远：《合同法》（第 4 版），北京大学出版社 2021 年版，第 2 页。
④ 参见崔建远：《物权法》（第 5 版），中国人民大学出版社 2021 年版，第 1 页。
⑤ 参见崔建远：《物权法》（第 5 版），中国人民大学出版社 2021 年版，第 25 页。
⑥ 参见程啸：《侵权责任法》（第 3 版），法律出版社 2021 年版，第 5 页。

1992年6月23日，时任国务院法制局局长杨景宇在第七届全国人民代表大会常务委员会第二十六次会议上所作《关于〈中华人民共和国海商法（草案）〉的说明》，对于海上运输关系和船舶关系作出了以下解释：

"海上运输关系"，主要是指承运人、实际承运人同托运人、收货人或者旅客之间，承拖方同被拖方之间，保险人同被保险人之间的关系。"船舶关系"，主要是指船舶所有人、经营人、出租人、承租人之间，抵押权人同抵押人之间，救助方同被救助方之间的关系。这些关系是平等民事主体之间横向的财产、经济关系，当事人的合法权益主要是通过依法订立与履行合同和依法承担违约责任、侵权责任，得到维护的。

以上解释存在一定的矛盾之处。例如，保险人与被保险人之间的关系不仅限于海上货物运输保险，也应包含船舶保险、保赔保险等情形，此时形成的社会关系并不必然涉及海上运输，而有可能归入船舶关系；反之，船舶出租人与承租人之间的关系包含航次租船的情形，而《海商法》的体系定位是将航次租船合同作为海上货物运输合同的特殊类型，此时形成的社会关系应当属于海上运输关系。

产生上述矛盾的原因，主要在于《海商法》第1条采用"海上运输关系、船舶关系"的表述本身不甚理想，为此我国学理上往往尝试作出进一步的解释与分类，以期实现法理及逻辑之周延。例如，傅廷中分别将"海上运输关系"和"船舶关系"的表述修正为"海上运输中发生的社会关系"和"与船舶有关的特定社会关系"。[①] 此时前者不再限于海上运输本身，而可涵盖围绕海上运输发生的其他社会关系，包括为分散和分担海上运输风险而产生的海上保险合同关系；后者的语义也由此更为明晰。

学理上的各类解释总体而言大同小异，但也偶有分歧之处。例如，关于定期租船合同形成的社会关系，多数观点主张属于船舶关系，但有时也被归入海上运输关系，应当也与我国学理通说认为定期租船合同兼有海上货物运输合同和财产租赁合同的性质有关。以《中国海商法注释》一书为例，其中认为定期租船出租人和承租人之间的关系属于船舶关系：[②]

"海上运输关系"主要是指与海上运输有关的双方或各方当事人之间的法律关系，包括承运人（其中包括契约承运人、实际承运人、无船承运人）与托运人、收

① 参见傅廷中：《海商法》（第2版），法律出版社2017年版，第1–3页。

② 不同观点可见张丽英：《海商法学》（第3版），高等教育出版社2016年版，第2页；傅廷中：《海商法》（第2版），法律出版社2017年版，第1–2页。

货人或旅客之间，航次租船合同的出租人与承租人之间，海上拖航中的承拖方与被拖方之间的法律关系，以及围绕海上运输所派生的各种法律关系；

“船舶关系”主要是指围绕船舶这一特定的财产所产生的各种相关的法律关系，如定期租船、光船租赁的出租人和承租人之间，船舶的抵押权人和抵押人之间，救助方和被救助方之间，海上保险人和被保险人之间的法律关系等。[①]

也有部分观点对于海商法调整对象的界定，不再以海上运输关系和船舶关系为前提或框架，而是尝试作出不同的分类与归纳。例如，司玉琢认为海商法的调整范围包括以下三个方面的社会关系：

1. 有关海上运输的合同关系。主要是围绕着提单（bill of lading，B/L）、租船合同（charter party，C/P）、拖航合同（contract of towage）、旅客运输合同（contract of carriage of passengers）、救助合同（contract of salvage）、保险合同（contract of insurance）等所发生的合同当事方之间的民事法律关系。

2. 海上侵权关系。主要指因船舶碰撞、船舶污染海洋环境等行为所造成的人身伤亡、财产损失的当事方或者加害方与受害方之间的法律关系。

3. 海上风险产生的特殊民事法律关系。如共同海损中有关各方分摊与补偿的关系；海事赔偿责任限制中的船舶所有人、救助人与限制性债权人之间的关系；救助人与被救助人之间的关系等。[②]

上述观点对于海商法调整对象的梳理更显合理，至少有关海上运输的合同关系、海上侵权关系、海上风险产生的特殊民事法律关系，表述较之海上运输关系和船舶关系的含义更为明确。但是，其中也明显遗漏了海商法的部分调整对象，最为典型的即是船舶所有权、船舶抵押权、船舶留置权、船舶优先权等船舶物权关系。

三、海商法调整对象的理论争议

（一）海商法是否调整纵向的社会关系？

1. 横向关系与纵向关系的区分

横向关系与纵向关系主要是对经济关系的区分，此处经济关系对于民法而言即指财产

① 司玉琢、张永坚、蒋跃川编著：《中国海商法注释》，北京大学出版社 2019 年版，第 1 页。
② 司玉琢主编：《海商法》（第 4 版），法律出版社 2018 年版，第 3 页。

关系。横向关系是指法律地位平等的当事人之间的社会关系，即民法调整对象要求的平等主体。横向关系的当事人之间围绕此项社会关系应当不存在隶属关系，即无职务上的上下级关系，也无一方当事人可以依据职权支配对方当事人的情形。例如，政府价格主管部门与其管理监督的办公设备销售企业订立办公设备的买卖合同，二者虽然存在管理与被管理、监督与被监督的隶属关系，但仅就买卖合同关系而言二者却属平等主体，不存在隶属关系，此时形成的社会关系仍为横向关系。纵向关系是指一方当事人可以依据职权直接要求对方当事人实施或不实施一定行为的社会关系，[①] 当事人之间具有管理与被管理、监督与被监督、指令与服从的行政隶属特征。[②] 政府价格主管部门对于企业的管理监督即属此类。

横向关系与纵向关系的区分，从法律部门的角度根源在于民法与经济法、行政法的区分。《民法通则》作为此前较长时期我国最为主要的民事法律，《关于〈中华人民共和国民法通则（草案）〉的说明》指出民法调整的是横向关系：

> 民法主要调整平等主体间的财产关系，即横向的财产、经济关系。政府对经济的管理，国家和企业之间以及企业内部等纵向经济关系或者行政管理关系，不是平等主体之间的经济关系，主要由有关经济法、行政法调整，民法基本上不作规定。

经济法是调整现代国家进行宏观调控和市场规制发生的社会关系的法律；[③] 行政法是关于行政的主体、职权、行为和程序、违法和责任以及救济关系的法律。[④] 民法、经济法、行政法的调整对象均涉及经济关系，但民法调整的是横向的经济关系，而经济法、行政法调整的是纵向的经济关系。也有观点将二者分别称为民间社会经济关系和国家对于经济的管理关系。[⑤]

2. 海商法调整横向社会关系

海商法是否调整纵向社会关系，即海商法是否调整航运活动形成的纵向经济关系，例如海上交通安全、船员管理、航运市场宏观调控形成的社会关系。仅就《海商法》第 1 条规定的文义而言，海上运输关系和船舶关系均有可能涉及纵向的经济关系，例如国际海上运输市场反不正当竞争、船舶登记形成的社会关系。

李海在《关于修订〈海商法〉需要厘清的几个基本理论问题——从〈海商法〉的第一章“总则”说起》一文中较为详细地分析了海商法是否调整纵向的社会关系：

---

① 参见张文显主编：《法理学》（第 3 版），法律出版社 2007 年版，第 185 页。
② 参见梁慧星：《民法总论》（第 6 版），法律出版社 2021 年版，第 56 页。
③ 参见张守文主编：《经济法学》（第 6 版），北京大学出版社 2014 年版，第 11–12 页。
④ 参见应松年主编：《行政法与行政诉讼法学》（第 2 版），法律出版社 2009 年版，第 7 页。
⑤ 参见漆多俊：《经济法基础理论》（第 5 版），法律出版社 2017 年版，第 109 页。

> 尽管《海商法》第2条和第3条分别就“海上运输”与“船舶”作出了定义，但《海商法》却没有对第1条出现的“海上运输关系”和“船舶关系”作出定义。再者，由于《海商法》并没有在第1条中对“海上运输关系”和“船舶关系”进行必要的限定，即没有把前述两种关系限定为是平等主体之间的所谓横向关系；加之，一共只有6条的第一章总则，其中有3条都不是关于平等主体之间权利义务的横向关系的规定。在这种情况下，硬要把出现在《海商法》第1条中的“海上运输关系”和“船舶关系”限制解释为仅限于平等主体之间的横向关系，也确实有点令人难以信服。因此，至今仍有学者认为，“船舶安全”“船舶管理”等所谓纵向的船舶监督、管理关系也是海商法的调整对象，也就不足为奇了。
>
> 值得注意的是，时任国务院法制局局长的杨景宇先生在提交第七届全国人民代表大会常务委员会第二十六次会议的《关于〈中华人民共和国海商法（草案）〉的说明》中指出：“按照草案规定，海商法是‘调整海上运输关系、船舶关系’的。‘海上运输关系’，主要是指承运人、实际承运人同托运人、收货人或者旅客之间，承拖方同被拖方之间，保险人同被保险人之间的关系。‘船舶关系’，主要是指船舶所有人、经营人、出租人、承租人之间，抵押权人同抵押人之间，救助方同被救助方之间的关系。这些关系是平等民事主体之间横向的财产、经济关系，当事人的合法权益主要是通过依法订立与履行合同和依法承担违约责任、侵权责任，得到维护的。”显然，这段“说明”清楚地将海商法调整的社会关系限定为是“平等民事主体之间横向的财产、经济关系”。此项“说明”澄清了一个非常重要的问题，即海商法不调整所谓纵向的关系。显然，这与海商法的性质及《海商法》各章节规定的核心内容是相吻合的，因此是完全正确的。[①]

海商法是否调整纵向关系，本质上取决于对海商法性质的不同观点和立场。如果认为海商法属于民事特别法，此时海商法的调整对象不应超出民法调整对象的范围，即仅限于平等主体之间的横向关系，而不调整纵向关系。[②] 除少数限于立法技术以及立法当时的实际需

---

① 李海：《关于修订〈海商法〉需要厘清的几个基本理论问题——从〈海商法〉的第一章“总则”说起》，载《中国海商法年刊》2011年第1期，第21–22页。

② 早先也有学者对此持有不同观点，例如司玉琢认为：“船舶上述特定关系除船舶物权外，主要表现为国家行政机关与海上运输组织即船舶所有人之间纵向的行政法律关系，属行政法范畴。这种特定关系虽然不是我国海商法的主要调整对象，但是从国际海事立法的发展趋势看，这种关系由海事法规加以调整正在日益增强。”参见司玉琢主编：《海商法》（第4版），法律出版社2012年版，第4页。

要而设置的行政或经济法律规范外，[①]《海商法》的绝大多数条文也均是调整横向关系的民事法律规范。航运活动形成的纵向经济关系应由航运行政法和航运经济法调整，前者在我国的主要立法如《海上交通安全法》《港口法》《航道法》，后者主要是指作为行政法规的《国际海运条例》和《国内水路运输管理条例》。

（二）海上运输关系与船舶关系是否存在重合？

船舶是海上运输的运输工具，即船舶本身是为海上运输服务，由此决定了海上运输关系与船舶关系在文义上必然存在重合。例如，海上货物运输合同的目的虽是为了以海路方式运输货物实现位移，但海上运输必然依赖船舶，此时形成的社会关系同时属于海上运输关系和船舶关系；即使是各类海上侵权引发的损害赔偿关系，船舶碰撞和油污事故多数也是在海上运输过程中发生；仅有船舶物权关系等少数社会关系，属于船舶关系的同时而不涉及海上运输关系。

李天生在《论海商法的概念、调整对象与属性》中认为，《海商法》将海上运输关系和船舶关系作为并列的调整对象，逻辑上并不周延：

> 《海商法》不同章节涉及的社会关系通常既涉及船舶，也涉及海上运输，如第四章海上货物运输合同、第五章海上旅客运输合同、第七章海上拖航合同，既是运输合同关系，又是与船舶有关的合同关系，因为船舶是海上运输的基本载体。又如第九章海难救助、第十章共同海损、第十一章海事赔偿责任限制等，既涉及海上运输关系，又属于与船舶有关的债权关系。所以，《海商法》第1条把“船舶关系”与“海上运输关系”并列为调整对象，在逻辑上是不准确的。[②]

李海在《关于修订〈海商法〉需要厘清的几个基本理论问题——从〈海商法〉的第一章“总则”说起》一文中也详细分析了海上运输关系和船舶关系的相互关系：

> 另有学者认为，“海上运输关系”仅指“海上运输合同关系”。不可否认，“海上运输合同关系”的内涵与外延都是非常清楚的。就《海商法》总则以外其他章节的规定来看，这种合同具体表现为第四章规定的海上货物运输合同，第五章规定的海上旅客运输合同以及满足一定条件的第七章规定的海上拖航合同。然而，如果立法的本意确实是采这一观点的话，那么《海商法》的第1条就不应使用“海上运输

---

① 主要表现为《海商法》第一章“总则”第4条至第6条，以及第三章“船员”的部分规定。

② 李天生：《论海商法的概念、调整对象与属性》，载《大连海事大学学报（社会科学版）》2012年第6期，第50页。

关系”这一说不清理还乱的概念，而应直接使用“海上运输合同关系”这一概念。另一方面，如果把“海上运输关系”限定为是“海上运输合同关系”，那么就必须对“船舶关系”作出足够宽泛的解释，如把“船舶关系”解释为是“与船舶有关的关系”等，以使其可以涵盖除海上运输合同关系以外《海商法》作出了具体规定的各种关系，如海上保险合同关系、海难救助关系等。但是，如果这样解释“船舶关系”的话，那么所有的“海上运输关系”（包括“海上运输合同关系”）也都可以被纳入“船舶关系”的范畴，因为所有的海上运输都必须以船舶为运输工具，因此也都是与船舶有关的关系。这样一来，《海商法》的调整对象只需保留“船舶关系”的内容即可，而无需再含有“海上运输关系”的内容。①

虽然海上运输关系与船舶关系确实存在重合，但考察《海商法》第1条的立法沿革，此前各稿草案多次采用的表述是“海上运输中发生的以及与船舶有关的法律关系”。例如，1982年11月稿规定：“为了规定海上运输中发生的以及与船舶有关的法律关系，保护有关各方的合法权益，以利发展海运，促进贸易，特制定本法。”②“以及”用于表示并列关系，在前的成分往往居于主要地位。③因此，基于历史解释等法律解释方法，④可以认为表述在后的船舶关系更多居于补充地位，即用于补充海上运输关系在文义上无法涵盖的社会关系，例如船舶物权关系。易言之，凡是可以归入海上运输关系的社会关系，至少在海商法调整对象的层面便不再需要考虑船舶关系，而不必在二者之间作出非此即彼的明确区分。

立法资料

《海商法》第1条的立法沿革⑤

1963年稿：为了明确和处理航海贸易中所发生的各种法律关系，维护海上船舶的航行安全和促进航海贸易的发展，特制定本法。

1982年5月稿：为了调整中华人民共和国海上运输中发生的以及与船舶有关的法律关系，

---

① 李海：《关于修订〈海商法〉需要厘清的几个基本理论问题——从〈海商法〉的第一章“总则”说起》，载《中国海商法年刊》2011年第1期，第23页。

② 司玉琢、张永坚、蒋跃川编著：《中国海商法注释》，北京大学出版社2019年版，第2页。

③ 参见中国社会科学院语言研究所词典编辑室编：《现代汉语词典》（第7版），商务印书馆2016年版，第1548页。

④ 历史解释也称法意解释，是指通过考察立法过程探求立法目的和意旨，从而阐明法律文本含义的法律解释方法。参见王利明：《法学方法论：以民法适用为视角》（第2版），中国人民大学出版社2021年版，第415页。

⑤ 参见司玉琢、张永坚、蒋跃川编著：《中国海商法注释》，北京大学出版社2019年版，第1–2页。

保护有关各方的合法权益，以利发展海运，促进贸易，特制定本法。

1982年11月稿：为了规定海上运输中发生的以及与船舶有关的法律关系，保护有关各方的合法权益，以利发展海运，促进贸易，特制定本法。

（三）“船舶关系”的表述是否恰当?

法律的调整对象是社会关系，而社会关系是人们在社会活动和交往过程中形成的相互关系，本质是人与人之间的关系。① 船舶只是一种物，任何物本身不能构成社会活动和交往，无法形成人与人之间的关系。因此，“船舶关系”的表述至少在文义上也无法指称特定的社会关系。

赵德铭主编的《国际海事法学》一书认为：

> 除了船舶物权关系以外，法律关系只能因某种行为而产生，静态的物一般不能作为法律关系的分类标准，船舶关系与货物关系、书籍关系一样，使律师和法官茫然不知所措。如果船舶关系是指与船舶有关的法律关系，由于海上运输也与船舶有关，从逻辑概念上说，“船舶关系”也不能与“海上运输关系”并列。适当的措词似应是：海商法调整海上运输关系以及其他与船舶有关的各种关系。这样，诸如定期租船合同、光船租赁合同、船舶物权、救助关系、海上保险合同等均可列入“其他与船舶有关的各种关系”。②

李天生在《论海商法的概念、调整对象与属性》一文中也指出：

> “船舶关系”用词不当，法律的调整对象是人与人之间发生的社会关系，以物的名词对社会关系进行分类命名，容易令人误解和迷惑（如书本关系、茶叶关系），把船舶关系仅理解为船舶物权关系，就和这个“船舶关系”的用词有关。③

但是，也有部分学者存在不同观点，例如李海在《关于修订〈海商法〉需要厘清的几个基本理论问题——从〈海商法〉的第一章“总则”说起》一文中参照作为民法调整对象之一的财产关系，主张船舶关系应是人与人之间围绕船舶发生的具有经济内容的社会关系：

---

① 参见付子堂主编：《法理学初阶》（第6版），法律出版社2021年版，第251页。

② 赵德铭主编：《国际海事法学》，北京大学出版社1999年版，第2页。

③ 李天生：《论海商法的概念、调整对象与属性》，载《大连海事大学学报（社会科学版）》2012年第6期，第49-50页。

关于"船舶关系"，有学者认为，"《海商法》调整'船舶关系'的提法似有不妥，船舶是物，不可能构成社会关系。"其实不然。众所周知，"财产关系"是民法调整对象的组成部分。但是，"我国民法调整的财产关系，不是指财产与财产的关系，也不是指人与财产的关系，而是指人与人之间因财产所发生的具有经济内容的社会关系。""财产关系与人身关系是中国民法调整对象的外在形态。财产关系是指以财产为媒介发生的社会关系。""财产关系通常被划分为财产的支配关系和财产的流转关系，前者是指因财产的占有、使用、收益、处分而发生的社会关系，后者指因移转财产而发生的社会关系。"①

民法调整对象所谓财产关系，其中的财产看似也以物为主要类型，但财产关系实际只是"财产性关系"的略语，即人们在产品生产、分配、交换和消费过程中形成的具有经济内容的关系。②与之相对的人身关系则是以非财产性为基本特征。"船舶关系"的表述难以进行类似的解释，即不存在"船舶性关系"。此时唯有对于船舶关系的文义适当修正，解释为与船舶有关的社会关系，同时作为海上运输关系的补充，以此克服"船舶关系"的表述失误。

四、海商法调整对象的立法表达

（一）比较法上关于海商法调整对象的规定

考察各个法域的海事立法，鲜见明文规定海商法调整对象的立法例，少数的例外主要集中于苏俄相关法域。例如，俄罗斯联邦《商船航运法典》第 1 条规定：

1. 本法典调整商业航海所产生的各种关系。

调整商业航海产生的各种关系的依据，还有根据本法典颁布的其他联邦法律（下称法律）、俄罗斯联邦总统的命令和俄罗斯政府的决定（下称俄联邦其他法律文件）。

2. 商业航海产生的并以商业航海参加者的平等、意思自治和财产自主为根据的各种财产关系，依据俄罗斯联邦《民法典》由本法典调整，本法典没有调整的或者没有全部调整的各种财产关系适用俄罗斯联邦民事法律规定。③

---

① 李海：《关于修订〈海商法〉需要厘清的几个基本理论问题——从〈海商法〉的第一章"总则"说起》，载《中国海商法年刊》2011 年第 1 期，第 23 页。

② 参见王利明：《民法总则研究》（第 3 版），中国人民大学出版社 2018 年版，第 34 页。

③ 石均正译：《俄罗斯联邦海商法典》，中国政法大学出版社 2018 年版，第 1 页。

此前苏联《海商法典》第 1 条也规定：

苏联海商法典调节商业性航海活动中发生的各种关系。

本法典所称商业性航海活动，是指利用船舶进行货物、旅客、行李和邮件运输，经营捕鱼和其它海上捕捞业，开采矿物，进行拖带、破冰和救助，以及进行其它以经济、科学和文化为目的的活动。[①]

波兰《海商法》第 1 条第 1 款也规定：

波兰海商法调整有关海上运输的法律关系。

上述立法例的共同之处，应是对于海商法的调整对象采取颇为笼统、抽象的表述，主要是以航海或海上运输为中心进行描述性的概括，而未追求周全和具体。不仅法律功能较弱而以宣示性意义为主，也毋需通过法律解释确定调整对象的具体含义。即使是俄罗斯联邦《商船航运法典》第 1 条第 2 款稍显复杂的表述，即“商业航海产生的并以商业航海参加者的平等、意思自治和财产自主为根据的各种财产关系”，也只是为了强调海商法的调整对象是平等主体之间的横向关系，而未指向类似于海上运输关系、船舶关系的具体社会关系类型。因此，具体列明海商法的调整对象不是比较法上海事立法[②]的常见做法。

（二）海商法调整对象的封闭性

海商法的调整对象具有封闭性，即海事立法调整的社会关系主要取决于法典的章节设置。此种特征明显有别于其他民商事法律。以保险法为例，近年各类新型的保险产品层出不穷，但各类新型保险产品形成的合同关系，原则上均可适用《保险法》第二章关于保险合同的规定，至多仅在具体的可操作性层面存在差别。《民法典》的适用范围更是如此，凡是平等主体之间形成的人身关系和财产关系均可适用该法的规定。

海商法的调整对象与此截然不同。以船舶建造合同、船舶买卖合同、船舶融资租赁合同等以船舶为中心的商事合同为例，此类合同形成的社会关系理应属于船舶关系，但由于《海商法》未设章节规范此类合同，导致对应的社会关系即使能为船舶关系的文义涵盖，客观上仍不属于法典[③]的适用范围。因此，无论海商法的调整对象在立法上如何表达，法典的调整

---

① 交通部政策法规司：《海商法参考资料》，交通部政策法规司 1991 年版，第 3-4 页。

② 考虑到部分术语在我国已经形成较为稳定的习称，例如海事立法、海事司法实践、海事诉讼、海事诉讼时效、涉外海事关系法律适用，本书予以沿用。此时“海事”取其中义，即与广义的海商和海商法对应。

③ 《中华人民共和国海商法》的正式英文译名为“Maritime Code of the People's Republic of China”，通常简称为“Chinese Maritime Code”或“CMC”。《海商法》虽未采用“海商法典”作为名称，但其本质上仍是一部法典。

范围主要仍由法典本身的章节设置决定，明文规定调整对象的必要性并不彰显。

《海商法》第 1 条是关于该法立法宗旨的规定，立法宗旨的改变往往意味着一部法律的内容发生了根本性变化。因此，如非绝对必要不应轻易修改关于立法宗旨的条文。既然海商法的调整对象本身具有封闭性，加之比较法上几乎不见具体列明海商法调整对象的立法例，《海商法》修改时基于立法技术需要完全可以保留现有表述。

立法资料

《海商法（修改送审稿）》关于调整对象的反馈意见

《海商法（修改送审稿）》定向征求意见期间，部分单位反馈的意见主张修改本法第 1 条关于调整对象的表述：

- 《修改送审稿》需正确界定海商法的调整对象和适用范围问题。《修改送审稿》保留原《海商法》第一条原文，规定本法的调整范围仅限于海上运输关系、船舶关系，但实际上调整的法律关系内容远不止于此，还包括船员、水路运输、污染损害、保险、拖航等。作为总则第一条调整范围的规定如果不能涵盖《海商法》内容，可能会出现总则与其他各章关系的混乱，进而导致法律适用不明确。

五、海商法调整对象的学理界定

基于海商法的民事特别法地位，结合民法调整平等主体之间的人身关系和财产关系的通说，海商法的调整对象在学理上可以初步界定如下：平等主体之间在海上运输及周边活动中形成的特殊的人身关系和财产关系。此时海商法的调整对象可从以下三个方面进行理解：

一是“平等主体”，旨在强调海商法的部门属性是民事特别法，仅调整横向的社会关系。

二是“海上运输及周边活动”，表明海商法是以海上运输为中心；至于周边活动，主要是指海上运输辐射形成的周边社会关系，例如为海上运输提供工具基础形成的船舶物权关系，海上运输发生事故形成的船舶碰撞关系，以及分散海上运输风险形成的海上保险合同关系。

三是“特殊”，意在说明海商法不调整海上运输及周边活动形成的一般民事关系。例如，邮轮旅游涉及的海上旅客运输合同关系，属于海商法的调整对象。但是，如果旅客在船上购买免税商品，此时其与经营者之间形成的买卖合同关系不具有航运活动的属性，也不涉及海上特殊风险，应由一般民事法律而非海商法调整。

第三节　海商法的定义

一、比较法上海商法的定义

考察域外的海商法论著，较少直接给出海商法的定义。特别是以英国法为代表的英美法系在海商法领域影响甚巨，而对于特定法律部门、法律领域进行定义实非英美法系学理著作的习惯做法。

上文已经提及，*Black's Law Dictionary* 将 maritime law 解释为调整海上商事和航行活动、海上人员和财产运输，以及一般意义上的海上事务的法律的整体；调整水上商事活动产生的合同、侵权和劳工赔偿请求的规则。[①][②]*The Oxford Companion to Law* 也认为海商法是关于船舶、航运和海上运输的法律。[③]虽然我国学理上习惯于将海商法译为 maritime law，但上文的分析已经说明，maritime law 的内涵其实并不限于作为民事特别法的海商法，而是兼有私法和公法的内容，即 maritime law 的内涵大于海商法。因此，讨论海商法的定义时，更为值得关注的应是比较法上同样以汉字表述的海商法，即日本、韩国、我国台湾地区三个东亚法域。

东亚法域对于海商法的定义主要分为两种方式：一是强调海商法是以海上运输或船舶为中心。例如，日本学者中村真澄、[④]箱井崇史[⑤]认为，海商法是调整人类以海上运输为中心利用船舶开展的海上活动即航运的法律。[⑥]我国台湾地区学者张东亮认为，海商法是规范海商企业主体以船舶从事海上商业运输活动为中心的私法；[⑦]张新平认为，海商法是规范利用船舶在海上从事相关行为产生的私法上权利义务关系的法律，其中相关行为包括货物运输、

---

① 参见胡正良主编：《海事法》（第 3 版），北京大学出版社 2016 年版，第 3 页。

② See Bryan A.Garner（ed.），*Black's Law Dictionary*，Thomson Reuters，2019，p.1159.

③ 参见［英］戴维·M. 沃克：《牛津法律大辞典》，李双元等译，法律出版社 2003 年版，第 733 页。

④ 中村真澄（1927–2017），法学博士，曾任早稻田大学教授、法学部部长，主要著作包括《海商法》、《海上运输合同法》、《海上货物承运人责任论》、《公司法》、《海商法》（与箱井崇史合著）、《注解国际海上货物运输法》（与户田修三合著）。

⑤ 箱井崇史（1965– ），法学博士，早稻田大学教授，曾任早稻田大学法学学术院院长、法学部部长，主要著作包括《基本讲义 现代海商法》、《海商法》（与中村真澄合著）、《船舶碰撞法》（主编）。

⑥ 中村眞澄＝箱井崇史『海商法』（成文堂，2013 年）1 頁参照。

⑦ 参见张东亮：《海商法新论》（第 2 版），台北，五南图书出版公司 1986 年版，第 6 页。

旅客运输、船舶碰撞、海难救助、共同海损和海上保险。[①]

二是强调海商法是关于海上企业营利活动的法律，其中又以日本法的通说海上企业法说最为典型。例如，日本学者村田治美认为海商法是关于海上企业，即以海洋为舞台依靠船舶开展活动的企业的固有法律。[②]韩国学者金仁显认为海商法是规定海上企业营利活动的私法，[③]崔钟贤也认为海商法是规范海上企业特有的社会关系的法律。[④]我国台湾地区法学研究由于长期受到日本法的影响，也广泛采纳海上企业法说，只是有时以“海上商事”的表述代之。[⑤]例如，杨仁寿认为海商法是以海上企业为规范对象的海事商事私法；[⑥]郑玉波也认为海商法是以海上商事为规范对象的商事法。[⑦]

二、海商法在中国的定义

（一）民国时期

中国法学研究的传统历来偏好对于概念进行界定，关于海商法的学理定义也颇为丰富，而且大多与同一时期的海事立法有所呼应。

中华民国时期的海商法著作，全部出版于1929年12月20日《中华民国海商法》公布之后，其中关于海商法的定义多数强调海商法的私法或谓民商法属性。例如，杨鹏认为：“海商法乃海事私法，规定航海营业之商船及其相关之事项者也；”[⑧⑨]同时，不少著作对于海法的概念亦有提及，认为海商法是海法的组成部分。例如，刘经旺认为：“海商法者，及关于海事之特别私法而为海法之一部者也。”[⑩]此种观点应是受到日本法的影响。《中华民国海商法》的内容来源之一是《大清商律草案》的第五编“海船律”，而后者主要是由日本学者志田钾太郎[⑪]起草。最为典型的应是王效文在《中国海商法论》一书中，从海法和商法两个方面给出了海商法的定义：

---

① 参见张新平：《海商法》（增订第5版），台北，五南图书出版股份有限公司2016年版，第2页。

② 村田治美『体系海商法』（成山堂書店，2007年）7頁参照。

③ 金仁顯（2020），海商法，法文社，3면.

④ 崔鍾賢（2014），海商法詳論，博英社，3면.

⑤ 也有少数观点认为海商法不限于商法，例如梁宇贤认为：“海商法者，系指因航海而发生之权利义务关系为主之法律，并不以商事为限。”参见梁宇贤：《海商法论》，台北，三民书局1997年版，第2页。

⑥ 参见杨仁寿：《最新海商法论》（第4版），2010年自版发行，第1页。

⑦ 参见郑玉波：《海商法》（修订13版），林群弼修订，台北，三民书局2008年版，第4页。

⑧ 杨鹏：《海商法新论》，朝阳学院出版部1934年版，第1页。

⑨ 类似观点可见刘笃：《海商法论》（第一分册），国立同济大学法律学会1947年版，第1页。

⑩ 刘经旺：《海商法》，国立武汉大学1941年版，第1页。

⑪ 志田钾太郎（1868–1951），曾任明治大学校长，主要著作为《日本商法论》（四卷）。

> 海商法者，海法之一部，以海不仅有商也；海商法者，商法之一部，以商不限于海也。何谓海法？关于海事法规之总称也。何谓商法？关于商事法规之总称也。何谓海商法？关于海上商事法规之总称也。[①]

此外，也有观点主张海商法是关于私船的法律，例如王孝通认为："海商法是适用于私船的法规。"[②] 此种观点应是受到"海船律"名称的影响。志田钾太郎曾经详细说明了《大清商律草案》第五编命名为"海船"，而未参照当时日本《商法》第五编采用的"海商"作为名称的原因：

> 船舶（英 Ship，法 Navire，德 Schiff）法，即海商法（英 Law of shipping，法 Droit commercial maritime，德 seehandelsrecht）。海商对于陆商而言，称为海商法，似另有陆商法。按之理论，征之实际，诸多不合，且海商法之内容，以船舶为其中心，不如称为船舶法之为当。但日本除海商法外，另有船舶法，为一种特别法，称海商法为船舶法，又不足以示区别，究嫌未合。中国无单行船舶法，故中国商法典中之海商法，可自初定名为船舶法。[③]

（二）中华人民共和国时期

中华人民共和国时期，上文已经提及我国台湾地区学理论著关于海商法的定义多是大同小异，强调海上商事活动作为海商法规制对象的同时，利用船舶也是常被提及的特征之一。至于我国大陆，可以 1992 年 11 月 7 日《海商法》通过为节点，分为两个时期分别加以考察。

1.《海商法》通过以前

《海商法》通过以前，我国学理论著关于海商法的定义多以海上运输为中心。例如，我国海商法泰斗魏文翰的《海商法讲座》一书，作为中华人民共和国第一部正式出版的海商法著作，其中认为："在航海贸易中，特别是在海上运输过程中，对各方面所发生的关系起着调整和指导作用的法规，就是海商法。"[④]

随着 1981 年 5 月《海商法》起草工作重新启动，各稿草案第 1 条关于海商法调整对象的表述逐渐成型，而且引入了"与船舶有关的法律关系"或类似表述，学理论著关于海商法

---

① 王效文：《中国海商法论》（第 3 版），上海法学编译社 1931 年版，第 1 页。

② 王孝通编著：《海商法》，商务印书馆 1935 年版，第 1 页。

③ ［日］志田钾太郎口述：《商法：有价证券船舶》，熊元楷、熊元襄、熊仕昌编，上海人民出版社 2013 年版，第 77 页。

④ 魏文翰：《海商法讲座》，法律出版社 1965 年版，第 2 页。

的定义也将船舶要素纳入其中。例如，夏斗寅编著的《海商法基础》一书认为："海商法是调整海上运输中发生的以及与船舶有关法律规范的总称。"①②

特别值得注意的是，魏文达在《海商法浅说》一书中针对"海商法"一语逐字作出了颇为详细的解释，虽以今日理论观之未必完全准确，但对理解海商法的具体内容仍有重要的参考价值：

> 海商法的"海"字包括"凡是与海、水上运输有关的事宜"。长江不能叫江商法，黄河不能叫河商法，有几个大湖，如鄱阳湖、洞庭湖、太湖也不能叫湖商法，太平洋、印度洋也不能叫洋商法。海字的范畴包括江、河、湖、洋。凡是与海相通的水域出了事故，都要按海商法来解决。
>
> 所谓商，就是指做生意。这个生意，通过航运来做。航运就是航行运货，还有许多船不是航运船，象部队舰艇（它也运货，不过它运的不是商货，而是部队的供给品）、医务船、水文船、学校的船、停在江面的囤船，这些都不是做生意的，都不属海商法的范畴。这个商也有个问题，按照我们社会主义国家的制度，船是全民所有或集体所有，都是属于国家的。按照外交方面的关系，凡是国家所有的船舶上的工作人员、包括军舰、后勤部门的舰船、商船和各远洋公司的船上的工作人员都应该享受和外交人员同样的特权。这种特权就是到国外去出了事故，当事国不得干涉，就如我们国家的大使、领事和使馆工作人员，如果出了事故，当地国家的法院不能干涉，都送回国内进行审判一样。这样一来，外国人装货到中国来就不敢装我们的船了。因为装船出了事故，他们的国家管不了，只能通过外交途径来处理。这不但使我们国家的航运事业受到了影响，而且对他国的航运事业也要带来影响。为此，联合国通过了一项决议："凡国家所有的外出做生意的船舶上的工作人员不应享受其国家外交人员的同样特权。"这样，外国的船就敢装我们的货了，我们的货也可以运到外国去，外国人也可以利用我们的船把货运到我们的国家来了。
>
> 所谓法，是处理国家的商业跟外国的商业互通有无时发生纠纷而制定的法律。法有两种，即国内法和国际法。民法、刑法、民事诉讼法等都是限于国内的法律，

---

① 夏斗寅编著：《海商法基础》，法律出版社 1988 年版，第 7 页。

② 类似观点可见张晓萍编：《海商法》，辽宁大学 1986 年版，第 2 页；吴焕宁主编：《海商法学》，法律出版社 1989 年版，第 1 页；司玉琢、胡正良、傅廷忠、李海、朱清、汪鹏南编著：《海商法详论》，大连海事大学出版社 1995 年版，第 3 页。

海商法不仅限于国内，而且重点放在国际上。①

2.《海商法》通过以后

《海商法》通过以后，由于其中第 1 条已经明确采用了“调整海上运输关系、船舶关系”的表述，学理论著关于海商法的定义多数均以此为基础，即以调整对象为中心将海商法定义为调整海上运输关系和船舶关系的法律。例如，司玉琢主编的《海商法》一书认为：“狭义海商法是调整平等主体间海上运输关系和船舶关系的法律规范的总称。”②③ 即使是《海商法》通过以前已经出版的著作，修订时也大多改为类似表述。例如，吴焕宁主编的《海商法学》1989 年第 1 版认为：“海商法是调整在航海贸易中与船舶有关的各种关系的法规的总称。”④1996 年第 2 版改为：“海商法是调整海上运输关系、船舶关系的法律规范的总称。”⑤

海商法是调整海上运输关系和船舶关系的法律，目前已经成为我国的学理通说。⑥ 如果认为海上运输关系和船舶关系的表述不尽周延，可以基于海商法的调整对象将海商法定义如下：海商法是调整平等主体之间在海上运输及周边活动中形成的特殊的人身关系和财产关系的法律。

拓展阅读

1. 胡正良主编：《海事法》（第 3 版），北京大学出版社 2016 年版，第一章“海事法概述”第一节“海事法的含义与特点”。

2. 李海：《关于修订〈海商法〉需要厘清的几个基本理论问题——从〈海商法〉的第一章“总则”说起》，载《中国海商法年刊》2011 年第 1 期。

3. 李天生：《论海商法的概念、调整对象与属性》，载《大连海事大学学报（社会科学版）》2012 年第 6 期。

---

① 魏文达：《海商法浅说》，武汉河运专科学校科技情报室 1983 年版，第 1–2 页。

② 司玉琢主编：《海商法》（第 4 版），法律出版社 2018 年版，第 1 页。

③ 类似观点可见司玉琢、胡正良、傅廷忠、李海、朱清、汪鹏南编著：《海商法详论》，大连海事大学出版社 1995 年版，第 3 页；於世成、杨召南、汪淮江编著：《海商法》，法律出版社 1997 年版，第 1 页；郭瑜：《海商法教程》（第 2 版），北京大学出版社 2012 年版，第 5 页；张丽英：《海商法学》（第 3 版），高等教育出版社 2016 年版，第 2 页。

④ 吴焕宁主编：《海商法学》，法律出版社 1989 年版，第 1 页。

⑤ 吴焕宁主编：《海商法学》（第 2 版），法律出版社 1996 年版，第 1 页。

⑥ 也有少数不同观点或表述存在，例如陈宪民认为：“海商法是调整海上运输活动中船舶及其所有人与其他有关当事人的各种法律关系的法规总称。”参见陈宪民、魏友宏、张梅生编著：《海商法论》（第 2 版），中国法制出版社 2002 年版，第 1 页。

第二讲
海商法的地位

【知识提要】

本讲讨论海商法在法律体系中的地位，重点在于认定海商法的部门属性，即海商法应当归入哪一法律部门。

1. 法律部门与海商法的部门属性争议。法律部门划分的主要标准是法律的调整对象，次要标准是调整方法。关于海商法的地位，目前我国学理上主要存在三种不同观点，即海商法是民法的特别法、海商法是国际经济法的分支、海商法是独立的法律部门。

2. 海商法与民法的关系。海商法作为传统商法的主要分支，无论在民商合一还是民商分立的法域均为民事特别法，但海商法实质上不完全是商法，即海商法的调整对象不限于商事关系，而是同时涉及其他民事关系。

3. 海商法与国际法的关系。我国学理上习惯于将海商法作为国际经济法的分支。但是，国际经济法不是独立的法律部门，其中国际贸易私法的内容应当归入民法商法部门。海商法整体上不是国际经济法的分支，仅在海上货物运输法和海上货物运输保险法领域与国际贸易法存在部分交集。

4. 海商法与海法的关系。海法是二十一世纪一十年代以来在我国兴起的概念。我国学者所称海法是指全部与海相关法律的集合，但海法在东亚其他法域仅指与海事相关的法律，即以船舶或海上运输为中心。海商法是海法的分支，但海法不是学理上值得过多关注的概念，更不是独立的法律部门。

5. 海商法与航运法律的关系。航运法律是调整航运活动发生的特殊社会关系的法律的总称，属于领域法而非法律部门。航运法律的部门构成包括海商法、航运行政法、航运经济法和航运程序法。航运法律的外在共性是对围绕航运活动发生的特殊社会关系的调整，内在共性是海上风险对于法律的影响。

【知识结构】

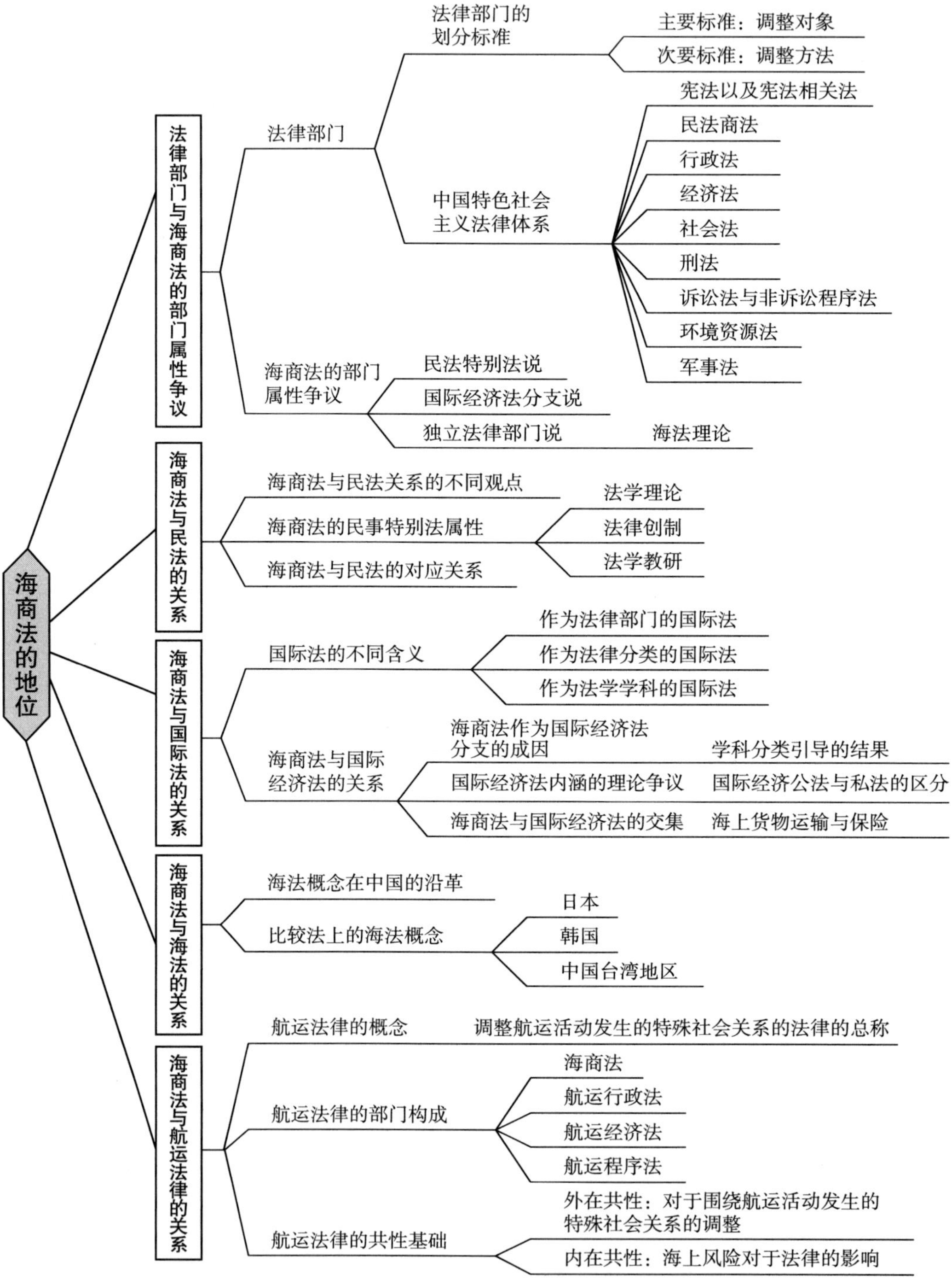
海商法的地位
法律部门与海商法的部门属性争议
法律部门
法律部门的划分标准
主要标准：调整对象
次要标准：调整方法
中国特色社会主义法律体系
宪法以及宪法相关法
民法商法
行政法
经济法
社会法
刑法
诉讼法与非诉讼程序法
环境资源法
军事法
海商法的部门属性争议
民法特别法说
国际经济法分支说
独立法律部门说
海法理论
海商法与民法的关系
海商法与民法关系的不同观点
海商法的民事特别法属性
法学理论
法律创制
法学教研
海商法与民法的对应关系
海商法与国际法的关系
国际法的不同含义
作为法律部门的国际法
作为法律分类的国际法
作为法学学科的国际法
海商法与国际经济法的关系
海商法作为国际经济法分支的成因
学科分类引导的结果
国际经济法内涵的理论争议
国际经济公法与私法的区分
海商法与国际经济法的交集
海上货物运输与保险
海商法与海法的关系
海法概念在中国的沿革
比较法上的海法概念
日本
韩国
中国台湾地区
海商法与航运法律的关系
航运法律的概念
调整航运活动发生的特殊社会关系的法律的总称
航运法律的部门构成
海商法
航运行政法
航运经济法
航运程序法
航运法律的共性基础
外在共性：对于围绕航运活动发生的特殊社会关系的调整
内在共性：海上风险对于法律的影响

第一节 法律部门与海商法的部门属性争议

一、法律部门

（一）法律部门的划分标准

海商法的地位，是指海商法在法律体系中的地位，重点在于认定海商法的部门属性，即海商法应当归入哪一法律部门。

法律部门的严格划分主要是大陆法系的理论研究传统，英美法系对此关注相对较少。法律部门也称部门法，是指根据一定标准和原则，按照法律规范自身的不同性质、调整社会关系的不同领域和不同方法等标准，划分的同类法律规范的总和。法律部门是法律体系的基本构成，各个不同的法律部门的有机组合即形成特定法域的法律体系。①

我国学理上的传统观点认为，法律部门划分的主要标准是法律的调整对象，次要标准是调整方法。②前者即法律调整的社会关系，后者主要是指在调整社会关系时用以影响和控制社会关系的手段和方式，着重关注的是法律的制裁方法，③即法律施加的责任形式。例如，将以刑罚制裁方法为特征的法律归入刑法部门，而将要求以停止侵害、恢复原状、赔偿损失等方式，承担违约责任、侵权责任的法律归入民法部门。④

（二）中国特色社会主义法律体系的法律部门

2011 年 3 月 10 日，时任全国人民代表大会常务委员会委员长吴邦国在第十一届全国人民代表大会第四次会议上所作《全国人民代表大会常务委员会工作报告》指出：

> 一个立足中国国情和实际、适应改革开放和社会主义现代化建设需要、集中体现党和人民意志的，以宪法为统帅，以宪法相关法、民法商法等多个法律部门的法律为主干，由法律、行政法规、地方性法规等多个层次的法律规范构成的中国特色社会主义法律体系已经形成，国家经济建设、政治建设、文化建设、社会建设以及

---

① 参见张文显主编：《法理学》（第 5 版），高等教育出版社 2018 年版，第 102 页。
② 参见周旺生、宋苏力主编：《北京大学法学百科全书：法理学·立法学·法律社会学》，北京大学出版社 2010 年版，第 51 页。
③ 参见付子堂主编：《法理学初阶》（第 6 版），法律出版社 2021 年版，第 251 页。
④ 参见张文显主编：《法理学》（第 5 版），高等教育出版社 2018 年版，第 103 页。

生态文明建设的各个方面实现有法可依，党的十五大提出到2010年形成中国特色社会主义法律体系的立法工作目标如期完成。①

根据国务院新闻办公室2011年10月发布的《中国特色社会主义法律体系》白皮书，中国特色社会主义法律体系是由宪法相关法、民法商法、行政法、经济法、社会法、刑法、诉讼与非诉讼程序法等多个法律部门组成的有机统一整体。② 随着我国经济社会发展和生态文明建设不断深入，以及法律体系的完善和发展，法律体系内部产生了一些新兴法律部门，主要是指环境资源法和军事法。③ 中国特色社会主义法律体系各个法律部门的主要内容如下：

1. 宪法以及宪法相关法。宪法是国家的根本大法，而宪法相关法是与宪法配套、直接保障宪法实施和国家政权运作等方面的法律，其中调整国家政治关系，主要包括国家机构的产生、组织、职权和基本工作原则方面的法律，例如《全国人民代表大会组织法》《国务院组织法》；民族区域自治制度、特别行政区制度、基层群众自治制度方面的法律，例如《民族区域自治法》《香港特别行政区基本法》《城市居民委员会组织法》；维护国家主权、领土完整、国家安全、国家标志象征方面的法律，例如《反分裂国家法》《国家安全法》《国旗法》；保障公民基本政治权利方面的法律，例如《全国人民代表大会和地方各级人民代表大会选举法》。

2. 民法商法。民法是调整作为平等主体的公民之间、法人之间、公民和法人之间的人身关系和财产关系的法律，遵循民事主体地位平等、意思自治、公平、诚实信用等基本原则，我国的民事基本法即《民法典》；商法调整商事主体之间的商事关系，遵循民法的基本原则，同时秉承保障商事交易自由、等价有偿、便捷安全等原则。我国的商法均为单行法，例如《公司法》《企业破产法》《票据法》《保险法》《海商法》。我国私法立法历来采取民商合一体例，本书对于民法商法更多统一称为民法部门。

3. 行政法。行政法是关于行政权的授予、行政权的行使以及对于行政权的监督的法律，调整的是行政机关与行政管理相对人之间因行政管理活动发生的关系，遵循职权法定、程序法定、公正公开、有效监督等原则，既保障行政机关依法行使职权，又注重保障公民、法人和其他组织的权利。我国的行政法如《行政处罚法》《行政复议法》《行政许可法》。

---

① 吴邦国：《全国人民代表大会常务委员会工作报告——2011年3月10日在第十一届全国人民代表大会第四次会议上》，载《中国人大》2011年第6期，第8页。

② 参见中华人民共和国国务院新闻办公室：《中国特色社会主义法律体系》，载中华人民共和国国务院新闻办公室，http://www.scio.gov.cn/ztk/dtzt/62/3/Document/1035422/1035422.htm，最后访问日期：2022年8月31日。

③ 参见张文显主编：《法理学》（第5版），高等教育出版社2018年版，第104页。

4. 经济法。经济法是调整国家从社会整体利益出发，对于经济活动实行干预、管理或者调控而产生的社会经济关系的法律。经济法为国家对市场经济进行适度干预和宏观调控提供法律手段和制度框架，防止市场经济的自发性和盲目性导致的弊端。我国的经济法如《价格法》《中国人民银行法》《个人所得税法》《农业法》。

5. 社会法。社会法是调整劳动关系、社会保障、社会福利和特殊群体权益保障等方面的法律，遵循公平和谐和国家适度干预原则，通过国家和社会积极履行责任，对于劳动者、失业者、丧失劳动能力的人以及其他需要扶助的特殊人群的权益提供必要的保障，维护社会公平，促进社会和谐。我国的社会法如《劳动法》《劳动合同法》《社会保险法》《就业促进法》。

6. 刑法。刑法是规定犯罪与刑罚的法律。刑法通过规范国家的刑罚权，惩罚犯罪，保护人民，维护社会秩序和公共安全，保障国家安全。我国的刑法以《刑法》即刑法典为中心。

7. 诉讼与非诉讼程序法。诉讼与非诉讼程序法是规范解决社会纠纷的诉讼活动与非诉讼活动的法律。诉讼法律制度是规范国家司法活动解决社会纠纷的法律，例如《民事诉讼法》《刑事诉讼法》；非诉讼程序法律制度是规范仲裁机构或者人民调解组织等非诉讼纠纷解决机构解决社会纠纷的法律，[①] 例如《仲裁法》《人民调解法》。

8. 环境资源法。环境资源法是调整在开发、利用、保护和改善人类环境过程中产生的社会关系的法律。环境资源法的目的是通过对于一定社会关系的调整，协调人类与环境的关系，保护人类生存环境和身体健康，保障社会经济的持续发展。我国的环境资源法如《环境保护法》《大气污染防治法》《森林法》。

9. 军事法。军事法是调整国防建设和军事关系的法律。军事法包括国防和武装力量建设以及战争准备与实施等方面的法律。[②] 我国的军事法如《国防法》《兵役法》《军事设施保护法》。

此外，从法学理论的角度同样值得关注的法律领域是国际法即国际公法。国际法是否构成独立的法律部门，即与民法商法等法律部门平行，我国学理上仍然存在争议。[③] 通常认为国际法是主要在国家之间形成并主要依靠国家单独或集体的力量加以实施，调整以国家为

---

① 参见中华人民共和国国务院新闻办公室:《中国特色社会主义法律体系》，载中华人民共和国国务院新闻办公室，http: //www.scio.gov.cn/ztk/dtzt/62/3/Document/1035422/1035422.htm，最后访问日期: 2022 年 8 月 31 日。

② 参见卓泽渊:《法学导论》(第 3 版)，法律出版社 2021 年版，第 28–29 页。

③ 赞成国际法构成独立法律部门的观点，可见王铁崖主编:《国际法》，法律出版社 1995 年版，第 6–7 页；反对的观点可见张文显主编:《法理学》(第 5 版)，高等教育出版社 2018 年版，第 109 页。

主导的国际关系的法律。[①] 据此国际法具有不同于其他法律部门的调整对象和调整方法，应当构成独立的法律部门，而与民法商法等法律部门在法律体系中处于平行的地位。例如，我国的《领海及毗连区法》应当属于国际法中海洋法的范畴，而《外交特权与豁免条例》《领事特权与豁免条例》则属于外交和领事关系法。

二、海商法的部门属性争议

关于海商法的部门属性即在法律体系中的地位，目前我国学理上主要存在三种不同观点：第一，海商法是民法的特别法；第二，海商法是国际经济法的分支或谓组成部分；第三，海商法是独立的法律部门。第三种观点自二十一世纪一十年代以来，逐步发展成为海法理论，即主张海商法是海法的组成部分。

此处特别法与分支的区别在于：特别法是与一般法相对的概念，特别法的调整对象虽不超出对应法律部门调整对象的范围，但属于特殊事项而非一般事项；而分支是一般法的组成部分，调整对象属于一般事项。例如，海商法是民法的特别法，而合同法是民法的分支或谓组成部分。海商法调整的海上货物运输合同关系，较之合同法调整的合同关系、运输合同关系均属特别事项；但是，基于海商法是国际经济法分支的观点，包括海上货物运输合同关系在内的国际货物运输合同关系，本身就是国际经济法调整的一般事项，正如合同法之于民法。易言之，民法教科书多数不含海商法的内容，原因在于海商法是特别法，但国际经济法或国际贸易法的教科书或多或少均会涉及海商法的内容，特别是海上货物运输合同、海上货物运输保险，原因在于此类内容依通说本身即是国际经济法的组成部分。

关于上述三种观点较为典型的评析，可见傅廷中的《海商法》一书：

> 在我国，对于海商法性质的认定，至今还有很多的争论，有人说海商法是民法的特别法，有人认为海商法是国际经济法的一个分支，也有人主张海商法应该成为一个独立的法律部门。上述说法从表面上看似乎存在原则性的分歧，但其实只是观察问题的角度不同。说海商法是民法的特别法，是就法律的调整对象而言。由于海商法和民法所调整的都是平等主体之间的权利义务关系，因此，在我国没有商法典的情况下，只能将其纳入民法的范畴。说海商法是国际经济法的分支，乃是针对学科的研究对象而论。国际经济法学，顾名思义，应以国际经济法为研究对象，由于国际经济法本身具有跨部门法的性质，其中不仅包括国际公法规范，也包括涉外

① 参见白桂梅：《国际法》（第3版），北京大学出版社2015年版，第1页。

经济法规范和国际民商法规范。从这个意义上说，将海商法归于国际经济法的范畴也不足为怪。至于认为海商法应该成为独立法律部门的观点则是基于海商法的特殊性而提出。海商法最初是从欧洲的商人习惯法发展而来的，后来在英国取得了较大的发展，反过来又影响了欧洲大陆各国的海商立法。由于英国法以判例法为主，若用民法法系的理论解释普通法系的概念,注定会产生许多矛盾。正是由于这个原因，在大部分国家，海商法都脱离了民法而归于商法体系，有些国家（如英国）甚至将其作为独立的部门法对待，从这个角度上来说，关于海商法作为独立部门法的说法并非是空穴来风。①

如果认为国际经济法本身具有跨部门法的性质，即国际经济法不是独立的法律部门，而是同时涉及国际公法、经济法、民法商法等法律部门，或许民事特别法说与国际经济法分支说尚不冲突。但是，主张海商法是民法的特别法，即意味着海商法属于民法部门，此时与独立法律部门说之间便存在非此即彼的根本分歧，而不只是“观察问题的角度不同”。至于“在大部分国家，海商法都脱离了民法而归于商法体系”，背后应是大陆法系法域民商合一与民商分立两种民事立法体例的差异。包括海商法在内，商法在民商分立的法域整体上均为民法的特别法，此时海商法仍不构成独立的法律部门。而且，我国学理上大多认为民商分立已为旧制。② 比较法上将海商法作为民事特别法的立法例亦不在少数，典型即为我国台湾地区“海商法”；荷兰更是在《民法典》中设置了第八编“运输法”，其中第二部分即为海商法。

【知识拓展】

民商分立与民商合一

民商合一与民商分立是私法的两种立法体例。采纳民商合一体例的法域，公司法、保险法、破产法、票据法、海商法等商法多以单行法律的形式存在，属于民事特别法，例如我国《公司法》《保险法》《企业破产法》《票据法》《海商法》；采纳民商分立体例的法域则在民法典之外另有独立的商法典，商法典整体上属于民事特别法，例如德国海商法主要规定在《商法》第五编“海商”。

---

① 傅廷中：《海商法》（第 2 版），法律出版社 2017 年版，第 4–5 页。

② 参见梁慧星：《民法总论》（第 6 版），法律出版社 2021 年版，第 10 页。

学理通说认为民商分立已属旧制，法国、德国为其中典型，而瑞士首开民商合一之先河。以东亚法域为例，我国大陆、台湾地区均采民商合一的体例，制定民法典的同时另有单行的海商法，而日本、韩国则为民商分立，海商法的主体内容均规定在商法典的海商编。

1929年中华民国中央政治会议第183次会议决议，关于民商立法采取民商合一的立法体例，公司法、票据法、保险法、海商法等商法采用单行法律的形式作为民事特别法。当时通过的《民商法划一提案审查报告书》内容如下：

考各国立法例，有于民法典之外，另订商法典者，有不然者，我国今将从事法典之编订，原提案主张民商统一，详加研究，亦韪其议，兹将理由分述于左：

一、因历史关系，认为应订民商统一法典也。商法之于民法以外，成为特别法典者，实始于法皇路易十四。维时承阶级制度之后，商人鉴于他种阶级各有其身分法，亦遂组织团体，成为商人阶级；而商法法典渐亦相因而成。此商法法典别订于民法之外者，乃因于历史上商人之特殊阶级也。我国自汉初驰商贾之律后，四民同受治于一法，买卖钱债，并无民商之分。清末虽有分订民法法典及商法法典之议，民国成立以来亦沿其说，而实则商人本无特殊之阶级，亦何可故为歧视耶。

二、因社会进步，认为应订民商统一法典也。反对民商法典统一者之言曰，商法所定重在进步，民法所定多属固定，此在昔日之陈迹，容或有之。不知凡法典应修改者，皆应取进步主义，立法者认为应修改即修改，与民商合一与否无关。例如英国民商合一，而公司法施行后，亦有数次之修改，而德国为民商分立之国，乃商法之改变，远不如英国。于此可见进步与否并不在民商合一与否也。是以各国学者盛倡民商合一之论，其最著者如意国之维域提氏（Wiyontc），法国之他赖氏（Thaller），德国之典尔伯氏（Dernburg），皆有相当之理由。

三、因世界交通，认为应订民商统一法典也。反对民商法典统一者之言曰，商法具有国际性，民法则否，此亦犯于旧见之说也。民商合一，对于商事法规，应趋于大同与否，立法者尽可酌量规定，并不因合一而失立法之运用。且民商划分之国，其法典关于本国之特别规定者，亦不一而足也。

四、因各国立法趋势，认为应订民商统一法典也。意大利为商业发达最早之国，而其国之学者，主张民商合一为最力；英美商业，今实称雄于世界，而两国均无特别商法法典；瑞士亦无之；俄国1893年民法第一草案，1896年民法第二草案，1906年民法第三草案，1907年民法第四草案，均包商法在内。似此潮流，再加以学者之鼓吹提倡，则民商合一已成为世界立法之新趋势，我国何可独与其相反。

五、因人民平等，认为应订民商统一之法典也。人民在法律上本应平等，若因职业之异，或行为之不同，即与普通民法之外特订法典，不特职业之种类繁多，不能遍及，且于平等之原则不合。

六、因编订标准，认为应订民商统一之法典也。昔时各国之商法以人为标准，即凡商人所为者，均入于商法，德国于1897年所订之商法亦然。法国自大革命之后，以为不应为一部分之人，专订法典。故其商法，以行为为准，即凡商行为均入于商法典。然何种行为系商行为，在事实上有时颇不易分。我国如亦编订商法法典，则标准亦殊难定也。

七、因编订体例，认为应订民商统一法典也。各国商法之内容，极不一致，日本商法分总则、会社、商行为、手形、海商五编，德国商法无手形（票据），法国商法则以破产法及商事裁判所组织法订入商法法典。体例纷歧，可知商法应规定之事项，原无一定范围，而划为独立之法典，亦止自取烦扰，再法典应订有总则，亦取其纲举目张，足以贯串全体也，而关于商法，则不能以总则贯串全体。

八、因商法与民法之关系，认为应订民商统一法典也。在有商法法典之国，其商法仅系民法之特别法，而最重要之买卖契约，仍多规定于民法，而民法上之营利社团法人，仍须准用商法，则除有特别情形，如银行交易所之类外，民法商法牵合之处甚多，亦何取乎两法并立耶。且民商划分，如一方为商人，一方非商人，适用上亦感困难，因民商法相连之处甚多，而非一般人所能意料者。

要之各国民商法典，近时之趋势，凡民商划一之国，鲜有主张由合而分者，其他民商划分之国，其学者主张由分而合者则甚多。其所以至今尚未实行者，盖因旧制历年已久，而理论实力一时之间尚未能推翻之耳，而趋势则已大定也。且在无特别商法法典之国，如英美等，不过无欧洲大陆之所谓商法法典，而实则关于商人之各种法规，灿然具备。是民商之合一与否，与商业之发达并无关系。当兹百度革新之时，发扬总理全民之旨，应订民商合一法典，殆无疑义也。①

上述诸项理由在学理上亦有争议，例如日本学者田中耕太郎、铃木竹雄曾经逐条检视如下：

第一，基于沿革之理由。各国商法之划分，与其谓非沿革之遗物，毋宁以商法之特性为沿革之后盾。中国往昔，纵有旧习，但在近代商业勃兴之际，对于新兴之商业，须与一般私法为特异之处置，固为事实上所需者，殊不能徒以沿革之理由排斥之也。换言之，向来商

① 以上内容参考赵万一《商法基本问题研究》点校。参见赵万一：《商法基本问题研究》，法律出版社2002年版，第109–110页。

事法规，所以不与一般私法区别者，只以商业范围狭小简单，无为特殊处置之必要，若谓近代商业亦适用之，则断非所许。

第二，主张商法之进步性质，与立法修正之难易无涉。然民商法在其对象之社会状态与进展之程度上，自属不同，故要求修正之程度亦相异，民法典中有商法之规定者，商法之修正自有迟延之虞，但在事实上，终难否认。毕竟第二点理由，并不充分，未免抹煞事实。尤其征引英国事例，甚有未妥，以英国仅以公司法为特别法，故易于修正，且此正为维持商法特别法主义之一事例。

第三，亦与上述同，各国民法，固各有其特色，商法则因商事有世界性，有趋于国际化之势，此项倾向，更不得不以条约等为参考，故欲适应国际的进展，仍有以商法为特别法之必要。例如维域提氏，亦曾坚持此论调。

第四，关于立法之趋势，已如前述矣。惟如统一论者所援引之瑞士债务法，实非其成功之事例，不若谓为失败之事例。且今立法事业之趋势，决非趋向统一也。

第五，基于平等之理由，实止为表面之观察，如另订商法，决无害于法律上之平等。此项关系，只在适应商事之必要而为妥当之处置，并非与商人以特殊之地位。是故劳动法之制定，并不反乎平等者，正与斯旨相同。

第六，因民商两法难于区别之理由。此点当为划分主义之有力非难。然事物之界限不明，比比皆然，不利仅以此故而否认商法范围之存在。只有对此界限之确定努力为之耳。

第七，主张编制有系统之商法典，颇有困难。但商法既不如民法之有系统，当然不能效民法之为特别法。然亦不能以此即谓商法不能成为有系统之商法典，实有其保留之余地。

第八，坚持商法为民法之特别法，若行分离，则适用困难。然既已为适应商事之需要，而制定为特别法矣，则其规定于同一法典与否，毫无关系。今欲避免此项困难，压抑商事之需要，或强纳商事原理于民法中，无论如何，均系实质上之不当。

民商二法统一论之主张，缺乏根据，已如上述。惟最后一言，应行注意者，即中国所实现之民商法统一主义，其范围实远不如瑞士债务法之广泛。盖关于仓库、运送、承揽运送、居间、行纪、经理人、隐名合伙、及交易计算等规定，固已包罗于民法中，而以公司、保险、票据及海商之一大部分，各成特别法，独立于民法之外。此外关于商事登记、商号、商业帐簿等项，未有规定。（最后一种未有新法，前于民国三年之商人通例中曾有规定，但依民国十六年八月十二日国民政府命令，准暂时继续援用）换言之，已移入民法典中者，仅保险法以外之商行为，及商法总则之一部，其他广大之部分，并未形成合一之法典，仍对民法处于特别法之地位。然则关于编订此项特别法之领域，实际上所收效果，竟与以商法为民法以外之一法典者无异，或且更甚。故以上对统一论之批评，不适用于不合一之部分。要不过对于合一部分及其基础理论而言。[①]

虽有上述质疑，民国民商立法终究确立了民商合一的立法体例，且在我国海峡两岸延续至今，直接影响海商法在我国法律体系中的地位与性质。

第二节 海商法与民法的关系

一、海商法与民法关系的不同观点

关于海商法与民法的关系，比较法上特别是东亚法域的态度基本一致，大多认为海商法作为商法之一部属于民事特别法，即民法与海商法之间构成一般法与特别法的关系。例如，我国台湾地区学者桂裕认为：

海商法，按编制言，系属国内法之民事法，其地位与公司法，票据法及保险法相若，顾航海通商必不免与外国发生关系，性质特殊，法律上独树一帜，势所必然。[②]

关于海商法的此种"性质特殊"，郭瑜在《海商法的精神》一书中作出了更为详细的阐述：

海商法在法律体系中的位置如何摆放，最终取决于法律分类的标准如何确定，目前在我国似乎一时难有定论。但海商法有自己独立的调整对象和完整的规范体系，作为一个独立的法律部门的位置不容置疑。至于这个法律部门与民商法是平行还是隶属关系，可能在不同的历史时期和地区会有不同表现，但看起来目前起码在我国，海商法不可能脱离民商法而自存。它要使用民商法的基本概念，如物权、债权、合同、侵权等；要借助民商法的基本制度，如合同订立的要约承诺制度、违约赔偿的计算方法、共同侵权的连带责任等；要遵守民商法的基本原则，如公平、等价有偿、诚实信用等。脱离了民商法的支撑，海商法就无以自立。而且，如果说在国外海商法先于民商法的发展，那么在我国海商法一定是后于民商法发展起来的。海商法没有自己的基本制度，它一定要借助民法的基本制度。当然它也可以借助于国外海商法

① ［日］我妻荣：《中国民法债编总则论》，洪锡恒译，中国政法大学出版社 2003 年版，第 7–9 页。
② 桂裕编著：《海商法新论》，台北，正中书局 1974 年版，第 1–2 页。

的基本制度，但这是不太现实的，大量的翻译、理解不现实，也没有必要舍近求远。失去了民商法的滋养，海商法就成了无本之木、无源之水。从这个意义上说，海商法也可以说是民商法的特别法。但与此同时，海商法又绝不等同于一般的民法特别法。不管从历史、原理、制度各方面看，海商法都相当独立，值得特别处理。经过千百年来的冲撞，民商法汹涌的波涛也并没能把海商法的独特个性冲刷殆尽。因此在承认海商法是民法的特别法的同时，必须还要申明它是“非常特别的”特别法，才比较符合实际情况。[①]

上述论述在认可海商法是民事特别法的同时，提出海商法“作为一个独立的法律部门的位置不容置疑”。此处法律部门的含义较之通常理解应当更广，不限于民法商法、刑法等直接构成法律体系的同类法律总和，而是拓展至法律部门下属的具有相对独立性的分支，学理上称为次级法律部门或亚部门法，[②]例如组成民法的物权法、合同法、侵权法。只要认可海商法是民事特别法，海商法从法律部门的角度应与民法构成隶属而非平行关系。

至于否定海商法是民事特别法的观点，较为典型的是於世成等编著的《海商法》一书认为：

如果继续把海商法视为民法的特别法，或者商法的特别法，恐怕与现代海商法的发展不符。海商法已自成体系，成为一门融行政管理法律规范和民事法律规范于一体的独立的法律部门。[③]

更为激烈的是王世涛、汤喆峰在《论海商法之于民法的独立性》一文中认为：

海商法作为民法的特别法，是法律体系逻辑思维的精神错乱。这一通识性的错误，极大压抑海商法的独立发展空间，妨碍了海商立法和司法的进步。[④][⑤]

分析上述观点不难发现，学理上关于海商法与民法关系的不同观点，分歧的实质并不在于海商法包含的法律规范的部门属性，而是对于海商法的范围，即海商法的内容是否限于私法存在争议。否定海商法是民事特别法的观点，大多认为海商法包含航运行政法、航运经

① 郭瑜：《海商法的精神——中国的实践和理论》，北京大学出版社 2005 年版，第 66–67 页。

② 参见徐国栋：《民法哲学》（精装版），中国法制出版社 2021 年版，第 14 页。

③ 於世成、杨召南、汪淮江编著：《海商法》，法律出版社 1997 年版，第 6 页。

④ 王世涛、汤喆峰：《论海商法之于民法的独立性》，载《中国海商法研究》2012 年第 3 期，第 114 页。

⑤ 此处作者对于与之相左的学理通说冠以“精神错乱”的恶言，虽然文义上看似针对“法律体系逻辑思维”，实则不外是对其他学者的人身攻击。此种毫无必要的激烈措辞殊为不妥，有违学术道德。

济法等其他航运法律分支的内容，即海商法同时含有公法规则，此时海商法的部门属性自然不再限于民事特别法。

二、海商法的民事特别法属性

（一）法学理论的角度

海商法的地位既然是指海商法的部门属性，法律部门的划分标准应是认定海商法在法律体系中地位的根本标准。法律部门划分的主要标准是调整对象，次要标准是调整方法。只要海商法的调整对象属于民法调整对象的范围，同时符合民法的调整方法，海商法即应归入民法部门，具有民事特别法的部门属性。

民法调整平等主体之间的人身关系与财产关系，调整方式除确立物权等民事权利外，主要表现为设定违约责任、侵权责任两种民事责任。违约责任，是指合同当事人不履行合同义务或履行合同义务不符合约定时依法产生的法律责任，[①] 例如买卖合同的买受人违反合同约定未按时支付价款；侵权责任是指行为人由于侵权行为导致他人遭受人身或财产损害时依法产生的法律责任，例如行为人殴打他人造成轻微伤。

海商法的调整对象，均属平等主体之间的人身关系和财产关系，其中多数表现为以船舶、货物为中心的财产关系，而涉及人身权利的内容主要是指侵犯生命权、身体权、健康权即人身损害形成的人格侵权关系。平等主体主要是指船舶所有人与不特定的任何人，船舶优先权人即海事请求人与船舶所有人、光船承租人、船舶经营人，船舶留置权人与债务人，承运人与托运人、收货人，旅客与承运人，船舶出租人与船舶承租人，承拖方与被拖方，救助方与被救助方，海事赔偿责任限制主体与索赔人，船舶碰撞、船舶污染等侵权行为的加害人与受害人，保险人与被保险人等海商法律关系的主体。

海商法的调整方法也以确立民事权利、设定民事责任为主，符合民法的调整方法。船舶物权法律制度旨在确立以船舶为客体的财产权利；海上货物运输合同、租船合同、海上旅客运输合同、海上拖航合同、海难救助、海上保险法律制度主要设定违反合同的违约责任；船舶碰撞和船舶污染作为损害赔偿法律制度主要规定侵权责任以及由此产生的损害赔偿；海事赔偿责任限制作为民事责任的限制规则，属于民事损害赔偿的特别规则；共同海损的受损方有权请求他方分摊损失，受益方负有分摊他方损失的义务，此时形成的法律关系构成民法

① 参见韩世远：《合同法总论》（第 4 版），法律出版社 2018 年版，第 741 页。

上的债，[①] 亦属民事法律关系之一部。

海商法研习及纠纷解决的思维模式也与民法一致。民事纠纷以原告请求被告为某种给付为典型，此时支持原告请求权的实证法[②] 规范或法律行为，称为“请求权基础”。寻找请求权基础，构成民事法官找法作业之根本，由此体现的法律思维，可以称为请求权基础思维。[③] 例如，如果一方当事人请求对方承担过错侵权责任，此时在我国法律中的请求权基础应是《民法典》第 1165 条第 1 款；[④] 如果互有过失船舶碰撞的一方当事人请求对方承担损害赔偿责任，此时主要的请求权基础则应是《海商法》第 169 条第 1 款。[⑤] 海事法官裁判海事海商纠纷，根本要务同样不外乎是寻找请求权基础。因此，依据法律部门的划分标准，海商法的调整对象属于民法调整对象的范围，调整方法也与民法一致，应当归入民法部门，作为民事特别法。

理论探讨

海商法完全是商法吗?

商法是调整商事关系的法律，而商事关系是具有营利性的财产关系，即商事主体从事以营利为目的的营业活动发生的财产关系。[⑥] [⑦] 易言之，商法基于民商合一的立场作为民法的特别法，旨在调整民法调整对象中具有营利性的部分。但是，海商法的调整对象已不限于商事关系，不仅船舶碰撞、船舶污染等损害赔偿关系属于商事关系以外不具有营利性的财产关系，目的在于确定侵权责任、实现损害赔偿，而且海商法同时注重人身损害赔偿等围绕人身权利形成的社会关系的调整。例如，陈安主编的《国际海事法》一书指出：

① 参见胡正良主编：《海事法》（第 3 版），北京大学出版社 2016 年版，第 356 页。

② 实证法是指严格意义上的法律，即在各个历史时期由国家制定或认可的法律，也即客观存在的具有拘束力的法律，而不是理论上描述或设想的法律，或者依靠自然法或其他非政治权威存在的伦理规范或法律。参见北京大学法学百科全书编委会编：《北京大学法学百科全书：法理学・立法学・法律社会学》，北京大学出版社 2010 年版，第 870 页。

③ 参见吴香香：《请求权基础：方法、体系与实例》，北京大学出版社 2021 年版，第 2 页。

④ 《民法典》第 1165 条第 1 款规定：“行为人因过错侵害他人民事权益造成损害的，应当承担侵权责任。”

⑤ 《海商法》第 169 条第 1 款规定：“船舶发生碰撞，碰撞的船舶互有过失的，各船按照过失程度的比例负赔偿责任；过失程度相当或者过失程度的比例无法判定的，平均负赔偿责任。”

⑥ 参见施天涛：《商法学》（第 6 版），法律出版社 2020 年版，第 3 页。

⑦ 我国学理上也有观点认为，商事关系是指商人与企业相互之间发生，或者商人或企业与消费者之间发生的人身关系和财产关系，但并未具体指出商法调整何种人身关系。参见《商法学》编写组编：《商法学》（第 2 版），高等教育出版社 2022 年版，第 12 页。

> 海事法或海商法所调整的法律关系已超出了商事活动的范围，比如船舶碰撞、船舶登记等，本身并不具有商事性质，只是由于与海上航运的这一商业活动有关，才被列入海事法或海商法的调整范围。①

海商法的调整对象至少在以下两个方面，不符合商法的调整对象：

一是海商法的调整对象包含围绕人身权利形成的社会关系，而不限于财产关系。如果认可人格关系的概念，海商法的调整对象应当包括以海上人身损害赔偿为中心的侵犯生命权、健康权、身体权形成的人身关系；即使否定人格关系而将人格侵权归入债权关系，其他商法分支也不调整人格侵权形成的债权关系。

二是海商法的调整对象包含不具有营利性的财产关系。营利是指谋求利润，② 即以金钱、财物、劳务等为资本而获取经济上的利益。③ 不仅船舶碰撞、船舶污染等损害赔偿关系本身不具有营利性，即使是海上货物或旅客运输，也未必具有营利性。虽然我国《海商法》第 3 条排除了军事、政府公务用途的船舶，④ 但并未将船舶或运输限定为商业用途。例如，经营商业运输的承运人自愿以其船舶无偿运输民间筹措的抗疫物资，此时船舶未用于军事、政府公务用途，应当属于《海商法》的适用范围，但此时形成的财产关系不具有营利性。而且，随着现代航海活动以及船舶的应用场景越发丰富，船舶开始更多用于商业运输甚至各类运输以外的航海活动。以广州海事法院一审、广东省高级人民法院二审的深圳市南山人防工程防护设备有限公司与粤和兴激光刀模（深圳）有限公司、中国太平洋财产保险股份有限公司深圳分公司船舶碰撞损害责任纠纷案为例，该案的基本背景是两艘帆船在帆船竞赛期间发生碰撞事故。⑤ 此时如果帆船的吨位等要素符合船舶碰撞的构成要件，仍应适用海商法规定的船舶碰撞损害赔偿法律制度，而发生碰撞的帆船竞赛参赛方之间形成的社会关系并无营利性可言，无法构成作为商法调整对象的商事关系。

上文已经提及，日本法上关于海商法的通说是海上企业法说，但也有学者基于海商法中的非商法内容，提出了海上私法说。例如，日本学者箱井崇史认为：

---

① 陈安主编：《国际海事法》，鹭江出版社 1987 年版，第 4 页。

② 参见中国社会科学院语言研究所词典编辑室编：《现代汉语词典》（第 7 版），商务印书馆 2016 年版，第 1572 页。

③ 参见施天涛：《商法学》（第 6 版），法律出版社 2020 年版，第 4 页。

④ 《海商法》第 3 条第 1 款规定：“本法所称船舶，是指海船和其他海上移动式装置，但是用于军事的、政府公务的船舶和 20 总吨以下的小型船艇除外。”

⑤ 广州海事法院（2017）粤 72 民初 874、1020 号民事判决书；广东省高级人民法院（2019）粤民终 635、636 号民事判决书。

法国在商法典中设置海商编的立法形式，其后被德国的旧商法典沿用，① 进而被以德国商法典为蓝本参考的日本沿用。1899 年，海商法编被日本承继时，② 同船员相关的规定还留在海商编中，这些规定显然在性质与商法是不同的。例如，现在仍留存在商法典中的船舶碰撞相关的规定虽然是海法里的重要内容，但作为侵权行为法，原本不应该将其归类为海商法，而应该将其归类为民法范畴。这些规定仍然被放置在日本商法典中的海商编，很明显是法国曾经存在过的海法体系的一个缩影。也可以说，海商法作为商法体系的一部分，还没有完全实现理论上的整合。

在日本，出于对商法体系的整合性考虑，适用商法的船舶被限定为“以从事商行为为目的的海船”，③ 但是，同样根据于 1899 年制定的《船舶法》的规定，即使不是以从事商行为为目的的船舶，原则上准用商法海商编的规定。④ 换言之，商法海商编的适用范围被《船舶法》的规定扩大至商法之外。从这一点来讲，也不能说海商法在实质意义上只是纯粹的商法。

我个人认为不能像刚才讲过的通说一样，认为海商法在实质意义上也纯粹是商法的一部分。究其原因，如刚才所讲，法国商法典的海商编成为商法解体后的一个例证，却未必有考虑商法体系的整合性。实际上，日本的商法海商编中也存在不能纯粹称之为商法的内容。此外，非以商行为为目的的船舶也准用海商编的规定。但是日本商法自制定以来，约 120 年的时间里，一直在进行商法的进化，如将同船员劳动相关的规定移至船员法等，⑤ 或者说几乎被进化成了纯粹的商法。然而，如何对此做评价却不是一个简单的问题，之所以这么讲是因为海商法一直在向通说认为的方式靠拢。但是，现在船舶碰撞、海难救助仍旧存在海商编中，另外，船舶所有人等责任限制法，⑥ 也属于实质意义上的海商法的调整范围，却以单独立法的形式

① 德国现行《商法》于 1897 年颁布，此前施行的是 1861 年《商法》。

② 日本现行《商法》于 1899 年颁布，此前施行的是 1890 年《商法》。

③ 日本《商法》第 684 条规定：“本编（第七百四十七条除外）所称‘船舶’，是指以从事商行为为目的供航海使用的船舶（手划船以及仅靠橹桨或者主要依靠橹桨移动的船只除外）。”张秀娟、李晓楠、梁赟译：《日本最新商法（有关运输 / 海商部分）和国际海上货物运输法》，载《中国海商法研究》2020 年第 1 期，第 60 页。

④ 日本《船舶法》第 35 条第 1 款规定：“商法第三编的规定，对不以进行商行为为目的的航海用船舶准用。但属于官厅或公署所有的船舶，不在此限。”参见王秀芬、朱丽颖、朱延东、宋永君：《日本海事法规辑要》，吉林大学出版社 2000 年版，第 52 页。

⑤ 日本《船员法》颁布于 1947 年。

⑥ 日本《船舶所有人等责任限制的相关法律》（船舶の所有者等の責任の制限に関する法律）颁布于 1975 年。

存在。即便上述现象被认为是过渡阶段，本人认为日本仍然没有完成商法的体系化的工作。[①]

仅从海商法包含的法律规则以及调整对象的角度，海商法不完全是商法。但是，海商法历来又是传统商法的主要分支。大陆法系制定了商法典的法域，多数均设海商一编。特别是日本《商法》自 1899 年以来，一百二十余年间经历了超过七十次修正，公司法、票据法、保险法等内容均已从《商法》脱离而另行制定单行法，唯独海商法仍然保留其中。[②] 因此，海商法作为商法的主要分支，更多是商法史上长期以来约定俗成的结果。海商法的实际内容不限于商法，同时包含其他不调整商事关系的私法规则。

值得说明的是，此处讨论海商法是否完全属于商法，是以海商法的私法属性为前提，即讨论海商法是否也有部分内容属于商法以外的私法范畴，也即海商法的调整对象是否涉及商事关系以外不具有营利性的财产关系乃至人身关系，而无关航运行政法、航运经济法等海事公法，无意突破海商法的私法属性，因而也与当前我国学界大力倡导的海法理论无甚关联。

此外，随着社会经济水平以及航运生产力的发展，依托船舶开展的航海活动开始更多涉及与货物运输明显不同的消费领域，即海商法也开始调整部分消费者合同，其中一方主体是作为商事主体的经营者，另一方则是非商事主体的消费者。此时形成的社会关系也与传统意义上双方当事人均为商事主体的商事关系存在区别，而多有消费者保护的因素介入。此种商事关系在学理上也被称为单方商事关系，即与双方或多方商事关系相对的概念。[③] 公司法、保险法、破产法、票据法等传统商法的其他分支，通常仅有保险法涉及单方商事关系，即保险合同的一方当事人可能是消费者。

海商法调整的消费者合同首推海上旅客运输合同，合同目的是为完成旅客自身的位移，属于典型的生活消费。而且，随着航空等运输方式的快速发展，传统海上旅客运输已日渐式微，但邮轮旅游作为新兴旅游形式仍以海上旅客运输为依托。此时邮轮旅游作为典型的享受型消费，较之承担一定公共运输职能的传统海上旅客运输，具有更强的消费属性。

即使是居于海商法中心的海上货物运输合同，也可能具有消费者合同的属性。随着经

---

① ［日］箱井崇史：《日本海商法的继承、发展和修改》，载廖艳嫔、郭萍主编：《中山大学海事法文丛》（第一辑），中山大学出版社 2022 年版，第 123–124 页。

② 日本《商法》最初分为五编，即总则、公司、商行为、票据、海商；目前分为三编，即总则、商行为、海商。

③ 参见《商法学》编写组编：《商法学》（第 2 版），高等教育出版社 2022 年版，第 13 页。

济全球化的不断演进，移民人士、外籍雇员、外交机构人员以及留学生在不同国家之间的往返活动日益增多，对应的家具等私人物品的国际运输需求也逐渐产生，由此促使海运搬家业务得以快速发展。海运搬家通常是由物流公司依据与托运人之间的合同约定，上门包装托运人的私人物品并负责装船，以海运为运输方式、船舶为运输工具将物品运至他国，然后通过卸船、分流等环节配送到门，并收取长途搬家运费。海运搬家的一方主体是专门提供私人物品海上运输服务的物流公司，即经营者；另一方主体大多是移民人士、留学生等具有私人物品跨国运输需求的人员，即消费者。因此，海运搬家合同作为海上货物运输合同的同时，也具有消费者合同的性质。①

（二）法律创制的角度

法律创制即立法，海事立法的情况能够反映海商法在实证法上的部门定位。海商法在民商合一的法域，多数作为民事特别法而采用单行立法的形式，例如我国大陆《海商法》以及我国台湾地区“海商法”，但也有荷兰《民法典》将海商法径直纳入民法典的少数个例；海商法在民商分立的法域，则以在商法典设置专编为通行做法，例如德国《商法》第五编“海商”、日本《商法》第三编“海商”、韩国《商法》第五编“海商”，此时商法典整体上构成民事特别法。

尤其值得注意的是日本《商法》，1899 年公布至今该法已经修正超过七十次，特别是此前第二编“公司”、第四编“票据”以及第三编“商行为”中关于保险的规则，分别由于 2005 年《公司法》、1932 年《票据法》和 1933 年《支票法》、2008 年《保险法》等单行法的制定而从《商法》剥离，但海商法的内容仍然保留在法典之中。而且，2014 年正式开始的《商法》运输和海商部分的修正工作，自始便未考虑制定单行的海商法。② 可见比较法上特别是大陆法系的立法例，对于海商法的民事特别法属性已有颇为稳定的立场。（如图 3）

---

① 关于海运搬家合同纠纷的具体案例，可见上海海事法院（2019）沪 72 民初 3263 号民事裁定书。该案原告委托被告国际物流公司将涉案家具通过海运方式由中国上海运至加拿大多伦多。物品运至目的地后，原告根据仓储文件发现物品的实际体积明显小于被告此前告知并依据收取运费的体积，据此认为被告提供的服务存在欺诈行为，要求被告退还运费，同时依据《消费者权益保护法》第 55 条第 1 款的规定，承担运费三倍的惩罚性赔偿。详见沈军、孙思琪：《限制责任还是惩罚赔偿？——海上运输法与消费者保护法交错下的海运搬家合同》，载《中国海商法研究》2021 年第 4 期。

② 参见张秀娟、李晓楠、梁赟译：《日本最新商法（有关运输 / 海商部分）和国际海上货物运输法》，载《中国海商法研究》2020 年第 1 期，第 57 页。

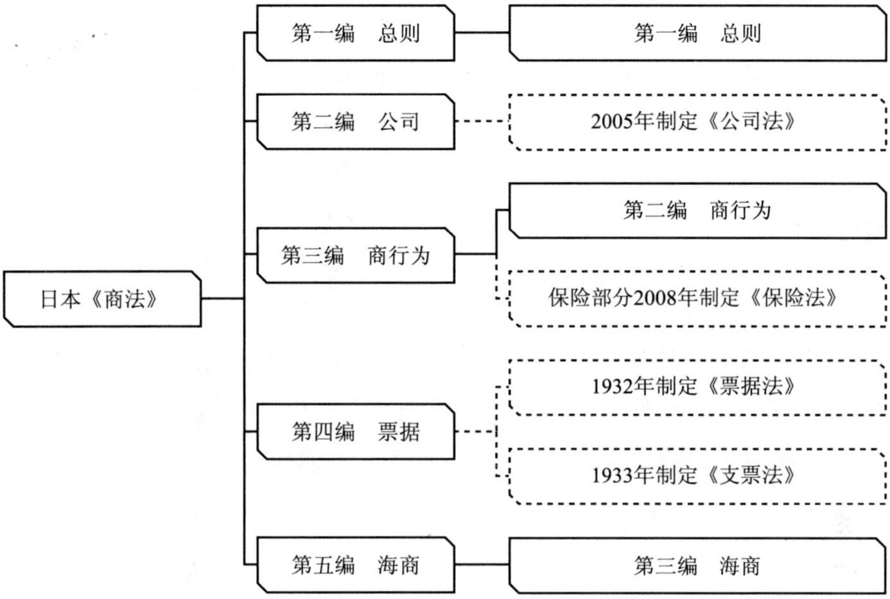

图 3　日本《商法》体系沿革

至于我国《海商法》，时任国务院法制局局长杨景宇在第七届全国人民代表大会常务委员会第二十六次会议上所作《关于〈中华人民共和国海商法（草案）〉的说明》，也明确指出《海商法》的性质是民事特别法：

> 海商法调整的法律关系的性质决定，它属于民事法律范畴。同时，由于海上运输风险大，海船和所运货物的价值高，又使它有别于一般民事法律，被视为特别民事法律，一些国家把它与公司法、保险法、票据法等并列，统称商法。在海事活动涉及的民事法律关系中，具有特殊性、有别于一般民事法律关系的，需要由海商法规定；没有特殊性、属于共性民事法律关系的，海商法可以不作规定。因此，草案第七条规定："海上运输的法律关系、船舶的法律关系，本法没有规定的，适用中华人民共和国民事法律和其他有关法律的规定。"按照上述规定，涉及海事诉讼、海事仲裁的问题，如船舶扣押、强制出售等，分别适用民事诉讼法和海事仲裁程序等。草案对船员包括船长专章作了规定，特别是具体规定了船长的职责权限，这是适应船舶在国际间营运和在公海上航行的特点，必须予以明确的。至于船员的任用和劳动方面的权利、义务，可以适用劳动法规，由劳动合同约定。"代理人"的法律地位及其权利、义务，适用《民法通则》有关规定。
>
> 由于海商法是一部特别民事法律，草案除在第四条关于沿海航行权和第六条

关于海上运输主管部门等个别条款中不能不明确主管部门外,有关行政管理的内容,如船舶登记、船舶检验、海上交通安全等,应当适用有关行政管理的法律、行政法规,草案未作规定。

理论探讨

海商法需要回归民商法?

目前我国学界常见一种观点，主张海商法应当回归民商法，而且主要是作为与扩张海商法范围的海法理论对立的观点而存在。例如，何丽新提出“回归民商法是海商法发展的基础”[①]。回归是指回到原先的位置,[②] 海商法回归民商法的前提应是海商法目前不属于民商法。但是，倘以比较法的角度考察，海商法在诸多法域立法层面的定位自始至终便是民商法，最为典型的便是上文列举的日本《商法》一百二十余年以来的体系沿革。

法律部门是以法律的调整方法和调整对象为划分标准，海商法的部门属性应当具有客观性，不因学者的主观意愿或个人观点而转移。因此，当前海商法需要的恐怕不是回归民商法，而是对于海商法的部门属性正本清源，即澄清学理上对于海商法本就具有的民法属性的误解。例如，何丽新认为：

> 海商法长期游离于法学范畴之外，成为名副其实的边缘学科。正确地认识海商法的独立性,明确其归属于民商法体系,是完善海商法学科建设必须正视的问题。[③]

（三）法学教研的角度

海商法在法学教育与研究的层面，同样具有鲜明的民商法色彩。以我国大陆的海商法著作为例，於世成等编著的《海商法》作为“九五”规划高等学校法学教材属于“民商法系列”;[④] 郭瑜的名作《海商法的精神——中国的实践和理论》也是列入“民商法论丛”。[⑤] 但是，也有少

---

① 何丽新:《海商法的独立与回归》,载唐金龙主编:《海商法保险法评论》(第1卷),知识产权出版社2007年版,第9页。

② 参见中国社会科学院语言研究所词典编辑室编:《现代汉语词典》(第7版),商务印书馆2016年版,第580页。

③ 何丽新:《海商法的独立与回归》,载唐金龙主编:《海商法保险法评论》(第1卷),知识产权出版社2007年版,第2页。

④ 参见於世成、杨召南、汪淮江编著:《海商法》,法律出版社1997年版。

⑤ 参见郭瑜:《海商法的精神——中国的实践和理论》,北京大学出版社2005年版。

数例外存在，例如司玉琢的《海商法专论》一书早先属于“21 世纪国际法学系列教材”。[①]

东亚其他法域则是普遍将海商法作为民商法的组成部分，尤其是在采取民商分立体例的日本、韩国，海商法是商法的重要分支。多数海商法研究者的主要身份是商法学者，学术论著也时常兼及海商法与其他商法分支。例如，日本著名海商法学者小町谷操三，[②] 即有《小町谷商法讲义》等作品，涵盖商法总则、公司、保险。[③] 而且，不同于我国大陆长期保持一定规模的海商法研究群体，东亚其他法域的海商法研究日渐式微，民商法学者兼习海商法的现象愈加突出。

我国台湾地区虽采民商合一的立法体例，但海商法学者大多同时也是民商法学者。例如，著名学者郑玉波[④] 专攻民商法，所著《海商法》也是我国台湾地区海商法领域的经典著作；我国台湾地区海商法泰斗桂裕[⑤] 也是同时致力于海商法和保险法两个商法领域。

三、海商法与民法的对应关系

基于海商法的民法属性，不少海商法律制度或规则与民事法律制度之间存在较为明确的对应关系，即此类海商法律制度或规则是在具体民事法律制度的基础之上创设的特别规则，具体可见表 1。

表 1 海商法与民法的对应关系

海商法	民法
船舶物权	物权
海上货物运输合同	运输合同
海上旅客运输合同	运输合同

① 参见司玉琢：《海商法专论》，中国人民大学出版社 2007 年版；司玉琢：《海商法专论》（第 2 版），中国人民大学出版社 2010 年版。

② 小町谷操三（1893–1979），法学博士，曾任东京地方法院法官、东北帝国大学教授，日本学士院会员等职，主要海商法著作包括《海商法要义》（三卷十二册）、《海商法研究》（八卷）、《统一提单法论与国际海上货物运输法注释》等，同时也是颇有造诣的弓道练习者。

③ 小町谷操三＝窪田宏『小町谷商法講義 総則』（有斐閣，1967 年）；小町谷操三＝菅原菊志『小町谷商法講義 会社（1）』（有斐閣，1968 年）；小町谷操三＝菅原菊志『小町谷商法講義 会社（2）』（有斐閣，1971 年）；小町谷操三＝田辺康平『小町谷商法講義 保険』（有斐閣，1971 年）参照。

④ 郑玉波（1916–1993），曾任我国台湾地区“司法院”大法官、台湾大学教授、中国文化大学法学院院长等职，主要学术著作包括《法学绪论》《民法概要》《民法总则》《民法物权》《商事法》《保险法论》《票据法》《海商法》等。

⑤ 桂裕（1902–2002），曾任远东国际军事法庭检察官、台湾大学教授等职，主要学术著作包括《海商法新论》《保险法论》等。

续表

海商法	民法
租船合同	运输合同、租赁合同
船舶碰撞	侵权行为
船舶污染	侵权行为
海事赔偿责任限制	损害赔偿
海上保险合同	保险合同
海事诉讼时效	诉讼时效
涉外海事关系法律适用	涉外民事关系法律适用

也有一些海商法律制度属于海商法独有的特殊制度，虽然遵循债等民法的基本概念与原理，但与具体的民事法律制度之间不存在明显的对应关系。例如，学理上一些观点主张共同海损构成不当得利或紧急避险，① 而海难救助属于准契约、无因管理或不当得利。② 此类观点均有穿凿附会之嫌，共同海损、海难救助作为海商法的特殊制度，无法与既有的民事法律制度完全对应，特别法的特别之处一定程度上也体现于此，学理研究实际也不应刻意建立此种对应关系。

【知识拓展】

海事立法包含的非民事法律规范

我国《海商法》虽然整体上的部门属性是民事特别法，但其中仍然包含少数应当属于航运行政法与航运经济法范畴的非民事法律规范，重点表现为第 4 条关于沿海运输权、第 5 条关于船舶国籍和悬挂国旗、第 6 条关于海上运输管理的规定。此类法律规范有时也成为否定海商法的民法属性的主要依据之一。

立法的规范配置与法律部门的理论划分不能混为一谈，前者常有立法技术乃至法制建设实际需要等诸多纯粹法学理论以外的因素需要充分考虑。较为典型的应是我国《保险法》，其中同时包含保险合同法和保险业法的内容，二者分属民法商法和经济法两个不同的法律部门。但是，保险法的商法属性已是共识，狭义的保险法也仅指以保险合同法为中心的保险私

① 此类观点与评析，详见胡正良主编：《海事法》（第 3 版），北京大学出版社 2016 年版，第 243-252 页。
② 此类观点与评析，详见胡正良主编：《海事法》（第 3 版），北京大学出版社 2016 年版，第 106-108 页。

法，[①] 日本即有《保险法》与《保险业法》的分野。因此，海事立法的具体内容有时出于实际需要可能超出海商法的范围，但不能以海事立法包含的法律规范性质倒推否定海商法的民法属性。例如，《海商法》第 4 条关于沿海运输权的规定，主要是考虑到当时我国在航运经济法领域尚无成熟的规范性法律文件，但沿海运输权作为重要的航运保护政策又需要尽早通过法律确立。

《海商法》涉及的主要非民事法律规范的具体内容如下。

1.《海商法》第 4 条（沿海运输权）

《海商法》第 4 条规定：

中华人民共和国港口之间的海上运输和拖航，由悬挂中华人民共和国国旗的船舶经营。但是，法律、行政法规另有规定的除外。

非经国务院交通主管部门批准，外国籍船舶不得经营中华人民共和国港口之间的海上运输和拖航。

本条是关于沿海运输权的规定。沿海运输权（cabotage），是指船舶在一国港口之间从事货物或旅客运输的权利。实行沿海运输权政策的国家，通常是将本国港口之间的运输，限制为仅能由悬挂本国国旗即具有本国国籍的船舶经营或承担。[②] 此项权利是国家赋予的特殊权利，作为涉及国家主权的重要内容，也是国家在航运领域实施国家保护主义的具体表现形式之一。沿海运输权是国际上传统的航运保护政策，目前许多国家仍然实行。[③]

根据本条规定，我国港口之间的海上运输原则上仅能由悬挂五星红旗即中国籍船舶经营，例如上海与广州之间的海上运输。但是，交通主管部门即交通运输部在国内运力紧张等特殊情况下，可以批准外国籍船舶从事我国港口之间的海上运输。此项例外规定主要是出于以下两个方面的考虑：

一是少数特殊情况下，我国从事国内运输船舶的运力可能无法满足特定货物类型的运力需要，此时交通运输主管部门可以通过特别批准外国籍船舶经营我国港口之间的海上运输，以此弥补我国船队海上运输能力的不足。[④] 我国既往的国内水路运输实践中，国务院交通主管部门曾经批准允许临时使用外国籍的港机运输船舶、与海洋工程相关的特定运输船舶以及乙烯、液化天然气等特殊运输船舶从事国内水路运输，[⑤] 主要考虑均是由于当时中国籍

① 参见温世扬主编：《保险法》（第 3 版），法律出版社 2016 年版，第 17 页。
② See Peter Brodie, *Dictionary of Shipping Terms*, Informa Law from Routledge, 2013, p.55.
③ 参见司玉琢、张永坚、蒋跃川编著：《中国海商法注释》，北京大学出版社 2019 年版，第 5 页。
④ 参见傅旭梅主编：《中华人民共和国海商法诠释》，人民法院出版社 1995 年版，第 10 页。
⑤ 参见赵晓光、何建中、宋德星主编：《国内水路运输管理条例释义》，人民交通出版社 2012 年版，第 67 页。

船舶无法满足运力需求。

二是我国部分航运企业拥有的部分船舶在巴拿马、百慕大群岛等方便旗国家或地区注册登记而悬挂外国国旗，我国在香港特别行政区和外国设立的独资或合资航运企业下属的船舶很多也悬挂外国国旗。此类船舶的全部或部分股权实际是由我国企业所有，只是出于实际情况的需要而悬挂外国国旗，因而需要对于此类企业及其船舶加以必要的保护，包括在部分情况下由交通运输主管部门特别批准，允许其经营我国港口之间的海上运输。①

2012 年公布的《国内水路运输管理条例》作为国务院制定的行政法规对于沿海运输权进一步作出了具体规定，其中第 2 条第 2 款规定：

本条例所称国内水路运输（以下简称水路运输），是指始发港、挂靠港和目的港均在中华人民共和国管辖的通航水域内的经营性旅客运输和货物运输。

第 11 条规定：

外国的企业、其他经济组织和个人不得经营水路运输业务，也不得以租用中国籍船舶或者舱位等方式变相经营水路运输业务。

香港特别行政区、澳门特别行政区和台湾地区的企业、其他经济组织以及个人参照适用前款规定，国务院另有规定的除外。

此前 2001 年公布的《国际海运条例》第 22 条第 2 款也规定：

外国国际船舶运输经营者不得经营中国港口之间的船舶运输业务，也不得利用租用的中国籍船舶或者舱位，或者以互换舱位等方式变相经营中国港口之间的船舶运输业务。

近年随着我国自由贸易试验区的快速发展，《海商法》第 4 条关于沿海运输权的规定在部分自由贸易试验区已有一定程度的调整，其中以邮轮海上游最为典型。长期以来我国邮轮旅游以出境旅游为主，航线的通常形式是始发港和目的港为我国同一港口，中途挂靠一个或多个外国港口，且以日本、韩国等东亚地区的港口为主。但是，受到新冠肺炎疫情的影响，我国出境旅游长期未能恢复，直接影响了邮轮旅游业务的开展。邮轮企业为此尝试在我国开设国外已有长期实践的邮轮海上游，即旅客登船以我国港口为始发港出发，到达我国领海以外的专属经济区和公海进行巡游，并在不停泊任何挂靠港的情况下，返回同一始发港的航线。此种航线属于我国港口之间的海上运输，应当受到《海商法》第 4 条关于沿海运输权规定的限制，而我国出境邮轮旅游市场上的船舶绝大多数均为外国籍船舶。

2020 年 4 月 29 日通过的《全国人民代表大会常务委员会关于授权国务院在中国（海南）

① 参见司玉琢主编：《中华人民共和国海商法问答》，人民交通出版社 1993 年版，第 10 页。

自由贸易试验区暂时调整适用有关法律规定的决定》规定：

暂时调整适用《中华人民共和国海商法》第四条第二款的有关规定，将中国（海南）自由贸易试验区港口开展中资方便旗邮轮海上游业务的邮轮企业（经营主体）及邮轮的市场准入许可、仅涉及中国（海南）自由贸易试验区港口的外籍邮轮多点挂靠航线许可权限由国务院交通运输主管部门下放至海南省交通运输主管部门。基于海南海域情况及海南国际邮轮发展状况，在五星红旗邮轮投入运营前，允许中资邮轮运输经营主体在海南三亚、海口邮轮港开展中资方便旗邮轮海上游业务。由海南省人民政府制定具体管理办法，组织相关部门及三亚、海口市人民政府依职责落实监管责任，加强对试点经营主体和邮轮运营的监管。

2020年6月18日《国务院关于在中国（海南）自由贸易试验区暂时调整实施有关行政法规规定的通知》[①]也规定：

暂时调整实施《中华人民共和国国际海运条例》第二十二条第二款和《国内水路运输管理条例》第十一条的有关规定，允许仅涉及中国（海南）自由贸易试验区港口的外籍邮轮运营多点挂靠航线业务。基于海南海域情况及海南国际邮轮发展状况，在五星红旗邮轮投入运营前，允许中资邮轮运输经营主体在海南三亚、海口邮轮港开展中资方便旗邮轮海上游业务。由海南省人民政府制定具体管理办法，组织相关部门及三亚、海口市人民政府依职责落实监管责任，加强对试点经营主体和邮轮运营的监管。

海南省人民政府据此制定了《海南邮轮港口中资方便旗邮轮海上游航线试点管理办法（试行）》，[②]其中第3条规定：

本办法所称海上游航线是指从海南海口、三亚邮轮港出发，在经批准的水域范围内航行，并返回始发港口，期间不再停靠其他港口的航线。

此外，早在2009年交通运输部已经尝试特许外国籍邮轮在我国开展多点挂靠业务，其中同样涉及我国港口之间的运输。《关于外国籍邮轮在华特许开展多点挂靠业务的公告》[③]第一部分关于基本原则规定：

外国籍邮轮在华开展多点挂靠业务，指外国籍邮轮在国际航线运营中，连续挂靠我国两个以上沿海港口，承载的游客下船观光后回船继续旅行，最终完成整个国际航程的运输安排。

---

① 国函〔2020〕88号。

② 琼府办〔2021〕32号。

③ 交通运输部公告2009年第44号。

外国籍邮轮在华多点挂靠，其在我国两个以上沿海港口间的运输，在性质上属于国内运输，须经特案批准方可开展。经批准开展外国籍邮轮在华多点挂靠业务的经营人，不得允许我港口间承载的旅客离船不归。

2.《海商法》第 5 条（船舶国籍和悬挂国旗）

《海商法》第 5 条规定：

船舶经依法登记取得中华人民共和国国籍，有权悬挂中华人民共和国国旗航行。

船舶非法悬挂中华人民共和国国旗航行的，由有关机关予以制止，处以罚款。

本条是关于船舶国籍和悬挂国旗的航行权取得的规定。船舶登记主要用于确定船舶的国家特征，是指将船舶登记在一国的公开记录中。船舶在特定国家进行登记，即被视为拥有该国的国籍，有权悬挂该国国旗航行。《联合国海洋法公约》第 90 条关于航行权规定："每个国家，不论是沿海国或内陆国，均有权在公海上行驶悬挂其旗帜的船舶。"

公海自由作为国际法的基本原则，船舶有权进入公海，但进入并使用公海的船舶必须拥有特定国籍，无国籍的船舶不受国际法的保护，而且港口有权拒绝无国籍商船进港。因此，船舶国籍是船舶从事国际航运的必要条件。船旗是船舶国籍的象征，应当悬挂在船尾。当船舶行驶或停泊在需要识别国籍的地点时，例如一国水域或港口，船舶应当悬挂国旗。而且，船舶航行时仅能悬挂一国的国旗，且只受该国的专属管辖。①《联合国海洋法公约》第 92 条规定：

1. 船舶航行应仅悬挂一国的旗帜，而且除国际条约或本公约明文规定的例外情形外，在公海上应受该国的专属管辖。除所有权确实转移或变更登记的情形外，船舶在航程中或在停泊港内不得更换其旗帜。

2. 悬挂两国或两国以上旗帜航行并视方便而换用旗帜的船舶，对任何其他国家不得主张其中的任一国籍，并可视同无国籍的船舶。

1994 年发布的《船舶登记条例》作为国务院制定的行政法规，其中第 3 条对于船舶国籍和悬挂国旗的航行权作出了进一步规定："船舶经依法登记，取得中华人民共和国国籍，方可悬挂中华人民共和国国旗航行；未经登记的，不得悬挂中华人民共和国国旗航行。"同时，对于《海商法》第 5 条第 2 款规定的非法悬挂我国国旗航行的情形，《船舶登记条例》第 49 条第 1 款进一步规定："假冒中华人民共和国国籍，悬挂中华人民共和国国旗航行的，由船舶登记机关依法没收该船舶。"因此，非法悬挂我国国旗航行的船舶，不仅需要受到

① 参见林源民：《船舶建造》，上海浦江教育出版社 2013 年版，第 166–167 页。

罚款处罚，船舶也将被我国的船舶登记机关没收。

3.《海商法》第 6 条（海上运输管理）

《海商法》第 6 条规定：

海上运输由国务院交通主管部门统一管理，具体办法由国务院交通主管部门制定，报国务院批准后施行。

本条是关于海上运输管理的委托性规则。委托性规则作为与确定性规则相对的概念，也称非确定性规则、委任性规则，是指本身未明确规定行为规则的具体内容，而是委托特定专门机关加以确定的法律规则。[①]

《海商法》起草期间，自 1982 年 5 月第十稿至 1985 年 7 月第十六稿均设有国际海上运输管理的专章，即调整国家调控航运经济运行过程中发生的纵向经济关系。最终通过的《海商法》虽然基于民事特别法的部门定位删除了此类内容，但第 6 条将统一管理海上运输的权力授予国务院交通主管部门，当时即为交通部，2008 年 3 月国务院机构改革在此基础上组建了交通运输部。

《海商法》通过当时，我国《立法法》尚未出台，行政法规、部门规章等规范性法律文件的概念以及制定程序尚不健全。此后我国制定的海上运输管理规定，未由交通运输主管部门制定，而是体现为法律效力层次更高的国务院制定的行政法规，即 2001 年的《国际海运条例》以及 2012 年的《国内水路运输管理条例》。

第三节 海商法与国际法的关系

一、国际法的不同含义

海商法在我国时常被认为是国际法，典型例证应是两所海事大学历史上长期依托国际法学专业培养海商法人才，[②] 而国际法又是我国学理上颇为复杂的概念，不同层面的含义存在较大差异。国际法在严格意义上应当仅有以下两种含义：

一是作为法律部门的国际法，即与民法商法、经济法、行政法、刑法等法律部门并列，此时国际法即国际公法。虽然中国特色社会主义法律体系明文列举的法律部门不含国际法，

---

① 参见付子堂主编：《法理学初阶》（第 6 版），法律出版社 2021 年版，第 141 页。

② 大连海事大学目前通过自主设置二级学科的形式设置了海商法学作为法学二级学科。

但此时的国际法有其自身独立的调整对象和调整方法，应当认为构成独立的法律部门。作为法律部门的国际法，调整对象是国家之间的关系，即国际关系。[①]德国学者魏智通明确指出："国际法自始就是国家间的关系法。"[②]此时国际法的表现形式不限于国际条约、国际惯例，也可能是国内立法。例如，外交和领事关系法是历史悠久的国际法分支，而我国国内立法即有《领事特权与豁免条例》。国际上"international law"一般也是指国际公法，即调整国家之间关系的法律。[③]海商法的调整对象均非国家之间的关系，不属于法律部门意义上的国际法。

二是作为法律分类的国际法，即与国内法相对的概念。[④]法律根据制定主体和适用范围划分，可以分为国内法和国际法。国内法是由一国立法机关制定或认可并适用于本国主权范围的法律；[⑤]国际法是由国家与国家之间通过国际协议的程序或方式制定，或者由国家与国家之间在国际交往中发展形成的法律；也有观点根据制定主体和适用范围的分类提出与国内法、国际法并列的第三种法律的类型，即超国家法，是指欧盟等超国家组织生成的法律，[⑥]例如欧盟《罗马条例Ⅱ》即《非合同之债法律适用条例》。民法商法、刑法、环境资源法等诸多法律部门，均有可能涉及法律分类意义上的国际法作为法源，但任何法律部门均不可能完全属于此一层面的国际法。例如，票据法领域的《统一支票法公约》，作为国际条约即属国际法。海商法仅有部分法源属于法律分类意义上的国际法，主要是指《海牙—维斯比规则》等国际海事条约。

除上述两种含义外，国际法作为学科名称的含义更为宽泛，即囊括国际公法、国际经济法、国际私法三个名称中含有"国际"二字的学科，国家统一法律职业资格考试培训习惯

---

① 参见周忠海主编：《国际法》，中国政法大学出版社 2008 年版，第 1 页。

② ［德］W.G. 魏智通主编：《国际法》（第 5 版），吴越、毛晓飞译，法律出版社 2012 年版，第 3 页。

③ 例如，*Black's Law Dictionary* 的"international law"词条解释如下："The legal system governing the realtionships between countries；more modernly，the law of international relations，embracing not only countries but also such participants as international organizations and individuals（such as those who invoke their human rights or commit war crimes）.—Also termed public international law；law of nations；law of nature and nations；*jus gentium*；*jus gentium publicum*；*jus inter gentes*；foreign-relations law；interstate law；law between states（the word state，in the latter two phrases，being equivalent to nation or country）." Bryan A.Garner（ed.），*Black's Law Dictionary*，Thomson Reuters，2019，p.975。

④ 法理学著作论及法律的分类，时常混淆上述两种不同含义的国际法。例如，卓泽渊在分析国内法和国际法的划分时认为，国际法是指主要调整国家之间的关系的具有法律拘束力的原则、规则和制度的总体。此时表述的国际法实际是指作为法律部门的国际法，其中包含调整国际之间关系的国内法。参见卓泽渊：《法学导论》（第 3 版），法律出版社 2021 年版，第 55-56 页。

⑤ 参见张文显主编：《法理学》（第 5 版），高等教育出版社 2018 年版，第 91 页。

⑥ 参见周永坤：《法理学：全球视野》（第 4 版），法律出版社 2016 年版，第 66 页。

称为“三国法”。部分学者就此提出“宏观国际法学”的概念。[①] 此时国际法的调整对象不限于国家之间的关系，也并非与国内法截然对立，颇有“拉郎配”之嫌。例如，国际私法是国际法学科的主要分支，但《涉外民事关系法律适用法》作为我国国际私法领域的主要立法，法律分类属于国内法，而且是以间接的方法调整涉外民商事关系，[②] 调整对象也不是国家之间的关系，不属于作为法律部门的国际法。但是，国际经济法、国际私法的范围历来多有争议，此时国际法本就不是一个完全科学、严谨的概念，而更多是理论研究约定俗成的结果。此种意义上的国际法既不符合法律部门的划分标准，即不存在统一的调整对象和调整方法，且与民法商法等其他法律部门的调整对象存在交集，也不符合国际法与国内法的分类。例如，德国学者魏智通指出：

> 许多被冠以“国际”的素材，尽管其也涉及跨国对象，但实际上属于为国内法范畴。国内法的规范虽然要受到国际法的限制，但是其自身却不属于国际法。那些被贴上“国际”标签的法律领域重点其实是国内的冲突法，它要分别回答的是在什么情况下适用国内的私法、刑法或者行政法。
>
> 国际私法，属于国内法，因此每个国家都有自己的国际私法。……
>
> 尤其值得注意的是国际经济法。它包含了调整参与跨国经济交流的法律主体的行为规范。这些规范分别属于国内法、欧盟法以及国际经济（公）法。从其法律渊源看，则分别属于国际公法、欧洲法和国内的公法或者私法。其调整对象是“国际经济的”法，而非“经济的”国际（公）法。[③]

基于国际法的不同含义，海商法至少在严格意义上不属于国际法的范畴。一些著作虽然采用了“国际海商法”或“国际海事法”的名称，但并非主张海商法属于国际法，而只是强调海商法具有较强的国际性或涉外性，即国际统一程度较高。例如，陈安主编的《国际海事法》一书明确指出：

> 国际海事法既不是仅指调整国家间航海运输的法规而言，也不是仅限于也已成为国际公法的海事法规。国际海事法的特点在于它具有涉外性质，它适用的水域不限于一国境内，适用的船舶也不限于一国的船舶。
>
> 从上述定义可以看出，海事法包括调整海上运输各方面法律关系的国际公约、

---

① 参见黄进：《宏观国际法学论》，载《法学评论》1984 年第 2 期。

② 参见韩德培主编：《国际私法》（第 3 版），高等教育出版社、北京大学出版社 2014 年版，第 4 页。

③ ［德］W.G. 魏智通主编：《国际法》（第 5 版），吴越、毛晓飞译，法律出版社 2012 年版，第 12–14 页。

国际惯例和国内法等。即使是国内海事法，实际上也不可避免地带有涉外或国际性质。没有一个国家的海事法是专门适用于内国水域和内国船舶的。如果有这样的法律，那么，就不能称之为海事法，充其量也只能算是一国的内水航运规则而已。

既然海事法带有涉外或国际的性质，可见海事法与具有同样性质的国际海事法就没有什么实质区别了。可以认为，国际海事法是调整国际海上运输中船舶及其所有人与其他有关当事人之间权利义务关系的法律规范的总和。国际海事法的这一定义与海商法的定义的区别，仅在于前者有“国际”一词。“国际”一词只不过表示海事法所具有的涉外或国际性质，并没有什么要特别强调的实质意义。[①]

二、海商法与国际经济法的关系

（一）海商法作为国际经济法分支的成因

国际经济法在我国学理上主要由国际贸易法、国际投资法、国际货币金融法、国际税法、国际经济组织法、国际经济争端处理法等分支组成。主张海商法是国际经济法分支的观点，主要是将海商法作为国际贸易法的组成部分。此种格局在我国的形成主要是学科分类引导的结果。

我国学理通说认为，国际贸易法是调整跨越国境的货物、技术、服务的交换关系的国际法和国内法的总和。国际贸易法的调整范围包括国际货物买卖关系以及与之联系的关于运输、保险和支付方面的社会关系，国际服务贸易关系，国际技术贸易关系即关于专利、商标、专有技术及其跨国转让和国际保护方面的社会关系，政府管理贸易方面的社会关系，解决国际贸易争端方面的社会关系。据此国际贸易法可以分为国际货物贸易法、国际服务贸易法和国际技术贸易法。[②]

海商法长期以来在我国的学科目录中是作为国际经济法的下级学科，原国务院学位委员会和原国家教育委员会于 1997 年 6 月联合下发的《授予博士、硕士学位和培养研究生的学科、专业目录》又将国际法、国际经济法、国际私法三个法学的三级学科合并为国际法学。（如表 2）

---

① 陈安主编：《国际海事法》，鹭江出版社 1987 年版，第 4–5 页。
② 参见王传丽主编：《国际贸易法》，法律出版社 2022 年版，第 10 页。

表 2　《授予博士、硕士学位和培养研究生的学科、专业目录》法学学科目录

0301 法学	030101	法学理论
	030102	法律史
	030103	宪法学与行政法学
	030104	刑法学
	030105	民商法学（含劳动法学、社会保障法学）
	030106	诉讼法学
	030107	经济法学
	030108	环境与资源保护法学
	030109	国际法学（含国际公法、国际私法、国际经济法）
	030110	军事法学

上海海事大学长期以来是依托国际法学学位点培养海商法方向的硕士研究生，1981 年作为全国首批经国务院学位委员会批准有权授予法学硕士学位的高校，当时的学位点即为国际经济法；[①] 大连海事大学在自主设置海商法学专业以前的学科设置模式相同。至今中国图书馆分类法仍将海商法置于国际商法（国际贸易法）之下。（见图 4）

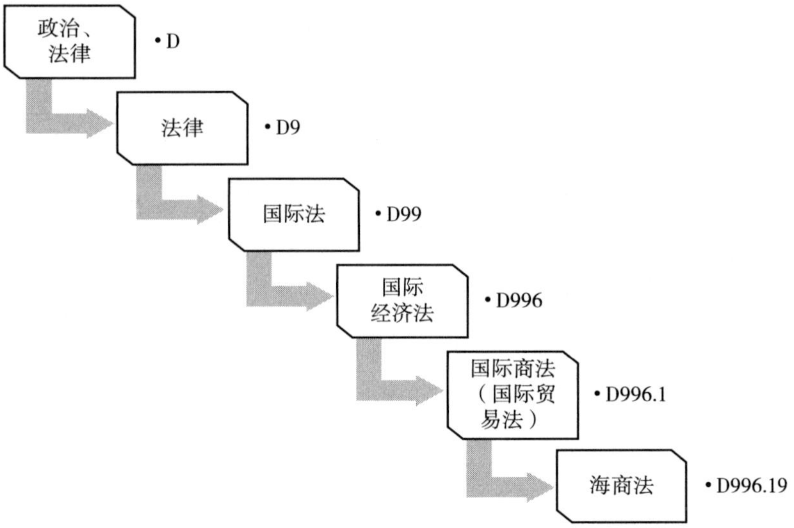

图 4　中国图书馆分类法关于海商法的分类

① 参见王恩田主编：《上海海运学院志》，人民交通出版社 1999 年版，第 216 页。

值得注意的是，国务院学位委员会第六届学科评议组2013年编写的《学位授予和人才培养一级学科简介》，对于国际法学只是简单说明“是相对于国内法学的学科，主要包含国际公法学、国际私法学和国际经济法学”，[①] 但已将海商法作为民商法学的研究内容：

> 民商法学（含劳动法学、社会保障法学）是研究民法总则、合同法、物权法、人格权法、侵权责任法、婚姻法、继承法、劳动法、社会保障法、公司法、保险法、票据法、海商法、破产法、证券法等民商法理论和各种民商事法律制度的学科，为我国民商事立法、司法和律师实务提供理论指导。[②]

【知识拓展】

“三国法”作为法学学科应否合并?

关于国际公法、国际经济法、国际私法作为法学学科的合并，韩德培在《论国际公法、国际私法与国际经济法的合并问题——兼评新颁〈授予博士、硕士学位和培养研究生的学科、专业目录〉中有关法学部分的修订问题》一文中曾有详细论述：

为了提高培养研究生的质量，也为了学科本身的建设和发展，对于将国际公法、国际私法与国际经济法三个二级学科合并为一个“国际法”二级学科，我是始终表示反对的。尽管《目录》已正式颁发了，我仍然不得不再就这个问题谈谈自己的看法。

在国际上，通常所谓“国际法”是专指“国际公法”而言，不包括“国际私法”，也不包括“国际经济法”。如果要将国际公法、国际私法和国际经济法统称为“国际法”是可以的，因为这是从最广泛的意义上来理解“国际法”的。这个“国际法”是相对于“国内法”而言的。我们不妨将法学的学科归纳为两大类型，即国内法学和国际法学。从总体上讲，国内法学是研究如何调整从国内生活中产生的社会关系的法律的，国际法学是研究如何调整从国际生活中产生的社会关系的法律的。国内法学包括宪法学、民商法学、刑法学、经济法学等等；国际法学包括国际公法、国际私法、国际经济法等。打个最粗浅的比方，国际公法学就相当于宪法学，国际私法学就相当于民商法学，国际经济法学就相当于经济法学。既然不能将宪法学、民商法学和经济法学合并为一个二级学科，那么怎么可能将国际公法学、国际私法学

① 国务院学位委员会第六届学科评议组编：《学位授予和人才培养一级学科简介》，高等教育出版社2013年版，第14页。

② 国务院学位委员会第六届学科评议组编：《学位授予和人才培养一级学科简介》，高等教育出版社2013年版，第13页。

与国际经济法学合并为一个二级学科呢？如果说因为它们都有“国际”二字,就非合并不可，这只能说是一种望文生义的皮相之谈，是根本不值得一驳的。

国际公法与国际私法，是两门比较古老的学科，早已成为两个独立的二级学科，无论中外各国，直至今日，都仍然是如此。国际经济法是第二次世界大战以后才发展起来的一个新兴学科。这三个学科虽然都冠以“国际”二字，但具体分析起来，它们所调整的社会关系以及这种社会关系的主体都各不相同。国际公法是调整国家与国家之间政治、外交方面的关系的，国际私法是调整具有跨国性或国际性的有关自然人和法人的民商事关系的，国际经济法是调整国家与国家之间以及不同国家之间有关自然人和法人的各种经济关系的。而且这三个学科，随着时代和社会的演进，科学技术和交通运输的迅猛发展，以及人员跨国流动和经济及民商事交往的十分频繁，都在不断地发展和扩大，增加了不少新的内容。例如，国际公法除原有的内容外,就有新的“空间法”和“海洋法”以及“国际组织法”、“国际行政法”、“国际发展法”、“国际人权法”等。国际私法除原有的内容外，按照大国际私法的观点，在内涵方面就增加了新的“国际统一实体法”“直接适用的法律”,在外延方面就有“国际民事诉讼法”和“国际商事仲裁法”。国际经济法虽然是一门新兴学科，但发展很快，它包括的内容就有“国际贸易法”“国际投资法”“国际金融法”“国际税法”“国际经济组织法”，还有学者主张再增加“国际海事法”“国际技术转让法”。从学科体系上着眼，这三个学科都各有自己的学科体系，尽管它们之间互有联系，甚至还有少许重叠之处，但它们依然是各自独立的不相隶属的专门学科，怎么能够“眉毛胡子一把抓”，把它们硬拼成一个二级学科呢？这位教授在上面所提到的一篇文章中还为这种合并辩护，说这三个学科虽然合并为一个学科，但仍然有三个各自独立而又互相联系的“研究方向”。好一个“研究方向”！如果这三个学科可以降格为“研究方向”，请问那“国内法学”中的那些学科如宪法学、民商法学、经济法学等等，为什么不可以合并为一个学科即“国内法学”，同时也把它们都降格为“研究方向”呢？总之，要把这三个学科合并成一个学科，从学科体系上讲，是根本不可能的；从内容方面讲，它们已经够宽了，是不需要再拓宽的。

要拓宽二级学科，其目的无非是要扩大研究生的知识面。其实，按照现行的制度，为了扩大研究生的知识面，凡是硕士研究生或博士研究生，除主攻的科目外，还必须修读“学位课程”，这是扩大知识面的一个行之有效的办法，根本不需要用“拉郎配”的办法，将不同体系的而且内容已经够宽的一些学科硬拼成一个学科。现在学位办已经坚持将国际公法学、国际私法学与国际经济法学这三个学科合并为一个二级学科了，这不但与世界各国通行的做法背道而驰，还会使我们在教学工作和指导研究生进行研究工作中产生极大的困难，而且对发展这三门学科也是极为不利的。因为世界上还没有哪一位教授能开出一门包括这三个学科的课程，也没有哪一位学者专家能写出一本包括这三个学科的专著或教材。我们的研究生也绝不可能写出一篇包括这三个学科的论文。我们在培养研究生时，就这三个学科而言，也只能要求他们主攻其中一门学科，而不能要求他们同时主攻这三门学科。当然，在他们主攻一门学科时，也要求他们修读其他相关学科的学位课程。这样的培养方法也就不会口径过窄，使培养出来的研究生不能适应未来工作的要求了。不然的话，按照硬拼凑起来的学科来培养研究生，不但不能提高培养研究生的质量，而且会适得其反，降低其质量，因为他们不能专心致志地专攻一门学科，也就不能使他们的研究成果达到一定的专精程度。在这样的情况下，学科的建设和发展也就自然会受到极不利的影响了。我们可以说，坚持将国际公法学、国际私法学与国际经济法学三个二级学科硬拼成所谓“国际法学”一个二级学科，其结果必然是有害无益的。我可以估计，这种做法事实上是行不通的。这三个学科还是要分别开课的，还是要分别写教材或专著或出版学术丛书的。例如，厦门大学国际经济法研究所目前正在每年出版两卷《国际经济法论丛》就是一个最好的例证。自改革开放以来，我国这三个学科的专家学者已经撰写了很多学术论文在国内外法学期刊上发表，还编撰了不少有关教材和专著。这些科研成果，对加强我国法制建设，保证和推动我国的现代化建设和对外开放的顺利进行，已经发挥并将继续发挥重要的积极作用。不难看出，这三个学科是具有强大的生命力的。它们作为独立的二级学科的客观现实，是谁也无法抹煞和否定的。尽管有人想这样做，武断地要将它们降格为“研究方向”，不承认它们是二级学科，其结果必然是徒劳的。我相信，不管人为的阻力多么大，这三个学科还是会按照其自身发展的规律向前发展的，还是会保持其独立的二级学科的地位的。最后，不妨借用辛稼轩（弃疾）“菩萨蛮”一阕中的名句来结尾：“青山遮不住，毕竟东流去。”①

（二）国际经济法内涵的理论争议

国际经济法的分支主要包括国际贸易法、国际投资法、国际货币金融法、国际税法、国际经济组织法、国际经济争端处理法等。但是，我国学理上对于国际经济法的内涵不无争议，特别是存在明确区分国际经济公法与国际经济私法的观点，即以公法与私法的划分为标准区别国际经济法和国际商法。例如，左海聪曾在《论国际法部门的划分》一文中提出“国

① 韩德培：《论国际公法、国际私法与国际经济法的合并问题——兼评新颁〈授予博士、硕士学位和培养研究生的学科、专业目录〉中有关法学部分的修订问题》，载陈安主编：《国际经济法论丛》第1卷，法律出版社1998年版，第5-8页。

际法四分法”，主张将国际法分为国际公法、国际私法、国际经济法和国际商法四个法律部门，即对于原先的国际经济法按照公法和私法划分为国际经济法和国际商法：

> 确立国际经济法、国际商法的独立法律部门地位，把国际法划分为国际公法、国际私法、国际经济法和国际商法四个法律部门，可以较好地解决目前我国国际法教学、科研和国际学术交流中存在的问题和困难。①

区分国际经济公法与国际经济私法，主要原因在于二者的思维模式与研究范式存在明显区别。而且，如果严格依照调整对象及调整方法进行区分，二者均非独立的法律部门。国际经济公法主要调整国家之间的经济关系，应当属于作为法律部门的国际法的组成部分。例如，包括世界贸易组织法在内的国际经济组织法，主要调整国际经济组织成员方互相之间、国际经济组织与成员方之间围绕国际经济组织形成的关系。② 国际经济私法的本质仍是民商法，调整对象并不超出平等主体之间的财产关系，只是此种财产关系具有涉外因素等国际性特征，例如国际货物买卖合同关系。因此，国际经济法本身不是独立的法律部门，而是涉及国际法、民法商法等多个法律部门。

左海聪基于国际法四分法，此后分别主编出版了《国际经济法》和《国际商法》两部教材，其中对于国际经济法和国际商法的关系也有进一步论述：

> 国际经济法是调整国家间经济交往的公法，国际商法是调整私人间国际商事活动的私法，两者在实体规范、救济方法和救济程序上有很大不同；前者以非歧视待遇，资本、货物和技术流动的自由化为目标取向，后者以意思自治、诚实信用等为基础；前者以要求承担国家责任为救济方法，以国家间的争端解决机制（如世界贸易组织争端解决机制）为救济程序，后者以要求承担民事责任为救济方法，以国际民事诉讼国际商事仲裁为救济程序。③

何志鹏在《国际经济法的基本理论》一书中也认为：

> 鉴于法律关系性质的差异性，有可能也有必要将私人主体之间的商事关系排除在国际经济法律体系之外。因此，国际经济法可以界定为：“所有国家和类国家经济主体之间协调经济关系和配置经济利益以及对国际经济交往行为进行调控和管理

---

① 左海聪：《论国际法部门的划分》，载《中国国际私法与比较法年刊》1998 年版，第 281 页。
② 参见陈安主编：《国际经济法》（第 2 版），法律出版社 2007 年版，第 402 页。
③ 左海聪主编：《国际商法》（第 2 版），法律出版社 2013 年版，第 2–3 页。

的国内法和国际法规范的总称。”[①]

考察东亚地区其他法域的国际经济法著作，大多不含私法内容。例如，日本学者中川淳司等人的《国际经济法》一书，以世界贸易组织法为核心的同时，还涉及国际投资法、国际竞争法、国际货币金融法、国际税法以及国际经济刑法，但不含国际货物买卖法等私法内容。全书的章节设置如下：

第一章　国际经济法的概念
第二章　布雷顿森林体系的建立与发展
第三章　WTO 的组织与争端解决程序
第四章　WTO 协定的国内实施
第五章　WTO 体制的基本规则
第六章　WTO 与贸易救济制度
第七章　WTO 体制下的农业贸易与 TBT/SPS
第八章　WTO 体制下的服务贸易与知识产权保护
第九章　WTO 体制下的政府采购
第十章　区域主义与 WTO 体制
第十一章　WTO 体制与发展中国家
第十二章　WTO 体制与非贸易的价值
第十三章　国际投资法
第十四章　国际竞争法
第十五章　国际货币金融制度
第十六章　国际税法
第十七章　国际经济刑法[②][③]

作者在书中明确指出：“国际经济法的规制对象是国际经济活动。……对国际经济活动的公法规制，是指国家作为公共权力的主体，以实现公共利益为目的，对国际经济活动所实施的规制。……国际经济活动的私法规制，是指对从事国际经济活动的交易主体之间的权利和义务关系进行规制的实体法和程序法的总和。……国际经济法这一术语在更多的情况下是

① 何志鹏：《国际经济法的基本理论》，社会科学文献出版社 2010 年版，第 38 页。
② 中川淳司＝清水章雄＝平覚＝間宮勇『国際経済法』（有斐閣，2019 年）。
③ 类似著作可见：松下満雄＝米谷三以『国際経済法』（東京大学出版会，2015 年）。

指前者，即指对国际经济活动的公法规制（广义国际经济法）。在此情况下，被用来指后者的概念是国际交易法（狭义国际交易法）。但是，关于上述概念的定义，学界尚未形成统一的意见。也有教科书将国际经济活动的公法规制（广义国际经济法）和私法规制（狭义国际交易法）合在一起（最广义的国际经济法）定义为国际交易法（广义国际交易法），……本书所指的国际经济法的概念比上述每一个概念都要狭窄，特指国际经济活动的公法规制（广义国际经济法）中，根据国际法所展开的规制（狭义国际经济法）。”①

（三）海商法与国际贸易法的交集

国际贸易包括国际货物贸易、国际服务贸易、国际技术贸易，其中国际货物贸易是最为传统和主要的类型。国际货物贸易的私法调整，根据贸易活动的不同环节主要分为买卖、运输、保险、支付四个部分。除买卖环节主要关注买卖双方的权利与义务外，运输、保险、支付环节的重点分别是承运人、保险人、银行的责任。基于国际货物买卖合同，卖方最为主要的义务应是交付货物。但是，现代社会绝大多数的卖方自身通常并无进行货物运输的能力，需要依靠买卖合同以外的第三方进行运输。买方最为主要的义务是支付货款，国际贸易中通常表现为通过银行提供的服务向卖方支付款项。至于保险环节，则是为了分散货物在运输过程中可能遭遇的风险。

海商法与国际贸易法发生关联，原因在于海上货物运输在当代主要是为国际贸易服务。海上货物运输具有运量大、运输成本低的特征。国际贸易中超过 80% 的货物是通过海运方式进行运输。传统国际贸易法对于国际运输和国际货物运输保险的关注，也是以海上运输和海上保险为中心。国际贸易法在我国的理论体系基本确定于沈达明、冯大同 1983 年编写出版的《国际贸易法》一书，时至今日也未产生实质改变，该书的体例如下：

绪　论

第一编　国际货物买卖

　　第一章　国际货物买卖合同

　　第二章　国际货物运输

　　第三章　国际买卖涉及的保险

　　第四章　国际贸易支付

第二编　国际技术转让

---

① ［日］中川淳司、［日］清水章雄、［日］平觉、［日］间宫勇：《国际经济法》，白巴根译，北京大学出版社 2007 年版，1–3 页。

第五章　工业产权
第六章　对专有技术的保护
第七章　技术贸易的形式和法律结构
第八章　许可证贸易
第三编　对外贸易管理措施
第九章　我国的对外贸易管制
第十章　资本主义国家的对外贸易管制
第十一章　贸易条约和协定
第十二章　关税与贸易总协定
第十三章　关于管制限制性商业做法的法律
第四编　国际贸易争议的处理
第十四章　对外贸易仲裁[①]

海商法在此种体系下与国际贸易法的交集，主要体现在海上运输法和海上保险法两个领域，而且通常仅限于海上货物运输和海上货物运输保险，更不涉及海事法的内容。目前部分国际贸易法教科书已经不再涵盖国际货物运输法和国际货物运输保险法的内容，例如陈立虎的《当代国际贸易法》一书的第一编“国际贸易的合同规则”的体系如下：

第一章　国际货物买卖合同的法律与惯例
第二章　国际货物买卖合同
第三章　国际许可合同
第四章　国际服务贸易合同[②]

陈立虎在书中更是明确指出国际贸易法不是独立的法律部门：

国际贸易法的调整对象主要包括贸易管理关系和贸易交易关系，两种关系的性质是不同的法律调整机制，是指包括整个法律调控系统的结构、功能、各个组成部分之间的关系以及发生作用的过程和方式。在划分法律部门时，我们不仅要注意到法律所调整的客观的社会关系领域，而且也应该注意到作为人类主体对于社会关系的法律调整机制包括法律调整的方法、法律关系上权利义务确定的方式和方法、权

① 沈达明、冯大同编：《国际贸易法》，北京大学出版社 1983 年版，第 1–3 页。
② 陈立虎：《当代国际贸易法》，法律出版社 2007 年版，第 1–2 页。

利的确定性程度和权利主体的自主性程度、法律事实的选择、法律关系各方主体的地位和性质、保障权利的途径和手段等。仅仅利用法律所调整的社会关系领域作标准来划分法律部门显然是不够的，还要综合利用法律调整机制标准。国际贸易法所调整的各类主体是不平等的，其自主程度大为不同，权利保护途径手段有异，因而从调整方法来看，亦难作为一个独立的法律部门。[①]

更为重要的是，海商法的调整对象不是必然涉外，海上货物运输与保险形成的社会关系均有可能不具有涉外因素。例如，国内水路货物运输法也是海商法的重要组成部分，而国内水路货物运输合同形成的社会关系绝大多数不具有涉外因素。国际贸易法无法涵盖海商法的全部内容。因此，即使认为国际贸易法是国际经济法的组成部分，海商法也只是与国际经济法存在部分交集，而不能认为海商法在整体上是国际经济法的分支。同时，由于国际经济法、国际贸易法本身均非独立的法律部门，而是具有明显的跨部门法属性，海商法与国际经济法的交集也不能用于否认海商法的民法属性。

不可否认的是，海商法确实具有较为突出的国际性，即国际统一程度较高。但是，国际统一程度较高完全不能等同于在性质上属于国际法。我国台湾地区学者张东亮在《海商法新论》一书中曾有颇为精辟的论述，详细说明了海商法的国家自主性与国际统一性的关系，其中明确指出海商法是最具国际性的国内法：

体例上，海商法乃最具国际性之国内法，然亦为最具国家自主性之国际规范。惟其系国内法，[②]自应以国家利益为重，更由于海商活动先天之国际性，本法自宜予国际海商规范相当之尊重。职是之故，如何妥切满足上述双重需要，使既能满足国家自主之最高指导原则，亦不致有违国际社会现行海商活动规范，俾予追求国家利益之际，兼具融洽于国际海商活动之机能。此一事实，就比较法观点言之，尤其显著，凡治我海商法者自须时刻把握，以执其中。[③]

我国台湾地区学者林群弼在《海商法论》一书中也明确指出：

海商法固然具有强烈之国际性，但海商法毕竟为由一个国家所制定，并在该国领土内施行之法律。因此，海商法应为国内法，而非国际法。[④]

---

① 陈立虎：《当代国际贸易法》，法律出版社 2007 年版，第 13–14 页。
② 此处国内法应当是指除调整国际之间关系的法律，即作为法律部门的国际法以外的法律。
③ 张东亮：《海商法新论》（第 2 版），台北，五南图书出版公司 1986 年版，第 3 页。
④ 林群弼：《海商法论》（修订 2 版），台北，三民书局 2018 年版，第 10 页。

第四节　海商法与海法的关系

一、海法概念在中国的沿革

海法是我国大陆法学研究自二十一世纪一十年代以来逐渐兴起的概念，主要由海商法学者倡导并推动。

我国大陆学者所称海法，通常是指调整围绕海洋发生的国家之间关系、行政关系、刑事关系和民事关系的法律规范的总称。[①] 海法最为重要的特征在于突破法律部门的界限，囊括全部与海相关的法律规范，[②] 此亦海法常被称作“大海法”的原因所在。[③] 例如，司玉琢最早提出了海法研究体系的三个层次：

> 海法研究体系可归纳为以下三个层次。
>
> 第一层次：海法，是最高层次，包含国家间关系、行政关系、刑事关系和民事关系的各种行为规范，以及保证这些规范得以实施的程序性规范。
>
> 第二层次：海法下二级研究方向，下设 7 个研究方向，即海商法、海上劳动法、海上国际法、海上刑法、海上行政法、海洋环境与资源保护法、海上程序法。
>
> 第三层次：海法下三级研究方向。具体说，海商法包括船舶物权法、海上运输合同法、海上保险法、海事法以及船舶融资、建造与买卖法等。海上劳动法包括船员法、STCW 公约和《2006 年海事劳工公约》等。海上国际法包括海洋法（内水、领海、毗邻区、专属经济区、大陆架、国际航行海峡）、海上战争法、海事国际私法等。海上刑法包括海盗、暴力危及海上航行安全罪、破坏海底电缆管道罪、危及大陆架固定平台罪、海上战争罪、海上贩毒走私、海上交通肇事罪和海上重大环境污染事故罪等。海上行政法包括船舶管理法、船员管理法、海上交通安全法、海上运输（企业）管理法（ISM Code，国际海运条例）、港口法、航标法、航道管理法、引航法、

---

① 参见司玉琢：《面向海洋世纪 确立海法研究体系》，载《中国社会科学报》2010 年 6 月 8 日，第 2 版。

② 参见初北平、曹兴国：《海法概念的国际认同》，载《中国海商法研究》2015 年第 3 期，第 16 页。

③ 参见王威：《“一带一路”背景下构建大海法体系的相关问题研究》，载《广西政法管理干部学院学报》2018 年第 1 期，第 3–5 页；张丽：《航运公法专论》，法律出版社 2021 年版，第 1 页。

渔业行政法和海洋行政法等。海洋环境与资源保护法包括渔业法、海洋矿产资源法、海域使用管理法和海洋环境保护法等。海上程序法包括海事诉讼特别程序法、仲裁程序法和其他程序法等。[①]

考察海法概念在我国的沿革，民国时期的海商法著作均在1929年《中华民国海商法》颁布后出版，且以解释实证法为主，故而并无以“海法”命名的论著。但是，多数海商法整体著作在阐述海商法的概念时均会提及海法，主张海商法是海法的组成部分。例如，王效文在《中国海商法论》一书中认为：

海商法者，海法之一部，以海不仅有商也；海商法者，商法之一部，以商不限于海也。何谓海法？关于海事法规之总称也。何谓商法？关于商事法规之总称也。何谓海商法？关于海上商事法规之总称也。[②]

至于海法的具体内涵，学者论述不多，常见观点主要受到日本学说的影响，主张海法分为国际海法与国内海法，后者进一步分为公海法与私海法。[③] 例如，刘经旺认为：

海法可分为国际海法与国内海法二种。国际海法者，关于海事之国际法上之法规也。如:通商航海条约，港湾封锁法及船舶捕获法等是。国内海法，又分为二，即：公海法与私海法是。公海法者，关于海事之公法上之法规也。如：船舶法，船员法及海难救助法等是。私海法者，关于海事之私法上法规也。其中一部即为海商法。但实际上，关于海商法以外之私海法，并另无详细之规定，故即谓海商法为私海法之全部，亦非过言。[④]

民国学者关于海法的论述仅止于此，虽然其中对于海法的内涵界定尚不清晰，但可以肯定的是：学者无意使之涵盖全部涉海法律领域，而是以航运或谓海事活动为中心构建海法的概念。

1949年以降直至2010年海法理论开始兴起，我国大陆法学研究极少使用海法的概念。《中

① 司玉琢：《面向海洋世纪 确立海法研究体系》，载《中国社会科学报》2010年6月8日，第2版。
② 王效文：《中国海商法论》（第3版），上海法学编译社1931年版，第1页。
③ 此种观点与现代法学理论多有不合。首先，国际法与国内法、公法与私法作为两种相互平行的法律分类方式，不宜混同使用。以海商法为例，《1910年统一船舶碰撞若干法律规定的国际公约》规定船舶碰撞的损害赔偿，属于私法即民事法律范畴，但作为国际条约同时又属于国际法。同时，其中关于公法与私法的划分也不尽周延，例如海难救助法以规范救助合同为中心，属于典型的私法，且是现代海商法的重要组成部分。
④ 刘经旺：《海商法》，国立武汉大学1941年版，第1页。

国大百科全书・法学》及《海商法大辞典》均未收录海法或相关词条。① 学理上具有代表性的著作通常也不再将海法作为海商法的上位概念进行介绍。② 反而是对海商法属于海法组成部分的观点，提出批评的学者不在少数。例如，於世成等编著的《海商法》一书认为："将'海商法作为海法的一个部分'的观点，因为其将海法的内容过于扩大，反而影响了海法体系的合理性。"③ 张既义等编著的《海商法概论》作为"文化大革命"以后在我国出版的第一部海商法著作，其中更是明确指出：

> 德、法、日学者还提出另一种观点，主张海商法是海法的一个部门，同时把海法分为公海法、私海法和国际海法几类，进而又把私海法分为海商法及海商法以外的海事私法（或称海民法）。这些法规，因性质各不相同，可分别纳入行政法、刑法、国际法的体系之中，并在各个体系中找到其相应的地位。这种分类是不明确的，没有得到广泛的承认，只有苏联是把海商法列为海法的一个部门。④

与上述通行观点明显不同的著作，应是黄廷枢编写的大连海运学院试用教材《海法》。作为中华人民共和国大陆的第一部海商法著作，⑤ 该书直接使用了"海法"作为书名。黄廷枢虽是我国大陆海商法专业教育的开创者之一，但其此前的专业背景主要集中于航海学领域，曾任大连海运学院驾驶学系主任等职，转向法学领域主要是因为应当时大连海运学院乃至中国航海教育的客观需要。据此必须承认的是，"海法"作为书名的使用具有较大的偶然性，而且明显受到当时苏联法学理论的影响。即使就该书的具体内容而言，全书除"贸易航海的水上法律制度"和"国家对外关系机关"两章涉及海洋法、外交与领事关系法，其余章节的内容并未明显超出海商法的范畴，甚至体例安排也与《海商法》基本一致。⑥ 虽然其中指出"海

① 参见中国大百科全书总编辑委员会《法学》编辑委员会、中国大百科全书出版社编辑部编：《中国大百科全书・法学》，中国大百科全书出版社 1984 年版；《中国大百科全书》总编辑委员会编：《中国大百科全书・法学》（第 3 版），中国大百科全书出版社 2005 年版；司玉琢主编：《海商法大辞典》，人民交通出版社 1998 年版。

② 参见魏文翰：《海商法讲座》，法律出版社 1965 年版；魏文达编著：《海商法》，法律出版社 1984 年版；任建新主编：《海商法讲义》，人民法院出版社 1988 年版；吴焕宁主编：《海商法学》，法律出版社 1989 年版；司玉琢主编：《新编海商法学》，人民交通出版社 1991 年版；郁志轰主编：《海商法》，杭州大学出版社 1993 年版。

③ 於世成、杨召南、汪淮江编著：《海商法》，法律出版社 1997 年版，第 6 页。

④ 张既义、司玉琢、尹东年、於世成编著：《海商法概论》，人民交通出版社 1983 年版，第 4 页。

⑤ 该书未正式出版。中华人民共和国大陆第一部正式出版的海商法著作是魏文翰所著的《海商法讲座》，1965 年由法律出版社出版。

⑥ 《海法》全书分为十五章，包括海法的对象和渊源、贸易航海的水上法律制度、国家对外关系机关、海船、海商船船员、海上货物运输契约、海上旅客运输契约、定期租船契约、海上拖带契约、船舶碰撞、救助报酬、共同海损和单独海损、船主责任的范围、海上保险契约、海事请求。参见黄廷枢编：《海法》，大连海运学院 1963 年版，第 1-2 页。

法是各种海事法规的综合体”，[①] 但实际内容反映的海法仍是以航运或谓海事活动为中心，而未涵盖全部与海相关的法律领域。例如，该书认为海法的内容属于刑法系统的包括“对违法的船舶、船员行使刑事管辖权，假冒国籍悬挂中华人民共和国国旗航行的刑事责任和船长对于被碰撞船舶没进行救助法律制裁等等的规定”，[②] 而不涉及当下倡导海法概念的学者主张的海盗、危及大陆架固定平台、破坏海地电缆管道、海上战争、海上贩毒走私、海上重大环境污染事故等与航运活动缺少必然联系的海上犯罪行为。

海法概念在我国大陆的复兴，始于司玉琢 2010 年发表的《面向海洋世纪 确立海法研究体系》一文，[③] 其中提出：“走出传统海商法的狭小空间，进入海法研究体系的广阔领域，是海商法学者及相关法学工作者面临的共同课题。”[④] 此时学者倡导的海法，仅限于学理上的研究体系，既不是构成法律体系的独立法律部门，更未涉及立法层面。此后诸多学者围绕海法陆续发表了一系列研究成果，除司玉琢、李天生撰写的系统阐释海法理论的《论海法》一文外，[⑤] 还涉及海法概念的国际认同、[⑥] 法哲学基础、[⑦] 体系构建[⑧] 以及海法统合[⑨] 等多个方面，且以大连海事大学的学者为主。

虽有观点认为海法已是国际普遍认同和运用的概念，[⑩] 但当前我国大陆学者倡导的海法在外延及学科意义方面，均与比较法上的通行概念存在明显差异，特别是不同于东亚法域即日本、韩国以及我国台湾地区以汉字表述的海法。我国台湾地区的海商法著作多数均会提及海法的概念，但通常是将其作为海商法的上位概念一笔带过。

二、比较法上的海法概念

海法在英语语境中最为主要的对应术语应是 maritime law，本书第一讲已经详细分析了 maritime law 的含义，即 maritime law 在比较法上是以海上航行或船舶为中心，兼有私法与公

---

① 黄廷枢编：《海法》，大连海运学院 1963 年版，第 1-1 页。

② 黄廷枢编：《海法》，大连海运学院 1963 年版，第 1-1 页。

③ 此前司玉琢、胡正良、曹冲曾于 1997 年发表《试论海法独立学科体系》一文，但并未引起广泛关注。参见司玉琢、胡正良、曹冲：《试论海法独立学科体系》，载《航海教育研究》1997 年第 1 期，第 68-74 页。

④ 司玉琢：《面向海洋世纪 确立海法研究体系》，载《中国社会科学报》2010 年 6 月 8 日，第 2 版。

⑤ 参见司玉琢、李天生：《论海法》，载《法学研究》2017 年第 6 期，第 74-96 页。

⑥ 参见初北平、曹兴国：《海法概念的国际认同》，载《中国海商法研究》2015 年第 3 期，第 16-21 页。

⑦ 参见李光春：《论海法的法哲学基础》，载《大连海事大学学报（社会科学版）》2018 年第 3 期，第 1-8 页。

⑧ 参见汤喆峰、司玉琢：《论中国海法体系及其建构》，载《中国海商法研究》2013 年第 3 期，第 6-13 页；曹兴国、初北平：《我国涉海法律的体系化完善路径》，载《太平洋学报》2016 年第 9 期，第 9-16 页。

⑨ 参见王世涛：《论海法的统合》，载《时代法学》2011 年第 2 期，第 3-10 页。

⑩ 参见初北平、曹兴国：《海法概念的国际认同》，载《中国海商法研究》2015 年第 3 期，第 16 页。

法的内容，而且区别于海洋法。既然此处讨论的是我国大陆学者倡导的海法概念，此时基于语言文字表述的契合度，比较法的视野应当首先考察同样以汉字“海法”表述的概念，即海法在东亚地区的日本、韩国、中国台湾地区三个法域的内涵与外延。后二者由于历史的原因受到日本法的影响明显，日本法由此成为理解比较法上海法概念的重中之重。

（一）日本

首先必须肯定的是，日本法确实在一定程度上使用海法的概念，系指关于海事的法律的全体。①海法的概念最早由松波仁一郎②于1893年提出，主要是考虑到“海商法”的文义狭窄，而为更加广泛地研究海事相关法律。③此乃汉字“海法”概念的源头，松波仁一郎对于海法的阐释由此也具有原典意义。松波仁一郎认为，海法是海事特殊法规的总称，其中“特殊”应当是为排除民法等一般法律。海事是指海的固有事项，即直接因为海的存在而产生，以及直接存在于海的环境中的事项。前者是指事项的产生与海存在因果关系，例如海运即是因为海的存在而产生。④《现代法学全集》收录了松波仁一郎的《海法》一书，其中除少数海洋法的内容外，其余篇幅均以航运活动为中心，涉及海商法、航运行政法以及海事审判等程序法内容。⑤但是，此后松波仁一郎著作的名称，大多又重新改采“海商法”的表述，内容上也以解释不同时期日本《商法》的“海商”一编为主。⑥

明治、大正乃至昭和初年，日本出版了一些以海法为名的著作，⑦但具体内容大多不超出海商法的范围，⑧至多包含属于航运行政法的公法内容。例如，高取安太郎的《海法览要》一书，分为“海公法”与“海商法”两编，前者主要包括船舶、船员、引航员、海事审判、海难、战时海法关系等内容。⑨同样值得注意的是住田正一的《日本海法史》，该书详细阐

① 法令用語研究会『有斐閣法律用語辞典』（有斐閣，2020年）104頁参照。
② 松波仁一郎（1968–1945），法学博士，曾任日本海军大学校教官、庆应义塾大学教授、东京帝国大学教授、日本大学商学部部长等职，主要著作包括《日本商法》《日本公司法》《日本票据法》《改正日本商法》《改正日本商行为法》《改正日本公司法》《改正日本票据法》《日本海商法》《新日本商法》。
③ 松波仁一郎「海法」末弘厳太郎 編『現代法学全集 第十六巻』（日本評論社，1929年）11頁参照。
④ 松波仁一郎『日本海商法』（有斐閣書房，1919年）2頁参照。
⑤ 《海法》全书分为八章，包括海洋、舰船、舰船乘组员、航海、碰撞、海难救助、海事行政、海事裁判所。松波仁一郎「海法」末弘厳太郎 編『現代法学全集 第十六巻』（日本評論社，1929年）参照。
⑥ 松波仁一郎『海商法講義』（日本法律学校，1897年）2頁参照；松波仁一郎『日本海商法』（有斐閣書房，1919年）参照。
⑦ 法政研究同志会『海法講義』（法政研究同志会，1902年）；加藤正治『海法研究 第一卷』（有斐閣，1916年）；加藤正治『海法研究 第二卷』（有斐閣，1922年）；高取安太郎『海法覧要』（嵩山房，1927年）参照。
⑧ 例如，日本法政研究同志会组织编写的《海法讲义》，主要内容是解释日本1899年《商法》第五编“海商”，本论部分包括船舶及船舶所有人、船员、运输、海损、海上保险、船舶债权人六章。法政研究同志会『海法講義』（法政研究同志会，1902年）2頁参照。
⑨ 高取安太郎『海法覧要』（嵩山房，1927年）参照。

述了古代、镰仓、足利、丰臣、德川五个时期日本海法的沿革，其中着重论述的德川时代分为船舶、船员、运输、海损、海难救助、海上保险、船舶债权七个部分，[①] 基本与日本1899年《商法》“海商”一编的体例一致，可见此时海法与海商法原则上应是同义词。

昭和以降，以海法命名的著作在日本已极为少见。少数例外之一应是为祝贺日本海法会成立一百周年而出版的《海法大系》一书。日本海法会成立于1901年，与中国海商法协会同为国际海事委员会的国家会员。国际海事委员会是以通过各类方式和活动促进海商法在各个方面实现统一为宗旨，而日本以及我国台湾地区对于国际海事委员会均称“万国海法会”。可见此处“海法”一语的范围仍是以海商法为中心，同时涉及部分其他航运法律的内容。《海法大系》的书名也更多只是延续了日本海法会的名称。大系在日语中的含义即为大全，[②] 是指特定领域材料的系统汇集，因而该书的内容应当最能反映当代日本法上海法的概念。全书主要内容是以海商法为中心，[③] 涉及公法的内容包括海上交通安全、航运联盟与竞争政策、海运与贸易问题、海上劳动、海盗相关法律问题，[④] 未明显超出航运行政法、航运经济法即航运公法的范畴，而不涉及海洋法等国际公法的内容，与我国学者倡导的囊括全部与海相关法律的海法殊为不同。《海法大系》一书的具体篇目如下：

- 国际海上货物运输法的重要问题（国際海上物品運送法の重要問題）
- 海上货物运输条约的国际动向（海上物品運送条約の国際的動向）
- 海上货物运输合同与运输合同当事人（海上物品運送契約と運送契約当事者）
- 租船合同（傭船契約）
- 多式联运合同（複合運送契約）
- 运输单证（運送証券）
- 贸易、海上运输与EDI（貿易・海上運送とEDI）
- 海上旅客运输合同（海上旅客運送契約）
- 船舶碰撞（船舶の衝突）
- 海难救助基本原理的变革与劳合社救助合同格式（海難救助の基本原理の変革とロイズ救助契約書式）

① 住田正一『日本海法史』（巌松堂書店，1927年）参照。

② 参见日本讲谈社编：《日汉大辞典》，上海译文出版社2002年版，第1271页。

③ 《海法大系》一书分为六个部分，包括船东与船舶，海上运输合同，船舶碰撞、海难救助与海上安全，海上保险与共同海损，纠纷解决制度与海事国际私法。

④ 落合誠一＝江頭憲治郎『海法大系—日本海法会創立百周年祝賀』（商事法務，2003年）参照。

- 海上交通安全（海上交通安全）
- 海上保险法的动向（海上保険法の動向）
- 英文船舶保险单的问题（英文船舶保険証券の問題点）
- 船舶责任保险（P&I 保険）
- 共同海损（共同海損）
- 海事诉讼管辖（海事裁判管轄）
- 海事仲裁的现状与问题（海事仲裁の現状と課題）
- 海事国际私法（海事国際私法）
- 航运联盟与竞争政策（海運同盟と競争政策）
- 海运与贸易问题（海運と通商問題）
- 海上劳动（海上労働）
- 海盗相关法律问题（海賊に関する法律問題）

当代日本学理上的海法，通说分为以私法为中心的海商法，以及以公法为中心的海事法。[①] 此处海事法不同于我国学理上作为海商法组成部分的海事法，而主要是指航运活动涉及的行政法等公法。但是，也有观点认为海商法作为调整航海活动的法律，自古以来与海法同义；[②] 或者主张海法即海事法，是以船舶海上活动为规制对象的法律。[③] 此类不同观点互相之间虽有微殊，即海商法或海事法的含义各有一定程度的扩张，但共性之处在于：均将海法理解为与海事相关的法律的总称，且以规范海上企业活动的商事法律即海商法为核心内容。[④] 因此，日本法上所称海法并非是指全部与海相关的法律，而是指与海事相关的法律，且以作为私法的海商法为中心。

（二）韩国

韩国的海商法著作目前较少提及海法的概念。[⑤] 学理上一般认为海法即海事法，具体分为两个部分：一是维护海上航行安全和秩序，以及海上企业健康发展的海事公法；二是调整海上企业活动和相关主体之间利益关系的海事私法。[⑥] 可见韩国法上的海法与日本法相同，也指与海事相关的法律，海事公法部分对应航运行政法、航运经济法，海事私法部分即为海

---

① 中村眞澄＝箱井崇史『海商法』（成文堂，2013 年）1 頁。

② 箱井崇史『基本講義 現代海商法』（成文堂，2021 年）1 頁。

③ 村田治美『体系海商法』（成山堂書店，2007 年）1 頁。

④ 小林登『新海商法』（信山社，2021 年）1 頁。

⑤ 金仁顯（2020），海商法，法文社 .

⑥ 崔鍾賢（2014），海商法詳論，博英社，7 면 .

商法。

（三）中国台湾地区

受到民国时期法学研究以及日本法的影响，我国台湾地区的著作多将海法作为海商法的上位概念。台湾地区学理上的通说认为，海法即海事法，是指关于海上交通或称船舶航海，即与海事有关的法律。[①]例如，张新平认为："与船舶航海有关之法律，称为海事法。海事法律，可区分为海事公法与海事私法。"[②]

与日韩通说不同的是，我国台湾地区学者多将海洋法也纳入海事公法之列。例如，许忠信认为："海事公法包括国际海洋法（属国际公法）、海事行政法（如船舶法、航业法）、海事经济法、海事劳动法等；"[③]更有学者将海事公法与海洋法等同，例如桂裕认为：

> 海上法亦有公法私法之别：海上公法即为属国际法成分之海洋法；海上私法即为属国内法成分之海商法。前者为节制国与国间在海洋上政治及经济活动之准则；后者为节制人与人间在海洋上航行与贸易活动之准则。二者不属一体，但相辅为用。[④]

也有一些学者倾向于认为海洋法即海洋利用关系法，不仅与海事行政法、海事司法法共同构成国际海事公法，且是国际海事公法的首要内容：

> 惟以往有关海事公法之著述，大抵仅指国际公法之适用于海上部分。如海上平时法、海上战时法、以及战时中立法等，即国际间利用海洋者，无论平时战时在相互关系上所应遵守之规则，就其性质言之，仅能目为海上利用关系法，殊不足以概括国际海事公法之全貌。近以国际海法之发展，海事公法早已越出上述范围。本世纪来国际间所缔结之海事公约，除海上利用关系法外，多半以海事行政法为主要课题，并有涉及海事司法法者。故居今日而言国际公海法，应包括海上利用关系法、海事行政法及海事司法法三部分。[⑤]

可以认为我国台湾地区通说认可的海法概念，主要是在与海事相关的法律的基础之上，

---

① 参见郑玉波：《海商法》（修订13版），台北，三民书局2003年版，第3页；林群弼：《海商法论》（修订2版），台北，三民书局2018年版，第5–6页；杨仁寿：《最新海商法论》（第4版），2010年自版发行，第2页；陈猷龙：《海商法论》，台北，瑞兴图书股份有限公司2018年版，第1页。

② 张新平：《海商法》（增订第5版），台北，五南图书出版股份有限公司2016年版，第1页。

③ 许忠信：《海商法要义》，台北，元照出版有限公司2016年版，第83页。

④ 桂裕编著：《海商法新论》，台北，正中书局1974年版，第1页。

⑤ 交通研究所：《国际海法》，交通研究所1971年版，第3页。

纳入了海洋法的内容。因此，比较法上以汉字表述的海法概念，即主要是东亚法域界定的海法，范围明显小于当前我国大陆学者倡导的海法概念，不仅未涵盖全部与海相关的法律，且多数法域亦未将海洋法纳入其中。

基于上述比较法的考察，我国大陆学者倡导的海法概念实际远未获得普遍的国际认同。海法在比较法上更多只是一个常被提及，但极少受到真正关注与阐释的概念。海法究竟为何未在比较法上获得进一步的理论展开，从而与我国当前的理论发展方向形成明显对比？是否我国已经得以引领涉海法律的研究前沿，还是海法在根本上即不符合现代法学，特别是大陆法系关于法律部门划分的基本原理，值得我国学者结合比较法上的理论经验慎重作出检视，而不是动辄上溯至法学理论尚不成熟的中世纪寻找理论构建的依据。郭瑜在《海商法的未来》一书中对此作出了更为深入的阐述：

> "海法"的主张在当前比较引人注目。"海法"如果能够作为与"陆法"对立的法律部门建立起来，无疑可以解决海商法在法律体系中被边缘化的问题。因为海商法应是"海法"的核心部分。但"海法"学说面临的一个难题，是如何解说"海法"的实质是什么，除了地理因素，还有什么把"海法"的各个部分联系在一起，使其成为一个有机的整体。论证海法存在的依据大致包括古代就有海法、海上有特殊风险、海洋经济重要等。但古代有海法，而古代海法与海商法是同义词，并不当然说明现在就同样应该有海法。陆地上的法律也曾经长期"诸法同体"，但现在进行公法与私法、实体法与程序法等区分是标准做法。很难想象，现代社会中会用同等方法来调整刑事问题和商事问题，即使它们都发生在海上。海上风险确实有特殊性，但这种特殊性是否对所有海上活动都发生影响？例如在船上杀人与在飞机上杀人有何不同？如果海上风险使法律性质完全不同，导致"海法"与"陆法"对立，那么宪法属于陆法还是海法，还是宪法之下再分陆法和海法？当下的建议是海法下设 7 个研究方向，即海商法、海上劳动法、海上国际法、海上刑法、海上行政法、海洋环境与资源保护法、海上程序法。但是如果海法是与"陆法"相对应的，只要是发生在海上就应由海法调整，海上的活动不止于上述 7 个，为什么没有海上民法、海上婚姻法、海上知识产权法、海上旅游法？海洋经济重要说明调整海上经济活动的法需要重视，不当然推导出海洋上的所有活动需要由一个专门的法律部门来调整。人类在海上的活动与在陆地上的活动还远远不成比例，海商活动主要是海上运输活动，已经比较单一，海上刑事、行政活动更少，很多说是海上，不如说是海岸边的活动。也许人类征服海洋的步伐继续迈进，随着海底城市的建设等，海上的活动终

将与陆地上的活动规模相当甚至反超，但当前这些主要都还是在展望阶段。认为法律可以分为“陆法”与“海法”，起码在当前阶段有夸大了法律制度上“海”“陆”对峙之嫌。将海法的效力来源确定为“自发秩序”，认为“当代海法自成独立体系具备自发秩序的理论基础，符合其超越陆法与国内法约束的系统特性”，更使海法想达到什么目的变得扑朔迷离。因为“自发秩序”作为海上刑法、海上行政法的理论基础，显然与一般对刑法、行政法的理解存在很大差异。法律部门与法学学科并不总是按同一标准划分。法学学科的划分标准相对宽松。例如法律部门中通常不认为存在“公法”“私法”，但“公法”作为一个法学学科却是存在的，同时也有很多学者自认为自己是公法学者。还有学者将法律划分为“硬法”和“软法”加以研究。“海法”作为一门法学学科研究没有问题，但是否有必要和有可能在当前推进为一个独立的法律部门，并且立即在立法、司法中加以体现，还需要更多论证。[①]

另有个别实务部门人士对于海法概念近乎狂热的倡导，纯属怪力乱神、曲解法理，学术上无甚价值，实践中更显空乏。[②]

至于海商法与海法的关系，应当认为海商法确是海法的组成部分，比较法上的通说对此亦不否认。但是，海法在现代法学的语境下本就仅有概念层面的有限意义，加之海法亦非独立的法律部门，而是同时涉及民法商法、行政法乃至经济法等多个法律部门。因此，海商法作为海法组成部分的同时，仍不影响海商法的民事特别法属性。

第五节　海商法与航运法律的关系

一、航运法律的概念

航运法律是调整航运活动发生的特殊社会关系的法律的总称。航运法律不是法律部门，

---

① 郭瑜：《海商法的未来——中国的方向和方法》，北京大学出版社 2022 年版，第 39–40 页。

② 例如，任雁冰认为：“涉海建制是涉海活动、涉海争议、涉海案件及海法运转载体。其中，前者如硬体，后四者如在此硬体内运转的软体。若无前者，则后四者如游魂；若无后四者，则前者如干尸。从历史上看，涉海建制一直在路径依赖与架构突破之间波动，在不同背景下发挥作用不一。在不同历史时期及不同法域，涉海建制及其内载软体呈现为不同形式，或隐或彰一代一域海权兴衰。”此处生造术语、故作高玄，实则不知所云，作为理论研究颇不可取。参见任雁冰：《海法学基本原理及其寓言》，载 https：//mp.weixin.qq.com/s/fMNYQa_FjsxGZw5gD–GXpQ，最后访问日期：2022 年 8 月 31 日。

而是具有明显的跨部门法的特征，同时涵盖航运活动涉及的民法商法、行政法、经济法、诉讼与非诉讼程序法等法律部门。此时的航运法律应当属于当今我国法学研究提倡的领域法，即调整特定经济社会领域的法律集合，[①] 航运法律调整的经济社会领域正是航运。

航运法律的内容构成除海商法外，还应包括航运经济法、航运行政法，以及对应的航运程序法。

二、航运法律的部门构成

航运法律的部门构成除作为民事特别法的海商法外，还包括航运行政法、航运经济法，以及对应的航运程序法。（如图 5）

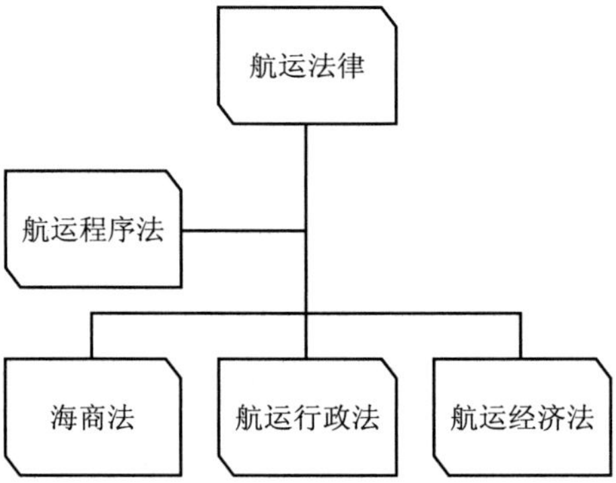

图 5　航运法律的部门构成

航运行政法属于行政法部门，是指调整国家行政机关通过管理航运产业与从事航运活动的相对人形成的航运行政组织与管理关系的法律，即航运行政法的调整对象是航运行政管理关系。[②] 航运行政法主要包括船舶管理法、船员管理法、海上交通安全法、航道法、港口法、船舶污染防治法等分支。我国航运行政法在狭义的法律[③] 层面主要表现为《海上交通安全法》《港口法》《航道法》，以及《海洋环境保护法》第八章“防治船舶及有关作业活动对海洋环境的污染损害”，行政法规层面包括《船舶登记条例》《船员条例》《防治船舶污染海洋环境管理条例》等，此外另有较多的部门规章。航运行政法也可能涉及地方性法规，典型应是各省、市、自治区、直辖市的人民代表大会及其常务委员会制定的航道管理条例，

① 参见刘剑文：《论领域法学：一种立足新兴交叉领域的法学研究范式》，载《政法论丛》2016 年第 5 期，第 8 页。

② 参见王秀芬：《海运行政法》，北京师范大学出版社 2014 年版，第 7 页。

③ 狭义的法律仅指全国人民代表大会及其常务委员会制定的规范性法律文件，而广义的法律同时包括狭义的法律、行政法规、规章等规范性法律文件。

例如《上海市航道条例》。[①]

航运经济法在我国习惯上也简称为“航运法”，属于经济法部门，是指调整国家干预航运经济活动产生的特定社会关系的法律。[②]航运经济法的调整对象是航运领域的纵向经济关系，即基于国家对于航运经济的管理而发生在国家与企业或个体经营者之间，具有管理与被管理、监督与被监督、指令与服从的行政隶属性特征的经济关系。由于我国“航运法”起草多年仍未出台，目前我国在狭义的法律层面尚无航运经济法，行政法规层面主要表现为《国际海运条例》和《国内水路运输管理条例》，分别调整国际海上运输和国内水路运输形成的纵向经济关系，此外在部门规章层面则有《国际海运条例实施细则》《国内水路运输管理规定》等规范性法律文件。

航运程序法在我国主要是指狭义法律层面的《海事诉讼特别程序法》。东亚法域也有一些航运领域的程序立法，例如日本《船舶所有人等责任限制的相关法律》（船舶の所有者等の責任の制限に関する法律）第三章为“责任限制程序”（責任制限手続），分为十节详细规定了海事赔偿责任限制的各项程序。（如表3）

表3 中国主要航运法律

航运法律分支	法律	行政法规	部门规章
海商法	• 海商法	• 关于不满300总吨船舶及沿海运输、沿海作业船舶海事赔偿限额的规定 • 中华人民共和国港口间海上旅客运输赔偿责任限额规定 • 水路货物运输合同实施细则（废止）	• 水路旅客运输规则 • 国内水路货物运输规则（废止） • 港口货物作业规则（废止）
航运行政法	• 海上交通安全法 • 港口法 • 航道法 • 海洋环境保护法（第八章“防治船舶及有关作业活动对海洋环境的污染损害”）	• 船员条例 • 内河交通安全管理条例 • 船舶登记条例 • 航道管理条例 • 航标条例 • 防治船舶污染海洋环境管理条例	• 高速客船安全管理规则 • 船舶登记办法 • 海员外派管理规定 • 海船船员值班规则 • 港口危险货物安全管理规定 • 港口工程建设管理规定 • 航道管理条例实施细则 • 内河航标管理办法 • 船舶油污损害民事责任保险实施办法 • 海事行政许可条件规定 • 海上海事行政处罚规定

① 《上海市航道条例》由上海市第十五届人民代表大会常务委员会第十四次会议于2019年9月26日通过。

② 参见胡正良、郑丙贵:《中国〈航运法〉制定中几个基本理论问题之研究》，载《中国海商法研究》2012年第1期，第66页。

续表

航运法律分支	法律	行政法规	部门规章
航运经济法	• 航运法（未出台）	• 国际海运条例 • 国内水路运输管理条例	• 国际海运条例实施细则 • 国内水路运输管理规定 • 国内水路运输辅助业管理规定 • 港口经营管理规定
航运程序法	• 海事诉讼特别程序法	—	—

三、航运法律的共性基础

航运法律的共性基础可以分为外在共性和内在共性两个方面，其中航运法律的外在共性即对于围绕航运活动发生的特殊社会关系的调整，也即形成航运法律各个分支调整对象的社会活动基础相同。

航运法律主要的内在共性应是海上风险对于法律的影响。海上运输及周边活动具有投资大、回报周期长和回报率较低等特点，由此决定了此种商业活动较之陆上运输及周边活动具有较大的特殊风险。海上风险主要是指船舶在海上或其他可航水域进行运输及周边活动可能遭遇的各类风险，包括碰撞、搁浅、触礁、火灾、台风、海啸、恶劣天气、战争、海盗等，而不论海上风险是自然原因还是人为原因所致。[①] 航运法律除海商法外，航运行政法和航运经济法也受到海上风险的明显影响。

海商法各项法律制度的产生、发展与消亡均与海上风险，特别是人们抵御风险的能力密切相关。海上运输及周边活动具有较大的特殊风险，导致关于陆上运输的法律制度和其他一般民事法律制度对于海上运输及周边活动的调整存在不适应性，从而需要创设与此种特殊风险相适应的特别法律制度。[②]

航运行政法也受到海上风险的明显影响。例如，以维护海上交通环境与秩序、保护海上人身和财产安全为宗旨的海上交通安全法，应是航运行政法因应海上风险而设立特殊法律制度最为直接的体现，即保障海上安全本就是为克服海上风险。《海上交通安全法》第 1 条确立的立法宗旨规定："为了加强海上交通管理，维护海上交通秩序，保障生命财产安全，

① 参见胡正良主编：《海事法》（第 3 版），北京大学出版社 2016 年版，第 5 页。
② 参见胡正良主编：《海事法》（第 3 版），北京大学出版社 2016 年版，第 5 页。

维护国家权益，制定本法。”再如，船员管理法涉及船员的权益保障。[①] 虽然随着现代航海技术和造船技术的快速进步，航海业的风险较之以往已有明显降低，但船员仍是当今社会伤亡概率较高的职业之一，主要也是受到海上风险的影响。为此《2006 年海事劳工公约》标题四对于船员职业的健康保护、医疗、福利和社会保障作出了较为详尽的规定，“享有符合安全标准的安全且受保护的工作场所”也是公约第 4 条“海员的就业和社会权利”确立的船员基本权利之一，以此因应航运活动风险性对于船员权益保障的特殊要求。[②]

航运经济法的核心制度之一是航运反垄断豁免制度，即通过立法赋予航运业一些具有垄断性质的行为反垄断豁免，主要对象是船舶经营者之间达成的一些协议，例如多种形式的集装箱班轮公司联营协议，广义上也延伸至托运人组织、港口经营人合作组织、无船承运人之间的合作等。[③] 航运经济具有规模经济的特征，船舶现代化和船龄年轻化需要巨额投资，而且由于海上风险的存在，投资回收周期长、利润低、专业化程度高，市场竞争日趋激烈，致使航运产业成为巨型企业的角逐场所。航运企业通过各种形式的结合以实现优势组合的大型化规模经营发展，可以提高自身在市场中的生存能力和竞争力，[④] 同时提升航运生产力的发展，且不损害或者不严重损害航运服务用户的利益。一些以此为目的、基于一般经济法具有垄断性质的行为因而在法律和经济上具备享有反垄断豁免的正当理由。班轮公会成立的初衷也是为了克服航运市场特殊供求关系带来的恶性竞争。[⑤] 因此，航运经济法主要是从国家经济管理的角度克服海上风险的负面影响。

拓展阅读

1. 中华人民共和国国务院新闻办公室编：《中国特色社会主义法律体系》，人民出版社 2011 年版。

---

① 船员权益保障根据中国特色社会主义法律体系的部门构成，本应属于社会法部门，即作为劳动与社会保障法的特别法。但是，考虑到船员法历来的传统是重行政而轻保障，船员管理是船员法的核心内容，而船员权益保障的规则体量总体较小，尚不足以在航运法律中形成独立的分支。而且，船员权益保障关注的重点主要是船员招募和安置、船上安全保护和健康医疗、船员遣返、三方协商机制、投诉机制等事项，仍然具有一定的行政管理属性，而较少涉及社会保障法重点调整的社会保险、社会福利、社会救助、社会优抚等内容；加之船员合同的法律性质究竟属于劳动合同还是劳务合同，我国学理上长期存在争议，至今未有定论，而劳务合同的法律调整应当属于民法商法部门。因此，此处仍将船员权益保障列入航运行政法的范畴。

② 参见孙思琪：《海洋强国战略背景下我国船员劳动和社会保障制度构建刍议》，载《社会保障研究》2017 年第 3 期，第 76 页。

③ 参见於世成：《美国航运法研究》，北京大学出版社 2007 年版，第 61 页。

④ 参见胡正良：《中国航运法之研究》，大连海事大学国际法学专业 2003 年博士学位论文，第 119 页。

⑤ 参见李光春：《航运法研究》，法律出版社 2016 年版，第 149 页。

2. 郭瑜 :《海商法的精神——中国的实践和理论》，北京大学出版社 2005 年版，第三章“与民法的斗争”。

3. 郭瑜 :《海商法的未来——中国的方向和方法》，北京大学出版社 2022 年版，第五章“独立而不孤立”。

4. 何丽新 :《海商法的独立与回归》，载唐金龙主编 :《海商法保险法评论》（第 1 卷），知识产权出版社 2007 年版。

5. 孙思琪 :《海商法独立法律部门说之商榷——兼论民法特别法说之依据》，载朱伟、唐迟编著 :《海大法律评论 2014—2015》，上海浦江教育出版社 2015 年版。

6. 韩德培 :《论国际公法、国际私法与国际经济法的合并问题——兼评新颁〈授予博士、硕士学位和培养研究生的学科、专业目录〉中有关法学部分的修订问题》，载陈安主编 :《国际经济法论丛》（第 1 卷），法律出版社 1998 年版。

7. 左海聪 :《论国际法部门的划分》，载《中国国际私法与比较法年刊》1998 年，法律出版社 1998 年版。

8. 何志鹏 :《国际经济法的基本理论》，社会科学文献出版社 2010 年版，第一章“国际经济法本体论”。

9. 傅廷中 :《国际视野内海事公法和私法的分隔与聚合》，载《清华法学》2021 年第 6 期。

10. [日] 水上千之 :《船舶国籍与方便旗船籍》，全贤淑译，大连海事大学出版社 2000 年版，第一部“船舶国籍与船舶登记”第二章“船舶国籍”。

第三讲
海商法的特性

【知识提要】

本讲讨论海商法的特性，即海商法特有的性质或谓特殊性，分为根本特性与一般特性。

1.海商法特性的学理观点。我国学理上关于海商法特性的观点以及具体表述存在较大差异，但多数集中于特殊性或风险性、国际性或涉外性、自体性、技术性四项。技术性主要是海商法调整的海上运输及周边活动的特性，而不是海商法本身的特性；现代法律体系下对于实证法而言，强调海商法自体性的实际意义也已非常有限。

2.海商法的根本特性。根本特性是指海商法得以作为特别法而存在的最为根本的特殊性。海商法的根本特性是以因应海上特殊风险为存在基础，规则背后的价值取向是通过给予以承运人为中心的船方一定的利益倾斜保护，鼓励航运业的发展。

3.海商法的一般特性。一般特性是指海商法在得以存在的前提之下，较之民法商法法律部门内部，特别是其他商法分支而具有的特殊性。海商法的一般特性主要分为三个方面，即国际统一程度较高、注重人身利益保护、实践品格尤为鲜明。

【知识结构】

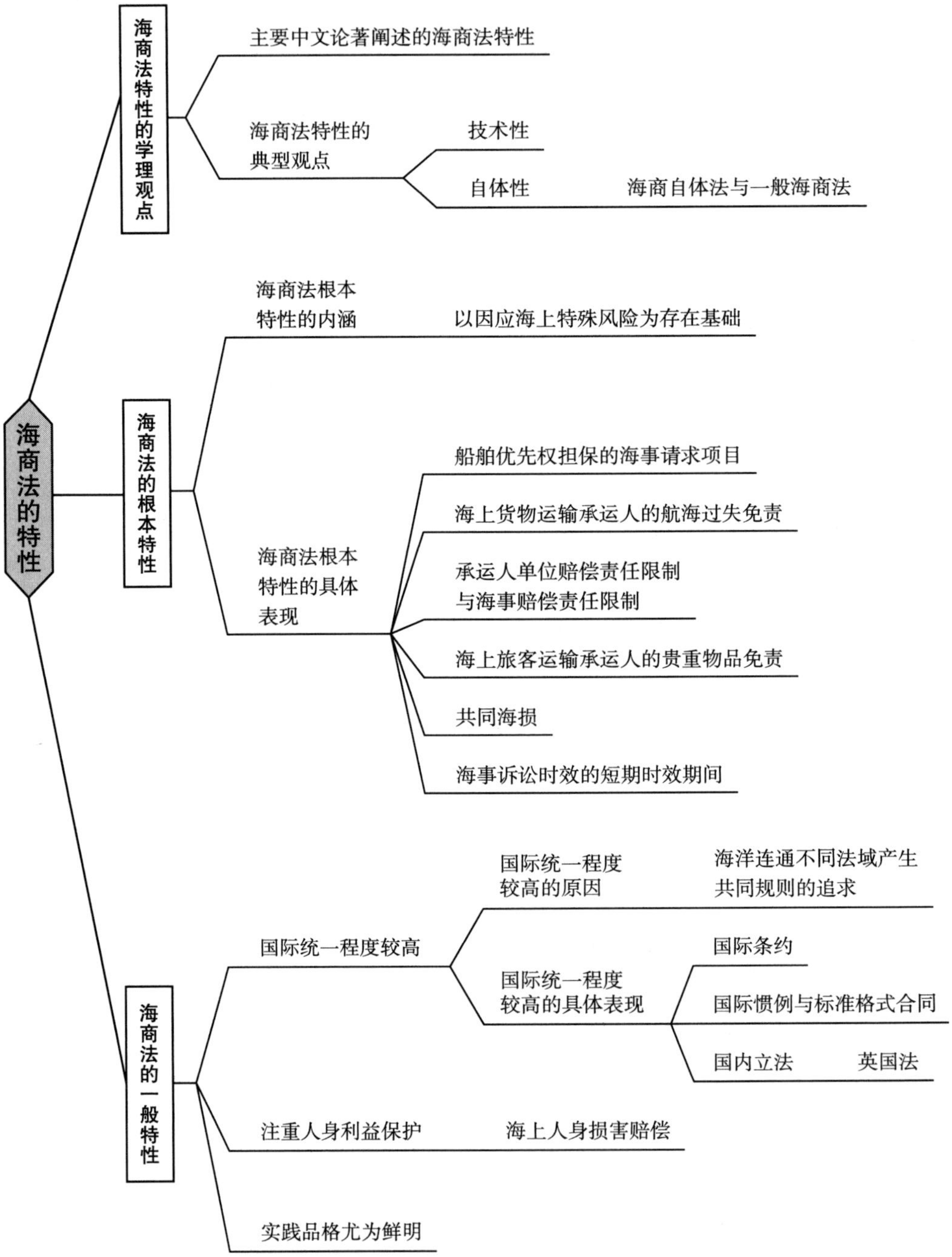
海商法的特性
海商法特性的学理观点
主要中文论著阐述的海商法特性
海商法特性的典型观点
技术性
自体性
海商自体法与一般海商法
海商法的根本特性
海商法根本特性的内涵
以因应海上特殊风险为存在基础
海商法根本特性的具体表现
船舶优先权担保的海事请求项目
海上货物运输承运人的航海过失免责
承运人单位赔偿责任限制与海事赔偿责任限制
海上旅客运输承运人的贵重物品免责
共同海损
海事诉讼时效的短期时效期间
海商法的一般特性
国际统一程度较高
国际统一程度较高的原因
海洋连通不同法域产生共同规则的追求
国际统一程度较高的具体表现
国际条约
国际惯例与标准格式合同
国内立法
英国法
注重人身利益保护
海上人身损害赔偿
实践品格尤为明显

海商法的特性是指海商法特有的性质，也即海商法的特殊性。海商法的特性可以分为根本特性与一般特性。根本特性是指海商法得以作为特别法而存在的最为根本的特殊性；一般特性则是指海商法在得以存在的前提之下，较之民法商法法律部门内部，特别是其他商法分支而具有的特殊性。

第一节　海商法特性的学理观点

一、主要中文论著阐述的海商法特性

海商法是较为典型的特别法领域。为了阐明海商法作为特别法的法理基础，学理论著或多或少均会论及海商法的特性或特殊性，但观点大多迥然有异。主要中文论著关于海商法特性的不同观点可见表 4。

表 4　主要中文论著关于海商法特性的不同观点

论著与作者	海商法的特性
何丽新、陈永灿《海商法特性论》①	①国际统一性；②海商自体性；③法律关系复杂性
司玉琢主编《海商法》②（法律出版社 2012 年第 3 版）	①涉外性；②技术性；③特殊性
司玉琢主编《海商法》③（法律出版社 2018 年第 4 版）	①涉外性；②专业性；③特殊性
司玉琢、胡正良、傅廷忠等编著《海商法详论》④	①涉外性；②技术性；③风险特殊性
傅廷中《海商法》⑤	①融合各种相关的制度；②受国际立法和国际惯例的影响较大；③与航海实践和商贸实务息息相关
郭萍、韩立新、王欣编著《航运业务与海商法》⑥	①涉外性强；②技术性强；③特殊风险，法律制度特殊

① 参见何丽新、陈永灿：《海商法特性论》，载《中国海商法年刊》2008 年，第 164–170 页。
② 参见司玉琢主编：《海商法》（第 3 版），法律出版社 2012 年版，第 4 页。
③ 参见司玉琢主编：《海商法》（第 4 版），法律出版社 2018 年版，第 6–7 页。
④ 参见司玉琢、胡正良、傅廷忠、李海、朱清、汪鹏南编著：《海商法详论》，大连海事大学出版社 1995 年版，第 5 页。
⑤ 参见傅廷中：《海商法》（第 2 版），法律出版社 2017 年版，第 4–5 页。
⑥ 参见郭萍、韩立新、王欣编著：《航运业务与海商法》（第 3 版），大连海事大学出版社 2016 年版，第 85 页。

续表

论著与作者	海商法的特性
陈宪民、魏友宏、张梅生编著《海商法》①	①涉外性；②责任限制的特殊性；③物权的规定；④惯例规范
郁志轰、沈秋明编著《海商法学》②	①专业性；②特殊性；③国际性
郁志轰主编《海商法》③	①强烈的国际性；②特殊的法律制度；③很大包容性
贾林青《海商法》④	①明显的相对独立性；②以船舶使用作为调整中心的法律规范体系；③强制性规范与非强制性规范并存的法律部门；④强烈的国际统一性趋势的国内法；⑤使用综合调整方法的专业性法律规范体系
郭瑜《海商法教程》⑤	①以海上风险的防范和处理为核心；②很强的国际性；③明显的综合性
张丽英主编《海商法》⑥	具有较强国际性的民法特别法
张湘兰主编《海商法》⑦	①固有性；②专业技术型；③涉外性与国际性
罗忆松主编《海商法》⑧	①涉外性或国际性；②制度的特殊性；③法律规范的多样性；④较强的专业性
沈木珠《海商法新论》⑨	①具有悠久的历史；②设有责任限制的规定；③设有物权的特别规定；④设有保证海员待遇的规定；⑤具有国际性
向明华主编《海商法学》⑩	①特殊性；②专业技术性；③国际统一性
王玫黎、倪学伟、禹华英《海商法学》⑪	①历史性；②风险性；③专业技术性；④人性；⑤国际性
马炎秋《海商法》⑫	①涉外性；②专业性；③特殊性
郑玉波《海商法》⑬	①特别的发达历史；②责任限制的规定；③物权的特别规定；④国际性质

① 参见陈宪民、魏友宏、张梅生编著：《海商法论》（第 2 版），中国法制出版社 2002 年版，第 5 页。
② 参见郁志轰、沈秋明编著：《海商法学》，杭州大学出版社 1996 年版，第 2 页。
③ 参见郁志轰主编：《海商法》，杭州大学出版社 1993 年版，第 6 页。
④ 参见贾林青：《海商法》，北京大学出版社 2013 年版，第 12–14 页。
⑤ 参见郭瑜：《海商法教程》（第 2 版），北京大学出版社 2012 年版，第 5 页。
⑥ 参见张丽英主编：《海商法》（第 5 版），中国政法大学出版社 2021 年版，第 4–5 页。
⑦ 参见张湘兰主编：《海商法》（第 2 版），武汉大学出版社 2014 年版，第 4 页。
⑧ 参见罗忆松主编：《海商法》（第 2 版），中国法制出版社 2000 年版，第 7–12 页。
⑨ 参见沈木珠编著：《海商法新论》，中国政法大学出版社 1989 年版，第 5 页。
⑩ 参见向明华主编：《海商法学》，厦门大学出版社 2012 年版，第 3 页。
⑪ 参见王玫黎、倪学伟、禹华英：《海商法学》，武汉大学出版社 2010 年版，第 19 页。
⑫ 参见马炎秋：《海商法》，中国海洋大学出版社 2020 年版，第 6–7 页。
⑬ 参见郑玉波：《海商法》（修订 13 版），台北，三民书局 2008 年版，第 11 页。

续表

论著与作者	海商法的特性
张新平《海商法》①	①法律规范国际化；②重视人命之保护；③重视航海危险之因应；④发展航运目的之追求；⑤推动国际贸易之运作
林群弼《海商法论》②	①国际性；②不动性；③习惯起源性；④海上航行之特殊性；⑤海上企业之大资本性
杨仁寿《最新海商法论》③	①航海之危险性；②海上企业的大资本性；③海洋之广大性
赖来焜《最新海商法论》④	①航海风险之特殊性；②航运技术之专业性；③海洋之涉外性（国际性）与趋同化；④海上企业之大资本性与冒险性；⑤海上债务之特殊性与平衡性；⑥海商法之独自性
邱锦添《海商法新论》⑤	①具有国际法性质之国内海洋法；②民事特别法；③交通法；④纳入“航海利益团体之思想”；⑤具有船舶所有人责任限制制度及船舶优先权制度；⑥以海上运送为中心
陈猷龙《海商法论》⑥	①因海上危险形成航海利益团体；②船长拥有公法上及私法上极大之权限；③以海上运送契约为主；④具有高度国际性
许忠信《海商法要义》⑦	①风险性；②国际性

二、海商法特性的典型观点

梳理上述论著的观点可以发现，我国学理上关于海商法特性的观点以及具体表述存在较大差异，但仍可从中提炼若干相对取得学界共识的特性，主要涉及特殊性或风险性、国际性或涉外性、自体性、技术性四项，其中自体性与技术性尤其值得探讨。

（一）技术性

学者所称海商法的技术性，主要是指海商法的内容与航海技术、造船技术、防污染技术相关。⑧ 例如，《航运业务与海商法》一书认为：

> 这一特点是由海商法的调整对象决定的。在海上运输方面，必然涉及航海、货

① 参见张新平：《海商法》（增订第 5 版），台北，五南图书出版股份有限公司 2016 年版，第 4–10 页。
② 参见林群弼：《海商法论》（修订 2 版），台北，三民书局 2018 年版，第 13–16 页。
③ 参见杨仁寿：《最新海商法论》（第 4 版），2010 年自版发行，第 6 页。
④ 参见赖来焜：《最新海商法论》，台北，元照出版有限公司 2008 年版，第 8–12 页。
⑤ 参见邱锦添：《海商法新论》，台北，元照出版有限公司 2008 年版，第 5–9 页。
⑥ 参见陈猷龙：《海商法论》，台北，瑞兴图书股份有限公司 2018 年版，第 4–5 页。
⑦ 参见许忠信：《海商法要义》，台北，元照出版有限公司 2016 年版，第 86 页。
⑧ 参见胡正良主编：《海事法》（第 3 版），北京大学出版社 2016 年版，第 9 页。

运管理等专业知识和技术。例如，在航海方面包括船舶驾驶、航线制订、雷达观测、气象报告、海上避碰和轮机管理等。在货运方面，包括货物的特性、配载，货物的装卸、保管和照料等。在船舶方面，必然涉及船舶的结构、性能、船舶的设备和安全条件，船员的资格、培训、值班和发证等。可以说，海商法是法律理论与航海技术、航运业务紧密联系的法律部门。①

海商法作为民事法律，法律本身的内容似乎难有技术性可言。船舶物权法关注船舶作为物的流转以及交换价值支配，海上运输法的本质是合同规则，船舶碰撞、船舶污染、共同海损、海事赔偿责任限制等海事法的重点是损失分摊与损害赔偿，海上保险法则是以风险分散机制为中心，此类制度本身均无技术性内容，而只是航运领域特殊的民事法律规则。

不可否认的是，海商法确实时常与技术规范发生联系，而且此类技术规范多以国际条约的形式确立，学理上称为国际海事安全条约。此类条约是以海事安全，也即保障海上航行之船舶、货物及人员的安全，以及避免、减轻和消除船舶及航载人员、货物对于海洋造成环境损害，即维护海洋环境安全为目的，② 典型应是《1972 年国际海上避碰规则》，以及与《2006 年海事劳工公约》合称为国际海事法规体系“四大支柱”的《国际海上人命安全公约》《国际防止船舶造成污染公约》《海员培训、发证和值班标准国际公约》。绝大多数国际海事安全条约本身完全是对技术领域的事项作出的具体规定，旨在为航运活动的安全提供技术标准、流程和操作规范。由此决定了国际海事安全条约是以技术性规则占据主导，而且此类公约的技术性规则多是作为附则，公约本身只是规定适用范围、修正、批准和加入、生效、退出等事项，甚或可以认为此类条约多数时候的重点更多在于附件部分的技术规则而非正文。③ 例如，《1972 年国际海上避碰规则》是以附件的形式附于《1972 年国际海上避碰规则公约》之后。

以船舶碰撞损害赔偿为例，国际上大多采取过错责任原则作为归责原则，即行为人因且仅因过错侵害他人民事权益造成损害时方才承担侵权损害赔偿责任。④ 例如，《1910 年统一船舶碰撞若干法律规定的国际公约》第 4 条第 1 款第 1 句规定：“如果两艘或两艘以上的船舶犯有过失，各船应按其所犯过失程度，按比例分担责任。”其中过错最为主要的判断标准即为海上避碰规则，《1972 年国际海上避碰规则》则是海上避碰规则的主要载体。但是，

① 郭萍、韩立新、王欣编著：《航运业务与海商法》（第 3 版），大连海事大学出版社 2016 年版，第 85 页。
② 参见陈敬根：《国际海事安全条约法律问题研究》，上海大学出版社 2018 年版，第 13 页。
③ 参见陈敬根：《国际海事安全条约法律问题研究》，上海大学出版社 2018 年版，第 39 页。
④ 参见程啸：《侵权责任法》（第 3 版），法律出版社 2021 年版，第 112 页。

海上避碰规则虽然具有较强的技术性，严格而言却不属于船舶碰撞法乃至海商法的范畴。法理学上一般认为，法律规范调整人与人的关系，而技术规范调整人与自然的关系，二者之间相互分野，技术规范不属于法律规范。即使少数观点认为技术规范经由立法已经兼具技术规范文本与法律规范文本的双重属性，[①] 至少不应将技术规范归入私法的范围。原因在于技术规范是关于使用设备工序、执行工艺过程和产品、劳动、服务质量等方面的标准，调整的主要是科技、生产和服务等领域的技术关系，[②] 而不是平等主体之间的人身关系和财产关系，不符合民法的调整对象。

比较法上也有少数不同做法。例如，日本制定了专门的《海上碰撞预防法》（海上衝突予防法），主要内容是转化《1972年国际海上避碰规则》。早先日本也确有少数法学学者从事海上避碰规则的研究，[③] 但更多的研究者仍是来自航海学等技术领域的学科。[④] 此种情形即使在东亚法域亦属罕见。而且，日本学理上通常将海上避碰规则排除在船舶碰撞法的范围之外，至多在论及碰撞船舶的过失时，适当提及船员基于海上避碰规则负有的注意义务作为判断过失的标准，[⑤] 甚至海上避碰规则也不属于海事法即海事公法的内容。[⑥]

以《1972年国际海上避碰规则》为典型的海事领域的技术规范，不属于海商法的范围。即使是从教学与研究的角度，技术规范在高等院校也属于航海学而非法学专业的知识范畴。因此，技术性不应作为海商法的特性，至多可以认为海商法的调整对象，也即调整的海上运输关系和船舶关系具有较强的技术性。值得注意的是，司玉琢主编的“十二五”普通高等教育本科国家级规划教材《海商法》，直至第三版均将技术性作为海商法的特点之一，[⑦] 但在第四版已经改采专业性的表述。[⑧][⑨]

（二）自体性

海商法自体性的概念，源自“海商自体法”（*lex maritima*）和“一般海商法”（general

---

① 参见司玉琢、吴兆麟：《船舶碰撞法》（第2版），大连海事大学出版社1995年版，第337–338页。

② 参见周旺生、朱苏力主编：《北京大学法学百科全书：法理学·立法学·法律社会学》，北京大学出版社2010年版，第508页。

③ 典型著作如山户嘉一《国际海上碰撞预防法》、藤崎道好《海上碰撞预防法论》。山戸嘉一『国際海上衝突予防法』（有斐閣，1946年）参照；藤崎道好『海上衝突予防法論』（成山堂書店，1965年）参照。

④ 典型著作如横田利雄《详说 海上碰撞预防法》。横田利雄『詳説 海上衝突予防法』（海文堂，1963年）参照。

⑤ 箱井崇史『船舶衝突法』（成文堂，2012年）55頁参照。

⑥ 海事法研究会『海事法』（海文堂，2020年）参照。

⑦ 参见司玉琢主编：《海商法》（第3版），法律出版社2012年版，第5页。

⑧ 参见司玉琢主编：《海商法》（第4版），法律出版社2018年版，第7页。

⑨ “专业性”的表述也嫌不妥，较易产生其他法律领域不专业的误解。

maritime law)。我国学者关于海商自体法[①]的通常理解，以郭瑜在《海商法的精神》一书中的论述较为典型，即认为海商法领域存在一种独立于现今的国际和国内立法之外，以习惯为基础且自古延续至今的规则：

> 所谓“海商自体法”(*Lex Maritima*)或“一般海商法”(general maritime law)，是在海商法中人们普遍认为存在的一套从古代沿袭下来、以习惯为基础的规则，它通行全球、在海运世界里尽人皆知。[②]

关于海商自体法，国际上较为重要的文献之一应是加拿大学者 William Tetley 的“The General Maritime Law – The *Lex Maritima*”一文，其中较为详细地论述了海商自体法的内涵：

> 海商自体法是一种共同法(*ius commune*)，至今作为“一般海商法”(general maritime law)存在于美国、英国、加拿大以及世界上的许多航运国家。海商自体法至少应有两个方面的来源：一是海商自体法，最初源于十二世纪的《奥列隆惯例集》，作为商人法(*lex mercatoria*)的组成部分发展而来，且其存在的踪迹可以追溯至公元前八世纪或九世纪的罗得法。财产扣押、船舶优先权和共同海损即是海商自体法的典型，而且延续至今。二是航运产业的常见合同格式、条款和实践，特别是提单下的海上货物运输，以及租船合同下的船舶租用与服务，已是国际上认可的一般海商法的典型。[③]

关于共同法(*ius commune*)，William Tetley 认为：

> 共同法(*ius commune*)或普通法(*jus commune*)是通用于特定法域整体甚至超出单个法域的法律，由普遍的一般原则组成，往往最初不成文，而后通常编纂成文。
>
> 商人法是一种共同法，如今被称为“一般海商法”的海商自体法亦然。
>
> 共同法可以适用于一个国家，除非该国的特定立法对此作出了限制。[④]

---

① 除海商自体法外，我国主要在国际私法领域使用自体法的概念，对应的英文术语是“proper law”。此时自体法的含义与海商自体法截然不同，也无关所谓的自成一体特性。国际私法上的自体法是指特定法律关系客观上要求适用的法律。参见李广辉、陈孝杰：《试论国际私法中的自体法理论》，载《河南师范大学学报(哲学社会科学版)》2000 年第 5 期，第 32 页。

② 郭瑜：《海商法的精神——中国的实践和理论》，北京大学出版社 2005 年版，第 40 页。

③ William Tetley, *The General Maritime Law – The Lex Maritima*, 20 Syracuse Journal of International Law and Commerce 105, 107 (1994).

④ William Tetley, *The General Maritime Law – The Lex Maritima*, 20 Syracuse Journal of International Law and Commerce 105, 108 (1994).

关于一般海商法，William Tetley 认为：

> 一般海商法是一种共同法，也是商人法的组成部分，是由早先至今的海事习惯、法典、公约以及实践组成。一般海商法没有国际界限，而是存在于任何特定法域，除非特定立法对此作出限制或排除。[①]

我国也有学者更多从汉语的角度，认为海商法的自体性是“自成一体的特性”的简称。[②]曹兴国的博士学位论文《海商法自体性研究》是我国目前少数对于海商法自体性进行系统研究的著作，其中更多强调海商法基于自体性而在法律体系中具有的特殊性、独立性和自足性：

> 笔者将海商法的自体性界定为海商法的一种特性，是指海商法所具有的自主生成、独立发展和自成体系的性质。海商法自体性强调海商法作为一个围绕海上运输产生、发展的法律领域所具有的特殊性、独立性和自足性，认为相比其他法律领域，海商法拥有自己相对独立的发展动力、发展规律、制度特性及规范体系。在自体性视角下，海商法并非一般法律在海上运输领域的简单延伸和应用，而是海事商人为应对海上风险的特殊性而自发形成的，具有显著海事特色的一套制度。这套制度不仅在漫长的历史演变过程中始终保持其不同于其他法律领域的话语体系和制度特色，由此彰显其专业性和独立性，而且涵盖海上运输的各个环节，是一个以保障和促进海上运输为共同目标，以海上运输的特殊性为共同逻辑基础，各制度内容间紧密相连的有机整体。因此，海商法虽然是整个法律体系的有机组成部分，并与其他领域的法律制度存在交集，但仔细发掘，其具有不同于其他领域法律制度的历史沿革、生成路径、价值目标和制度体系。在此基础上，海商法实际是整个法律体系中相对独立、自足的一个领域，并在历史发展过程中形成了一种自成一体的性质。所以，自体性概念的核心在于强调海商法区别于其他法律领域而自成一体的特性，这种特性是海商法不同于其他法律领域的特殊性的整体体现和根本所在。[③]

虽然海商自体法和一般海商法确实在海商法的发展历史上长期存在，共同海损等诸多海商法律制度也有着悠久的历史渊源。但是，现代社会各国越发注重司法主权，司法裁判适

---

① William Tetley，*The General Maritime Law – The Lex Maritima*，20 Syracuse Journal of International Law and Commerce 105，108（1994）.

② 参见曹兴国：《海商法自体性研究》，法律出版社 2020 年版，第 17 页。

③ 曹兴国：《海商法自体性研究》，法律出版社 2020 年版，第 18–19 页。

用法律认可的法源也日趋严格。至少对于我国的法源体系而言，除我国国内立法以及缔结和参加的国际条约外，司法裁判唯一可能适用其他法律的场合，应是涉外民事关系经由冲突规范指引而适用域外法的情形。[①] 此时同一民事关系由于涉及多个法域的法律规定而产生法律冲突，冲突规范即用于指明应当适用何种法律。[②] 司法裁判不能也无法适用此类并无制定主体的所谓自体法。例如，William Tetley 认为船舶优先权和共同海损是海商自体法之典型，但船舶优先权担保的海事请求范围，以及共同海损损失的形式，仍应依据现行有效的国际公约或国内立法，以及符合适用条件的《约克—安特卫普规则》等民间规则，而不是内容无从确定的所谓海商自体法。

即使将海商自体法作为习惯进行适用，由于习惯的构成要件要求证明习惯确实存在，且人们普遍确认习惯具有法律的效力，[③] 当事人需要负担颇为沉重的证明责任，能够完成举证的可能性微乎其微。易言之，所谓海商自体法本身的内容也难以准确界定，部分观点也指出“由于内涵与渊源本身模糊不清，海商自体法乃至现代商人法始终存在着适用范畴的疑异”。[④] 而且，法律的起源本就经历了由习惯到习惯法，再发展为制定法的过程。原始习惯的存在，为法律的形成提供了最初的规范性基础；随后国家通过认可的方式，将有利于统治阶级利益和社会生活的维系与发展的习惯转化为受到国家强制力保障实施的法律，即习惯法；随着社会生活的日益复杂，仅靠根据既有规范转化而来的习惯法已经不能满足社会对于规范的要求，国家顺应此一情势有针对性地制定了新的规范，即为制定法。制定法的出现是人类社会调控能力发展到新阶段的产物和证明。[⑤] 因此，习惯在现代法律体系中的适用空间已经颇为有限，过度强调海商自体法而背离海事立法，反而是法律发达史的倒退。

至于所谓的自成一体性，恐怕在法律部门划分颇为完善的现代法律体系下也难以彰显。海商法作为民事特别法，必须依赖民法的基本制度，而无法脱离一般法独自满足社会关系调整的规则需求。例如，海上货物运输合同法主要规定海上货物运输合同的特殊事项，但对合同的订立、效力、履行等一般事项较少涉及，仍应适用合同法的一般规定。以欺诈为例，如

---

① 少数的例外应是《最高人民法院关于适用〈中华人民共和国涉外民事关系法律适用法〉若干问题的解释（一）》第7条规定：“当事人在合同中援引尚未对中华人民共和国生效的国际条约的，人民法院可以根据该国际条约的内容确定当事人之间的权利义务，但违反中华人民共和国社会公共利益或中华人民共和国法律、行政法规强制性规定的除外。”但是，此时实际是基于当事人的意思自治而将未对我国生效的国际条约并入了合同，最终适用的是合同约定，而非作为法律的未对我国生效的国际条约本身。

② 参见韩德培主编：《国际私法》（第3版），高等教育出版社、北京大学出版社2014年版，第91页。

③ 参见梁慧星：《民法总论》（第6版），法律出版社2021年版，第27页。

④ 王秋雯：《海商法的国际统一：从海商自体法到国际海商统一实体法》，载《社会科学辑刊》2012年第2期，第61页。

⑤ 参见付子堂主编：《法理学初阶》（第6版），法律出版社2021年版，第105页。

果承运人以欺诈手段使得托运人在违背自身真实意思的情况下与之订立合同，此时合同的效力应当适用《民法典》的一般规定，[①]《海商法》对此没有也不必作出规定。海商法在现代法律体系下既非完全独立，也不可能摆脱民法基础实现自足。海事立法在我国仍应与《民法典》等一般民事法律形成必要之协调，具体适用和解释时也无法与一般民事法律完全分野。因此，至少基于实证法的角度，强调海商法自体性的实际意义在当代已经非常有限。

第二节 海商法的根本特性

一、海商法根本特性的内涵

海商法的根本特性是以因应海上特殊风险为存在基础，背后的价值取向是通过给予以承运人为中心的船方一定的利益倾斜保护，鼓励航运业的发展，同时也体现了航运法律的内在共性应是海上风险对于法律的影响。郭瑜在《海商法的精神——中国的实践和理论》一书中对此作出了较为深入的阐述：

> 即使在今天，海上航行仍然是一项充满风险、挑战人的勇气和能力的事业。海洋上的风急浪高不能阻止住人们利用海洋的热情，而海商法的任务首先就在于保护这种热情，通过对海上风险的防范和合理分摊，对海运这一高风险行业提供特殊保护，并使所有参与海上航行的各方都能得到公正的对待。从产生的那一天起，海商法就和海上风险紧密相连，海商法中绝大多数特殊制度都是围绕对海上运输所具有的特殊风险进行防范和分配而建立起来的。[②]

郭瑜在《海商法教程》一书中进一步认为：

> 海商法以海上风险的防范和处理为核心。海商活动离不开海洋。而船舶航行在浩森的海面，要面对变化莫测的天气、动荡不定的海水，不能依靠陆地上通常使用的定位手段，不能得到及时的补给，随时可能遭受灭顶之灾。所有这些决定了航海以及和航海有关的所有制度中的一个核心概念：风险意识。英国人很长一段时间把

---

① 《民法典》第148条规定：“一方以欺诈手段，使对方在违背真实意思的情况下实施的民事法律行为，受欺诈方有权请求人民法院或者仲裁机构予以撤销。”

② 郭瑜：《海商法的精神——中国的实践和理论》，北京大学出版社2005年版，第68-69页。

> 航海称为“海上冒险”（marine adventure），正反映了这种风险意识。而海商法作为对海上运输活动及相关活动进行调整的法律，不可避免是围绕对海上运输所具有的特殊风险进行防范和分配而建立起来的。绝大部分海商法律制度，如海上货物运输合同法中的过失免责制度、以给付救助报酬为特征的海难救助制度、海事赔偿责任限制制度等，其特点都在于体谅海上航行风险之大，而对航海者予以特殊保护，同时又力求使这种保护不会过多损及他人利益。[①]

我国台湾地区学者赖来焜在《最新海商法论》一书中也认为，海上特殊风险在海商法领域形成了“航海利益团体思想”：

> 海上运输及其他海上企业活动以“海”或“与海相通水域”为其活动区域，具有特殊之风险与海上危险，凡从事海上运送，尤其是在海运初期，面对航海风险特殊性与“航海利益团体”之思想，一方面具有冒险性，二方面需巨额资金，为鼓励航运发展，逐步形成一系列之特殊法律制度，设有“共同海损制度”、“船舶共有制度”、“海难救助制度”与“海上保险”以资因应，形成其他法律中不具有之法律制度。[②]

海商法各项法律制度的产生、发展与消亡均与海上风险，尤其是人们抵御风险的能力密切相关。海上风险主要是指船舶在海上或其他可航水域进行运输及周边活动可能遭遇的各类风险，包括碰撞、搁浅、触礁、火灾、台风、海啸、恶劣天气、战争、海盗等，而不论海上风险是自然原因还是人为原因所致。例如，海上运输本身需要直接面对海上风险；同时，海难救助是对于从事海上运输期间遭遇事故的船舶进行援救，即属于海上运输的周边活动，同样需要面对海上风险。除此类处理和应对海上事故的活动外，海上运输的周边活动还包括为海上运输提供人员和设备基础的以船员和船舶为中心的相关活动，以及旨在分散海上运输风险的海上保险。

海上风险可以从绝对风险和相对风险两个层面进行理解。海上绝对风险是指客观存在的风险，例如客观存在的台风、海啸等自然灾害。海上相对风险可以理解为海上绝对风险、人们从事海上运输及周边活动的成本与收益，以及抵御此种风险的能力之间的函数关系。因此，海上绝对风险总体保持不变，例如台风本身在不同时代的危险大体一致，而海上相对风险处于变化之中，尤其是抵御此种风险的能力随着技术的进步而不断提高。海上相对风险的

---

① 郭瑜：《海商法教程》（第 2 版），北京大学出版社 2012 年版，第 5 页。
② 赖来焜：《最新海商法论》，台北，元照出版有限公司 2008 年版，第 9 页。

大小通常代表着航运生产力发展的水平。海上运输及周边活动的绝对风险较之陆上运输的绝对风险明显更大。同时，海上运输及周边活动具有投资高、运量大，但运费或其他收入低的特点，由此决定了海上运输及周边活动也具有较大的相对风险。

此种较大的海上风险，尤其是较大的海上相对风险，即为海商法各项制度得以存在的主要客观基础。海上运输及周边活动具有较大的相对风险，决定了关于陆上运输的法律制度和其他一般民事法律制度对于海上运输及周边活动的调整存在不适应性，从而需要创设与此种特殊风险相适应的特别法律制度。[①] 此种特别法律制度的基本价值取向在于鼓励航运业发展。海上运输及周边活动具有较大相对风险的同时，也需要巨额投资方才能够持续发展。为免投资者面对海上风险裹足不前，海商法在规范设置方面给予了船方较为明显的利益倾斜保护。

我国台湾地区学者在此基础上提出了“航海利益团体思想”的概念，即主张船货各方形成了共同面对海上危险的利益团体。例如，邱锦添在《海商法新论》一书中认为：

> 船舶承载人货，得以平安抵达终点者，端赖于风平浪静。然事实上，海上危险甚多，或难以避免，或无法事先预测，此种航行上之危险，复因海上之孤立性，而益加甚。又船舶承载人货，孤舟浮海，几与外界隔绝，而自成一体，一旦遭遇危险，则感救助不济，以致船货尽失，使船舶业者蒙受重大之损失。是故，由于航海之危险性、船舶之孤立性，以及危险发生之全损性，乃导致“航海利益团体”思想之建立。此思想自中世纪初期开始，至现代海商法上仍盛行不衰，其最显著者，表现在“共同海损制度”及“船舶共有制度”上。[②]

随着航运生产力水平不断提高，海上相对风险逐渐降低，海商法的特殊性也确实有所减弱，突出表现为船方的责任明显加重，例如承运人的免责事由开始减少，单位赔偿责任限额以及海事赔偿责任限额逐步提高，共同海损由货方分摊日趋困难。如果有朝一日人类的技术发展，可以使得人们如同处理陆上风险一般自如地应对海上风险，海商法作为特别法领域的最终发展方向应是消亡，但至少需要数十年甚至上百年的时间方才可能实现。

二、海商法根本特性的具体表现

海商法的根本特性，即以因应海上特殊风险为存在基础，突出表现为对于船方利益的

① 参见胡正良主编：《海事法》（第 3 版），北京大学出版社 2016 年版，第 5 页。
② 邱锦添：《海商法新论》，台北，元照出版有限公司 2008 年版，第 6-7 页。

倾斜保护。以我国《海商法》的实证规定为例，海商法以因应海上特殊风险为存在基础的根本特性，主要体现在以下方面。

（一）船舶优先权担保的海事请求项目

根据我国《海商法》第21条的规定，船舶优先权作为一种船舶担保物权，是指海事请求人依照法律规定，向船舶所有人、光船承租人、船舶经营人提出海事请求，对于产生该海事请求的船舶享有优先受偿的权利。[①]

船舶优先权是海商法赋予特定海事请求人的一种特权，例如日文中的表述为“船舶先取特権”。船舶在运营过程中可能发生多种债务，出于社会、经济以及人道方面的考量，应当给予部分与此相关的海事债权特殊的保护，例如船员工资、救助报酬、船舶营运造成的人身以及财产损害，[②]允许此类债权能够在相对有限的船舶拍卖价款中较之其他债权优先受偿，最大限度获得债权实现的可能。船舶优先权制度的存在，赋予了此类受到特殊保护的海事债权人，得以就产生海事请求的当事船舶主张优先受偿的权利。

各国国内立法中规定的船舶优先权项目种类纷繁复杂。不同国家经济、社会等价值观念不同，船舶优先权制度的立法意图也有所不同，[③]决定了各国国内海事立法中船舶优先权担保的海事请求项目和范围也必然存在差别。关于受到船舶优先权担保的海事请求项目，我国《海商法》第22条第1款规定：

> 下列各项海事请求具有船舶优先权：
>
> （一）船长、船员和在船上工作的其他在编人员根据劳动法律、行政法规或者劳动合同所产生的工资、其他劳动报酬、船员遣返费用和社会保险费用的给付请求；
>
> （二）在船舶营运中发生的人身伤亡的赔偿请求；
>
> （三）船舶吨税、引航费、港务费和其他港口规费的缴付请求；
>
> （四）海难救助的救助款项的给付请求；
>
> （五）船舶在营运中因侵权行为产生的财产赔偿请求。

纵观各个法域关于船舶优先权的规定，我国《海商法》规定的受到船舶优先权担保的海事请求项目相对较少。例如，日本2018年完成修订的《商法》第842条规定了五种受到

---

① 《海商法》第21条规定：“船舶优先权，是指海事请求人依照本法第二十二条的规定，向船舶所有人、光船承租人、船舶经营人提出海事请求，对产生该海事请求的船舶具有优先受偿的权利。”

② 参见司玉琢主编：《海商法》（第4版），法律出版社2018年版，第43页。

③ 参见张辉：《船舶优先权法律制度研究》，武汉大学出版社2005年版，第67页。

船舶优先权担保的海事请求，其中甚至包括“为继续航次产生的必要费用的债权”等较为宽泛的海事请求类型，该条规定：

> 享有下列债权的人，对船舶及其属具享有优先权：
>
> （一）因与船舶营运直接相关的人身伤亡产生的损害赔偿请求权；
>
> （二）有关救助报酬的债权或者基于属于船舶分摊的共同海损产生的债权；
>
> （三）依照国税征收法［昭和 34 年（1959 年）法律第 147 号］或者参照国税征收可以征收的缴付请求权中有关船舶进港、使用港口以及其他同船舶航行相关的税费或者有关引航费或者拖船费的债权；
>
> （四）为继续航次产生的必要费用的债权；
>
> （五）根据雇佣合同产生的船长等船员的债权。[①]

上述“为继续航次产生的必要费用的债权”，是指不支付费用便无法继续航行的各类债权，除了继续航行需要的燃油、机油、零件等补给所需的各项费用外，还包括船舶修理、船员食物费用等必需品的购买和借款、货物的处理等。[②]

我国规定相对较少的船舶优先权项目，主要是考虑到《海商法》起草当时，向银行抵押船舶是航运企业进行融资的主要手段。《海商法》第 25 条第 1 款规定：“船舶优先权先于船舶留置权受偿，船舶抵押权后于船舶留置权受偿。”因此，船舶担保物权之间的受偿顺序依次应是船舶优先权、船舶留置权、船舶抵押权。如果排序在先的船舶优先权担保的海事请求项目过多，将会直接降低顺位在后的船舶抵押权获得受偿的可能性。银行决定是否通过接受抵押、发放贷款投资航运业，最为主要的考虑因素之一便是船舶抵押权受偿的可能性，其中包括优先于船舶抵押权受偿的其他权利的种类和数量。同理，《海商法》第 25 条第 2 款规定的船舶留置权的主体也严格限定为造船人和修船人，[③] 其他以船舶为客体的留置权不构成船舶留置权，而只是民法上的一般留置权。此种规定便体现了海商法通过鼓励银行投资航运业促进航运业发展，以此克服海上特殊风险对于航运业的影响。

《1993 年船舶优先权和抵押权国际公约》起草当时的立法理念也指出：公约的主要目标

---

① 张秀娟、李晓楠、梁赟译：《日本最新商法（有关运输 / 海商部分）和国际海上货物运输法》，载《中国海商法研究》2020 年第 1 期，第 70 页。

② 大江忠『要件事実商法（3）海商 II』（第一法規，2018 年）310 頁参照。

③ 《海商法》第 25 条第 2 款规定：“前款所称船舶留置权，是指造船人、修船人在合同另一方未履行合同时，可以留置所占有的船舶，以保证造船费用或者修船费用得以偿还的权利。船舶留置权在造船人、修船人不再占有所造或者所修的船舶时消灭。”

之一应是鼓励船舶融资，一项普遍适用的船舶优先权制度可以成为改善船舶融资条件的重要基础，应当限制优先于船舶抵押权受偿的船舶优先权的数目。唯有基于社会和经济理由被认为是不可缺少的索赔请求，方才能够受到船舶优先权的担保。[①]

（二）海上货物运输承运人的航海过失免责

我国《海商法》第四章“海上货物运输合同”，对于承运人责任采取的归责原则是过错责任原则。所谓过错责任原则，是指行为人因且仅因过错，即故意或过失侵害他人民事权益造成损害，方才承担损害赔偿责任。[②] 此时过错是行为人承担损害赔偿责任的唯一事由。过错是对行为人主观心理状态的否定性评价，分为故意和过失。[③] 故意是指行为人追求损害结果发生或者明知损害结果发生概率较大而放任自己的行为，从而引发损害结果发生的主观心理状态；[④] 过失是指行为人对于损害结果的发生应当注意或者能够注意却未能注意的主观心理状态。

但是，《海商法》对于海上货物运输承运人责任采取的过错责任原则，通常称为不完全的过错责任原则，也即在过错责任原则的基础上列明特定的过失免责，即存在少数承运人虽有过错但也可以主张免责的特殊情形，集中表现为航海过失免责和火灾过失免责。以航海过失免责为例，《海商法》第 51 条第 1 款第 1 项规定的免责事由是“船长、船员、引航员或者承运人的其他受雇人在驾驶船舶或者管理船舶中的过失”。航海过失分为两个部分：一是驾驶船舶过失，即船长、船员和引航员等在船舶航行或者停泊操纵方面的过失；二是管理船舶过失，即船长、船员等在维持船舶性能和有效状态方面的过失。

依据合同法原理，债务人对于受雇人、代理人等第三人的行为本应承担责任，此亦合同相对性的要求。《民法典》第 593 条明确规定：“当事人一方因第三人的原因造成违约的，应当依法向对方承担违约责任。当事人一方和第三人之间的纠纷，依照法律规定或者按照约定处理。”因此，承运人对于上述船长、船员等受雇人、代理人的航海过失，基于过错责任原则本应不能免责。但是，《海商法》基于特殊考量仍然允许承运人对于此类过失享有免责的权利，此即承运人过错责任原则的不完全之处。

上述特殊考量除基于海上特殊风险而通过设置免责事由适当减轻承运人的责任外，另一原因应是在航海技术尚不非常发达的时期，基于船舶操纵和管理具有的高度技术性，承运

---

① 参见何建华编著：《1993 年船舶优先权和抵押权国际公约释义》，人民交通出版社 1995 年版，第 46 页。
② 参见程啸：《侵权责任法》（第 3 版），法律出版社 2021 年版，第 112 页。
③ 参见程啸：《侵权责任法》（第 3 版），法律出版社 2021 年版，第 290 页。
④ 参见张新宝：《中国民法典释评・侵权责任编》，中国人民大学出版社 2020 年版，第 7 页。

人难以完全介入，而船长等承运人的受雇人的些许过失可能导致巨额损害。[①] 而且，船舶一旦开航便脱离了承运人的控制，即使在现代通信技术条件下承运人也无法像工厂管理工人一般绝对及时、有效地管理船员，数量众多的船员在技术水准和航海经验方面也不可能整齐划一。[②]

（三）承运人单位赔偿责任限制与海事赔偿责任限制

海商法设有多项责任限制制度，其中最为典型的应是海上货物运输承运人的单位赔偿责任限制，即对于承运人不能免责的原因造成的货物灭失、损坏或货物迟延交付造成的其他经济损失，将其赔偿责任在数额上限定在一定范围之内。承运人对于货物灭失或损坏的赔偿责任限额，以货物件数等货运单位或重量计算，因而称为单位赔偿责任限制。例如，《海商法》第 56 条第 1 款规定：

> 承运人对货物的灭失或者损坏的赔偿限额，按照货物件数或者其他货运单位数计算，每件或者每个其他货运单位为 666.67 计算单位，或者按照货物毛重计算，每公斤为 2 计算单位，以二者中赔偿限额较高的为准。但是，托运人在货物装运前已经申报其性质和价值，并在提单中载明的，或者承运人与托运人已经另行约定高于本条规定的赔偿限额的除外。

《海商法》第 117 条对于海上旅客运输承运人也设置了单位赔偿责任限制，此时限制的是承运人对于旅客人身以及行李损害的赔偿责任。

除海上运输法领域的单位赔偿责任限制外，海事法作为海商法的主要分支，另有专门的海事赔偿责任限制制度，是指赋予船舶所有人等特定主体将其对于一次海损事故引起的特定海事请求承担的赔偿责任，限定在一定数额之内的法律制度。[③]《海商法》第 204 条第 1 款规定："船舶所有人、救助人，对本法第二百零七条所列海事赔偿请求，可以依照本章规定限制赔偿责任。"海事赔偿责任限制是以一次海上事故为计算单位，而不限于承运人对于货方或旅客的赔偿，因而也被称为综合赔偿责任限制。例如，《海商法》第 207 条规定了限制性海事请求，即可以享受海事赔偿责任限制的海事请求类型：

> 下列海事赔偿请求，除本法第二百零八条和第二百零九条另有规定外，无论赔

---

① 参见［日］中村真澄、［日］箱井崇史：《日本海商法》，张秀娟、李刚、朴鑫译，法律出版社 2015 年版，第 233 页。

② 参见傅廷中：《海商法》（第 2 版），法律出版社 2017 年版，第 119 页。

③ 参见胡正良主编：《海事法》（第 3 版），北京大学出版社 2016 年版，第 596 页。

偿责任的基础有何不同，责任人均可以依照本章规定限制赔偿责任：

（一）在船上发生的或者与船舶营运、救助作业直接相关的人身伤亡或者财产的灭失、损坏，包括对港口工程、港池、航道和助航设施造成的损坏，以及由此引起的相应损失的赔偿请求；

（二）海上货物运输因迟延交付或者旅客及其行李运输因迟延到达造成损失的赔偿请求；

（三）与船舶营运或者救助作业直接相关的，侵犯非合同权利的行为造成其他损失的赔偿请求；

（四）责任人以外的其他人，为避免或者减少责任人依照本章规定可以限制赔偿责任的损失而采取措施的赔偿请求，以及因此项措施造成进一步损失的赔偿请求。

前款所列赔偿请求，无论提出的方式有何不同，均可以限制赔偿责任。但是，第（四）项涉及责任人以合同约定支付的报酬，责任人的支付责任不得援用本条赔偿责任限制的规定。

民事损害赔偿的最高原则是完全赔偿原则，力求促使受害人回复到倘未遭受侵害时应处之状态，[①] 也即"赔偿被害人所受之损害，俾于赔偿之结果，有如损害事故未曾发生者然"。[②] 但是，船舶航行于海上往往经年累月无法靠岸，而且由于海上特殊风险的存在而成败难卜。此时如果仍然要求绝对贯彻完全赔偿原则，未免导致船方面临的风险过大。[③] 因此，海商法基于因应海上特殊风险、鼓励航运业发展的特殊政策考量，背离完全赔偿原则而创设了多种赔偿责任限制制度。虽然客观上导致受害者遭受的损失无法得到充分、有效的赔偿，但在航运活动的特定背景之下却更为符合民事法律秉持的公平原则。公平原则作为法律公平正义价值之体现，要求实现当事人利益的平衡，并且防止出现利益衡量的显失公平。[④] 海商法各类赔偿责任限制制度的创设，本身即有不同于一般民事法律的特殊利益衡量。

（四）海上旅客运输承运人的贵重物品免责

《海商法》第116条规定了海上旅客运输合同的承运人对于旅客贵重物品的免责：

承运人对旅客的货币、金银、珠宝、有价证券或者其他贵重物品所发生的灭失、

① 参见程啸：《侵权责任法》（第2版），法律出版社2015年版，第664页。
② 曾世雄：《损害赔偿法原理》（第3版），台北，新学林出版股份有限公司2005年版，第17页。
③ 参见桂裕编著：《海商法新论》，台北，正中书局1974年版，第124页。
④ 参见王利明：《民法总则研究》（第2版），中国人民大学出版社2012年版，第120-121页。

损坏，不负赔偿责任。

旅客与承运人约定将前款规定的物品交由承运人保管的，承运人应当依照本法第一百一十七条的规定负赔偿责任；双方以书面约定的赔偿限额高于本法第一百一十七条的规定的，承运人应当按照约定的数额负赔偿责任。

允许承运人对于旅客贵重物品发生的灭失或损坏不负赔偿责任，主要是基于合同权利与义务平衡的考量。传统海上旅客运输的客票价格大多不高，承运人收取有限的票款，已然需要面对较大的海上特殊风险，不应由于旅客自行携带了价值高昂的贵重物品，而进一步承担过重的赔偿责任。① 如果要求承运人对于贵重物品的损失承担赔偿责任，将使承运人暴露在难以应对的巨大风险之下，而且贵重物品究竟是否存在、价值如何，实践中的举证均有不小的困难。②

如果旅客与承运人之间在海上旅客运输合同的基础上对于贵重物品另行达成了保管合同，即《海商法》第116条第2款规定的情形，此时承运人应当履行保管义务，并对保管中的贵重物品的灭失或损坏承担赔偿责任。③ 但是，承运人仍可依据《海商法》第117条的规定享受单位赔偿责任限额。

（五）共同海损

共同海损作为海商法最具特色的法律制度之一，本身即是基于因应海上特殊风险而创设。共同海损是指在同一海上航程之中，当船舶、货物和其他财产遭遇共同危险时，为了维护共同安全，有意而合理地采取措施而直接造成的特殊牺牲、支付的额外费用，以及在共同危险解除之后为了安全地完成航程而支付的必要且合理的费用，由各受益方按照受益财产的比例予以分摊的法律制度。④ 例如，当船舶在海上搁浅而船体存在断裂危险时，为了避免船舶和货物的全损，船长下令将部分价值较低的重货抛入海中以减轻搁浅程度。⑤ 国外也有学者认为共同海损制度是海上保险出现以前的一种相互保险形式，⑥ 制度本身的整体目的是为了在各个受益方之间公平分摊船方以及其他利益关系人出于维护共同安全而遭受的损失。

---

① 参见司玉琢、胡正良主编：《〈中华人民共和国海商法〉修改建议稿条文、参考立法例、说明》，大连海事大学出版社2003年版，第337页。

② 参见黄裕凯：《2002年国际海上旅客及其行李运送雅典公约》，台北，五南图书出版股份有限公司2012年版，第121页。

③ 参见司玉琢、胡正良主编：《〈中华人民共和国海商法〉修改建议稿条文、参考立法例、说明》，大连海事大学出版社2003年版，第337页。

④ 参见蒋跃川：《共同海损》，法律出版社2009年版，第1页。

⑤ 参见胡正良主编：《海事法》（第3版），北京大学出版社2016年版，第243页。

⑥ See Simon Baughen，*Shipping Law*，Routledge，2015，p.311.

共同海损制度被认为是建立在公平基础上的海上自然法。[①] 关于共同海损的理论基础或称法律性质，学说上存在诸多不同观点。虽然不同学说关于法律性质的认定各有差异，但危险共同体的观念应当认为已经得到较为广泛的认可。例如，我国台湾地区学者杨仁寿认为：

> 航行海上之船舶及货物，因海上运送契约之缔结，面对海上之孤立性及海上危险性，自然而然的成一“共同危险团体”，此为海上运送所独具之特色，为陆上运送所无。当“共同危险团体”遭遇危险时，为避免或减轻损害，自当临机应变采取适当措施，以确保船舶及货物之共同安全，完成航海。[②]

船舶和货物在海上构成一个孤立的危险共同体，一旦遭遇海上危险，只能通过牺牲部分船舶或货物确保共同体的利益。如果利害关系人为一己之利对于共同遭遇的危险肆意采取措施，不仅将使其他财产无法得到救助，还有可能导致自身财产的安全也无法获得保障。有鉴于此，应由船舶的船长采取在当时情况下最为合理的措施应对共同危险，从而保障危险共同体的利益。[③] 但是，法律上却不应要求牺牲财产的所有人独自负担损失，而应由全部得以保存的财产所有人予以分摊，以期实现当事人之间的公平。[④] 因此，“投弃货物以保存船舶及其他货物者，船主及货主均应共同分担是项损失”作为今日共同海损制度的基本精神，[⑤] 本质上体现的正是对于海上特殊风险共同进行分摊，从而追求实质公平的价值目标。

（六）海事诉讼时效的短期时效期间

诉讼时效制度的功能，一般认为体现在三个方面：一是督促权利人及时行使权利；二是维护既已形成的法律秩序的稳定；三是利于证据收集和判断，即将诉讼时效作为证据之代用，同时也便于法院处理民事纠纷。[⑥] 较之民法的普通诉讼时效，海事诉讼时效的特点在于时效期间一般较短，以此适应航运活动迅速进行的需要，[⑦] 同时顾及海事海商纠纷相关证据往往不易保存的客观事实。时效的短期化体现了海上特殊风险对于诉讼时效作为证据之代用的直接影响。

---

① 参见［美］J.L. 布格拉斯：《共同海损：一九七四年约克—安特卫普规则 美国法律和惯例》，叶伟膺、黎东发、徐士章、阎存厚译，中国国际贸易促进委员会法律事务部 1984 年版，第 5 页。

② 杨仁寿：《共同海损法论》（第 2 版），台北，三民书局 2010 年版，第 9 页。

③ 参见［日］中村真澄、［日］箱井崇史：《日本海商法》，张秀娟、李刚、朴鑫译，法律出版社 2015 年版，第 295 页。

④ 参见郑玉波：《海商法》（增订 13 版），台北，三民书局 2003 年版，第 245 页。

⑤ 参见张新平：《海商法》（增订 5 版），台北，五南图书出版股份有限公司 2016 年版，第 335 页。

⑥ 参见最高人民法院民法典贯彻实施工作领导小组主编：《中华人民共和国民法典总则编理解与适用》，人民法院出版社 2020 年版，第 946–947 页。

⑦ 参见郭瑜：《海商法教程》（第 2 版），北京大学出版社 2012 年版，第 342 页。

例如,《海商法》通过当时我国《民法通则》第135条规定的普通诉讼时效期间为二年:“向人民法院请求保护民事权利的诉讼时效期间为二年，法律另有规定的除外。”目前《民法典》第188条第1款规定的普通诉讼时效期间更是加长为三年：“向人民法院请求保护民事权利的诉讼时效期间为三年。法律另有规定的，依照其规定。”但是,《海商法》第257条第1款第1句规定的海上货物运输合同的诉讼时效期间仅为一年：“就海上货物运输向承运人要求赔偿的请求权，时效期间为一年，自承运人交付或者应当交付货物之日起计算”而且，比较法上的许多法域普通诉讼时效期间更是长达五年、十年乃至二十年之久，此时海事诉讼时效期间更显短暂。

第三节 海商法的一般特性

一、国际统一程度较高

（一）国际统一程度较高的原因

通常认为海商法具有涉外性或国际性，本质上应当是指海商法的国际统一程度较高。例如，司玉琢在《海商法》一书中认为：

> 海商法是具有较强涉外性的国内法。其涉外性主要表现在：(1)海商法调整的关系大多是涉外关系或者具有涉外因素的关系,[①] 同一法律事实可能涉及不同国家或地区的法人或自然人；(2)海商法的表现形式除了国内法之外，还涉及大量的国际条约和国际航运惯例，而且我国《海商法》中的海上货物运输合同，其承运人的责任基础只适用于国际海上货物运输，而不适用于本国沿海和内河的货物运输。[②][③]

上述论述指出了海商法具有两个方面的特征：一是海商法调整的民事关系时常具有涉外因素。以海上货物运输为例，或是承托双方等合同当事人或参与人分别是不同国家的公民或法人等民事主体，或是运输航线涉及多个法域。但是，海商法的调整对象也并非必然

① 国际私法或冲突法意义上的涉外关系，即指具有涉外因素的民事关系，因而“涉外关系”与“具有涉外因素的关系”是相同的概念。

② 司玉琢主编：《海商法》（第4版），法律出版社2018年版，第6–7页。

③ 我国《海商法》第四章关于海上货物运输合同的规定整体上均仅适用于国际海上货物运输，而不限于承运人的责任基础。

具有涉外因素，典型即为国内水路货物运输合同形成的社会关系绝大多数不属于涉外关系。[①] 二是海商法的法源大量涉及国际条约、国际惯例等国际法，前者例如《海牙—维斯比规则》，后者则以不同版本的《约克—安特卫普规则》为典型。

海商法的国际统一程度较高，很大程度上取决于海商法的调整对象，即海上运输及周边活动形成的社会关系。以海上运输为中心的航运活动是海洋资源的主要利用方式，而海洋具有连通各个国家和地区的地理特征，由此决定了海商法调整的社会关系时常涉及多个法域。例如，美国托运人委托韩国承运人将一批货物由上海运往横滨，此时至少可能涉及美国、韩国、中国、日本四个法域。社会关系涉及的法域越多，可能适用的法律的可预见性也就相应减弱。为了尽量提高法律适用的确定性，不同法域之间便会产生对于共同规则的追求。

海商法较高的国际统一程度也非绝对，更多只是相较其他民商法领域而言。至少在当前以及今后较为漫长的一个时期，海商法不可能实现完全的国际统一。国际条约本是各国相互进行利益妥协的产物。特别是随着世界多极化格局的发展，加之国际海事条约呈现日益追求大而全的趋势，要求各国作出妥协的范围和幅度必然也将相应扩大，导致制定和通过新的国际海事条约越发困难。特别是 2008 年《鹿特丹规则》通过以来，海商法领域已有十数年的时间未产生全新的国际条约。可以认为海商法的国际统一进程目前已经进入明显放缓的阶段。

此处也应关注海商法的国际统一与各国国家自主、国家利益的关系。上文已经提及，我国台湾地区学者张东亮在《海商法新论》一书中曾经详细说明了海商法的国家自主性与国际统一性的关系：

> 体例上，海商法乃最具国际性之国内法，然亦为最具国家自主性之国际规范。惟其系国内法，自应以国家利益为重，更由于海商活动先天之国际性，本法自宜予国际海商规范相当之尊重。职是之故，如何妥切满足上述双重需要，使既能满足国家自主之最高指导原则，亦不致有违国际社会现行海商活动规范，俾予追求国家利益之际，兼具融洽于国际海商活动之机能。此一事实，就比较法观点言之，尤其显著，凡治我海商法者自须时刻把握，以执其中。[②]

海商法虽有较高的国际统一程度，国际海事条约也是海商法的重要法源，但海商法的基础或主体仍是各国的国内立法。任何国家均不可能以牺牲本国的重大经济利益为代价推动

---

① 少数的例外之一应是国内水路货物运输合同的托运人为外国公民或法人。

② 张东亮：《海商法新论》（第 2 版），台北，五南图书出版公司 1986 年版，第 3 页。

海商法的国际统一，国际社会事实上也并未提出此种要求。胡正良、於世成、郑丙贵等著的《〈鹿特丹规则〉影响与对策研究》一书也明确指出：

> 出于对本国利益和发展的长远考虑，一部国际公约，尤其是覆盖面广、涉及利益深远的国际公约要获得广泛的认可变得更加艰难，因为没有一个国家愿意牺牲本国的整体经济利益以换取国际海上货物运输法律的统一。①

（二）国际统一程度较高的具体表现

1. 国际条约

国际条约是海商法领域追求国际统一最为直接的表现。多数国际海事条约的序言部分均会说明，立法的主要目的之一是为实现特定领域法律规则的国际统一。例如，《鹿特丹规则》序言部分指出：

> 认为采用统一规则，对全程或部分海上国际运输合同进行规范，将增进法律确定性，提高国际货物运输效率，便利过去相距遥远的当事人和市场获得新的准入机会，从而对促进国内、国际贸易和经济发展发挥极其重要作用，……

海商法领域通过了大量的国际条约，涉及绝大多数海商法律制度，例如船舶物权、海上货物运输、海上旅客运输、船舶碰撞、海难救助、海事赔偿责任限制、船舶污染等。此类条约总体而言实现了较好的国际统一效果，例如《1910 年统一船舶碰撞若干法律规定的国际公约》通过至今已逾 110 年，仍然代表着船舶碰撞损害赔偿的通行规则，也为多数法域的船舶碰撞立法借鉴或吸收。以船舶碰撞损害赔偿的归责原则为例，自《1910 年统一船舶碰撞若干法律规定的国际公约》确立过错责任原则以来，主要法域关于船舶碰撞损害赔偿的归责原则基本统一为过错责任原则。部分法域的立法例可见表 5。

表 5　部分法域关于船舶碰撞损害赔偿过错责任原则的立法例

规定		内容
1910 年统一船舶碰撞若干法律规定的国际公约		第 4 条第 1 款第 1 句：如果两艘或两艘以上的船舶犯有过失，各船应按其所犯过失程度，按比例分担责任。
中国	大陆《海商法》	第 169 条第 1 款第 1 句：船舶发生碰撞，碰撞的船舶互有过失的，各船按照过失程度的比例负赔偿责任；
	台湾地区“海商法”	第 97 条第 1 款前段：碰撞之各船舶有共同过失时，各依其过失程度之比例负其责任，……

① 胡正良、於世成、郑丙贵等：《〈鹿特丹规则〉影响与对策研究》，北京大学出版社 2014 年版，第 449–450 页。

续表

规定	内容
德国《商法》	第 571 条第 1 款第 1 句：如果两个以上船东对船舶碰撞均负有损害赔偿义务，则每个船东的损害赔偿责任根据其过错程度在其他船东过错中所占的比例确定。①
日本《商法》	第 788 条第 1 句：船舶与其他船舶之间发生碰撞（次条中简称为“船舶碰撞”）事故，碰撞船舶双方的船舶所有人或者船员互有过失的，法院考虑上述过失程度判定各船舶有人就因碰撞造成的损害所应当承担的损害赔偿责任以及其金额。②
韩国《商法》	第 879 条第 1 款第 1 句：因双方船员的过失而发生船舶的碰撞时，各方船舶所有权人应按双方过失的轻重来分担损害赔偿责任。

海商法的国际统一程度远高于其他民法领域。后者即使在最有可能形成共同交易规则的合同法领域，也仅通过了《联合国国际货物销售合同公约》一项国际条约，而在其他领域更多体现为不具有强制性约束力的示范法，例如破产法领域的《联合国国际贸易法委员会跨国界破产示范法》。与此形成对比的是，即使是在一般认为属于固有法③而较难实现国际统一的物权法领域，海商法领域也通过了《1993 年船舶优先权和抵押权国际公约》等多个关于船舶物权的国际条约。

国际条约最为理想的状态固然是直接发挥对于参加国的强制性约束力，但国际条约的国际统一作用并不限于一国的缔结或参加。例如，我国未参加任何的国际海上货物运输公约，但《海商法》第四章“海上货物运输合同”是以《海牙—维斯比规则》为基础，同时吸收了《汉堡规则》中符合我国国情的合理规定，形成了“混合制度”（hybrid regime），即分别吸收多个国际条约的内容，甚至包括本法域自主创设的规则。此种立法模式也在一定程度上体现了国际条约对于海商法国际统一的推动作用，只是作用在局部而非整体，此后也为北欧四国等地区和国家的海事立法采纳。而且，本世纪以来完成海商法修改的重点法域，例如德国、日本、韩国，均不同程度地采用了混合制度的立法模式。

2. 国际惯例与标准格式合同

海商法的国际统一程度较高，不仅体现在具有强制性拘束力的国际条约，而且一定程度上也延伸至国际惯例和标准格式合同。国际惯例和标准格式合同的适用，本应以当事人合

① 马金星译：《德国〈商法典·第五编 海商〉》，载《东南法学》2016 年第 2 期。

② 张秀娟、李晓楠、梁赟译：《日本最新商法（有关运输 / 海商部分）和国际海上货物运输法》，载《中国海商法研究》2020 年第 1 期，第 66 页。

③ 固有法是与继受法对应的概念，是指受到本法域固有文化和法律传统影响较大的法律领域，私法方面较为典型的是亲属法、继承法、物权法。由于不同法域的固有文化和法律传统迥然有异，固有法往往较难实现国际统一。

意选择为前提。但是，如果特定的国际惯例或标准格式合同，对于当事人之间权利和义务的安排形成了较为理想的模式，而且获得了多数使用者的认可和选择，此时不仅能够在对应领域形成通行规则，而且可能反过来影响各个法域的立法规定。

（1）国际惯例

海商法领域最为典型的国际惯例应是共同海损理算的《约克—安特卫普规则》。共同海损理算是指通过审核和计算等工作，确定特定共同海损事故中共同海事损失的金额、各个受益方财产的分摊机制，以及各个受益方应当分摊的共同海损金额。[①]《约克—安特卫普规则》即是关于共同海损理算的民间规则。共同海损领域虽无任何国际条约，但《约克—安特卫普规则》经过160余年的发展，虽无强制性拘束力却也得到普遍适用，而且成为诸多国家共同海损立法的参照依据。蒋跃川在《共同海损》一书中指出：

> 《约克—安特卫普规则》的成功制定，为消除各国之间有关共同海损的法律差异，统一国际共同海损理算实践，起到了巨大的推动作用。它从一诞生起，便迅速受到了广泛的欢迎和普遍的采用。第一部《约克—安特卫普规则》于1877年制定，而“至1879年几乎所有海运国家的货物运输提单、海上保险合同都同意采用1877年新规则”，1881年国际法改革及编纂年会的报告即宣称：“1877年规则已被普遍适用。”
>
> 伴随着19世纪末以来世界航运技术的不断进步和国家海运业的迅猛发展，《约克—安特卫普规则》从初次制定至今，已经经历了六次重大修改。[②]这恰恰证明了它所具有的强大生命力。它也因此能够始终适应形势的发展，并始终为国际所普遍接受。可以毫不夸张地说，世界上还没有几个民间规则能够像《约克—安特卫普规则》这样得到如此广泛的适用。其所实现的国际统一的效果甚至超出了大多数国际海事条约。由于《约克—安特卫普规则》的巨大影响，许多国家在制定或者修改其有关共同海损的国内立法时，也都会参照《约克—安特卫普规则》的规定。一部《约克—安特卫普规则》的修订史，几乎就是共同海损制度在19世纪中叶以后的全部发展历史。借助于《约克—安特卫普规则》的广泛适用和巨大影响，共同海损制度也在世界范围内取得了前所未有的统一。[③]

---

① 参见胡正良主编：《海事法》（第3版），北京大学出版社2016年版，第330页。

② 随着《2016年约克—安特卫普规则》的出台，《约克—安特卫普规则》已经经历了七次重大修改。

③ 蒋跃川：《共同海损》，法律出版社2009年版，第31–32页。

我国《海商法》的制定遵循了五项具体原则，其中之一便是吸收体现国际海事惯例的民间规则，最为突出的应是第十章“共同海损”吸收了《1974 年约克—安特卫普规则》的主要内容。[①] 类似的情形也时常见于其他法域的共同海损立法。例如，日本学者中村真澄、箱井崇史也指出：

> 《规则》与同提单相关的海牙规则等不同，不是国家间的公约，虽然只具有等同于当事人以合议达成适用时才可以适用的格式合同条款的性质，但实际上是在国际范围内的各类租船合同、提单及保险单证中均有得到采用的重要规则。日本也在 1935 年的法制审议会决议中认为，应参照《规则》对共同海损相关的规定作适当修改。[②]

上述日本《商法商行为编及海商编的部分修改纲要》第 224 条提出：“参照《约克—安特卫普规则》对同共同海损相关的规定作适当修订。”[③] 主要法域的共同海损立法多数不同程度地借鉴或吸收了各个时期对应版本的《约克—安特卫普规则》。例如，关于过失与共同海损的关系，1974 年及以后的《约克—安特卫普规则》以及主要法域的立法，均认可过失不影响共同海损的成立。（见表 6）

表 6 《1974 年约克—安特卫普规则》和部分法域关于过失与共同海损关系的立法例

<table>
<tr><td colspan="2">《1974 年约克—安特卫普规则》</td><td>规则 D：即使引起牺牲或费用的事故，是由于航程中某一方的过失所造成的，也不影响要求分摊共同海损的权利，但这不妨碍非过失方与过失方之间就此过失提出索赔或抗辩。</td></tr>
<tr><td rowspan="2">中国</td><td>大陆《海商法》</td><td>第 197 条：引起共同海损特殊牺牲、特殊费用的事故，可能是由航程中一方的过失造成的，不影响该方要求分摊共同海损的权利；但是，非过失方或者过失方可以就此项过失提出赔偿请求或者进行抗辩。</td></tr>
<tr><td>台湾地区“海商法”</td><td>第 115 条：共同海损因利害关系人之过失所致者，各关系人仍应分担之。但不影响其他关系人对过失之负责人之赔偿请求权。</td></tr>
<tr><td colspan="2">德国《商法》</td><td>第 589 条 利害关系人或第三人的过错
（1）由于利害关系人或第三人的过错导致的危险，不影响有关共同海损规定的适用。但是具有此种过错的利害关系人不能就其遭受损失请求分摊。
（2）如果风险是由于利害关系人一方的过错引起，该利害关系人负有赔偿他们因挽救船舶免于遭受共同危险而造成的损害和费用的义务。[④]</td></tr>
</table>

① 参见司玉琢主编：《中华人民共和国海商法问答》，人民交通出版社 1993 年版，第 2-4 页。

② ［日］中村真澄、［日］箱井崇史：《日本海商法》，张秀娟、李刚、朴鑫译，法律出版社 2015 年版，第 296-297 页。

③ ［日］中村真澄、［日］箱井崇史：《日本海商法》，张秀娟、李刚、朴鑫译，法律出版社 2015 年版，第 12 页。

④ 马金星译：《德国〈商法典·第五编 海商〉》，载《东南法学》2016 年第 2 期。

续表

日本《商法》	第 808 条第 2 款：前款规定，不影响该款规定的危险是因过失导致的情况下的利害关系人向该过失方行使索赔的权利。[①]
韩国《商法》	第 870 条（对责任人员的求偿权） 船舶及载货的共同危险，是因船舶或者载货的瑕疵及其他过失行为所致时，共同海损的分担人可以对该责任人员行使求偿权。

（2）标准格式合同

标准格式合同是指由特定机构、行业组织或者合同一方当事人事先起草的包括合同全部条款且旨在反复使用的合同书面文本。以定期租船合同为例，前者如美国纽约土产交易所制定的“土产格式”（Produce Form）即 NYPE 格式，波罗的海国际航运公会制定的“波尔的姆”（BALTIME）格式；后者如著名石油企业壳牌下属的壳牌国际贸易和航运公司制定的“SHELLTIME 4”油轮定期租船格式。

采用标准格式合同订立合同的优势在于避免了从无到有起草合同，因为标准格式合同已经较为充分地考虑了缔约双方在磋商合同时可能涉及的问题。采用标准格式合同不仅能够提高缔约效率，而且也可避免一些不必要的摩擦和争议。但是，标准格式合同有时未必完全符合特定当事人具体的缔约意愿，特别是不同时期当事人双方的经济实力、市场地位以及缔约当时的市场状况可能存在较大差别，此时需要当事人之间在标准格式合同的基础上根据具体情况作出取舍、修改和调整。因此，标准格式合同的作用更多在于为缔约双方确立了订立合同的条文基础，而标准格式合同本身也是在合同当事人的不断使用中逐步得以完善。[②]

以租船合同的标准格式为例，日本学者中村真澄、箱井崇史指出：

> 在租船合同领域，为了便于当事人之间合理且迅速地缔结合同，通常会预先制定相应的合同标准格式（standard form），当事人可以此为基础缔结合同；特别是利用航次租船合同进行特定货物的交易时，通常会使用就煤炭、铁矿石或者汽车等运输制定的租船合同格式进行相应的运输。
>
> 这些标准格式，即使租船合同当事人的国籍不同，也可以在排除由语言和交易习惯不同所带来的障碍上起到了一定的帮助作用。换言之，只要对定型的合同条款有一定程度的了解，当事人只需就最为重要的事项，即与运费、船舶的停泊期间、

① 张秀娟、李晓楠、梁赟译：《日本最新商法（有关运输 / 海商部分）和国际海上货物运输法》，载《中国海商法研究》2020 年第 1 期，第 67 页。

② 参见林源民：《船舶建造》，上海浦江教育出版社 2013 年版，第 55–56 页。

滞期费等相关的规定加以注意即可。并且，这些标准格式合同在国际社会上的通用，可以确保解决纷争的法院和仲裁员在对法的解释和适用上达成国际统一。[①]

海商法领域大量使用标准格式合同，除最为典型的租船合同外，还涉及海上拖航合同、海难救助合同等合同类型。此外，海上保险合同的标准条款也具有类似性质，即由保险人拟定的关于不同保险种类的投保人、被保险人和保险人主要权利义务的具体规定，例如国际上通行的“协会货物运输保险条款”。保险条款的标准化也是现代保险业经营的主要特征之一。[②]

成功的标准格式合同由于获得缔约主体的广泛使用，能够在很大程度上从合同角度统一当事人之间的权利义务安排，而且同样可能为海事立法吸收，上升为法律规定。我国《海商法》制定遵循的另一具体原则，便是借鉴具有广泛影响力的合同格式，主要体现在第四章第七节“航次租船合同的特别规定”、第六章“船舶租用合同”、第七章“海上拖航合同”。[③] 例如，《海商法》第六章第二节“定期租船合同”与“波尔的姆”格式的部分条款对比可见表7。[④]

表7 《海商法》第六章第二节“定期租船合同”与“波尔的姆”格式部分条款对比

中华人民共和国海商法	定期租船合同“波尔的姆”格式
第137条：承租人可以将租用的船舶转租，但是应当将转租的情况及时通知出租人。租用的船舶转租后，原租船合同约定的权利和义务不受影响。	第20条：承租人有权转租船舶，但应给予船舶所有人预期通知。但是，最初的承运人始终对本租船合同的适当履行向船舶所有人负责。
第140条：承租人应当按照合同约定支付租金。承租人未按照合同约定支付租金的，出租人有权解除合同，并有权要求赔偿因此遭受的损失。	第6条：如果欠付租金，船舶所有人有权将船舶从承租人的营运中撤回，而无须提出任何声明，也无须通过法院或其它形式的干预，且不影响船舶所有人根据本租船合同所具有的对承租人的任何索赔权利。
第141条：承租人未向出租人支付租金或者合同约定的其他款项的，出租人对船上属于承租人的货物和财产以及转租船舶的收入有留置权。	第18条：船舶所有人因根据本租船合同提出的任何索赔对属于定期承租人的所有货物和转手运费以及任何提单运费行使留置权。

3. 国内立法

海商法较高的国际统一程度也得益于部分法域的国内立法，最为典型的应属长期在海商法领域居于执牛耳地位的英国法。国内立法虽然具有强制性拘束力，但原本应当仅限于对

① ［日］中村真澄、［日］箱井崇史：《日本海商法》，张秀娟、李刚、朴鑫译，法律出版社2015年版，第256–257页。

② 参见郑睿：《海上保险：法律与实务》，上海浦江教育出版社2021年版，第49–50页。

③ 参见司玉琢主编：《中华人民共和国海商法问答》，人民交通出版社1993年版，第2–4页。

④ 参见司玉琢主编：《海事实用英语大全》（第2版），大连海事大学出版社2000年版，第678–681页。

应法域的范围之内，而无法对于其他法域产生直接影响。但是，英国法基于在航运领域独一无二的影响力，同样在一定程度上推动了海商法的国际统一。首先，英国法在法律适用层面是海商法领域最常获得适用的准据法，[①] 国际租船合同、船舶建造合同、船舶买卖合同大量约定适用英国法。例如，航次租船合同 1994 年“金康”格式第 19 条设置的适用法律默认即为英国法，其中第 a 款规定：

> 本租船合同受到英国法律制裁并根据英国法律进行解释，因租船合同产生的任何争议应按照 1950 年仲裁法和 1979 年仲裁法或现行有效的有关仲裁的任何法定修正案或新条例在伦敦提交仲裁。除非双方商定一位独任仲裁员，应由双方各自指定一位仲裁员，并由该二位仲裁员共同指定第三位仲裁员，据此建立的三人仲裁庭的裁决或其中任何两人的裁决都是终局的，一方应自收到对方指定仲裁员的书面通知起 14 天内指定本方仲裁员，否则任命的独任仲裁员的裁决将为终局的。[②]

除在法律适用层面作为准据法适用外，英国法在法律创制层面对于其他法域的海事立法也有深刻影响，其中尤以英国《1906 年海上保险法》最为典型。美国、澳大利亚、新西兰、加拿大、新加坡、马来西亚、印度、中国等国家的海上保险成文法均以《1906 年海上保险法》为蓝本。[③] 例如，我国《海商法》吸收了英国《1906 年海上保险法》的保证制度，而大陆法系保险法对于类似情形本是采用风险变更制度，我国《保险法》第 52 条对此亦有规定。此时形成的法律适用格局是我国对于风险变更问题，海上保险适用《海商法》第 235 条关于保证的规定，而商业保险的其他领域适用《保险法》第 52 条关于风险变更的规定。中国法院还曾多次直接适用《1906 年海上保险法》裁判案件。例如，青岛海事法院在某粮油有限公司诉某财产保险股份有限公司海上保险合同纠纷案中认为：

> 本案系海上货物运输保险合同纠纷。案涉货物是从马来西亚运至日照，与本案货物运输有关的海上保险合同具有涉外性。根据《中华人民共和国涉外民事关系法律适用法》第四十一条规定，粮油公司与保险公司等一致认为应适用英国法，本案解决保险争议的准据法为英国法。保险公司既未提出充分的证据证明粮油公司知道涉案船舶主机发生故障的事实，也未行使权利撤销合同，因此根据《1906 年英国

① 准据法是国际私法的概念，是指经冲突规范指引用以解决涉外民商事纠纷的具体实体法规则。例如，《涉外民事关系法律适用法》第 11 条规定：“自然人的民事权利能力，适用经常居所地法律。”如果此时自然人的经常居所地为上海，中国法作为经常居所地法律即为准据法。

② 司玉琢主编：《海事实用英语大全》（第 2 版），大连海事大学出版社 2000 年版，第 616-617 页。

③ 参见郑睿：《海上保险：法律与实务》，上海浦江教育出版社 2021 年版，第 11 页。

海上保险法》第十八条的规定，保险合同应当认定为有效。因准据法为英国法，故普通法判例中的近因原则应予适用。所谓近因应当是效果上近接，并独立发挥决定性、支配性作用的原因。在本案中，承运船舶发生机损事故导致航程远远超出正常时间，尽管从表面上看，损害是由航程迟延造成的，但迟延是船舶机损事故的必然结果，因此，本案货损发生的近因是承运船舶的机损事故而非航程迟延。保险合同的除外条款中并不包括承运船舶的机损事故，该近因属于承保风险，保险人应根据约定对该近因造成的损害承担保险责任。

综上，依照《中华人民共和国涉外民事关系法律适用法》第四十一条、《1906年英国海上保险法》第一条、第二十七条、第五十五条、第七十一条和《中华人民共和国民事诉讼法》第一百四十四条之规定，法院判决：被告某财产保险股份有限公司赔付原告某粮油有限公司损失及相应利息损失。驳回原告某粮油有限公司的其他诉讼请求。①

林源民在《船舶建造》一书中详细论述了英国法在船舶建造合同领域得到普遍适用的具体原因，实则可以推及海商法的各个领域：

当今世界，在各国签署的船舶建造合同绝大多数均规定合同的准据法为英国法，并且还规定将双方关于合同解释、效力、履行等的争议提交伦敦仲裁解决。这种情况即使在船东和船厂均不是英国公司或与英国有关的公司的情况下依然比比皆是。英国法在船舶建造领域得到最为普遍的适用已是不争之事实，究其原因可以简单归纳为历史、法律和语言三个方面。实际上这三个方面的原因并非各自独立，而是相互影响、相互关联的。

历史的原因

1588年英国击败西班牙无敌舰队后，开始了对北美洲的殖民。1600年起英国通过东印度公司开始了在印度的扩张。从17世纪初到18世纪中叶，英国和法国进行了4次战争，英国凭借强大的海军力量，在海外夺取了法国在印度、加拿大和密西西比河以东的大片领土，一跃成为世界第一流的殖民大国。以1763年英国与法国和西班牙签订《巴黎条约》为标志，英国取代西班牙，成为世界头号殖民强国。随着英国的殖民活动的推进，英国法开始逐渐深入英国的殖民地，成为当地的法律或对当地法律产生了不同程度的影响。第一次世界大战以后，随着英国势

① 青岛海事法院：《青岛海事法院海事审判白皮书（2016年）》，青岛海事法院2017年版，第23–24页。

力逐渐遭到削弱，英国各殖民地的人民纷纷要求独立。1931年英国国会通过《威斯敏斯特法令》（Statue of Westminster 1931），创设了“英联邦”（Commonwealth of Nations）。英联邦成员包括：澳大利亚、巴哈马、孟加拉国、加拿大、印度、新西兰、巴基斯坦等。英国始终保持着对英联邦成员国的影响。在英联邦成员国家施行的法律都是普通法或以普通法为基础的法律，英语也是英联邦的官方语言。

法律的原因

英国是普通法国家，其法律的基本特征之一是采用判例形式，人们可以通过各种法律报告查阅英国法的具体内容。从判例中可以比较直观地了解英国法的原则及其具体的要求。而且，英国法院的判例得到了相当完整的保留，更由于英语的作用，英国法的判例顺利地流传到英国境外，为外国人所了解。相反，人们尤其是外国人对大陆法国家法律的了解往往停留在对法律条文的认识。显然不如对英国法的理解来得更加直观。因此，适用英国法相对而言比适用其他国家的法律更具有可预见性。此外，英国拥有一大批相当优秀的法律人才，既包括法官，也包括出庭律师。这就为英国法的适用提供了保障。实际上在英国进行商业诉讼或仲裁的当事人中已鲜有英国的当事人。法律服务已经成为英国为整个世界提供的具有相当强竞争力的服务。

语言的原因

英语虽然不是使用者最多的语言，但毫无疑问是世界上使用地域最为广泛的语言。尤其是在国际商业交往中英语更是成为国际商业的“官方语言”。就船舶建造而言，无论是在日本还是韩国，乃至中国，船舶建造合同鲜有例外地均采用英语订立。在我国船舶建造实践中，即使双方均为国内企业的船舶建造合同依然会采用英语订立并适用英国法。在船舶建造合同采用英语订立的情况下，适用英国法并通过伦敦仲裁解决争议似乎也就顺理成章了。①

值得注意的是，英国法虽在海商法领域具有难以替代的重要地位，但同时英国法院判决的影响力近年来其实也在逐渐衰退，包括在普通法系国家或地区内部。例如，英国最高法院在2018年的Rock Advertising v. MWB Business Exchange Centres［2018］UKSC 24案中，对于近年国际海商、商事合同中常见的“不得口头变更合同条款”（no-oral modification clause）的效力作出的认定，便未得到马来西亚高等法院②和新加坡上诉法院③的认可。

① 林源民：《船舶建造》，上海浦江教育出版社2013年版，第11–12页。

② See Ng Sau Foong *v.* Rhombus Food & Lifestyle［2020］8 MLJ 155.

③ Charles Lim Teng Siang *v.* Hong Choon Hau［2021］SGCA 433.

二、注重人身利益保护

海商法调整的社会关系时常涉及生命权、身体权、健康权等人身权，集中表现为海上人身损害赔偿。无论是否将侵害此类人身权形成的侵权关系归入人身关系，均不否认海商法包含保护人身利益的法律规范。

注重人身利益保护应是海商法区别于传统商法其他分支的重要特性之一。商法是调整商事关系的法律，而商事关系属于财产关系。公司法、票据法、破产法均不涉及人身权利，稍有不同的应是保险法。人身保险是重要的保险类型，虽以人的寿命和身体为保险标的，[①]但此时关注的是被保险人人身利益的经济价值。例如，施天涛认为：

> 人的生命具有多种价值：从宗教观念来看，人的生命可以永垂不朽，其价值无法加以估计；从社会观点来看，由于人与人之间具有各种感情联系，其价值也不可以用货币计算或者以其他东西予以代替。这种精神价值或者感情价值，都不是人身保险所保障的目标。唯一能够成为人身保险所保障的对象的，只能是人的生命上所存在的经济价值。[②]

人身保险的保险标的最为突出的特征之一应是不可估价性，即保险标的不能以货币计量、评估或表现其价值。人身保险合同订立的目的也不全是为了填补经济上可得估计的损害，由此决定了人身保险金的给付具有定额性，即由当事人之间事先约定给付数额。[③]尤其对于人寿保险而言，保险人承担的给付责任不是对保险标的遭受损害的补偿，也不存在损失填补原则的适用，因为人的生命损失本身无法填补。少数的例外是健康保险或意外伤害保险中的医疗费用保险，目的在于补偿被保险人由于治疗疾病或伤害而产生的费用。[④]因此，人身保险至少不是对于被保险人人身利益的直接保护或损失填补。

海商法注重对于人身利益的保护，主要体现在以下三个方面：

首先，海上旅客运输法以旅客人身损害赔偿为中心。作为围绕运输合同展开的法律制度，海上旅客运输法涉及按照合同收取票款、提供约定舱位、合理尽速完成运输等关注运输本身目的的法律规则极少，而是以旅客人身及其行李的损害赔偿为主要内容，而且明显偏重前者，包括承运人责任的归责原则、单位赔偿责任限制等规则。

---

① 参见樊启荣：《保险法》（第 2 版），北京大学出版社 2011 年版，第 193 页。

② 施天涛：《商法学》（第 6 版），法律出版社 2020 年版，第 590 页。

③ 参见温世扬主编：《保险法》（第 3 版），法律出版社 2016 年版，第 178 页。

④ 参见邹海林：《保险法》，社会科学文献出版社 2017 年版，第 240 页。

其次，海上人身损害赔偿在多数法域均是受到船舶优先权担保的海事请求，意味着此类债权获得清偿的可能性较之一般债权更高。例如，我国《海商法》第22条第1款第2项规定："下列各项海事请求具有船舶优先权：……（二）在船舶营运中发生的人身伤亡的赔偿请求；"而且，此种请求原则上居于第二顺位受偿，仅次于船员等船上工作人员的工资、其他劳动报酬、船员遣返费用和社会保险费用的给付请求。

最后，海商法对于人身损害大多设置较之财产损害更为严格的赔偿责任。以我国《海商法》为例，同样是互有过失船舶碰撞导致的第三人损害，各方船舶对于财产损害承担的是按份责任，而对人身损害应当承担连带责任。[①] 按份责任是由多个责任人各自按照过错或原因力大小对于受害人承担相应责任，而连带责任则是多个责任人共同对于受害人承担责任。连带责任属于加重责任，每一责任人均负有承担全部责任的义务，受害人可以请求一个或数个连带责任人承担全部或部分赔偿责任，责任人不得以自己的过错程度等为由而主张仅承担自身份额的责任。[②] 因此，互有过失船舶碰撞导致第三人损害的情形，加害人对于人身损害较之财产损害需要承担更重的赔偿责任。

三、实践品格尤为鲜明

虽然法律本就具有较强的实践性，但海商法的实践性尤为突出。胡正良在《国际海上货物运输法律的现状与发展趋势》一文中首先提出了海商法的实践品格的概念，着重论述了海上货物运输法的实践品格，同样可以推及海商法整体：

> 国际海上货物运输法律具有很强的实践品格，在很大程度上是海上货物运输习惯做法的条文化和法律化。海商法的演变证明，反映海上货物运输习惯做法的法律才具有广泛的实施基础和较强的生命力。[③]

朱曾杰在《初论实践与海事立法的关系》一文中也认为：

> 就海事法律而言，特别是作为海事法律的中心——海上货物运输法而言，实践

① 《海商法》第169条第2款规定："互有过失的船舶，对碰撞造成的船舶以及船上货物和其他财产的损失，依照前款规定的比例负赔偿责任。碰撞造成第三人财产损失的，各船的赔偿责任均不超过其应当承担的比例。"第3款规定："互有过失的船舶，对造成的第三人的人身伤亡，负连带赔偿责任。一船连带支付的赔偿超过本条第一款规定的比例的，有权向其他有过失的船舶追偿。"

② 参见马俊驹、余延满：《民法原论》（第4版），法律出版社2010年版，第987页。

③ 胡正良：《国际海上货物运输法律的现状与发展趋势》，载曹建明主编：《法治与国际和谐社会——第22届世界法律大会论文集》，人民法院出版社2006年版，第1016页。

> 主要是指海上货物运输业务实践和海事司法实践，他们的实践，包括立法前瞻性的预期实践，是制定和修订海事立法的基础。脱离了这一基础，或无视或忽视这一基础，国际公约或国内立法都会遇到挫折或失败。①

英国学者 Paul Todd 在 *Advanced Introduction to Maritime Law* 一书中也主张类似观点：

> 海商法必须适应不断变化的海事实践，而海事经营始终利用最为现代化的技术，只要此种技术可靠且经过验证。②

海商法的实践品格尤为鲜明，突出表现为历史上海商法律规则的形成，多是丰富的航运实践和海事司法实践经验的总结与提炼，传统民事立法注重的法理逻辑演绎在海事立法中反而相对弱化。当代海商法对于航运习惯的吸收程度虽然有所减弱，基于法律理性要求的法律规则不断增加，但仍然十分强调国际航运的实践做法，注重将符合法律理性的国际航运习惯上升为法律，以便更好地服务于航运实践。③此种特性也与海商法在起源上更强的习惯性密切相关，同时决定了海商法的教学与研究，无法全部在书斋里通过文献的阅读、法条的诠释、判例的研习完成，而是必须尽量掌握航运实践以及海事司法实践的发展变化。

作为海上货物运输最为主要的运输单证，提单的起源与发展可以认为是海商法鲜明实践品格的典型例证。提单的产生促使国际贸易实现了从实物交易到单证交易的转变，从而在国际贸易的买卖、支付等环节发挥着重要作用。现代提单具有的三项功能，即海上货物运输合同的证明、承运人接收货物或将货物装船的证明、承运人保证据以交付货物的凭证，形成于从货物收据到合同证明再到权利凭证的渐进发展过程，背后均有相应的航运及贸易实践需求，同时也对应着提单及海上货物运输合同法律制度的沿革。提单最初作为货物收据，主要是为应对“船货分离”之后托运人不再随船出行的运输模式变化，从而需要提单作为承运人已经接收货物的证明而对托运人提供保障；此后提单又产生了运输合同证明的功能，则是为了通过在提单背面预先印制标准的合同条款，确定承托双方之间基本的权利与义务，通过交易的定型化提高效率、降低成本，避免与不同托运人逐一进行合同谈判的烦琐程序；提单在现代航运中最为重要的功能则是作为货物权利的凭证，即赋予提单代表货物的凭证作用，形成转让提单等于转让货物的法律效果，从而为海上运输期间的货物转卖提供条件，直接推动了国际贸易从实物贸易向单证贸易的变革。关于提单的起源与发展，郭瑜在《提单法律制度

---

① 朱曾杰：《初论实践与海事立法的关系》，载朱曾杰：《朱曾杰文集》，法律出版社 2008 年版，第 4 页。

② Paul Todd，*Advanced Introduction to Maritime Law*，Edward Elgar Publishing Limited，2021，p.3.

③ 参见胡正良主编：《海事法》（第 3 版），北京大学出版社 2016 年版，第 8 页。

研究》一书中曾对此进行了较为全面的总结：

早期的国际贸易都是实物交易。卖方将货物运至卖方所在的国家出售，或者买方到卖方所在的国家采购货物运回本国，所有运输——经常是海上运输——都是由商人自己进行的。航运技术进步后，出现了专门从事海上运输的人，商人与船东开始分家，商人不必再亲自到交易对手所在的国家，而只需将货物交给专事运输的承运人，与承运人订立运输合同后，支付一定运费，由承运人将货物运至目的地，最早的提单就在“船商分离”后出现了。关于提单起源的具体时间，有人认为可以追溯至公元12世纪，有人认为迟至14世纪，不论如何，提单产生的原因是公认的，即当商人不再随船航行，在交出货物以供运输时，他希望承运人能出具一张收到货物的证明文书，而提单就是这样一纸证明文书。早期的提单功能单一，形式也非常简单，到17世纪，承运人开始将他与托运人签订的运输合同的条款记载于提单背面，并且为方便起见，不再为每笔货物逐一制作提单，而是制定统一的标准格式提单，提单背面预先印制好运输合同条款，收货时只在提单正面记载每笔货物的情况后就发给相应货主。这时提单不仅对承运人收受货物起证明作用，对承运人与托运人之间运输合同的存在和合同内容也起着证明作用。以后提单又被做成一式二联，从骑缝处裁开，承运人与托运人各执一联，在目的港拼接起来，对缝即交货，没有提单则不交货。提单成为在目的港向承运人提货的唯一凭证，因而又被称为“打开浮动仓库的钥匙”。

当提单发展为在目的港向承运人提货的唯一凭证后，持有提单者就能在目的港最终收取货物，提单和货物密切联系起来，因此商人们开始赋予提单一种新的功能，即用以代表运输途中的货物，并代替货物本身进行转让。提单获得这种功能后，“转让提单也就转让了在目的港的提货权，处分提单也就等于处分了尚在海上的货物。这种处分既可通过买卖方式，也可通过汇押方式。”提单这种能代表货物本身进行转让的功能是适应远洋运输的发展特点发展起来而为其他运输单据所不具备的，提单由此与陆运等其他运输方式中使用的单据，包括内河运输中使用的单据彻底区分开来。……

提单功能的增加使它的作用范围也不断扩大，开始逐渐在国际贸易中发挥重大作用。……从买卖阶段来看，19世纪以来，国际货物买卖合同中最常采用的价格术语有三种，即FOB、CIF和CFR（C&F）。这三种价格术语都是以海运为运输

> 方式的，又被称为“推定交货价格条件”或“象征性交货价格条件”，因为这些价格条件都有一个共同特点，就是约定卖方应向买方提交提单，买卖双方承认提单交付能推定为实际货物交付，买方必须像接受实际货物一样接受卖方提交的提单并支付货款。由于处分提单被认为有与处分实际货物同样的效果，因此，卖方在交付提单后不一定需等到货物实际到达目的港就能获得付款，而买方在取得提单后就能取得到货物的支配权和处分权。如果需要转卖货物，只需要通过转交提单就能完成，而且可以通知承运人改变目的港将货物直接运至转卖的买方所在地，节省时间和费用。……
>
> 正是在提单基础上，国际贸易才从单一的实物交易发展出一种新的交易形式，即用纸张代替货物进行转让的单证交易。这种单证交易在目前的国际贸易形式中占据了很大份额，给国际贸易带来了方便、效率等诸多好处。[①]

提单作为运输单证在现代的发展与形式变化，特别是近年颇受关注的电子提单，也在很大程度上体现了实践品格对于海事立法的影响。电子提单是提单电子化的结果，不仅是当代计算机网络通信技术发展的产物，同时也是为克服传统纸质提单流转速度较慢的弊端，包括由此产生的无单放货等问题。此即提单电子化的航运实践需求所在。无单放货即无正本提单交付货物。提单作为承运人保证据以交付货物的凭证，同时意味着承运人须凭提单交付货物，即承运人应将货物交付给凭提单有权提取货物的人。造成无单放货现象最为主要的原因应是提单流转速度的限制。历史上由于件杂货海上航程运输颇为漫长，为了便于经营者在运输途中转售货物，提单被赋予了可以转让的特征，提单的传统优势也就在于可转让性。

提单此项特性的基本假设，应是基于提单的流转速度快于货物运输速度，因而提单能在货物运抵目的港之前送达收货人处，从而保证收货人能够及时凭提单提取货物。但是，由于航海技术、造船技术乃至信息技术的快速发展，产生了船速快、装卸快、集装箱运输等诸种便利情况，使得货物运输环节的效率得以大幅提高，而提单在贸易领域的流转速度却并无明显改变。提单的流转速度主要取决于银行处理单证的时间，由于提单的流转环节颇多，时间也较长，加之由于买卖、结汇过程中发生结汇赎单等问题可能需要修改提单或信用证，以及外贸管理体制等因素，导致提单的流转速度过慢，大量出现货物已经到达目的地而收货人未能拿到提单的现象。[②]特别是对于国际油轮或其他散装液体货物运输、国际集装箱货物运

① 郭瑜：《提单法律制度研究》，北京大学出版社 1997 年版，第 1–4 页。
② 参见何丽新：《无单放货法律问题研究》，法律出版社 2006 年版，第 38 页。

输以及近距离国际海上货物运输，无单放货的情形已经非常普遍。

电子提单能够在很大程度上克服传统纸质提单的流转速度困境。但是，电子提单之所以未能在航运实践中得到广泛使用，根本原因是法律未能明确电子提单的法律效力，即电子提单是否与传统纸质提单具有相同的法律效力，立法尚不明朗的态度，导致实践中电子提单的运用缺乏必要的法律保障；而电子提单法律制度之所以未能全面建立，却又是因为缺乏充分而成熟的航运实践经验作为立法基础。此时电子提单在立法上存在两难的悖论，同样反映了航运实践对于海事立法的基础性意义。2008 年《鹿特丹规则》虽然建立了关于运输单证电子化的电子运输记录制度，但制度设计并非建立在充分且成熟的航运实践基础之上，而主要是法理逻辑演绎的结果，能否成功尚且难以定论，而且很可能由于公约长期无法生效而始终缺少付诸实践进行检验的机会。

拓展阅读

1. 何丽新、陈永灿：《海商法特性论》，载《中国海商法年刊》2008 年。

2.William Tetley，*The General Maritime Law – The Lex Maritima*，20 Syracuse Journal of International Law and Commerce 105，1994.

3. 王秋雯：《海商法的国际统一：从海商自体法到国际海商统一实体法》，载《社会科学辑刊》2012 年第 2 期。

4. 郭瑜：《海商法的精神——中国的实践和理论》，北京大学出版社 2005 年版，第六章“海上的责任”。

5. [日] 中村真澄、[日] 箱井崇史：《日本海商法》，张秀娟、李刚、朴鑫译，法律出版社 2015 年版，第一章“绪论”第三节“海商法的特殊性”。

6. 朱曾杰：《初论实践与海事立法的关系》，载朱曾杰：《朱曾杰文集》，法律出版社 2008 年版。

第四讲

海商法的体系

【知识提要】

本讲讨论海商法的体系，主要关注两个方面：一是海商法应当包含哪些具体的海商法律制度，二是如果对于此类海商法律制度进行梳理与提炼，海商法应由哪些分支构成。

1.比较法上海商法的体系。英美法系较少关注海商法的体系构建等宏大叙事，海商法著作多是以具体海商法律制度为单位展开论述；德国、法国等欧陆法域立法和学理论著呈现的海商法体系基本相同。日本、韩国、我国台湾地区等东亚法域，常在不同海商法律制度的基础之上对于海商法的体系进行更为抽象的提炼和概括，一般分为海上企业组织、海上企业活动、海上危险、海上保险四个部分，明显受到日本法上关于海商法的通说，即海上企业法说的影响。

2.海商法的体系构成。海商法的体系应以海上运输为中心，具体分为五个分支：一是调整海上运输的运输工具和人员等基础条件的船舶船员法；二是直接调整海上运输的海上运输法；三是以海上事故为中心，调整海上事故的损害赔偿、应对事故采取的措施，以及损失分摊和责任限制的海事法；四是调整海上运输的风险分散机制的海上保险法；五是虽然无法构成独立的法律制度，但体现航运活动特殊性的海事纠纷解决特别规则，即海事诉讼时效和涉外海事关系法律适用。

【知识结构】

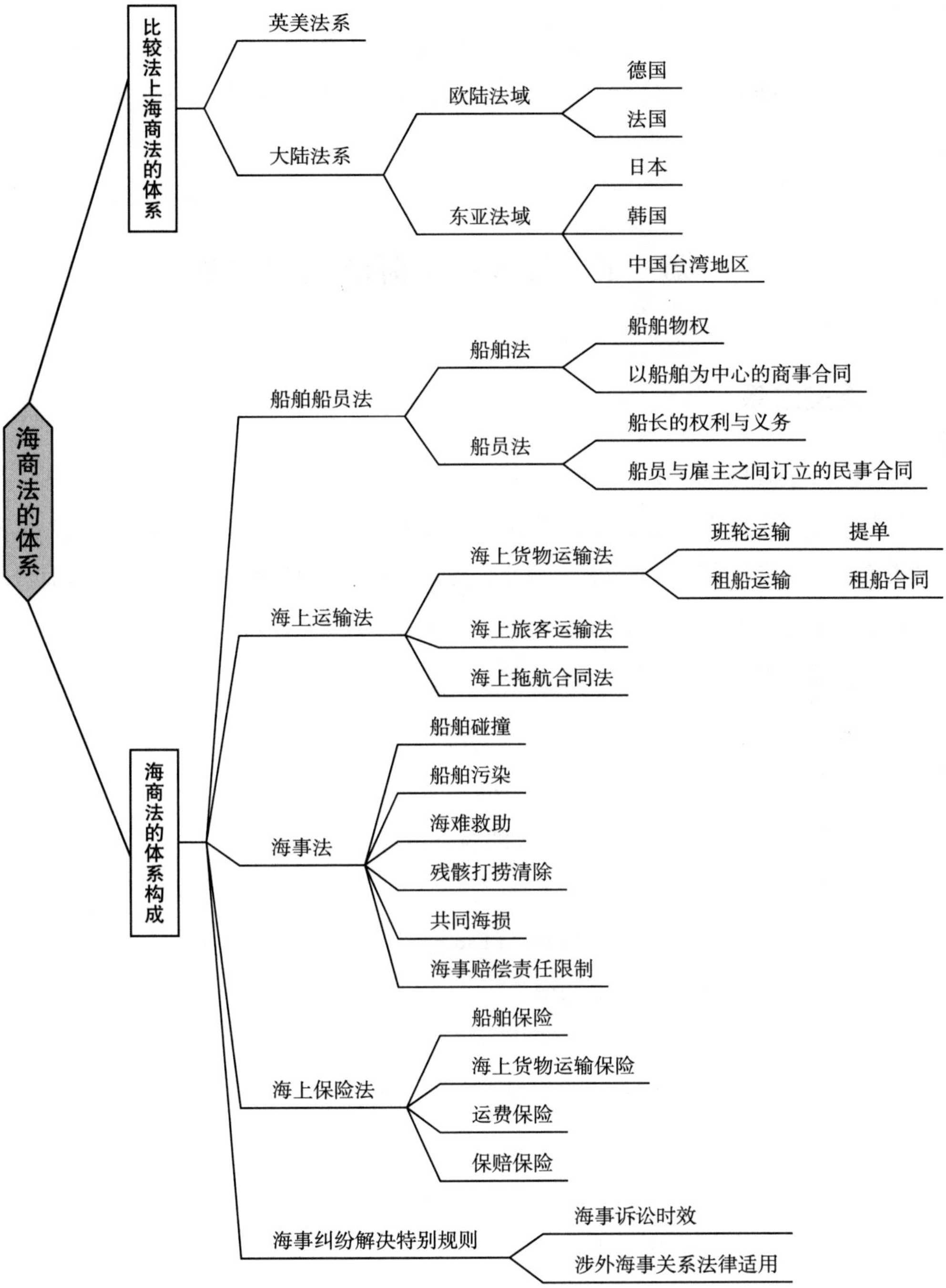
海商法的体系
比较法上海商法的体系
英美法系
大陆法系
欧陆法域
德国
法国
东亚法域
日本
韩国
中国台湾地区
海商法的体系构成
船舶船员法
船舶法
船舶物权
以船舶为中心的商事合同
船员法
船长的权利与义务
船员与雇主之间订立的民事合同
海上运输法
海上货物运输法
班轮运输
提单
租船运输
租船合同
海上旅客运输法
海上拖航合同法
海事法
船舶碰撞
船舶污染
海难救助
残骸打捞清除
共同海损
海事赔偿责任限制
海上保险法
船舶保险
海上货物运输保险
运费保险
保赔保险
海事纠纷解决特别规则
海事诉讼时效
涉外海事关系法律适用

海商法的体系主要关注两个方面：一是海商法应当包含哪些具体的海商法律制度，二是如果对于此类海商法律制度进行梳理与提炼，海商法应由哪些分支构成。关于海商法的体系，考察途径无非有二：一是立法文件直接呈现的法律体系，二是学理论著归纳或反映的法律体系。从比较法的角度分析，英美法系由于成文且系统的海商法律较少，体系的构建更多依赖后者。

第一节　比较法上海商法的体系

一、英美法系

传统上英国学者将海商法分为海上运输法、海事法、海上保险法三个部分。[①] 基于不同法系之间的研究范式差异，英美法系较少关注海商法的体系构建等宏大叙事，而更为重视对于各项海商法律制度就事论事的分析。因此，英美法系的海商法著作多是以具体海商法律制度为单位展开论述。例如，英国学者 Yvonne Baatz 主编的 *Maritime Law* 一书是目前英国较为主流的海商法教科书，全书分为以下十三章：

Chapter 1：The Conflict of Laws

Chapter 2：Shipbuilding，Sale，Finance and Registration

Chapter 3：International Trade and Shipping Documents

Chapter 4：Charterparties

Chapter 5：Cargo Claims and Bills of Lading

Chapter 6：Carriage of Passengers

Chapter 7：The Liabilities of The Vessel

Chapter 8：Public International Law Aspects of Shipping Regulation

Chapter 9：Safety and Compliance

Chapter 10：Marine Pollution from Shipping Activities

Chapter 11：Marine Insurance

① See Paul Todd, *Advanced Introduction to Maritime Law*，Edward Elgar Publishing Limited，2021，p.v–vi.

Chapter 12：Procedures for Enforcement

Chapter 13：The Application of The EU Competition Rules to the Marine Sector[①]

该书除广义海商法的内容外，还涉及其他一些与航运活动相关的法律领域。例如，其中第 7 章关于船舶责任的介绍，除船舶碰撞、海难救助、共同海损、残骸清除、海事赔偿责任限制等海事法的内容以及海上拖航外，还包括引航、港口和码头以及科技与航运法等内容；第 8 章关于国际公法的内容，主要介绍沿海国和船旗国的权利，以及国际海事组织及其制定的国际条约。

此外，英国学者常将 shipping law 分为干航运（dry shipping）和湿航运（wet shipping）两个部分：前者对应海上货物运输法，即关于提单和租船合同的法律；后者主要对应海事法，主要包括船舶碰撞、海难救助、共同海损、海洋污染、海事赔偿责任限制等法律制度。但是，此种体系仅涉及海商法的部分内容，而不含海上保险法。采用此种体系的著作最为典型的应是 Simon Baughen 的 *Shipping Law* 一书，该书分为干航运、湿航运，以及管辖、法律选择、保全和责任限制三个部分，具体内容如下：

PART 1　DRY SHIPPING

1　The Commercial Background

2　Title to Sue

3　Proving Loss or Damage in Transit

4　The Terms of the Bill of Lading Contract

5　Statutory Terms of the Bill of Lading Contract

6　The Future? The Hamburg Rules and the Rotterdam Rules

7　Combined Transport

8　Carriage of Road – the CMR

9　Charterparties

10　Voyage Charterparties – Payment of Freight

11　Voyage Charters – Laytime and Demurrage

12　Time Charters

13　Damages and Frustration

① See Yvonne Baatz (ed.), *Maritime Law*, Routledge, 2021.

PART 2　WET SHIPPING

14　Collisions

15　Salvage

16　General Average

17　Marine Pollution

PART 3　JURISDICTION, CHOICE OF LAW, SECURITY AND LIMITATION

18　Jurisdiction, Arbitration and Applicable Law

19　Security and Interim Relief

20　Limitation of Liability[①]

类似的体例在其他英美法系的法域，也可见于美国学者 Thomas J.Schoenbaum 的 *Admiralty and Maritime Law*、[②] 加拿大学者 William Tetley 的 *International Maritime and Admiralty Law*，[③] 以及以介绍澳大利亚法为主的 Martin Davies、Anthony Dickey 的 *Shipping Law*[④] 等著作。

二、大陆法系

（一）欧陆法域

欧陆法域立法与学理论著呈现的海商法体系，与英美法系较为接近，即体系化程度同样不高，主要是以具体海商法律制度为单位展开论述，常见做法至多只是将船舶碰撞、海难救助、共同海损三项海事法律制度归纳为海上危险或类似表述。以下以领衔大陆法系的德国、法国两个法域为例。

1. 德国

大陆法系多数法域关于海商法的体系书或教材均不常见，不仅与我国大陆频繁出版的著作数量不可同日而语，而且也明显少于我国台湾地区。德国学者 Rolf Herber 的《海商法：系统阐释》（Seehandelsrecht:Systematische Darstellung）是德国法上较为典型的海商法体系书，

① See Simon Baughen, *Shipping Law*, Routledge, 2019.
② See Thomas J.Schoenbaum, *Admiralty and Maritime Law*, West Academic Publishing, 2019.
③ See William Tetley, *International Maritime and Admiralty Law*, Editions Yvon Blais, 2003.
④ See Martin Davies & Anthony Dickey, *Shipping Law*, Thomson Reuters Australia, 2016.

全书的体例如下：

第一章 海商法基本问题

第二章 公法概览①

第三章 船舶

第四章 船舶所有人及其辅助人

第五章 非合同责任与责任限制

第六章 运输合同

第七章 海上货运合同②

第八章 旅客运输合同

第九章 租船合同③

第十章 海上紧急情况④

第十一章 国际私法

第十二章 周边法律领域⑤⑥

德国《商法》第五编“海商”的体系化亦不明显，仅有船舶碰撞、海难救助、共同海损三项制度合为第四章“船舶紧急情况”，而与运输合同、租船合同、消灭时效等章并列。⑦

2. 法国

法国学者 Pierre Bonassies 和 Christian Scapel 的《海商法》（*Droit maritime*）一书的体例如下：

第一编 海商法基本理论

第二编 海商法一般事项

第一题 船舶⑧

---

① 包括海洋法、海事行政法、欧洲法。

② 包括件杂货运输合同和航次租船合同。

③ 包括光船租赁合同和定期租船合同。

④ 包括船舶碰撞、海难救助、共同海损。

⑤ 包括海上保险、国际货物买卖、海事程序法、船舶买卖合同和船舶建造合同。

⑥ Rolf Herber，Seehandelsrecht：Systematische Darstellung，2.Aufl.2015.

⑦ 德国《商法》第五编“海商”分为船舶运输当事人、运输合同、租船合同、船舶紧急情况、船舶优先权人、消灭时效、一般责任限制、程序规则八章。参见马金星译：《德国〈商法典·第五编 海商〉》，载《东南法学》2016 年第 2 期，第 215–246 页。

⑧ 包括船舶建造合同和船舶买卖合同。

第二题　船舶营运企业与船舶所有人[①]

第三编　海商合同

第一分编　租船合同与运输合同

第一题　租船合同

第一分题　航次租船合同

第二分题　定期租船合同

第三分题　光船租赁合同

第四分题　转租合同

第二题　运输合同

第一分题　货物运输合同

第二分题　跨海多式联运

第三分题　旅客运输

第二分编　海上保险[②][③]

值得注意的是，该书未系统涉及海事法的内容，更为接近狭义的海商法。此种体例一定程度上也与长期以来法国海事立法的分散有关。法国被认为是大陆法系海商法的发源地。[④]1807 年法国《商法》第二编“海商”曾经长期得到适用，但自二十世纪六十年代中期开始，法国海事立法主要采取单行立法的形式，包括 1966 年关于租船合同和海上运输合同的法律，1967 年关于船舶地位的法律，1967 年关于海上事故即船舶碰撞、海难救助、共同海损的法律，1967 年关于海上保险的法律，1979 年关于船舶所有人和海上买卖的法律。此类法律除海上保险部分外，均已编入 2010 年 12 月 1 日施行的《运输法典》，其中不仅包括陆上运输、海上运输、内河运输、航空运输，还涉及部分公法内容。[⑤]

法国也有海商法著作包含海事法的内容。例如，法国学者 Philippe Delebecque[⑥] 的《海商法》（*Droit maritime*）一书，第四部分是海上事故，其中包括船舶碰撞、海难救助、共同海损、

① 包括船舶营运中的事故和特殊责任制度。

② 包括船舶保险、货物保险和责任保险。

③ Pierre Bonassies，Christian Scapel，*Droit maritime*，L.G.D.J，3ᵉ éd.，Paris，2016.

④ 参见［日］中村真澄、［日］箱井崇史：《日本海商法》，张秀娟、李刚、朴鑫译，法律出版社 2015 年版，第 7 页。

⑤ See Cécile Legros，*Transport Law in France*，Kluwer Law International，2012，p.21.

⑥ Philippe Delebecque（1954– ），法学博士，法国巴黎第一大学教授、巴黎海事仲裁院院长、法国海商法协会主席，主要著作包括《海商法》（*Droit maritime*）、《民事与商事合同》（*Contrats civils et commerciaux*，与 François Collart Dutilleul 合著）、《债法》（*Droit des obligations*，与 Frédéric-Jérôme Pansier 合著）。

海事赔偿责任限制等制度。[①]

（二）东亚法域

大陆法系对于海商法的体系构建，应以东亚法域最为典型。日本、韩国以及我国台湾地区，常在不同海商法律制度的基础之上，对于海商法的体系进行更为抽象的提炼和概括。虽然不同学者使用的具体表述稍有差异，但一般分为海上企业组织、海上企业活动、海上危险、海上保险四个部分。其中海上企业组织主要是指船舶、船员，而海上企业活动和海上危险基本对应海上运输法和海事法。但是，海事赔偿责任限制由于制度的历史发展，最初仅以船舶所有人作为权利主体，至今在上述法域仍多称为船舶所有人责任限制，[②]故而有时也被归入海上企业组织的船舶部分。

1. 日本

日本采取上述海商法体系较为典型的著作应是户田修三[③]的《海商法》，全书分为以下四个部分：

（1）海上企业组织，包括海上企业物的组织、海上企业人的组织、船舶金融。

（2）海上企业活动，包括海上货物运输合同、海上旅客运输合同。

（3）海上损害，包括共同海损、船舶碰撞、海难救助。

（4）海上保险，包括海上保险合同的意义、海上保险合同的效力、风险变更、保险委付。[④][⑤]

以上区分海上企业物的组织与人的组织的做法，一定程度上也反映了日本学理上关于商法的常见观点，即区分企业物的要素与人的要素。例如，日本学者落合诚一等人将商号与商业账簿作为企业物的要素，而将商业使用人[⑥]与代理商作为企业人的要素。[⑦]

---

① See Philippe Delebecque，*Droit maritime*，Dalloz，14e éd.，Paris，2020，p.VII.

② 例如，日本的海事赔偿责任限制立法称为“船舶の所有者等の責任の制限に関する法律”（船舶所有人等责任限制的相关法律）。

③ 户田修三（1923–2018），法学博士，曾任中央大学校长、教授等职，主要著作包括《海商法》、《商法总则》、《商行为法》、《注解国际海上货物运输法》（与中村真澄合著）。

④ 戸田修三『海商法』（文眞堂，1990 年）参照。

⑤ 类似体例也可见于：藤崎道好『海商法概論』（成山堂書店，1975 年）参照；田中誠二『海商法詳論』（勁草書房，1994 年）；重田晴生 = 中元啓司 = 志津田一彦 = 伊藤敦司『海商法』（青林書院，1994 年）。

⑥ 日本商法上的商业使用人，属于商事辅助人的一种具体类型，是指主要通过雇佣合同而从属于特定的商人即企业，以享有营业代理权为前提，辅助商人对外开展营业活动的人。参见王作全：《日本商法上的商业使用人制度及其启示》，载《甘肃政法学院学报》2010 年第 6 期，第 97 页。

⑦ 落合誠一 = 大塚龍児 = 山下友信『商法 I —— 総則・商行為』（有斐閣，2019 年）52 頁参照。

2. 韩国

韩国长期受到日本法的影响，日本殖民时期更是全面适用日本法律。采取上述海商法体系最为典型的著作应是金仁显的《海商法》，该书将海商法分为海上企业与设备、海上企业活动、海上危险、当事人保护手段四个部分。

（1）海上企业与设备分为海上企业、物的设备、人的设备三个分支：海上企业包括海上企业主体、船舶所有人责任限制、船舶共有；物的设备主要是指船舶，以及集装箱、集装箱码头等集装箱运输的相关设备；人的设备包括船长、引航员、独立合同人。

（2）海上企业活动包括光船租赁合同、定期租船合同、航次租船合同三种租船合同，以及海上货物运输合同和海上旅客运输合同两种运输合同。

（3）海上危险包括共同海损、船舶碰撞、海难救助、海洋污染、残骸清除等法律制度。

（4）当事人保护手段分为船舶所有人的债权人的保护手段，以及船舶所有人的保护手段两个分支：船舶所有人的债权人的保护手段包括船舶留置权、船舶抵押权、船舶优先权等船舶担保物权，强制执行和保全，货物保险和责任保险等内容；船舶所有人的保护手段包括船舶保险和船东互助保险。①②

值得注意的是，韩国2007年修改后的《商法》第五编“海商”一定程度上也采取较为接近的体例，分为海上企业、运输和租船、海上危险三章；同时，《商法》第四编“保险”设有第二章“损害保险”第四节“海上保险”。（见图6）

（1）海上企业，分为船舶、船长、船舶共有、船舶所有权人的责任限制、船舶担保五节。

（2）运输和租船，分为班轮运输、海上旅客运输、航次租船、定期租船、光船租赁、运输证书六节。

（3）海上危险，分为共同海损、船舶碰撞、海难救助三节。

① 金仁顯（2020），海商法，法文社．

② 类似体系也可见于：崔鍾賢（2014），海商法詳論，博英社．

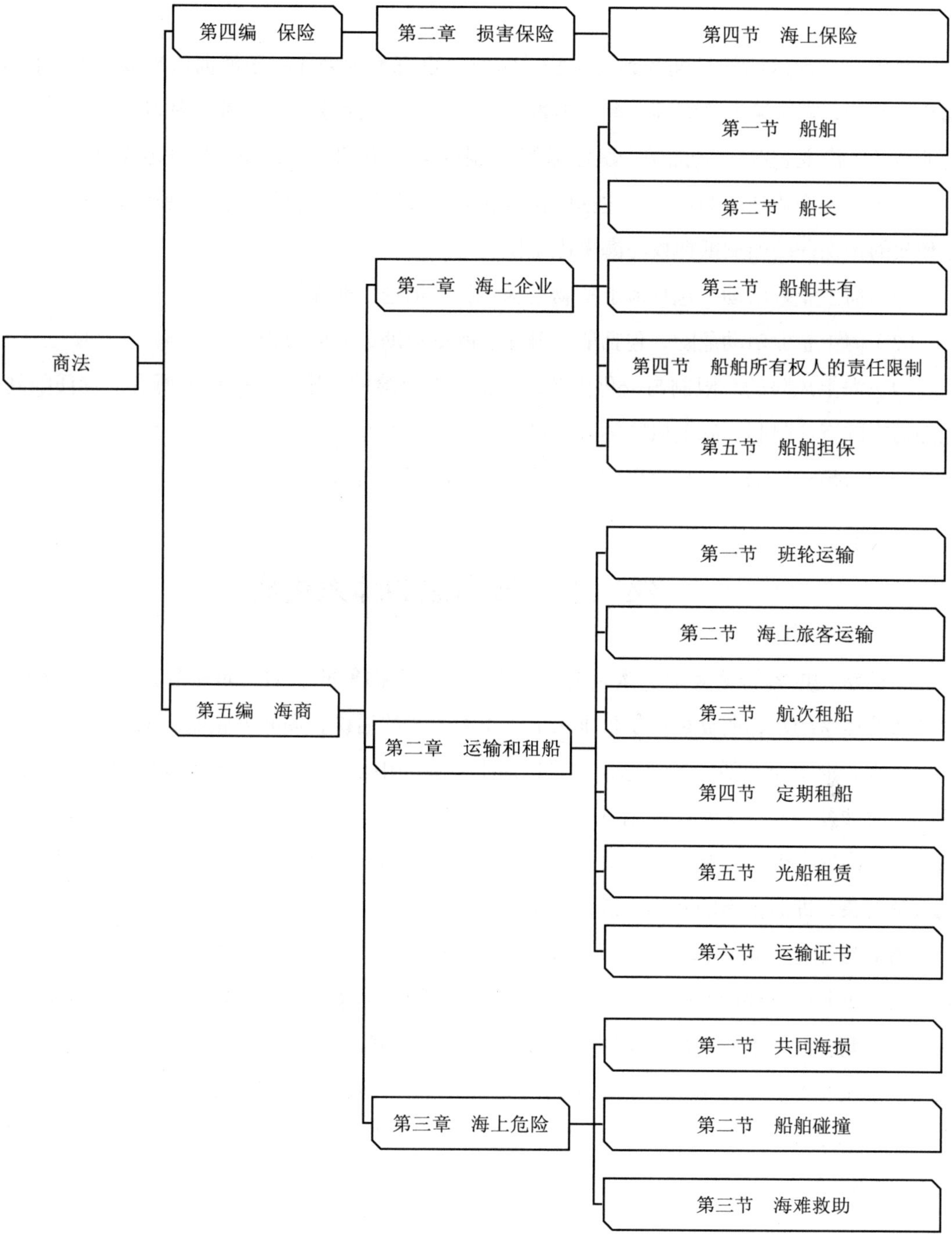

图6 韩国《商法》的海商法体系

3. 中国台湾地区

我国台湾地区同样长期受到日本法的影响，也有不少著作对于海商法采取类似的体系结构。例如，刘宗荣的《海商法》一书将海商法的主要内容分为海上企业活动的基础、海上企业活动、海上企业活动危险、海上风险的总限制与分化机制、海事程序法五个部分。

（1）海上企业活动的基础，包括船长与船员、海商法上的船舶与船舶使用权的取得、资金债权的担保——船舶抵押权与海事优先权。

（2）海上企业活动，包括海上货物运送、旅客运送、船舶拖带。

（3）海上企业活动危险，包括船舶碰撞、海难救助、共同海损。

（4）海上风险的总限制与分化机制，包括海上风险的总限制——船舶所有人责任限制、船舶污染的责任限制、海上风险的分化机制——海上保险。

（5）海事程序法，包括海事纠纷的管辖权、准据法与执行。[①]

第二节　海商法的体系构成

海商法的内容纷繁复杂，体系上进行完全周延而抽象的归纳实非易事。东亚法域关于海商法的体系构建，明显是基于日本法上关于海商法的通说，即海上企业法说而展开。海上企业组织、海上企业活动等概念，均是以海上企业为中心。现代海商法的内容不限于商法，而是同时涉及侵权损害赔偿等调整非商事关系的其他私法领域，海上企业法说无法全面涵盖海商法的内容。但是，东亚法域关于海商法各个分支的划分有其合理性，特别是符合海商法的调整对象，即海上运输及周边活动的不同环节。

海商法的体系应以海上运输为中心，具体分为五个分支：一是调整海上运输的运输工具和人员等基础条件的船舶船员法；二是直接调整海上运输的海上运输法；三是以海上事故为中心，调整海上事故的损害赔偿、应对事故采取的措施，以及损失分摊和责任限制的海事法；四是调整海上运输的风险分散机制的海上保险法；五是虽然无法构成独立的法律制度，但体现航运活动特殊性的海事纠纷解决特别规则，即海事诉讼时效和涉外海事关系法律适用。（见图 7）

① 参见刘宗荣：《海商法》（修订 4 版），台北，三民书局 2021 年版。

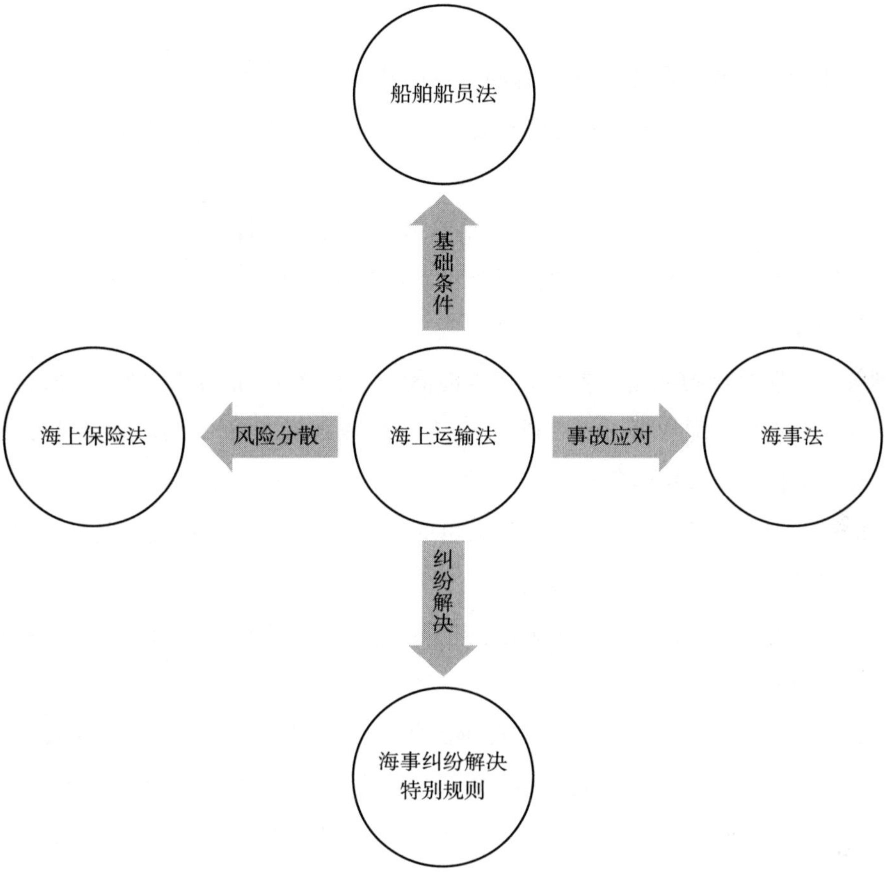

图 7 海商法的体系

一、船舶船员法

船舶船员法主要调整开展海上运输活动的基础条件形成的社会关系，具体分为船舶法和船员法两个部分。船舶法与船员法看似并无直接联系，但东亚法域的体系构建揭示了二者之间的关联，二者调整的社会关系均是为海上运输提供基础条件，即物的基础与人的基础。二者另一较为明显的共性，应是均横跨民法商法和行政法部门，船员法还涉及社会法部门。我国也常有著作将二者并列进行讨论。[①]

① 参见赵鹿军编著：《船舶船员法》，大连海事大学出版社 2017 年版；张丽：《船舶船员法研究》，吉林大学出版社 2009 年版。

（一）船舶法

船舶法主要规范作为海上运输的运输工具的船舶，东亚法域一般称为海上企业物的组织，或者海上企业物的设备，有时也将集装箱运输的相关设施和场所包括在内，主要是指集装箱和集装箱堆场。[①]

围绕船舶形成的社会关系由海商法调整的部分，主要是船舶物权，以及船舶建造合同等各类以船舶为中心形成的商事合同，而船舶登记等船舶管理的内容则由航运行政法调整。

1. 船舶物权

我国关于船舶物权的规定，主要见于《海商法》第二章“船舶”。物权是权利人依法对于特定的物享有直接支配和排他的权利，[②]而船舶物权则是以船舶为客体的物权，属于特别法物权。船舶物权主要包括四种类型：

一是船舶所有权，即船舶所有人对其船舶享有的占有、使用、收益、处分的权利。[③]

二是三种船舶担保物权，即担保物权人在债务人不履行到期债务或者发生当事人约定的实现担保物权的情形时，依法享有就用于担保的船舶优先受偿的权利，[④]包括船舶抵押权、船舶留置权、船舶优先权。

船舶抵押权是抵押权人对于抵押人提供的作为债务担保的船舶，在抵押人不履行债务时，可以通过依法拍卖等途径，从卖得的价款中优先受偿的权利；[⑤]船舶留置权是造船人、修船人在合同相对人未履行合同时，可以留置占有的船舶，以保证造船费用或修船费用获得清偿的权利；[⑥]船舶优先权是海事请求人依照法律规定，向船舶所有人、光船承租人、船舶经营人提出海事请求，对于产生该海事请求的船舶享有的优先受偿的权利。[⑦]

三种船舶担保物权各有其功能。船舶抵押权是为担保向船方提供贷款的银行等主体，能够顺利收回贷款；船舶留置权是为担保造船人、修船人能够获得造船费用、修船费用；船舶优先权是基于公共利益等考量，赋予特定债权相对优先的受偿顺位，提高获得受偿的可能性。

---

① 金仁顯（2020），海商法，法文社，128 면.

② 参见崔建远：《物权法》（第 5 版），中国人民大学出版社 2021 年版，第 16 页。

③ 参见《海商法》第 7 条规定：“船舶所有权，是指船舶所有人依法对其船舶享有占有、使用、收益和处分的权利。”

④ 参见《民法典》第 386 条规定：“担保物权人在债务人不履行到期债务或者发生当事人约定的实现担保物权的情形，依法享有就担保财产优先受偿的权利，但是法律另有规定的除外。”

⑤ 参见《海商法》第 11 条规定：“船舶抵押权，是指抵押权人对于抵押人提供的作为债务担保的船舶，在抵押人不履行债务时，可以依法拍卖，从卖得的价款中优先受偿的权利。”

⑥ 参见《海商法》第 25 条第 2 款第 1 句规定：“前款所称船舶留置权，是指造船人、修船人在合同另一方未履行合同时，可以留置所占有的船舶，以保证造船费用或者修船费用得以偿还的权利。”

⑦ 参见《海商法》第 21 条规定：“船舶优先权，是指海事请求人依照本法第二十二条的规定，向船舶所有人、光船承租人、船舶经营人提出海事请求，对产生该海事请求的船舶具有优先受偿的权利。”

2. 以船舶为中心的商事合同

以船舶为中心的商事合同，主要关注船舶贸易产生的合同关系。我国法律目前对于此类合同均无专门规定。船舶贸易通常包括订造新船、二手船买卖和处理废船三类主要业务。以船舶为中心的合同，应当包括船舶建造合同、船舶买卖合同、船舶融资租赁合同、船舶修理合同、船舶拆解合同等类型，即涵盖船舶作为海上运输工具由生至死的各个交易环节过程，其中最为常见的应属船舶建造合同、船舶买卖合同、船舶融资租赁合同。但是，此处以船舶为中心的商事合同，不包括租船合同，租船合同属于海上运输法的调整范围。

至于船舶修理合同、船舶拆解合同，目前理论研究对此关注较少。中国是全球最大的修船国，船舶修理产业是中国船舶产业的重要组成部分。2016 年至 2020 年间，仅上海海事法院审结的船舶修理合同纠纷已达 50 件。[①] 船舶修理合同、船舶拆解合同在法律上分别与船舶建造合同、船舶买卖合同具有较高的相似性。船舶建造合同和船舶修理合同均具有承揽合同的性质，前者涉及的分包、迟延交付船舶、建造标准等常见纠纷，同样时常见于后者。至于船舶拆解合同，国际上普遍认可的标准格式 Demolishcon 在交船准备通知、交船时间地点、交船文件、税费、当事人过错等内容方面，均与广泛使用的船舶买卖合同标准格式 Norwegian Sale Form 类似，一些拆船买卖合同甚至直接采用后者。

此外，另一与船舶时常发生关联的商事合同是船舶燃油供应合同。此类合同与航运活动和船舶营运具有密切联系，且在实践中也常引发争议，其中最为典型的当属 2014 年当时全球最大的船舶燃油供应商丹麦宝运石油（集团）公司（OW Bunker Group）破产，导致诸多通过 OW Bunker 作为中间商订购燃油的船东以及船舶承租人面临 OW Bunker 和实际燃油供应商的双重索赔风险，一时引发各界的广泛关注。而且，目前我国上海、舟山、海南等多地均在大力发展船舶燃油加注业务。此类合同应属国际贸易法或国际商法的调整范围。英国最高法院此前曾经判决 OW Bunker 案涉及的船舶燃油供应标准格式合同在性质上自成一体（*sui generis*），不能简单归入买卖合同。但是，传统意义上的买卖合同的诸多条款，例如涉及货物描述和货物质量的条款，仍可被类推适用于船舶燃油供应合同。

（二）船员法

船员法主要规范操纵海上运输工具的船员，东亚法域一般称为海上企业人的组织，或者海上企业人的设备。此时船员是作为海上企业的辅助者，比较法上有时还拓展至引航员。例如，日本学者中村真澄、箱井崇史认为，辅助船舶运营的人员可以分为两类：一是与航运

---

① 参见上海海事法院：《上海海事法院服务保障船舶产业发展审判情况通报》，上海海事法院 2021 年版，第 3 页。

活动主体之间存在雇佣合同关系的从属辅助人，二是基于承揽、委任等合同关系的独立辅助人，典型即为引航员。[①]

我国大陆关于船员的规定，主要见于《海商法》第三章“船员”、《船员条例》，以及交通运输部或原交通部制定的诸多部门规章，国际立法则有《2006年海事劳工公约》。随着社会法在现代的快速发展乃至独立，船员法的私法内容明显减少，多数内容分为船员管理和船员权益保障两个部分，分别属于行政法和社会法部门。最为典型的应是我国台湾地区“海商法”，原先设有第三章“船长”和第四章“船员”，但1999年修改时将其删除而另行制定“船员法”，作为“劳动基准法”之特别法，[②] 主要规定船员之资格、执业与培训，船员雇用，劳动条件与福利，船长，航行安全与海难处理，游艇与动力小船之驾驶及助手，以及罚则等内容。《船员法草案总说明》指出：

> 船员对……航业及国际贸易之发展影响甚钜，现行有关船员之资格、培训、训练、雇佣、指责、劳动条件、福利、抚恤、退休及管理之规定，散见于各项法令中，尚无统一之法典可循，而劳动基准法已……公布施行，有关船员之法令迄未配合修订，经考量船员工作之特性有单独立法之必要，爰以海商法第三章“船长”第四章“海员”之规定为经，行业法、劳动基准法等相关法例为维，并参酌英、日等国船员法及国际公约之成规，拟具“船员法”草案，期能保障船员权益，增进劳资和谐，促进航业发展。

作为海商法组成部分的船员法在现代，主要包括两个方面的内容：

一是船长的权利与义务，但仅限于船长在私法上的权利与义务。其中权利最为典型的应是船长的代理权，即船长代理船舶所有人的权限。例如，日本《商法》第708条规定：“除下列行为外，船长在船籍港外，享有代替船舶所有人履行航次所需包括诉权在内的一切权限：（一）就船舶设定抵押权；（二）借款。”[③] 船长的义务则较为多样，例如日本《商法》第714条规定船长负有向船舶所有人报告的义务：“船长应当及时向船舶所有人报告与航次相关的

① 参见［日］中村真澄、［日］箱井崇史：《日本海商法》，张秀娟、李刚、朴鑫译，法律出版社2015年版，第296-297页。

② 根据我国台湾地区“劳动基准法”第1条的规定，该法主要是为规定劳动条件最低标准，保障劳工权益，加强劳雇关系，促进社会与经济发展。

③ 张秀娟、李晓楠、梁赟译：《日本最新商法（有关运输/海商部分）和国际海上货物运输法》，载《中国海商法研究》2020年第1期，第62页。

重要事项。”[①] 但是，我国大陆《海商法》第三章“船员”第二节“船长”的规定，基本属于船长在公法上的职权与义务。

二是船员与雇主之间订立的合同。但是，我国大陆学理上一直存在劳动合同与劳务合同乃至雇佣合同的区分，一般主张劳动合同应由属于社会法的劳动法调整，而劳务合同、雇佣合同应由民法中的合同法调整，船员劳动合同与船员劳务合同的称谓也一直存在争议。因此，作为海商法组成部分的船员法，调整的船员与雇主之间的合同应当仅限于属于民事合同的类型。船员与雇主之间订立的合同性质，仍有待学理、司法实践乃至立法加以厘清。我国劳动法学者大多强调劳动合同与劳务合同存在诸多区别，例如王全兴认为：

> 由于劳务活动也属于劳动，接受劳务方应向提供劳务方支付报酬，因而，劳务合同与劳动合同相似，但二者有许多区别：（1）在劳务合同中，劳务提供方既可以是自然人，也可以是法人或其他组织，他（它）不是劳务接受方内成员，与劳务接受方无人格和组织上的从属关系；在劳动合同中，劳动者只能是自然人，他作为用人单位的劳动组织成员而与用人单位有人格和组织上的从属关系。（2）按照劳务合同的要求，劳务提供方应当向劳务接受方提供的，是劳务行为的物化或非物化成果；按照劳动合同的要求，劳动者只需为用人单位实施一定劳动行为即可。（3）依劳务合同，劳务提供方需利用自己的生产资料（有的不包括劳动对象）进行劳务活动，并自行组织劳务活动和自担其风险；依劳动合同，劳动者利用用人单位的生产资料，并在用人单位的组织和指挥下从事劳动，同时，由用人单位承担劳动过程的风险。（4）劳务合同中的劳务报酬与商品交换中的价款具有同样性质，其数额确定须遵循商品定价规则，即成本（费用）加合法利润，其支付方式为一次性支付或分期支付；劳动合同中的劳动报酬是生活消费品的一种分配形式，须遵循按劳分配原则，应由用人单位向劳动者进行持续和定期的支付。[②]

二、海上运输法

海上运输法是海商法的中心，[③] 直接调整海上运输形成的社会关系。海上运输法的内容

---

① 张秀娟、李晓楠、梁赟译：《日本最新商法（有关运输 / 海商部分）和国际海上货物运输法》，载《中国海商法研究》2020 年第 1 期，第 62 页。

② 王全兴：《劳动法》（第 3 版），法律出版社 2008 年版，第 126–127 页。

③ See Paul Todd, *Advanced Introduction to Maritime Law*, Edward Elgar Publishing Limited, 2021, p.60.

主要是合同规则，且以承运人的责任为中心，分为海上货物运输法和海上旅客运输法两个分支。此外，海上拖航合同法有时也被归入海上运输法的范围。

（一）海上货物运输法

海上货物运输法在我国理论和教学中，传统上分为班轮运输和租船运输两个部分，前者主要对应提单或其他海上运输单证及其证明的海上货物运输合同，后者则是对应租船合同。一般认为班轮运输主要用于货量相对较小的件杂货，而租船运输主要用于大宗散货和液体散货。海上货物运输法在英国法下通常分为提单和租船合同。[①] 例如，英国的权威著作有 *Scrutton on Charterparties and Bills of Lading*，[②] 以及 *Carver on Bills of Lading*[③] 和 *Carver on Charterparties*。[④] 中英两国对于海上货物运输法的划分方式，对应的法律制度内容基本一致。

我国大陆关于海上货物运输的规定，主要见于《海商法》第四章“海上货物运输合同”以及第六章“船舶租用合同”，国际立法则以《海牙规则》《维斯比规则》《汉堡规则》《鹿特丹规则》四部国际公约为主。租船合同领域由于高度贯彻意思自治原则，至今尚无国际公约。

1. 班轮运输

班轮运输订立的合同在我国《海商法》中称为海上货物运输合同，其他法域的立法例中有时也称为件杂货运输合同，主要对应提单证明的海上货物运输合同。此时海上货物运输合同是指承运人收取运费，负责将托运人托运的货物经海路由一港口或地点运至另一港口或地点的合同。[⑤]

提单在我国台湾地区称为“载货证券”，日本称为“船荷証券”，既是海上货物运输最为常用也最为重要的运输单证，同时也是国际货物买卖以及信用证结汇等支付方式的重要单证。根据提单的通行定义以及《海商法》第 71 条的规定，提单主要具有三项功能 ：一是海上货物运输合同的证明 ；二是承运人接收货物或将货物装船的证明 ；三是承运人保证据以交付货物的凭证。[⑥] 但是，目前海上货物运输使用的运输单证不仅限于提单，还包括海运单，

---

① See Paul Todd，*Advanced Introduction to Maritime Law*，Edward Elgar Publishing Limited，2021，p.60.

② See David Foxton，Howard Bennett，Steven Berry，Christopher Smith & David Walsh，*Scrutton on Charterparties and Bills of Lading*，Sweet & Maxwell，2019.

③ See Guenter H.Treitel and Francis M.B.Reynolds，*Carver on Bills of Lading*，Sweet & Maxwell，2017.

④ See Howard Bennett，Julia Dias，Stephen Girvin，Stephen Hofmeyr，Simon Kerr，Peter MacDonald Eggers & Richard Sarll，*Carver on Charterparties*，Sweet & Maxwell，2020.

⑤ 参见《海商法》第 41 条规定：“海上货物运输合同，是指承运人收取运费，负责将托运人托运的货物经海路由一港运至另一港的合同。”

⑥ 参见《海商法》第 71 条规定：“提单，是指用以证明海上货物运输合同和货物已经由承运人接收或者装船，以及承运人保证据以交付货物的单证。提单中载明的向记名人交付货物，或者按照指示人的指示交付货物，或者向提单持有人交付货物的条款，构成承运人据以交付货物的保证。”

而我国国内水路货物运输历来采用水路货物运单作为运输单证。

2. 租船运输

租船运输订立的合同称为租船合同，主要分为三种类型，即航次租船合同、定期租船合同、光船租赁合同。[①] 航次租船合同是出租人向承租人提供船舶的全部或者部分舱位，装运约定的货物，从装货港或者装货地点运至卸货港或者卸货地点，由承租人支付运费的合同，[②] 实践中也常称为程租合同；定期租船合同是出租人在约定期间内通过特定船舶向承租人提供货物运输服务，由承租人按照约定使用并支付租金的合同，[③] 实践中也常称为期租合同；光船租赁合同是出租人将船舶在约定期间内交由承租人占有、使用和营运，并由承租人支付租金的合同，[④] 实践中也常称为光租合同。

我国学理通说认为，航次租船合同的性质是运输合同，定期租船合同兼有运输合同和财产租赁合同的属性，而光船租赁合同的性质是财产租赁合同，即航次租船合同、定期租船合同、光船租赁合同的运输合同性质依次减弱，而财产租赁合同性质依次增强。据此一般认为定期租船合同与光船租赁合同更为接近。[⑤]

我国《海商法》第四章“海上货物运输合同”第七节为“航次租船合同的特别规定”，即将航次租船合同作为海上货物运输合同的特殊类型，而将定期租船合同和光船租赁合同另行规定于第六章“船舶租用合同”，[⑥] 也是基于此种观点。二十一世纪以来完成海商法修改的

---

① 我国《海商法》采取“光船租赁合同”而非“光船租船合同”的表述，主要是为避免合同名称中“船”字重复出现两次。

② 参见《海商法》第 92 条规定：“航次租船合同，是指船舶出租人向承租人提供船舶或者船舶的部分舱位，装运约定的货物，从一港运至另一港，由承租人支付约定运费的合同。”

③ 参见《海商法》第 129 条规定：“定期租船合同，是指船舶出租人向承租人提供约定的由出租人配备船员的船舶，由承租人在约定的期间内按照约定的用途使用，并支付租金的合同。”

④ 参见《海商法》第 144 条规定：“光船租赁合同，是指船舶出租人向承租人提供不配备船员的船舶，在约定的期间内由承租人占有、使用和营运，并向出租人支付租金的合同。”

⑤ 不同观点则认为，航次租船合同与定期租船合同的法律性质更为接近，二者均为运输合同，此种观点也是英国法的通说。例如，林源民认为：“航运实践中虽然有‘程租’‘期租’和‘光租’，但在这三种租船方式中，程租实质上并不是一种租赁，因为作为出租人的船东依然对船舶实施了占有和使用。期租和光租具有相似之处，不论是期租还是光租，租船人都是按照时间支付租金的，而不是运费。但期租的实质依然不是一种租赁，与其说期租与光租更为接近，倒不如说期租与程租更具有同质性。期租中的租船人既没有实际占有船舶，也没有实际控制船舶。虽然在期租期间，船东和船厂应当服从租船人的指示，但有权发出指示与实际占有或控制并不是一回事。在期租中，船东实际上并没有提供船舶，而是提供由船员和船舶完成的服务。因此可以将程租解释为船东按照租船人的指示将货物从特定的装港运至特定的卸港。光租是比较典型的租赁，虽然拥有船舶的是出租人，但实际占有并控制船舶的则是租船人。船东仅提供船舶，既不提供船员，也不负责船舶的经营、管理、维护等。究其实质，期租并不是一种租赁关系……”参见林源民：《船舶融资租赁辨析》，载上海海事大学海商法研究中心编，《海大法律评论 2016—2017》，上海浦江教育出版社 2018 年版，第 55-56 页。

⑥ 《海商法》第六章采用“船舶租用合同”而非“租船合同”作为章名，主要考虑是由于第六章未规定航次租船合同，无法与实践中通常理解的租船合同完全对应。

德国、日本、韩国等大陆法系法域，基本也采类似的立法体例，规定航次租船合同准用班轮运输合同或件杂货运输合同的多数规则。例如，韩国学者金仁显明确指出：航次租船合同的法律性质在韩国并无争议，应当认为是一种承揽合同而不是船舶的租赁合同，属于海上货物运输合同的具体类型。一般情况下航次租船合同的承租人是作为货主，而出租人作为承运人，承租人等同于班轮运输的托运人。①

关于三种租船合同的区别，林源民曾以出租车为例作出了颇为形象的分析和解说：

你在街上叫了一辆出租车，出租车公司或出租车驾驶员向你提供的不是出租车，而是一种通过出租车和驾驶员完成的从甲地至乙地的乘客运送服务。这类似于航次租船合同，简称“方式一”。

如果你向出租车公司租了一辆带驾驶员的出租车为期一个月，在该一个月内，出租车公司向你提供的依然是通过出租车和驾驶员完成的运送服务，而不是出租车。在一个月内，驾驶员会按照你的指示利用出租车去完成各种人员或物件的运送。这类似于定期租船合同，简称“方式二”。

只有你在约定的期间内向出租车公司租用不带驾驶员的出租车，出租车公司向你提供的才是出租车，而不再包括服务了。这便是我们的光船租船合同，简称“方式三”。

方式一和方式二属于同一类型，方式三则是另一类型。两者的区别是显而易见的。在采用方式一和方式二的情况下，你很难利用出租车去抢银行的，因为出租车公司和出租车驾驶员虽然会听从你的指示送人或送物件，但经营出租车业务的公司和上有老下有小的驾驶员恐怕不会与你一起冒险抢银行。只有在方式三的情况下，你只要说服了自己，就可以用出租车去抢银行了。这就是常说的“控制”的真实含义。

在租船方式上，我们都把航次租船合同视为一类，而把定期租船合同和光船租船合同视为一类，虽然是习惯，但显然是错的。认为承租人在期租中实际控制船舶的想法是善良的，同时也是幼稚的。正如你租了带驾驶员的出租车去抢银行就会发现力不从心。

（二）海上旅客运输法

海上旅客运输法主要调整旅客与承运人之间订立的海上旅客运输合同。海上旅客运输

---

① See In Hyeon Kim，*Transport Law in South Korea*，Kluwer Law International，2017，p.81–82.

合同是承运人以适合运送旅客的船舶经海路将旅客及其行李从起运地点运送至约定地点，由旅客支付票款的合同。[①]

我国关于海上旅客运输合同的规定，主要见于《海商法》第五章“海上旅客运输合同”，国际立法则有1974年和2002年《海上旅客及其行李运输雅典公约》以及1976年、1990年等议定书。无论国际或国内、理论或立法，海上运输法历来呈现重货而轻人的格局。海上旅客运输法虽以运输合同规则为主要内容，但传统上涉及按照合同收取票款、提供约定舱位、合理尽速完成运输等关注运输本身目的的法律规则极少，而是重点规定旅客人身及其行李的损害赔偿。目前传统的海上旅客运输在我国已日渐式微，取而代之的是基于邮轮旅游的海上旅客运输。

（三）海上拖航合同法

海上拖航合同是承拖方使用拖轮将被拖物经海路从一地拖至另一地，而由被拖方支付拖航费的合同。[②]我国大陆关于海上拖航合同的规定，主要见于《海商法》第七章“海上拖航合同”。

海上拖航合同是海商法的体系中争议最为突出的制度之一。海上拖航不仅用于拖带发生事故或失去航行能力的船舶，而也可能用于运输，故而不宜归入海事法。但是，海上拖航又只在部分特定情形下才被视为海上运输，更多时候是一种独立的合同类型，不同于海上货物运输合同。例如，胡正良认为：

> 海上货物运输合同的标的是运送货物，货物装于作为运输工具的船舶上。海上拖航中，拖航合同的标的物是被拖物，它并不装于拖船上，而是与拖船用拖缆或者其他特定装置连接。此外，海上货物运输中，承运人不但提供运力，而且负责货物的装船、搬移、积载、运输、照料、保管与卸船。海上拖航中，除合同另有约定外，承拖方只负责提供拖力，对被拖物及其上所载财产的接收、运送、照料、保管等环节不负责任。但如拖船所有人、经营人或者承租人拖带其自己所有、经营或者承租的驳船，并根据与货物所有人或其他关系人订立的合同，在驳船上载运货物所有人或其他关系人提供的货物，则拖轮所有人、经营人或承租人与驳船上所载货物的所有人或其他关系人之间是一种运输合同关系。对此，我国《海商法》第164条

---

① 参见《海商法》第107条规定：“海上旅客运输合同，是指承运人以适合运送旅客的船舶经海路将旅客及其行李从一港运送至另一港，由旅客支付票款的合同。”

② 参见《海商法》第155条第1款规定：“海上拖航合同，是指承拖方用拖轮将被拖物经海路从一地拖至另一地，而由被拖方支付拖航费的合同。”

规定，拖轮所有人拖带其所有的或者经营的驳船载运货物，经海路由一港运至另一港的，视为海上货物运输。在我国，这种合同称为拖驳运输合同。当拖船与被拖的驳船属不同的人所有、经营或承租时，拖船所有人、经营人或承租人与驳船所有人或者经营人之间属于拖航合同关系，而驳船所有人、经营人或承租人与第三者驳船所载货物的所有人或其他关系人之间属于运输合同关系。①

国外则有学者认为海上拖航与海上运输之间存在颇为密切的联系。例如，加拿大学者 William Tetley 在 *International Maritime and Admiralty Law* 一书中主张拖航是理解海商法各类运输合同的一把钥匙：

> 无论在普通法系还是民法法系中，拖航都是运输的第三种基本方式。②
>
> 读者可能会感到奇怪，为什么我要将“拖航”视为了解海商法中各种运输合同的一把钥匙。这些合同包括：（1）提单、运单等名下的货物运输；（2）租船合同，即光船租船合同、过户租船合同、定期租船合同、航次租船合同和诸如租补合同之类的其他各种各样的转租租船合同等；（3）旅客运输。拖航的确是打开这把锁的钥匙，因为它是解读、理解诸如委托合同、租赁合同以及服务合同等各种合同的一件非常有用的工具。③

海上拖航合同法律制度的内容体量较小，难以作为海商法的独立分支，学理上仍常将其作为海上运输法的组成部分。例如，郭瑜《海商法教程》一书的第二编是“海上运输与拖航”。④ 基于体系化的需要而将海上拖航合同归入海上运输法，仍有一定的合理性：

首先，海上拖航合同确实在部分情况下被视为海上货物运输合同。例如，《海商法》第 164 条规定：“拖轮所有人拖带其所有的或者经营的驳船载运货物，经海路由一港运至另一港的，视为海上货物运输。”此种情形称为拖驳运输合同。

其次，海上拖航合同当事人的权利和义务与海上货物运输合同具有相似性，最为典型的应是当事人的适拖义务。《海商法》第 47 条规定了海上货物运输合同承运人的适航义务，⑤

① 司玉琢主编：《海商法》（第 4 版），法律出版社 2018 年版，第 223 页。
② ［加］威廉·台特雷：《国际海商法》，张永坚等译，法律出版社 2005 年版，第 40 页。
③ ［加］威廉·台特雷：《国际海商法》，张永坚等译，法律出版社 2005 年版，第 148 页。
④ 参见郭瑜：《海商法教程》（第 2 版），北京大学出版社 2012 年版。
⑤ 参见《海商法》第 47 条规定：“承运人在船舶开航前和开航当时，应当谨慎处理，使船舶处于适航状态，妥善配备船员、装备船舶和配备供应品，并使货舱、冷藏舱、冷气舱和其他载货处所适于并能安全收受、载运和保管货物。”

而第 157 条分别规定了海上拖航合同双方当事人的适拖义务，二者之间的内涵较为接近：

> 承拖方在起拖前和起拖当时，应当谨慎处理，使拖轮处于适航、适拖状态，妥善配备船员，配置拖航索具和配备供应品以及该航次必备的其他装置、设备。
>
> 被拖方在起拖前和起拖当时，应当做好被拖物的拖航准备，谨慎处理，使被拖物处于适拖状态，并向承拖方如实说明被拖物的情况，提供有关检验机构签发的被拖物适合拖航的证书和有关文件。

最后，比较法上也有将海上拖航合同归入海上运输的立法例。例如，我国台湾地区“海商法”第三章“运送”即分为“货物运送”“旅客运送”“船舶拖带”三节。[①]

三、海事法

海事法是以海上运输发生的事故为中心，调整海上事故的损害赔偿、应对事故采取的措施，以及损失分摊和责任限制形成的社会关系。海上事故的典型类型是船舶碰撞和船舶污染海洋环境；应对事故采取的措施主要是指海难救助和残骸打捞清除，学理上也常合称为海上救捞；[②] 损失分摊和责任限制分别是指共同海损和海事赔偿责任限制。（见图 8）

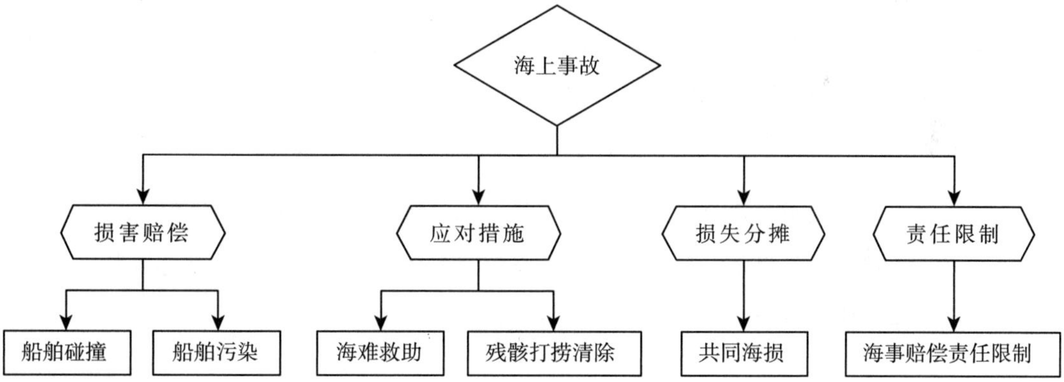

图 8 海事法的体系结构

---

① 但台湾地区学者对此多有批评。例如，张新平认为：“船舶拖带之性质，理论上可分为承揽、雇佣、运送三种契约关系及无因管理。无因管理殊为少见；就运送而言，除往昔少数内河有以动力船舶拖带无动力船舶以运送货物，属运送契约外，若仅以拖船协助他船出入港湾或加强被拖船动力以助其航行者，实难谓有运送关系。实务上，船舶拖带仍以承揽、雇佣者为习见，故英美法例均以承揽、雇佣关系处理船舶拖带之法律问题。本法将船舶拖带与货物运送、旅客运送并列如第三章‘运送’章，显系仅就罕见之运送性质的船舶拖带为规定，而置习见之承揽及雇佣性质之船舶拖带于不顾，有欠允当。”参见张新平：《海商法》（增订第 5 版），台北，五南图书出版股份有限公司 2016 年版，第 305–306 页。

② 例如，王欣、吴煦编著：《海上救捞实务与法律》，大连海事大学出版社 2017 年版。

此外值得说明的是海上人身损害赔偿。我国《海商法》修改的理论研究，一度提出增设专门的海上人身损害赔偿制度。例如，大连海事大学 2002 年完成的《〈中华人民共和国海商法〉修改建议稿》即增设了“海上人身伤亡损害赔偿”一章。① 但是，目前海上人身损害赔偿的特殊性已经明显减弱，主要表现为最高人民法院 1991 年通过的《关于审理涉外海上人身伤亡案件损害赔偿的具体规定（试行）》已于 2013 年被废止，② 目前实践中海上人身损害赔偿与一般人身损害赔偿同样适用《最高人民法院关于审理人身损害赔偿案件适用法律若干问题的解释》。而且，学理上提出的海上人身损害赔偿的特殊性，包括事故发生的地点特殊、事故发生的时间特殊、损害赔偿请求的法定担保性、损害赔偿顺位的优先性、损害赔偿请求权属于限制性海事请求，③ 前二者对于法律制度本身并无明显影响，后三者则分别属于船舶优先权、海事赔偿责任限制法律制度的内容，实则皆非海上人身损害赔偿在法律上的特殊性。

（一）船舶碰撞

船舶碰撞是船舶在海上或者与海相通的可航水域发生接触造成损害的事故。④ 我国关于船舶碰撞的规定，主要见于《海商法》第八章“船舶碰撞”，国际立法则以《1910 年统一船舶碰撞若干法律规定的国际公约》最为典型。

船舶碰撞法的主要内容是损害赔偿法律规则，属于民法中侵权责任法的特别法，制度的核心内容是船舶碰撞的归责原则，以及损害赔偿的原则与范围。

船舶碰撞法中另有间接碰撞的概念，例如杨召南在《海事法教程》一书中认为：

> 有时船舶之间虽然没有直接的实际碰撞，但因船舶的某一项操纵的作为或不作为，或因不遵守航行规章，致使另一船或任何一方船上的货物、人身遭受损害，这种情况称之为间接碰撞。⑤

---

① 参见司玉琢、胡正良主编：《〈中华人民共和国海商法〉修改建议稿条文、参考立法例、说明》，大连海事大学出版社 2003 年版，第 479 页。

② 参见《最高人民法院关于废止 1980 年 1 月 1 日至 1997 年 6 月 30 日期间发布的部分司法解释和司法解释性质文件（第九批）的决定》，其中列出的废止理由认为：“已被海商法和《最高人民法院关于审理人身损害赔偿案件适用法律若干问题的解释》代替”。

③ 参见胡正良主编：《海事法》（第 3 版），北京大学出版社 2016 年版，第 539-541 页。

④ 参见《海商法》第 165 条第 1 款规定：“船舶碰撞，是指船舶在海上或者与海相通的可航水域发生接触造成损害的事故。”

⑤ 杨召南编著：《海事法教程》，大连海运学院出版社 1992 年版，第 5 页。

间接碰撞最为典型的情形应属浪损，即船舶在狭水道航行时，因航速不当而掀起浪涌致使他船沉没、搁浅或与其他船舶发生碰撞而遭受损失的事故。此外，间接碰撞还包括一些常见情形，例如一船航行疏忽，导致其他船舶之间发生碰撞，但疏忽航行的船舶本身并未与他船发生碰撞，或者导致他船为避免与其碰撞而被迫搁浅。

间接碰撞本身不是船舶碰撞，因为此时船舶之间未发生实际接触，而船舶碰撞的构成要件要求船舶之间发生接触。但是，法律规定间接碰撞准用船舶碰撞法的规定，例如《海商法》第 170 条规定：

> 船舶因操纵不当或者不遵守航行规章，虽然实际上没有同其他船舶发生碰撞，但是使其他船舶以及船上的人员、货物或者其他财产遭受损失的，适用本章的规定。

（二）船舶污染

船舶开展海上运输或作业，可能由于碰撞、触礁、搁浅、火灾、爆炸等情形而发生事故，造成海洋环境的污染。[①] 船舶也是海洋环境的主要污染源之一。海事法调整的船舶污染，表现为事后的损害赔偿，同样属于民法中侵权责任法的特别法，而事前的防止船舶造成海洋污染由航运行政法调整。

船舶污染损害赔偿主要关注三种船舶造成海洋环境污染的情形，即为船舶提供动力的燃料油、船舶载运的货物油以及有毒有害物质造成污染，比较法上有时将核动力船舶以及船舶运输核物质造成的污染也纳入其中。[②][③] 船舶污染损害赔偿还涉及强制责任保险、财务保证以及直接诉讼等具体制度。

我国《海商法》目前未规定船舶污染的损害赔偿，直接导致我国的船舶污染损害赔偿法律制度至今仍然很不健全，仅有部分零星规定散见于《海洋环境保护法》《最高人民法院关于审理船舶油污损害赔偿纠纷案件若干问题的规定》等规范性法律文件；国际立法主要包括《国际油污损害民事责任公约》《国际燃油污染损害民事责任公约》《国际海上运输有毒有害物质损害责任和赔偿公约》以及《设立国际油污损害赔偿基金的国际公约》。

---

① 参见胡正良主编：《海事法》（第 3 版），北京大学出版社 2016 年版，第 380 页。

② 参见黄裕凯：《2001 年燃油污染损害责任即赔偿国际公约》，2015 年自版发行，第 11–13 页。

③ 国际立法中也有《1962 年核动力船舶经营人责任公约》和《1971 年海上核材料运输民事责任公约》两部国际公约，其中后者已经生效。

立法资料

《海商法》修改关于船舶污染损害赔偿的立法进展

如何创设船舶污染损害赔偿法律制度，应是《海商法》修改最为主要的争议焦点之一。目前关于增加规定船舶污染损害赔偿已经达成共识，争议主要在于是否应当包括船舶运输有毒有害物质造成的污染，还是仅限于船舶油污即船舶燃料油和运输货物油造成的污染。此种争议很大程度上也是由于《国际油污损害民事责任公约》和《国际燃油污染损害民事责任公约》均是已经生效且获得国际社会广泛认可的国际公约，而《国际海上运输有毒有害物质损害责任和赔偿公约》至今仍未生效。

2018 年 3 月《海商法（修订征求意见稿）》增设了“船舶污染损害赔偿”一章，分为一般规定、船舶油类污染损害赔偿、船舶燃油污染损害赔偿、船舶运输有毒有害物质污染损害赔偿、船舶油污损害赔偿基金五节。

2018 年 11 月《海商法（修订征求意见稿）》的章名修改为“船舶污染损害赔偿责任”，分为一般规定、船舶油类污染损害赔偿责任、船舶燃油污染损害赔偿责任、船舶运输有毒有害物质污染损害赔偿责任四节。

2020 年 5 月《海商法（修改送审稿）》的章名修改为“船舶油污损害责任”，分为一般规定、船舶油类污染损害责任、船舶燃油污染损害责任、船舶油污损害赔偿基金四节，即不再涵盖船舶运输有毒有害物质造成的污染。

（三）海难救助

海难救助是救助方对于在海上或与海相通的可航水域遭遇危险的船舶、货物以及其他财产自愿进行的救助行为。[①] 我国关于海难救助的规定，主要见于《海商法》第九章“海难救助”；国际立法则有《1910 年统一海难援助和救助若干法律规定的公约》和《1989 年国际救助公约》。

海难救助法主要关注救助方与被救助方之间订立的海难救助合同，以及由此产生的救助报酬。《1989 年国际救助公约》在此基础上创设了关于环境救助的特别补偿制度，被认为是海难救助法现代化的重要标志。

---

① 参见胡正良主编：《海事法》（第 3 版），北京大学出版社 2016 年版，第 103 页。

（四）残骸打捞清除

残骸打捞清除是指为了获得残骸的残值，或者防止、减轻对于航行安全、航道整治、海洋环境保护构成的威胁，而对船舶残骸实施的扫测、探摸、移位、解体、清除等各类处置行为。①

残骸打捞清除至少在我国是一项新兴法律制度，传统海事法较少涉及。作为海事法组成部分的残骸打捞清除法律制度，应当仅限于其中的私法部分，主要围绕残骸所有人和打捞人基于商业性打捞合同形成的权利和义务展开。关于海难救助与残骸打捞清除的区分，王欣、吴煦在《海上救捞法律与实务》一书中认为：

> 就法律适用而言，打捞清除与海难救助存在明显区别。原则上，对于海上财产实施扫测、探摸、起浮、移位、解体、清除等及其他相关作业等各种处置措施时，如果满足构成海难救助的要件，应当首先适用有关救助的法律制度，对于不满足海难救助要件的措施，再考虑可否适用打捞清除法律处理。在实务操作中，多数情况下遇险船舶能够通过救助作业重获安全，修理后重新投入使用。但如果预计的救助加上修理的成本巨大以至于超过船价，船东可能宣告船舶全损。此种情况下不得不进行的作业将属于强制性打捞清除的范畴，费用可能由船舶保险人最终承担。换言之，如果措施有效果且满足自愿原则，应当作为海难救助法律关系，否则可以作为打捞清除法律关系。②

残骸打捞清除在国际上也是一项新兴的海事法律制度，国际立法主要是《2007年内罗毕国际残骸清除公约》。我国尚无关于残骸打捞清除的专门立法，但学者对此早有关注。例如，我国海商法泰斗魏文翰早在1933年的《海运法》一书中便提出："江海关对于起除沉船之职权，似有研究之必要。"③

（五）共同海损

共同海损是指在同一海上航程之中，当船舶、货物和其他财产遭遇共同危险时，为了维护共同安全，有意而合理地采取措施而直接造成的特殊牺牲、支付的额外费用，以及在共同危险解除之后为了安全地完成航程而支付的必要且合理的费用，由各受益方按照受益财产

① 参见胡正良主编：《海事法》（第3版），北京大学出版社2016年版，第188页。
② 王欣、吴煦编著：《海上救捞实务与法律》，大连海事大学出版社2017年版，第22-23页。
③ 魏文翰编译：《海运法》，青光书局1933年版，第243页。

的比例予以分摊的法律制度。[①②]

国际上关于共同海损虽无具有强制性约束力的国际公约，但各个版本的《约克—安特卫普规则》作为国际惯例具有普遍的影响力；我国关于共同海损的规定，主要见于《海商法》第十章“共同海损”。此外，我国亦有自行制定的共同海损理算规则，即2022年9月1日施行的《中国国际贸易促进委员会共同海损理算规则》，其前身为1975年1月1日施行的《中国国际贸易促进委员会共同海损理算暂行规则》，通常简称为“北京理算规则”。

（六）海事赔偿责任限制

海事赔偿责任限制是赋予船舶所有人等特定主体将其对于一次海损事故引起的特定海事请求承担的赔偿责任，限定在一定数额之内的法律制度。[③] 海事赔偿责任限制是侵权责任法中损害赔偿制度的特别法。

海事赔偿责任限制法的主要内容包括海事赔偿责任限制制度适用的船舶和权利主体、限制性海事请求与非限制性海事请求、海事赔偿责任限制权利的丧失、海事赔偿责任限额、海事赔偿责任限制基金。

我国关于海事赔偿责任限制的规定，主要见于《海商法》第十一章“海事赔偿责任限制”，国际立法则有《1924年统一海船所有人责任限制若干法律规则的国际公约》《1957年海船所有人责任限制国际公约》《1976年海事赔偿责任限制公约》等多个国际公约。

四、海上保险法

海上保险法主要规范海上运输的风险分散机制，调整基于海上保险合同形成的社会关系，重点关注船舶保险和海上货物运输保险两类险种。船舶保险是以船舶、船舶属具和水上装置及其碰撞造成的赔偿责任为保险标的的运输工具保险，[④]海上货物运输保险是以通过海上及与其运程相关的运输方式运输的货物为保险标的的货物运输保险。[⑤] 此外，海上保险法还涉及运费保险，以及保赔协会作为保险人的保赔保险等险种。此处较为特殊的应是保赔保险，郑睿在《海上保险：法律与实务》一书中对于保赔保险的概念和特征曾有较为详

---

① 参见蒋跃川：《共同海损》，法律出版社2009年版，第1页。

② 参见《海商法》第193条第1款规定：“共同海损，是指在同一海上航程中，船舶、货物和其他财产遭遇共同危险，为了共同安全，有意地合理地采取措施所直接造成的特殊牺牲、支付的特殊费用。”

③ 参见胡正良主编：《海事法》（第3版），北京大学出版社2016年版，第596页。

④ 参见中华人民共和国国家标准《保险术语》（GB/T 36687—2018）第3.2.3条。

⑤ 参见中华人民共和国国家标准《保险术语》（GB/T 36687—2018）第3.3.2条。

细的介绍：

> 保赔保险（Protection & Indemnity Insurance，P&I Insurance）合同的保险人一般是保赔协会（P&I Club）。保赔协会可以是公司结构，有公司章程，有董事会和处理日常工作的经理机构，但它与商业保险公司的不同在于，它的经营目标并不是盈利。保赔协会采取会员制度，主要承保作为会员的船舶所有人、经营人、管理人或者承租人等在海上营运活动所面临的风险，旨在保障会员利益、补偿会员经济损失。保赔协会提供的保险形式是会员互助保险（mutual insurance）。这就意味着，一个保赔协会的会员既是保险人，又是被保险人；既是协会资本的所有人，又是协会的客户。他们不但要同意与其他会员分摊风险，而且要同意分摊一部分为协会的任何会员可能面临的来自第三者的索赔而准备的资金。保赔保险是保赔协会最主要的业务范围，除此之外，还有船舶保险和其他一些附加保险，如战争险、罢工险、抗辩险等。
>
> ……
>
> 保赔保险有四大特征：第一，保赔保险的承保范围一直以来都是随着船舶营运对于责任保险的需要而不断发展。所以，通常只有会员在营运船舶过程中产生的相关责任并因此而遭受的损失以及保赔协会的章程里明确承保的损失，才属于保赔保险的承保范围。第二，会员产生的责任和相关损失必须和保险船舶有关，与保险船舶没有联系的损失在保赔保险的赔偿范围之外。第三，理论上，保赔保险的承保数额是无限的，但是，会员也必须尽可能地援引相关国际公约和国内法律赋予他的权利来主张责任限制。第四，保赔保险本质上是损失补偿性保险，所以，只有当会员赔偿第三者后，保赔协会才有义务赔偿会员。[①]

海上保险法也非涵盖航运活动涉及的全部险种，例如海上旅客运输、船舶污染损害赔偿、残骸清除的强制责任保险属于对应法律制度的组成部分，不由海上保险法调整；再如，部分观点提出《海商法》应当增加规定船员人身保险：

> 《海商法》只有财产险和责任险两个险种，忽略了海上人身保险，使得中国船员处于没有人身保障的劳动空间，给中国社会的不稳定性增加了砝码。例如，船员因工死亡后，保赔协会的赔偿款，80% 以上被船公司老板截留，装入私人的腰包。

---

① 郑睿：《海上保险：法律与实务》，上海浦江教育出版社 2021 年版，第 38–39 页。

有少数船员家属虽然能够获得保赔协会或者保险公司的赔偿款，但是却被船东以处理死亡案件为由，消费掉很大比例的保险赔偿款。[①]

但是，船员人身保险较之其他职业、工种的人身保险并无明显的特殊性，《保险法》关于人身保险的规定已经可以满足船员人身保险的需要，实践中暴露的问题绝大多数均非需要在立法层面解决的法律问题。而且，现代海上保险法是基于财产保险构建，纳入船员人身保险的内容将会影响海上保险法的诸多基本原则，既无必要也不现实。

我国关于海上保险的规定，主要见于《海商法》第十二章“海上保险合同”；国际上尚无关于海上保险的国际公约，但英国《1906 年海上保险法》作为英国的国内立法，同样具有广泛的国际影响力。

五、海事纠纷解决特别规则

海事纠纷解决的特别规则，主要是指海事诉讼时效和涉外海事关系的法律适用。[②] 前者是对海事请求权的时间限制，属于民法中诉讼时效制度的特别规则；后者用以确定涉外海事关系发生法律冲突时应当适用的准据法，属于国际私法即冲突法的特别规则。

此处海事纠纷解决的特别规则，虽然名为纠纷解决，但不涉及程序法内容。首先，诉讼时效属于实体制度。诉讼时效的计算和届满，导致实体权利义务关系的变动，但不影响当事人享有和行使程序法上的权利。虽然义务人行使诉讼时效抗辩权将会导致权利人失去法律强制力保护，但权利人仍可向法院提起诉讼，并由法院对于诉讼时效事项作出实体审理。[③] 至于涉外关系的法律适用，虽然国际私法通说认为冲突法与实体法、程序法均有区别，但毕竟与实体法关联更为密切。冲突法的调整对象是涉外民事关系，[④] 属于民法调整对象的组成部分，但采用了不同于民法的间接调整方法，即未直接规定当事人的权利与义务，而是规定

① 王沐昕：《我对修改〈海商法〉的意见和建议》，载 https：//mp.weixin.qq.com/s/uvbuW9R2RBJDVxAhn21yTA，最后访问日期：2022 年 8 月 31 日。

② 此处海事纠纷、海事诉讼时效、涉外海事关系法律适用之“海事”，均取其中义，而不限于海上事故，主要是考虑到我国学理上已经形成了海事纠纷、海事诉讼时效、海事国际私法、海事冲突法等习称。

③ 参见杨巍：《中国民法典评注·规范集注（第 1 辑）：诉讼时效·期间计算》，中国民主法制出版社 2022 年版，第 2 页。

④ 我国学理通说认为，国际私法或谓冲突法是以间接的方法调整涉外民事关系，但也有不同观点存在。例如，沈涓主张“认为国际私法的调整对象是国际或涉外民商事法律关系是国际私法学中的最大误解”。详见沈涓：《国际私法调整对象及相关问题再探讨》，载《环球法律评论》2022 年第 5 期。

涉外民事关系应受何种法律调整或支配；[①] 与此截然不同的是，民事诉讼法等程序法则是调整纠纷解决活动形成的社会关系。比较法上也不乏在民法典或其施行法中规定冲突规范的立法例，例如法国《民法》、德国《民法施行法》，我国不仅此前《民法通则》第八章为“涉外民事关系的法律适用”，2002 年《民法（草案）》亦有第九编“涉外民事关系的法律适用法”。而且，我国学理上已经形成了将海事国际私法作为海商法组成部分的研究传统；即使是民法学界也有观点将冲突法作为民法适用制度的组成部分。[②]

海事诉讼时效与涉外海事关系的法律适用，无法构成独立的法律制度，而只是在既有的诉讼时效和涉外关系法律适用制度的基础上设置少数局部的特别规则。前者主要表现为海事诉讼时效期间和起算点，后者主要表现为海事冲突规范，此外基本遵循诉讼时效和涉外民事关系法律适用的一般规则，例如时效的中止与中断，以及识别、反致、公共秩序保留等。此种特征在比较法上尤为明显。其他法域海事诉讼时效的立法模式，少见设置独立章节的立法例，而是将时效规定在对应的请求权所在的章节。例如，日本《商法》第 789 条是关于船舶碰撞时效的规定，规定于第四章“船舶碰撞”。少数不同的立法例可见德国《商法》第五编“海商”第六章“消灭时效”。至于涉外海事关系的法律适用，比较法上作出专门规定的立法例本就少见，更不必说设置独立章节进行规定。

我国关于海事诉讼时效的规定，主要见于《海商法》第十三章“时效”，此外即应适用《民法典》总则编第九章“诉讼时效”的一般规定；关于涉外海事关系法律适用的规定，主要见于《海商法》第十四章“涉外关系的法律适用”，此外即应适用《涉外民事关系法律适用法》的一般规定。国际上对此尚无专门的国际公约。

理论探讨

海事国际私法的独立性?

海事国际私法是我国大陆学理上经常使用的概念，不仅专门著作时有问世，两所海事大学也均开设了对应的课程。但是，海事国际私法是否构成独立的法律制度，颇为值得讨论。

---

① 参见韩德培主编：《国际私法》（第 3 版），高等教育出版社，北京大学出版社 2014 年版，第 4 页。

② 以马俊驹、余延满的《民法原论》一书为例，其中第七编“民法的适用”的第三章即为“涉外民事关系的法律适用”。参见马俊驹、余延满：《民法原论》（第 4 版），法律出版社 2010 年版。

“海事国际私法”作为专业术语，应是导源于日本，较早见于日本学者山户嘉一1943年出版的《海事国际私法论》一书。[①] 至于海事国际私法在我国大陆的研究与教学，主要是由原上海海运学院张既义教授以其个人的日语优势引入，较早出版的著作为1980年侯军主编的《当代海事国际私法》。[②] 我国台湾地区受此影响亦有类似著作问世，例如赖来焜的《海事国际私法学》。[③]

我国大陆学者较少论及海事国际私法的特殊性，即使有限的讨论也大多难以成立。例如，王国华指出海事国际私法具有不同于国际私法的特性，包括海事国际私法的调整对象是涉外海事法律关系，海事国际私法的规范较为全面、完整，船旗国法在海事国际私法中占有重要地位，以及海事国际私法具有较强的统一化趋势。[④] 我国台湾地区学者赖来焜也曾专门讨论了“海事国际私法之独自性”：

> 海事国际私法应具有独自性，就实质论据言：（一）国际海商法律关系为规范之海事国际私法对国际民法乃至于国际商法为特殊规定，法律依据有特殊性，充足的实质理由有必要作为独立部门研究之必要；（二）海事国际私法蕴藏支配海商法上法律关系之特殊原理与独特之法律制度，且有非常复杂混淆交错之国际要素，航行地点在公海上时如何适用准据法，船舶之特性与动产、不动产有不同之性格，依船籍国揭示何国家财产等等海商事实有独特性质，应为海事国际私法独自性之依据；（三）海事国际私法在实际适用上亦逐渐形成一部独立学门，且实务上海事法院独立于一般法院，海事仲裁机构亦独立于一般商事仲裁机构与普通仲裁机构之外。故海事国际私法应具有独立性与自主性。[⑤]

上述理由总体而言均显牵强。例如，国际私法本以涉外民事关系为调整对象，此处涉外民事关系涵盖物权、债权、婚姻家庭、继承、票据、知识产权等各种类型，自然也包括涉外海事关系。如果调整涉外海事关系即属特殊，国际私法的各个分支均应具有特殊性或谓独立性，国际私法本身又如何能在整体上作为独立的法律部门而存在？

---

① 山戸嘉一『海事国際私法論』（有斐閣，1943年）参照。

② 参见侯军主编：《当代海事国际私法》，上海科学技术文献出版社1990年版。

③ 参见赖来焜：《海事国际私法学（上）：以〈海商法〉与〈国际私法〉交会为中心》，台北，神州图书出版有限公司2002年版。

④ 参见王国华：《海事国际私法研究》，法律出版社1999年版，第6–7页。

⑤ 赖来焜：《海事国际私法学（上）：以〈海商法〉与〈国际私法〉交会为中心》，台北，神州图书出版有限公司2002年版，第44–45页。

二十一世纪以来，海事国际私法的理论研究和立法实践在比较法上几乎均处于停滞状态。目前德国、日本、韩国的商法典海商编均未涉及涉外海事关系的法律适用；即使是一般国际私法立法，德国《民事施行法》、日本《关于法律适用的通则法》也少有海事冲突规范，仅有的例外是德国《民事施行法》第45条规定了运输工具的法律适用，其中规定水上运输工具即船舶的权利的准据法应为船旗国法；[①]韩国《国际私法》也仅在第94条至第96条简要规定了部分涉外海事关系的准据法。因此，海事国际私法在比较法上也较少转化为立法规定，我国《海商法》第十四章"涉外关系的法律适用"应是颇为罕见的个例。

即使在较早提出海事国际私法概念的日本，学者神前祯曾撰《海事国际私法的"独特性"》一文，其中较为明确地指出海事国际私法实质上只是众多个别问题的集合，分析海事国际私法时应当逐一考虑和审查各个法律问题。同时文中提出的海事国际私法的独特性，包括单位法律关系即共同海损、海难救助等范围的特殊性，连结点位于公海的可能性，以及应当避免通过机械适用法律规定得出结论，其实意在说明涉外海事关系准据法的确定，适用日本当时的国际私法立法即《法例》可能产生的问题，[②]而无意塑造海事国际私法之于国际私法的独立性。

至于英国普通法下，海商合同和海事侵权的法律冲突解决亦无特别之处，均适用合同和侵权法律冲突的一般规则；《罗马条例Ⅰ》和《罗马条例Ⅱ》生效后，两部条例的相应条文在海商海事案件中也均有适用。[③]

海事冲突规范对于确定涉外海事关系的准据法固然重要。但是，海事国际私法事实上主要关注解决涉外海事关系引发的法律冲突的冲突规范，虽有船旗国法作为相对特殊的系属公式，但本质上与其他众多的冲突规范并无二致，仍然需要适用识别、反致、先决问题、法律规避、公共秩序保留、外国法查明等国际私法上的一般制度。将海事国际私法作为一个专门领域开展理论研究自无不可，但仍应清醒地认识到海事国际私法并非独立的法律制度。

---

① 参见德国《民事施行法》第45条第1款规定："对空中、水上和轨道交通运输工具的权利适用来源国法律，即：（1）对于飞行器为国籍国；（2）对于水上交通工具为注册登记国，否则为船籍港或船籍所在地国；（3）对于轨道交通工具为入境许可国。"

② 神前禎「海事国際私法の『独自性』」国際私法年報第2号（2000年）152頁以下参照。

③ See David McClean & Kisch Beevers, *Morris: The Conflict of Laws*, Sweet & Maxwell, 2009, Charters 13 and 14.

理论探讨

海商法教育的课程体系

目前我国开设以海商法为特色的法学本科专业的高等院校，主要是大连海事大学、上海海事大学、集美大学和广州航海学院。此类高校目前已经形成了较为丰富的航运法律课程群。但是，目前比较普遍存在的共性问题，应是存在制度盲区。仅以我国《海商法》的体系为比较对象，至少缺失了海上旅客运输合同、海上拖航合同两项法律制度，以及海事诉讼时效特别规则的讲解。（见表 8）（见图 9）

表 8　我国主要高校本科阶段航运法律课程群

培养单位	必修课程	选修课程
大连海事大学	（1）船舶物权法 （2）班轮运输实务与法律 （3）租船运输实务与法律 （4）海事法Ⅰ （5）海事法Ⅱ （6）海上保险法 （7）海事诉讼与仲裁法	（1）船员法 （2）国际航运代理实务与法律 （3）航运行政管理法 （4）航运金融业务与法律 （5）海事国际私法 （6）海商法专业英语
上海海事大学	（1）海商法导论 （2）船舶建造与买卖法 （3）班轮运输法律与实务 （4）租船运输法律与实务 （5）海事法 （6）海上保险法	（1）船舶物权法 （2）航运行政法 （3）航运法 （4）航运金融法律与实务 （5）海事诉讼与仲裁法 （6）海事国际私法
集美大学	（1）海商法总论 （2）班轮实务与法律 （3）租船实务与法律 （4）海事法 （5）海上保险法 （6）海事行政法	（1）海事证据法 （2）海事诉讼法 （3）船员法 （4）航运法 （5）海事仲裁
广州航海学院	（1）海商法总论 （2）海上货物运输法 （3）海事法 （4）海上保险法律与实务 （5）海事诉讼与仲裁	海事国际公约

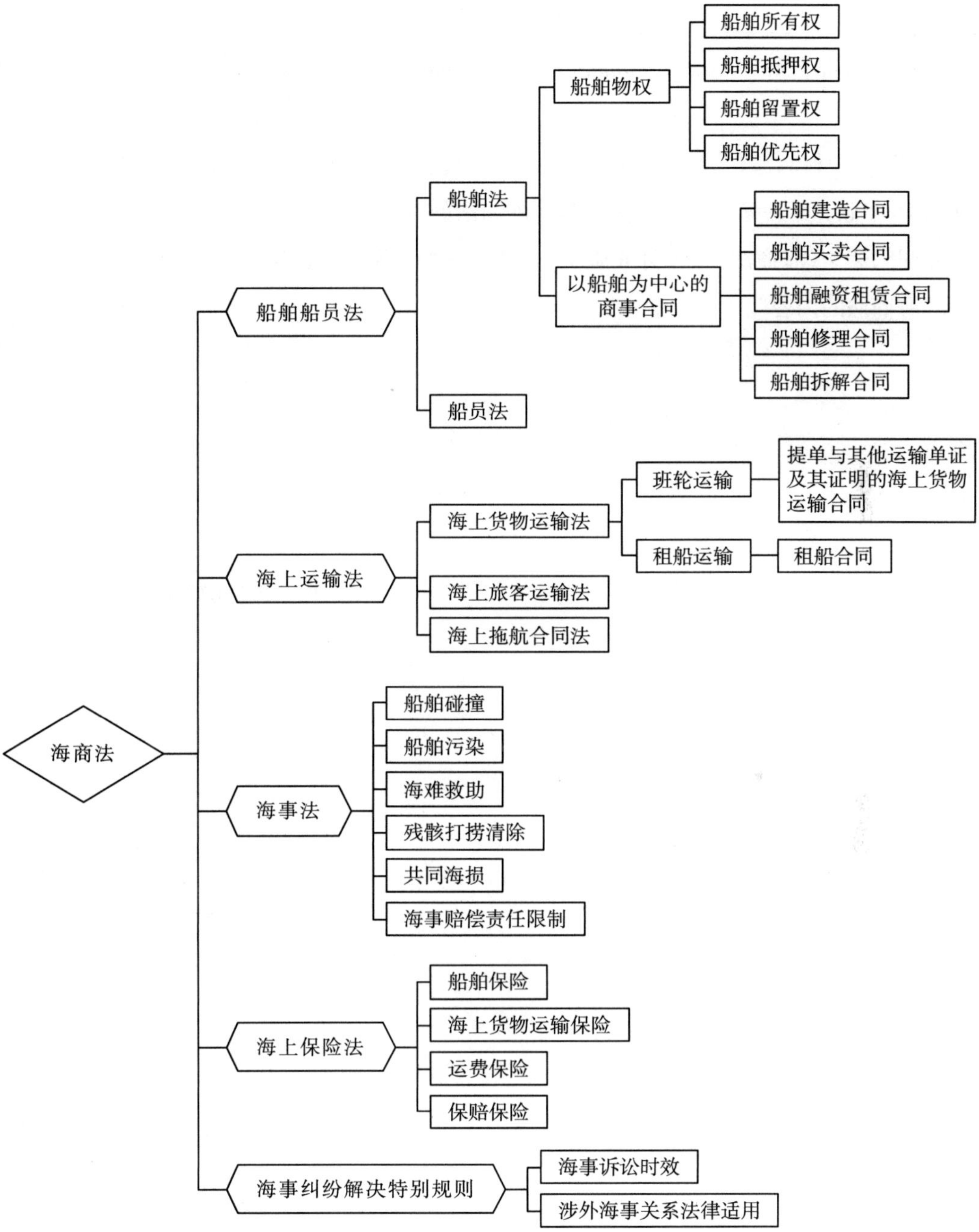
海商法
船舶船员法
船舶法
船舶物权
船舶所有权
船舶抵押权
船舶留置权
船舶优先权
以船舶为中心的商事合同
船舶建造合同
船舶买卖合同
船舶融资租赁合同
船舶修理合同
船舶拆解合同
船员法
海上运输法
海上货物运输法
班轮运输
提单与其他运输单证及其证明的海上货物运输合同
租船运输
租船合同
海上旅客运输法
海上拖航合同法
海事法
船舶碰撞
船舶污染
海难救助
残骸打捞清除
共同海损
海事赔偿责任限制
海上保险法
船舶保险
海上货物运输保险
运费保险
保赔保险
海事纠纷解决特别规则
海事诉讼时效
涉外海事关系法律适用

图 9　海商法的主要制度

拓展阅读

1. Paul Todd, *Advanced Introduction to Maritime Law*, Edward Elgar Publishing Limited, 2021.

2. [日]中村真澄、[日]箱井崇史:《日本海商法》,张秀娟、李刚、朴鑫译,法律出版社2015年版,第一章"绪论"第二节"海商法的意义"。

3. 刘宗荣:《海商法》(修订4版),台北,三民书局2021年版,第一编"绪论"第一部分"海商法的内容"。

第五讲

海商法的法源

【知识提要】

本讲讨论海商法的法源，即海商法的表现形式或称存在形式，主要关注能够作为法院裁判案件基准的法律，也即在处理海事海商纠纷时应至何处寻找法律依据。

1.法源的概念与分类。法源分为正式法源与非正式法源，二者的区别在于：正式法源既可在法院裁判文书的理由部分援引，还可列入裁判依据部分；非正式法源只能在裁判文书的理由部分援引，而不得列入裁判依据。海商法的正式法源主要包括国际条约、国内立法中的法律和行政法规、航运习惯、司法解释，非正式法源包括部门规章和其他规范性文件、指导性案例、法理。

2.国际条约。国际条约是国际法主体之间缔结的确立相互之间权利与义务关系的国际书面协议。国际海事条约的制定主体主要包括国际海事委员会、国际海事组织、联合国国际贸易法委员会、国际劳工组织等。国际海事条约在我国优先于国内立法适用，但需满足三项条件：一是我国已经缔结或参加了需要适用的国际海事条约；二是我国未对需要适用的具体条款作出保留；三是海事关系存在涉外因素。

3.国内立法。狭义的法律是由全国人民代表大会或其常务委员会制定的规范性法律文件，中国主要的航运法律包括《海商法》《海上交通安全法》《港口法》《海事诉讼特别程序法》以及未出台的“航运法”；行政法规是我国最高行政机关即国务院制定的规范性法律文件。

4.航运习惯。航运习惯作为习惯的具体类型，是指航运领域经过长期历史积淀形成而为人们自觉遵守的行为模式。航运习惯的形式成文与否均有可能。航运习惯的适用应当满足四项条件：一是法律对于待决事项未有规定；二是习惯确实存在；三是习惯长期以来作为具有约束力的规则为人们遵守；四是习惯不得违背公序良俗。

5.司法解释。司法解释是国家最高司法机关在适用法律时针对如何具体应用法律作出的解释，海商法主要涉及最高人民法院制定的司法解释。司法解释分为解释、规定、规则、批复、决定五种类型，最高人民法院发布的会议纪要等其他文件不属于司法解释，但事实上仍然对于下级法院裁判案件具有一定的约束力。

6. 非正式法源。海商法的非正式法源包括部门规章和其他规范性文件、指导性案例、法理，其中部门规章主要是交通运输部或原交通部制定的规章。

【知识结构】

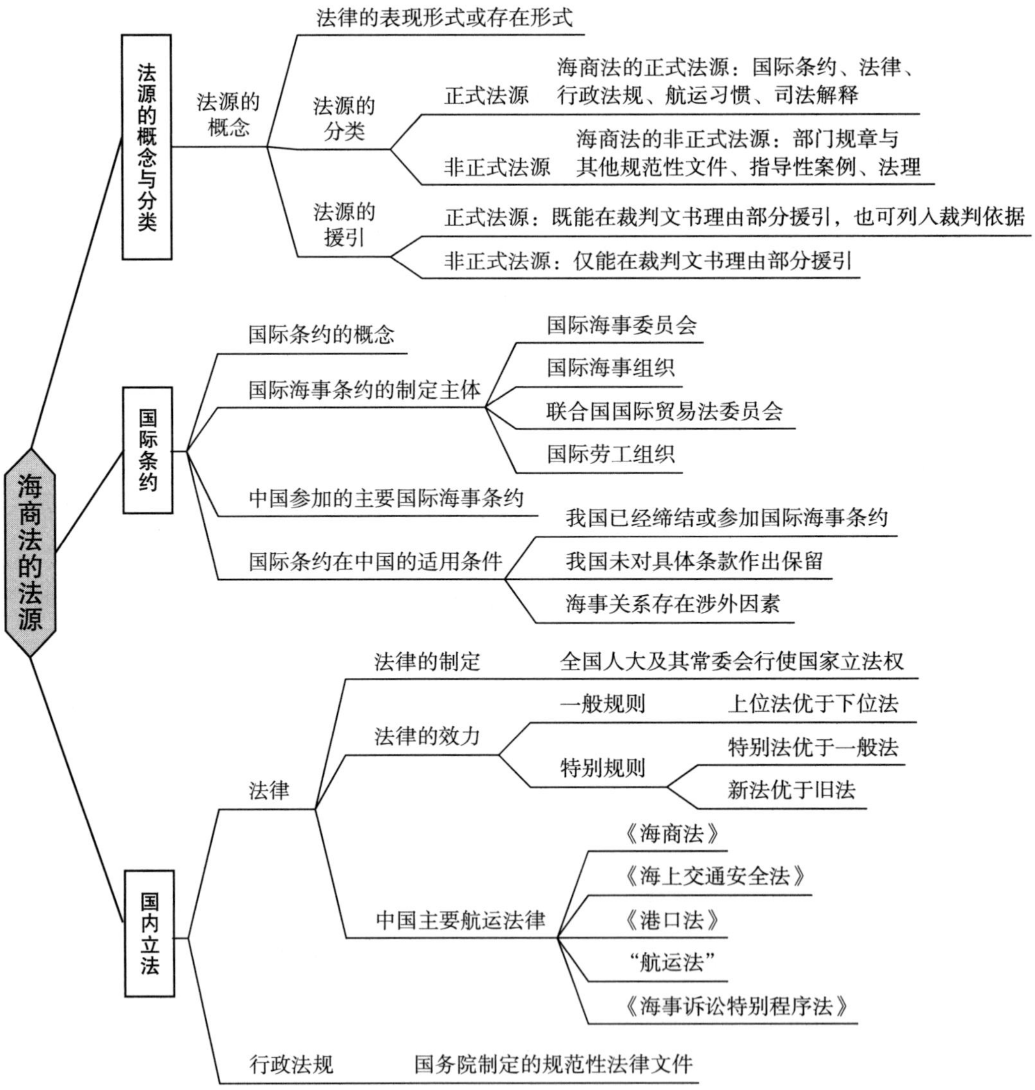

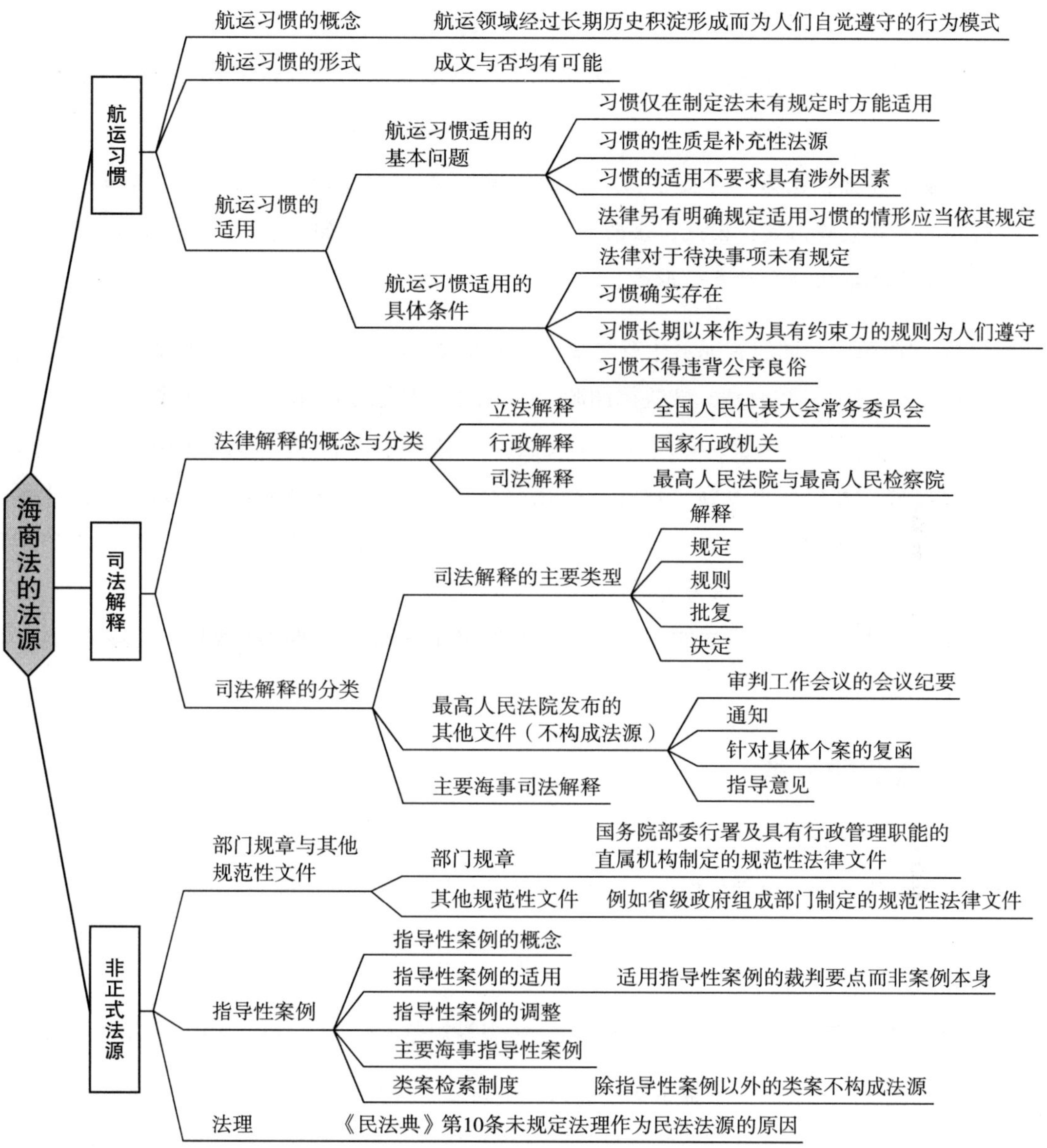

第一节　法源的概念与分类

一、法源的概念

法源是指法律的表现形式或称存在形式，主要关注的对象是能够作为法院裁判案件基准的法律，也即在处理纠纷时应至何处寻找法律依据。

我国法理学长期以来习惯使用“法律渊源”的术语。例如，张文显主编的《法理学》一书认为：

> 法的渊源，也称“法源”，或“法律渊源”，是指那些具有法的效力作用和意义的法的外在表现形式，因此，法的渊源也叫法的形式，它侧重于从法的外在的形式意义上来把握法的各种表现形式。①

但是，“渊源”一词似有词不达意之嫌。渊源在汉语中主要用于比喻事物的本质，② 语境往往具有一定的历史追溯色彩。“法律渊源”一词颇易使人误解为法律的历史源头。

《民法总则》第10条首次专门规定了民法的法源：“处理民事纠纷，应当依照法律；法律没有规定的，可以适用习惯，但是不得违背公序良俗。”2017年该法通过以后，“法源”一词在我国法学理论研究，特别是民法研究中的使用日趋普遍。《民法典》第10条的规定与此相同。③ 但是，也有学者认为法源就是法律渊源的简称。④

海商法的法源是指海商法的表现形式，即法院在审理海事海商纠纷时，能够适用作为裁判案件基准的法律。

二、法源的分类

法源分为正式法源与非正式法源。二者的区别在于正式法源既可在法院裁判文书的理由部分援引，还可列入裁判依据部分；非正式法源只能在裁判文书的理由部分援引，而不得列入裁判依据。

（一）正式法源

《最高人民法院关于裁判文书引用法律、法规等规范性法律文件的规定》⑤ 第1条规定：

> 人民法院的裁判文书应当依法引用相关法律、法规等规范性法律文件作为裁判依据。引用时应当准确完整写明规范性法律文件的名称、条款序号，需要引用具体条文的，应当整条（款、项）引用。

① 张文显主编：《法理学》（第3版），法律出版社2007年版，第127页。

② 参见中国社会科学院语言研究所词典编辑室编：《现代汉语词典》（第7版），商务印书馆2016年版，第1068页。

③ 参见《民法典》第10条规定：“处理民事纠纷，应当依照法律；法律没有规定的，可以适用习惯，但是不得违背公序良俗。”

④ 参见朱庆育：《民法总论》（第2版），北京大学出版社2016年版，第35页。

⑤ 参见法释〔2009〕14号。

第 4 条具体规定了民事裁判文书可以直接引用的规范性文件：

> 民事裁判文书应当引用法律、法律解释或者司法解释。对于应当适用的行政法规、地方性法规或者自治条例和单行条例，可以直接引用。

上述规定中的“引用”，专指在裁判文书中作为裁判依据进行引用，而不包括在理由部分说理时涉及。可以列入裁判依据部分的正式法源主要分为以下六类：

1. 法律，是指狭义的法律，专指全国人民代表大会和全国人民代表大会常务委员会制定的规范性法律文件，前者如《中华人民共和国民法典》，后者如《中华人民共和国海商法》。

2. 法律解释，是指狭义的法律解释，专指全国人民代表大会常务委员会行使法律解释权作出的法律解释，例如现已废止的《全国人民代表大会常务委员会关于〈中华人民共和国民法通则〉第九十九条第一款、〈中华人民共和国婚姻法〉第二十二条的解释》。

3. 司法解释，是指国家最高司法机关即最高人民法院和最高人民检察院在适用法律时针对如何具体应用法律作出的解释，前者如最高人民法院制定的《最高人民法院关于审理船舶碰撞纠纷案件若干问题的规定》等海事司法解释，后者如《最高人民检察院关于强制隔离戒毒所工作人员能否成为虐待被监管人罪主体问题的批复》。

4. 行政法规，是指国务院制定的规范性法律文件，例如《中华人民共和国国际海运条例》。

5. 地方性法规，主要是指省、自治区、直辖市的人民代表大会及其常务委员会根据本行政区域的具体情况和实际需要制定的规范性法律文件，以及设区的市的人民代表大会及其常务委员会根据本市的具体情况和实际需要，对于城乡建设与管理、环境保护、历史文化保护等方面的事项制定的规范性法律文件，前者如上海市第十五届人民代表大会常务委员会第十四次会议通过的《上海市航道条例》，后者如南京市第十五届人民代表大会常务委员会第三次会议制定、江苏省第十二届人民代表大会常务委员会第四次会议批准的《南京市航道管理条例》。

6. 自治条例和单行条例，是指民族自治地方的人民代表大会依照当地民族的政治、经济和文化特点制定的规范性法律文件，前者如黄南藏族自治州第十五届人民代表大会第七次会议通过、青海省第十三届人民代表大会常务委员会第二十六次会议批准的《黄南藏族自治州自治条例》，后者如莫力达瓦达斡尔族自治旗第十二届人民代表大会第四次会议通过、内蒙古自治区第十二届人民代表大会常务委员会第十七次会议批准的《莫力达瓦达斡尔族自治旗达斡尔民族民间传统文化保护条例》。

基于海商法的具体情况，海商法的正式法源主要涉及法律、司法解释、行政法规三种类型，而原则上不涉及全国人民代表大会常务委员会的法律解释，以及地方性法规、自治条例和单行条例等地方立法。同时，海商法的正式法源还应包括两种类型：一是国际海事条约，由于我国缔结或参加的国际海事条约优先于我国国内立法适用，[①] 国际海事条约也应属于海商法的正式法源；二是航运习惯，《民法典》第 10 条明确规定了习惯的法源地位，航运领域的习惯也应属于海商法的正式法源。

（二）非正式法源

《最高人民法院关于裁判文书引用法律、法规等规范性法律文件的规定》第 6 条规定了仅可作为裁判说理依据而不得直接引用的规范性法律文件：

> 对于本规定第三条、第四条、第五条规定之外的规范性文件，根据审理案件的需要，经审查认定为合法有效的，可以作为裁判说理的依据。

上述“本规定第三条、第四条、第五条规定之外的规范性文件”，属于非正式法源，主要是指国务院各部、委员会、中国人民银行、审计署和具有行政管理职能的直属机构制定的规章。海商法领域集中表现为国务院交通运输主管部门，即交通运输部或原交通部制定的部门规章，典型即为现已废止的《国内水路货物运输规则》和《港口货物作业规则》。

此外，最高人民法院发布的指导性案例以及公认的法理，也属于海商法的非正式法源。极少数情况下海商法还可能涉及其他较之部门规章效力层次更低的规范性文件。

三、法源的援引

最高人民法院《人民法院民事裁判文书制作规范》[②] 将民事裁判文书分为以下要素：

> 文书由标题、正文、落款三部分组成。
>
> 标题包括法院名称、文书名称和案号。
>
> 正文包括首部、事实、理由、裁判依据、裁判主文、尾部。首部包括诉讼参加人及其基本情况，案件由来和审理经过等；事实包括当事人的诉讼请求、事实和理由，人民法院认定的证据及事实；理由是根据认定的案件事实和法律依据，对当事人的诉讼请求是否成立进行分析评述，阐明理由；裁判依据是人民法院作出裁判所

---

① 参见《海商法》第 268 条第 1 款规定：“中华人民共和国缔结或者参加的国际条约同本法有不同规定的，适用国际条约的规定；但是，中华人民共和国声明保留的条款除外。”

② 参见《最高人民法院关于印发〈人民法院民事裁判文书制作规范〉〈民事诉讼文书样式〉的通知》（法〔2016〕221 号）。

依据的实体法和程序法条文；裁判主文是人民法院对案件实体、程序问题作出的明确、具体、完整的处理决定；尾部包括诉讼费用负担和告知事项。

落款包括署名和日期。

正式法源与非正式法源的区分，是指在民事裁判文书正文的理由部分，正式法源与非正式法源均可援引；但是，正文的裁判依据部分，仅能援引正式法源，而不得援引非正式法源。

以第一审普通程序的民事判决书样式为例，民事裁判文书的要素可见图 10。

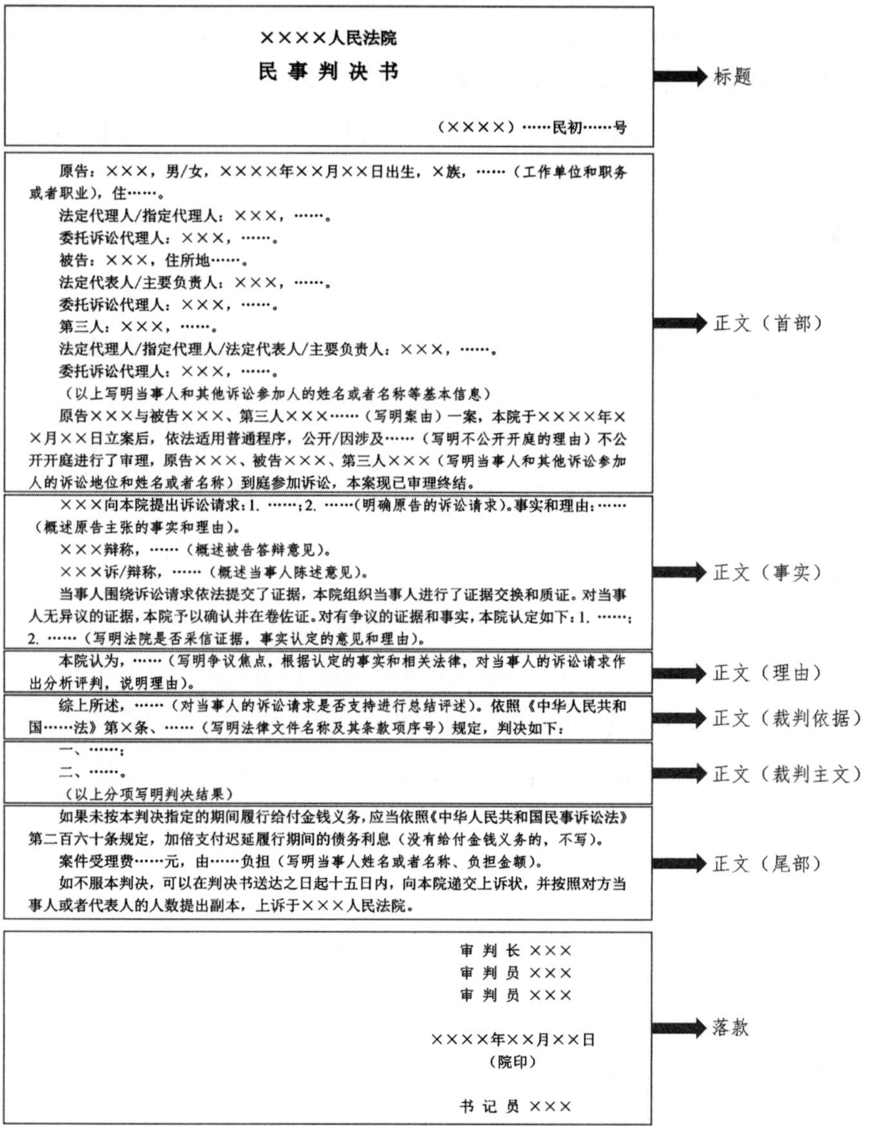

图 10　民事裁判文书的要素

例如，浙江省高级人民法院（2013）浙海终字第11号民事判决书的理由部分指出：

> 舟港公司接受麦芽公司委托承运涉案货物，系该批货物的承运人，恒锋公司安排其租赁的“恒锋666”轮实际承运涉案货物，系实际承运人。舟港公司、恒锋公司依约应将涉案货物安全及时运抵目的地，涉案货物在目的港码头因暴雨遭受损失，根据《国内水路货物运输规则》第四十六条的规定，舟港公司、恒锋公司作为涉案货物的承运人与实际承运人，应对麦芽公司遭受的损失承担连带赔偿责任。

其中援引的《国内水路货物运输规则》属于原交通部制定的部门规章，作为非正式法源仅能在裁判文书的理由部分援引，而不能列入判决依据部分。

再如，上海海事法院（2016）沪72民初2336号民事判决书的裁判依据部分指出：

> 综上，依照《中华人民共和国涉外民事关系法律适用法》第二条、第四十四条，《1974年海上旅客及其行李运输雅典公约》第六条、第十三条第二款，《中华人民共和国侵权责任法》第一条、第二条、第十六条、第二十二条、第二十六条、第三十七条第一款，《中华人民共和国保险法》第四十六条，《最高人民法院关于审理人身损害赔偿案件适用法律若干问题的解释》第十七条第一、二款、第十八条第一款、第十九条、第二十一条、第二十二条、第二十三条第一款、第二十四条、第二十五条第一款、第二十六条和《中华人民共和国民事诉讼法》第六十四条第一款的规定，判决如下：
>
> ……

其中《1974年海上旅客及其行李运输雅典公约》属于国际条约，《涉外民事关系法律适用法》《侵权责任法》《保险法》《民事诉讼法》属于法律，《最高人民法院关于审理人身损害赔偿案件适用法律若干问题的解释》属于司法解释，均构成正式法源，可在裁判依据部分援引。

第二节　国际条约

一、国际条约的概念

国际条约是国际法主体之间缔结的确立相互之间权利与义务关系的国际书面协

议。[①]《维也纳条约法公约》第 2 条第 1 款甲项对于条约的定义如下，“称‘条约’者，谓国家间所缔结而以国际法为准之国际书面协定，不论其载于一项单独文书或两项以上相互有关之文书内，亦不论其特定名称如何”。

国际条约的名称颇为多元，除狭义的条约外，至少还包括宪章、盟约、规约、公约、协定、议定书、宣言、声明、联合公报、换文、谅解备忘录、临时协定、补充协定等。[②]（如表 9）

表 9　国际条约名称示例

条约	treaty	中日和平友好条约
宪章	charter	联合国宪章
盟约	covenant	国际联盟盟约
规约	statute	国际法院规约
公约	convention	联合国海洋法公约
协定	agreement	中华人民共和国政府和美利坚合众国政府民用航空运输协定
议定书	protocol	联合国气候变化框架公约京都议定书
宣言	declaration	世界人权宣言
声明	statement	中英关于香港问题的联合声明
联合公报	joint communique	中华人民共和国和美利坚合众国关于建立外交关系的联合公报
换文	exchange of notes	中华人民共和国政府和菲律宾共和国政府关于互设总领事馆的换文
谅解备忘录	memorandum of understanding	中华人民共和国政府与阿根廷共和国政府关于共同推进丝绸之路经济带和 21 世纪海上丝绸之路建设的谅解备忘录
临时协定	modus vivendi	中华人民共和国政府和大韩民国政府民用航空运输临时协定
补充协定	arrangement	中华人民共和国和俄罗斯联邦关于中俄国界东段的补充协定

海商法领域的国际条约主要是指国际海事条约（international maritime treaty），通常采用的名称是“公约”（convention）和“议定书”（protocol）。其中公约是最为主要的形式，也是国际海事条约的基础，通常是指一部完整、能够独立适用的国际海事条约；议定书用于修改公约，既有对于公约的局部修改，例如《修正〈1976 年海事赔偿责任限制公约〉的 1996 年议定书》主要是提高了公约原先规定的海事赔偿责任限额；也有对于公约的全面修

① 参见北京大学法学院编委会编：《北京大学法学百科全书：国际公法学・国际私法学》，北京大学出版社 2016 年版，第 576 页。

② 参见李浩培：《条约法概论》，法律出版社 1987 年版，第 24–32 页。

改，甚至可能改变公约的名称或简称，例如经《维斯比规则》（Visby Rules）修改的《海牙规则》（Hague Rules）称为《海牙—维斯比规则》（Hague-Visby Rules）。

以《海上旅客及其行李运输雅典公约》为例，《1974年海上旅客及其行李运输雅典公约》（Athens Convention relating to the Carriage of Passengers and their Luggage by Sea，1974）属于公约，作为雅典公约的最初版本也是雅典公约体系的基础；此后共有三个议定书对其作出了修改，分别是1976年《〈1974年海上旅客及其行李运输雅典公约〉议定书》（Protocol to the Athens Convention relating to the Carriage of Passengers and their Luggage by Sea，1974）、《修正〈1974年海上旅客及其行李运输雅典公约〉的1990年议定书》（Protocol of 1990 to amend the Athens Convention relating to the Carriage of Passengers and their Luggage by Sea，1974）、《〈1974年海上旅客及其行李运输雅典公约〉2002年议定书》（Protocol of 2002 to the Athens Convention relating to the Carriage of Passengers and their Luggage by Sea，1974）。其中1976年、1990年议定书均属于局部修改，前者将承运人单位赔偿责任限额的货币单位由金法郎修改为特别提款权，后者则是大幅提高了单位赔偿责任限额；2002年议定书属于全面修改，涉及承运人责任的归责原则、单位赔偿责任限额等方面，而且创设了强制责任保险及直接诉讼制度。经2002年议定书修改的公约称为《2002年海上旅客及其行李运输雅典公约》（Athens Convention relating to the Carriage of Passengers and their Luggage by Sea，2002）。

需要说明的是，以下讨论的国际海事条约，不包括以技术规范为主要内容的国际海事安全条约等国际条约，例如《1972年国际海上避碰规则》，以及与《2006年海事劳工公约》合称为国际海事法规体系“四大支柱”的《国际海上人命安全公约》《国际防止船舶造成污染公约》《海员培训、发证和值班标准国际公约》。具体理由可见本书第三讲“海商法的特性”对于技术性的讨论。

二、国际海事条约的制定主体

国际海事条约一般是由国际组织制定，主要包括国际海事委员会、国际海事组织、联合国国际贸易法委员会、国际劳工组织等。

（一）国际海事委员会

国际海事委员会（Comité Maritime International，CMI）[①]是1897年成立于比利时安特卫

① 国际海事委员会网站（https：//comitemaritime.org）可以查询主要国际海事条约的缔约方情况，以及该组织正在开展的专题工作，通常代表海商法领域当下的前沿问题。

普的非政府间国际组织，宗旨是通过各类方式和活动促进海商法在各个方面实现统一。国际海事委员会的成员是各国的海商法协会，例如中国海商法协会、日本海法会。日本以及我国台湾地区一般将国际海事委员会译为“万国海法会”。

早期的国际海事条约多由国际海事委员会组织制定，较具代表性的应属至今仍然普遍适用于对应领域的《1910 年统一船舶碰撞若干法律规定的国际公约》，以及《1924 年统一提单若干法律规定的国际公约》即《海牙规则》，及其 1968 年议定书即《维斯比规则》。

民间规则方面，共同海损理算的《约克—安特卫普规则》作为海商法领域最为主要的国际惯例，1950 年以来各个版本的修订工作也由国际海事委员会主持。国际海事委员会还于 1990 年制定了《国际海事委员会海运单统一规则》及《国际海事委员会电子提单规则》。

（二）国际海事组织

国际海事组织（International Maritime Organization，IMO）是联合国负责航行安全和防止船舶污染海洋及大气的专门机构，属于政府间国际组织，总部设在英国伦敦。国际海事组织的前身是成立于 1959 年的政府间海事协商组织（Inter–Governmental Maritime Consultative Organization，IMCO），1982 年改为现名。

二十世纪六十年代末开始，国际海事组织逐步取代国际海事委员会成为国际海事条约的主要制定主体之一。国际海事安全条约多数均由国际海事组织起草制定。民事公约方面，除《1974 年海上旅客及其行李运输雅典公约》外，国际海事组织起草的国际海事条约主要集中于海事法领域，例如《1969 年国际油污损害民事责任公约》。

（三）联合国国际贸易法委员会

联合国国际贸易法委员会（United Nations Commission on International Trade Law，UNCITRAL）于 1966 年 12 月由联合国大会通过设立，旨在通过拟订并促进使用和采纳一些重要商法领域的立法和非立法文书，履行推动国际贸易法逐步统一和现代化的任务。此类领域包括争议解决、国际合同惯例、运输、破产、电子商务、国际支付、担保交易、采购和货物销售。此后联合国国际贸易法委员会一直被视为联合国在国际贸易法领域的核心法律机构。

联合国国际贸易法委员会制定的最为著名的国际条约应属 1980 年《联合国国际货物销售合同公约》。国际海事条约方面，联合国国际贸易法委员会制定的国际条约集中于海上货物运输法领域，包括 1978 年《联合国海上货物运输公约》即《汉堡规则》，1991 年《联合国国际贸易运输港站经营人赔偿责任公约》，以及 2008 年《联合国全程或者部分海上国际货物运输合同公约》即《鹿特丹规则》，但后二者均未生效。

（四）国际劳工组织

国际劳工组织（International Labour Organization，ILO）于1919年根据《凡尔赛条约》成立，1946年成为联合国的首个专门机构。

1920年以来，国际劳工组织召开了多次专门涉及船员的海事大会，通过了40余项国际公约以及大量的建议书，涵盖船员的招募和安置、最低年龄、工作时间、安全、卫生和福利、劳动监察和社会保障等。2006年2月，国际劳工组织第94届国际劳工（海事）大会正式通过了《2006年海事劳工公约》，被称为全球海员的“权利法案”，也是国际海事法规体系的“四大支柱”之一。

三、中国参加的主要国际海事条约

截至2022年9月，我国参加的国际海事条约如下：

1.《1910年统一船舶碰撞若干法律规定的国际公约》（International Convention for the Unification of Certain Rules of Law with respect to Collision between Vessels），1910年9月23日通过，1913年3月1日生效，1994年9月28日对我国生效。

2.《1974年海上旅客及其行李运输雅典公约》（Athens Convention relating to the Carriage of Passengers and their Luggage by Sea，1974），1974年12月13日通过，1987年4月28日生效；1976年《〈1974年海上旅客及其行李运输雅典公约〉议定书》（Protocol to the Athens Convention relating to the Carriage of Passengers and their Luggage by Sea，1974），1976年11月19日通过，1989年4月30日生效。公约及其1976年议定书于1994年8月30日对我国生效。

3.《1976年海事赔偿责任限制公约》（Convention on Limitation of Liability for Maritime Claims，1976），1976年11月19日通过，1986年12月1日生效，1997年7月1日对我国生效，但仅适用于我国香港特别行政区。

4.《1989年国际救助公约》（International Convention on Salvage，1989），1989年4月28日通过，1996年7月14日生效，同日对我国生效。

5.《1992年国际油污损害民事责任公约》（International Convention on Civil Liability for Oil Pollution Damage，1992），1992年11月27日通过，1996年5月30日生效，2000年1月5日对我国生效。该公约是经《〈1969年国际油污损害民事责任公约〉的1992年议定书》修订的《1969年国际油污损害民事责任公约》。我国曾是《1969年国际油污损害民事责任公约》及其1976年议定书的参加国。

6.《1992 年设立国际油污损害赔偿基金国际公约》(International Convention on the Establishment of an International Fund for Compensation for Oil Pollution Damage, 1992), 1992 年 11 月 27 通过, 1996 年 5 月 30 日生效, 2000 年 1 月 5 日对我国生效, 但仅适用于中国香港特别行政区。

7.《2001 年国际燃油污染损害民事责任公约》(International Convention on Civil Liability for Bunker Oil Pollution Damage, 2001), 2001 年 3 月 23 日通过, 2008 年 11 月 21 日生效, 2009 年 3 月 9 日对我国生效。

8.《2006 年海事劳工公约》(Maritime Labour Convention, 2006), 2006 年 2 月 23 日通过, 2013 年 8 月 20 日生效, 2016 年 11 月 12 日对我国生效。

9.《2007 年内罗毕国际船舶残骸清除公约》(Nairobi International Convention on the Removal of Wrecks, 2007), 2007 年 5 月 18 日通过, 2015 年 4 月 14 日生效, 2017 年 2 月 11 日对我国生效。

上述公约中《1976 年海事赔偿责任限制公约》和《1992 年设立国际油污损害赔偿基金国际公约》, 仅适用于我国香港特别行政区, 是对香港回归作出的特殊安排。主要考虑是香港回归前英国参加了上述公约, 公约由此适用于香港地区。为保障香港特别行政区法律制度的稳定, 我国在香港回归后参加了上述公约, 但仅适用于香港特别行政区。

四、国际条约在中国的适用条件

国际条约在国内的适用属于宪法性问题, 重点在于如何处理国际法与国内法的关系。但是, 我国《宪法》对此未作规定。目前我国仅有的关于条约的立法是《缔结条约程序法》, 顾名思义其中也仅涉及我国同外国缔结条约的程序, 而未规定国际条约的国内适用。

关于国际条约在我国的适用, 此前《民法通则》第 142 条第 2 款规定 :“中华人民共和国缔结或者参加的国际条约同中华人民共和国的民事法律有不同规定的, 适用国际条约的规定, 但中华人民共和国声明保留的条款除外。”该条规定随着 2021 年 1 月 1 日《民法典》的生效施行现已废止。《海商法》第 268 条第 1 款吸收了当时《民法通则》的规定且至今仍然有效 :“中华人民共和国缔结或者参加的国际条约同本法有不同规定的, 适用国际条约的规定 ; 但是, 中华人民共和国声明保留的条款除外。”因此, 国际海事条约在我国优先于国内立法适用, 但需满足三项条件 : 一是我国已经缔结或参加了需要适用的国际海事条约 ; 二是我国未对需要适用的具体条款作出保留 ; 三是海事关系存在涉外因素。

理论探讨

国际条约与我国法律规定相同时的适用

《海商法》第 268 条第 1 款以及此前《民法通则》第 142 条第 2 款的规定，采用的表述均是国际条约与我国法律规定不同时方才优先适用国际条约的规定。此时产生的问题在于，如果国际条约的规定与我国法律规定相同，应当如何适用国际条约？分析法条的文义，似乎应该适用我国法律而非国际条约的规定。例如，梁慧星指出：

> 现行民法通则第一百四十二条规定，中华人民共和国缔结或者参加的国际条约同中华人民共和国的民事法律有不同规定的，适用国际条约的规定，但中华人民共和国声明保留的条款除外。按照这一规定，我国缔结或者参加的国际条约，除声明保留的条款之外，是我国现行法之一部。其适用规则是：如国际条约的规定与民事法律的规定不同，则应适用该国际条约的规定；如国际条约的规定与民事法律的规定相同，则应适用民事法律的规定。①

我国《海商法》基于海商法国际统一程度较高的特性，大量移植国际条约的规定，国际海事条约与我国法律规定相同的情形不在少数。虽然法律适用的实际效果无甚不同，但从条约法的原理分析，此种区分似乎并无必要。

考察我国司法实践的通常做法，总体而言倾向于不对国际条约与我国法律的规定是否相同进行区分，一概优先适用国际条约的规定。以被称为“中国邮轮旅客公海人身侵权第一案”的羊某某与英国嘉年华邮轮有限公司、浙江省中国旅行社集团有限公司海上、通海水域人身损害责任纠纷为例，其中适用的《1974 年海上旅客及其行李运输雅典公约》第 6 条和第 13 条第 2 款，应当认为与我国《海商法》第 115 条第 1 款②和第 118 条第 2 款③的

---

① 梁慧星：《民法总则立法的若干理论问题》，载《暨南学报（哲学社会科学版）》2016 年第 1 期，第 21 页。

② 参见《1974 年海上旅客及其行李运输雅典公约》第 6 条规定：“如经承运人证明，旅客的死亡或人身伤害或其行李的灭失或损坏系因该旅客的过失或疏忽所造成或促成，则受理案件的法院可按该法院地的法律规定，全部或部分免除承运人的责任。”《海商法》第 115 条第 1 款规定：“经承运人证明，旅客的人身伤亡或者行李的灭失、损坏，是由于旅客本人的过失或者旅客和承运人的共同过失造成的，可以免除或者相应减轻承运人的赔偿责任。”

③ 参见《1974 年海上旅客及其行李运输雅典公约》第 13 条第 2 款规定：“如经证明，损失系承运人或实际承运人的雇用人或代理人故意造成此种损失或明知可能造成此种损失却毫不在意的行为或不为所致，该雇用人或代理人便无权享有此种责任限额的权益。”《海商法》第 118 条第 2 款规定：“经证明，旅客的人身伤亡或者行李的灭失、损坏，是由于承运人的受雇人、代理人的故意或者明知可能造成损害而轻率地作为或者不作为造成的，承运人的受雇人、代理人不得援用本法第一百一十六条和第一百一十七条限制赔偿责任的规定。”

规定相同。但是，法院在该案的裁判中未考虑上述规定的异同，甚至也未援引《海商法》第 268 条第 1 款，而是径直认为："中国加入了《1974 雅典公约》，本案应适用《1974 雅典公约》。"①

（一）我国已经缔结或参加国际海事条约

国际海事条约在我国适用的前提应是我国受到条约的约束，也即我国是条约的缔约方。

1. 一国成为国际海事条约缔约方的主要方式

一国表示愿意受到条约约束可有多种方式，《维也纳条约法公约》第 2 条第 1 款第 b 项规定：

> 称"批准"，"接受"，"赞同"②及"加入"者，各依本义指一国据以在国际上确定其同意受条约拘束之国际行为；

国际海事条约通常设有"最后条款"（final clause）部分，规定各国表示愿意受到条约约束的方式，包括签署（signature）、批准（ratification）、接受（acceptance）、核准（approval）、加入（accession）等。其中签署、批准、接受、核准主要用于一国直接参与条约缔结即制定并在条约上签字的情形，而加入一般是指未参加条约制定的国家在条约签署后方才成为缔约国。虽然少数条约也存在签署即受约束的情形，但对国际海事条约而言，签署一般仅表示一国的初步同意，仍待该国批准后方能产生约束力。例如，截至 2022 年 9 月，共有 25 个国家签署了《鹿特丹规则》，但其中仅有 4 个国家最终批准。以《1989 年国际救助公约》为例，其中第 28 条第 2 款规定了各国表示愿意受到条约约束的方式：

> 各国可按下列方式表示同意受本公约的约束：
>
> （a）签字并对批准、接受或核准无保留；或
>
> （b）签字而有待批准、接受或核准，随后再批准、接受或核准；或
>
> （c）加入。

我国 1990 年通过的《缔结条约程序法》，其中较为详细地规定了我国同外国缔结条约的不同环节的具体程序。传统上我国主要以加入的方式成为国际海事条约的缔约国。例如，全国人民代表大会常务委员会 1993 年 12 月 29 日通过了《全国人民代表大会常务委员会关

① 上海海事法院（2016）沪 72 民初 2336 号民事判决书。

② 此处"赞同"即 approval，中文文献更多译为"核准"。

于我国加入〈1989 年国际救助公约〉的决定》，决定我国加入《1989 年国际救助公约》：

第八届全国人民代表大会常务委员会第五次会议决定：中华人民共和国加入《1989 年国际救助公约》，同时声明，中华人民共和国根据《1989 年国际救助公约》第三十条第 1 款的规定，保留该条第 1 款（a）项、（b）项、（d）项不适用该公约的权利。

2. 当事人援引未对我国生效的国际海事条约的效力

目前海事司法实践中，时常发生当事人援引未对我国生效的国际条约的情形，最为典型的应是提单约定适用《海牙—维斯比规则》。《最高人民法院关于适用〈中华人民共和国涉外民事关系法律适用法〉若干问题的解释（一）》第 7 条对此规定：

当事人在合同中援引尚未对中华人民共和国生效的国际条约的，人民法院可以根据该国际条约的内容确定当事人之间的权利义务，但违反中华人民共和国社会公共利益或中华人民共和国法律、行政法规强制性规定的除外。

例如，我国虽未加入《海牙—维斯比规则》，但如果当事人在海上货物运输合同或提单中约定适用该规则，法院可以依据该规则的内容确定承运人和托运人之间的权利和义务。但是，当事人援引的国际条约的内容，不得违反我国的社会公共利益，以及我国法律、行政法规的强制性规定。此时国际条约的规定实际是作为合同双方当事人的约定得以适用，故而不同于一般意义上国际条约的国内适用。

值得注意的是，上述司法解释规定的适用范围仅限于涉外合同关系领域，而不适用于涉外的侵权责任。虽然《涉外民事关系法律适用法》第 44 条对于侵权责任的法律适用同样引入了意思自治原则，允许当事人在侵权行为发生后协议选择适用的法律。① 例如，如果船舶在运输有毒有害物质期间发生了污染事故，即使当事人协议选择适用《国际海上运输有毒有害物质损害责任和赔偿公约》，由于公约本身尚未生效，自然也未对我国生效，如果严格依照上述司法解释的文义，法院不能根据公约的内容确定当事人之间的权利和义务。

（二）我国未对具体条款作出保留

1. 保留的概念

根据《维也纳条约法公约》第 2 条第 1 款第 d 项的规定，保留是指一国在签署、批准、

① 参见《涉外民事关系法律适用法》第 44 条规定："侵权责任，适用侵权行为地法律，但当事人有共同经常居所地的，适用共同经常居所地法律。侵权行为发生后，当事人协议选择适用法律的，按照其协议。"

接受、核准或加入条约时作出的单方声明，无论如何措辞或命名，旨在排除或改变条约的部分规定在对该国适用时的法律效果。[①]

2. 保留的法律效果

关于保留的法律效果，《维也纳条约法公约》第 21 条规定：

> 一、依照第十九条、第二十条及第二十三条对另一当事国成立之保留：
>
> （a）对保留国而言，其与该另一当事国之关系上照保留之范围修改保留所关涉及条约规定；及
>
> （b）对该另一当事国而言，其与保留国之关系上照同一范围修改此等规定。
>
> 二、此项保留在条约其他当事国相互间不修改条约之规定。
>
> 三、倘反对保留之国家未反对条约在其本国与保留国间生效，此项保留所关涉之规定在保留之范围内于该两国间不适用之。

根据上述规定，保留的效果分为以下三种情况：

首先，保留国与接受保留国之间，根据保留的范围适用经保留修改后的条约。

其次，保留国与反对保留国之间，如果反对保留国未反对条约在两国之间生效，此时条约本身仍然有效，但保留涉及的规定在两国之间视为不存在；如果反对保留国反对条约整体上在两国之间生效，此时两国之间就该条约而言不存在条约关系。

最后，保留对于保留国以外的其他缔约方之间不发生任何影响，除非其他缔约方另有保留，否则各国之间仍然适用条约的完整内容。

但是，对于条约本身允许保留的条款，一国的保留一般无需他国表示同意，即不存在反对保留国的情形。国际海事条约大多即属此类。以《1989 年国际救助公约》为例，我国加入公约时作出保留的第 30 条第 1 款第 a 项、第 b 项、第 d 项，本身即是公约第 30 条第 1 款允许保留的条款：

> 任何国家在签字、批准、接受、核准或加入时，就下列情况可保留不适用本公约规定的权利：
>
> （a）救助作业发生在内陆水域，而且涉及的所有船舶均为内陆水域航行的船舶；
>
> （b）救助作业发生在内陆水域，而且并不涉及船舶；

① 参见《维也纳条约法公约》第 2 条第 1 款第 d 项规定，“称‘保留’者，谓一国于签署，批准、接受、赞同或加入条约时所做之片面声明，不论措辞或名称如何，其目的在摒除或更改条约中若干规定对该国适用时之法律效果”。

（c）所有的利益方都是该国的国民；

（d）有关财产为位于海床上的具有史前的、考古的或历史价值的海上文化财产。

3. 保留的主要考量

一国对于国际海事条约的特定条款作出保留，主要是基于两种考量：

一是为与本国的法律体系保持协调。例如，我国对于《1989 年国际救助公约》第 30 条第 1 款第 a 项、第 b 项作出保留，主要是考虑到我国内陆水域尚无水上救助法律制度。而且，内陆水域的救助通常不具有涉外因素，不同法域之间追求共同规则即国际统一的需求较小。

二是对于本国国家利益的保护。例如，我国对于《1989 年国际救助公约》第 30 条第 1 款第 d 项作出保留，主要是为避免外国船舶假借海难救助的名义，打捞我国的文化财产。

4. 保留制度的新近发展

目前不少国际海事条约已明确规定不允许缔约方作出保留，目的是为确保在缔约国之间实现最大程度的统一。① 例如，《鹿特丹规则》第 90 条规定："不准许对本公约作出保留。"

部分新近制定的国际海事条约不再使用保留的概念，而是改采"选择适用"（opt-in）和"选择不适用"（opt-out）的方式。选择适用是指特定条款仅在一国签署、批准、接受、核准或加入条约时声明适用，方才对该国具有约束力。同样以《鹿特丹规则》为例，其中第十四章"管辖权"和第十五章"仲裁"均为选择适用的规定。该公约第 74 条针对第十四章规定："本章的规定只能对根据第 91 条声明其将受本章规定约束的缔约国具有约束力。"② 选择适用的模式是希望规制法院选择条款或仲裁条款的国家，与不希望对此进行规制的国家之间妥协的产物。许多国家不希望公约限制法院选择条款或仲裁条款，选择适用的模式允许此类国家可以仅批准公约，但不选择适用对应的章节。③

选择不适用的含义与保留基本相同，是指如果一国签署、批准、接受、核准或加入条约时声明特定条款不适用，相应条款即对该国不具有约束力。仍以《鹿特丹规则》为例，该公约第 92 条规定了公约对于缔约国领土单位的效力，特别是存在两个或多个领土单位的缔

---

① 参见［瑞士］亚历山大·凡·基格勒、［瑞典］约翰·斯蔡林、［意大利］斯蒂佛诺·祖纳若礼主编：《2008 年鹿特丹规则：有关联合国全程或海上货物国际运输合同公约的评论》，郭萍、李莹莹等译，法律出版社 2016 年版，第 311–312 页。

② 《鹿特丹规则》第 78 条针对第十五章同样规定："本章的规定只能对根据第 91 条声明其将受本章规定约束的缔约国具有约束力。"

③ 参见［瑞士］亚历山大·凡·基格勒、［瑞典］约翰·斯蔡林、［意大利］斯蒂佛诺·祖纳若礼主编：《2008 年鹿特丹规则：有关联合国全程或海上货物国际运输合同公约的评论》，郭萍、李莹莹等译，法律出版社 2016 年版，第 279 页。

约国，其中第 4 款即规定了本条属于选择不适用：

1. 一缔约国拥有两个或者多个领土单位，各领土单位对本公约所涉事项适用不同法律制度的，可以在签署、批准、接受、核准或者加入时声明本公约适用于本国的全部领土单位或者仅适用于其中的一个或者数个领土单位，且可以在任何时间通过提出另一声明修改其所作的声明。

2. 此种声明应通知保存人，且明确指出适用本公约的领土单位。

3. 一缔约国根据本条声明本公约适用于该国的一个或者数个领土单位而不是全部领土单位的，一地点位于不适用本公约的领土单位，为本公约之目的，视为不在缔约国内。

4. 一缔约国未根据本条第 1 款提出声明的，本公约适用于该国的全部领土单位。

（三）海事关系存在涉外因素

《海商法》第 268 条第 1 款的规定位于该法第十四章“涉外关系的法律适用”，此前《民法通则》第 142 条第 2 款的规定同样位于该法第八章“涉外民事关系的法律适用”。因此，国际海事条约在我国的适用原则上仅限于具有涉外因素的情形。

1. 涉外因素的主要情形

法律关系的主体、客体或者引起法律关系变动的法律事实存在涉外因素，即构成涉外关系，国际私法或称冲突法即是为了确定涉外关系的法律适用。《最高人民法院关于适用〈中华人民共和国涉外民事关系法律适用法〉若干问题的解释（一）》第 1 条规定了以下五种可以认定为涉外民事关系的情形：

（1）当事人一方或双方是外国公民、外国法人或者其他组织、无国籍人。例如，美国企业委托中国承运人将一批货物以海运方式由上海运往广州，此时由于托运人为外国法人而存在涉外因素。

（2）当事人一方或双方的经常居所地在中华人民共和国领域外。例如，久居日本的中国公民委托中国承运人将一批图书资料以海运方式由上海运往横滨，此时由于托运人的经常居所地在日本而存在涉外因素。

（3）标的物在中华人民共和国领域外。例如，两家中国企业约定交易一艘目前停泊于釜山的船舶，此时由于作为标的物的船舶在韩国而存在涉外因素。

（4）产生、变更或者消灭民事关系的法律事实发生在中华人民共和国领域外。例如，中国公民在日本旅行期间购买了一批图书，委托中国承运人以海运方式由东京运往上海，此时由于合同的签订地点、起运地点均在日本而存在涉外因素。

（5）可以认定为涉外民事关系的其他情形。此类兜底情形较为少见。例如，上海市第一中级人民法院在西门子国际贸易（上海）有限公司与上海黄金置地有限公司申请承认和执行外国仲裁裁决案中认为，注册地在自由贸易试验区的外商独资企业虽为中国法人，但此类企业的资本来源、最终利益归属、公司的经营决策一般均与境外投资者关联密切；作为合同标的物的设备系先从我国境外运至自由贸易试验区进行保税监管，而后根据合同履行需要适时办理清关完税手续、从区内流转到区外，至此货物进口手续方才完成，合同标的物的流转过程具有一定的国际货物买卖特征。上述两项因素应当构成“可以认定为涉外民事关系的其他情形”。该案一审民事裁定书指出：

本案中，申请人西门子公司与被申请人黄金置地公司均为在中国注册的公司法人，合同约定的交货地、作为合同标的物的设备目前所在地均在我国境内，该合同表面上看并不具有典型的涉外因素。然而，综观本案合同所涉的主体、履行特征等方面的实际情况，该合同当前存在与普通国内合同有明显差异的独特性，可以认定为涉外民事法律关系，主要理由有:第一，本案合同的主体均具有一定涉外因素。西门子公司与黄金置地公司虽然都是中国法人，但注册地均在上海自贸试验区区域内，且其性质均为外商独资企业，由于此类公司的资本来源、最终利益归属、公司的经营决策一般均与其境外投资者关联密切，故此类主体与普通内资公司相比具有较为明显的涉外因素。在自贸试验区推进投资贸易便利的改革背景下，上述涉外因素更应给予必要重视。第二，本案合同的履行特征具有涉外因素。合同项下的标的物设备虽最终在境内工地完成交货义务，但从合同的签订和履行过程看，该设备系先从我国境外运至自贸试验区（原上海外高桥保税区）内进行保税监管，再根据合同履行需要适时办理清关完税手续、从区内流转到区外，至此货物进口手续方才完成，故合同标的物的流转过程也具有一定的国际货物买卖特征。因此，本案合同的履行因涉及自贸试验区的特殊海关监管措施的运用，与一般的国内买卖合同纠纷具有较为明显的区别。综合以上情况，本院认为，本案合同关系符合《涉外法律适用法司法解释》第一条第五项规定的“可以认定为涉外民事关系的其他情形”，故系争合同关系具有涉外因素……①

① 上海市第一中级人民法院民事裁定书，（2013）沪一中民认（外仲）字第2号。

司法实践

人民法院涉“一带一路”建设第二批典型案例

恪守《纽约公约》裁决执行义务营造自贸试验区优质法治环境——西门子国际贸易（上海）有限公司与上海黄金置地有限公司申请承认和执行外国仲裁裁决案

【基本案情】

2005 年 9 月 23 日，黄金置地公司与西门子公司通过招标方式签订了一份货物供应合同，约定西门子公司应于 2006 年 2 月 15 日之前将设备运至工地，如发生争议须提交新加坡国际仲裁中心进行仲裁解决。双方在合同履行中发生争议。黄金置地公司在新加坡国际仲裁中心提起仲裁，要求解除合同、停止支付货款。西门子公司在仲裁程序中提出反请求，要求支付全部货款、利息并赔偿其他损失。2011 年 11 月，新加坡国际仲裁中心作出裁决，驳回黄金置地公司的仲裁请求，支持西门子公司的仲裁反请求。黄金置地公司支付了部分款项，尚欠仲裁裁决项下未付款及利息合计人民币 5,133,872.3 元。西门子公司依据《承认与执行外国仲裁裁决公约》即《纽约公约》，向上海市第一中级人民法院请求承认和执行新加坡国际仲裁中心作出的仲裁裁决。黄金置地公司抗辩认为，应不予承认和执行该仲裁裁决，理由为：双方当事人均为中国法人，合同履行地也在国内，故案涉民事关系不具有涉外因素，双方约定将争议提交外国仲裁机构仲裁的协议无效，若承认和执行案涉裁决将有违中国的公共政策。

【裁判结果】

上海市第一中级人民法院经逐级报告至最高人民法院并获答复后，认为根据《纽约公约》的规定，裁定承认和执行涉案仲裁裁决。关于仲裁条款约定本案争议提交外国仲裁机构仲裁是否有效的问题，关键在于认定系争合同关系是否具有涉外因素，如有涉外因素则仲裁条款有效，反之则无效。综观本案合同所涉的主体、履行特征等方面的实际情况，根据《最高人民法院关于适用〈中华人民共和国涉外民事关系法律适用法〉若干问题的解释（一）》第一条第五项的规定，可以认定系争合同关系为涉外民事法律关系，具体理由为：一是西门子公司与黄金置地公司虽然都是中国法人，但注册地均在上海自贸试验区区域内，且其性质均为外商独资企业，与其境外投资者关联密切。二是本案合同的履行特征具有涉外因素，案涉设备系先从中国境外运至自贸试验区内进行保税监管，再根据合同履行需要适时办理清关完税手续、从区内流转到区外，至此货物进口手续方才完成，故合同标的物的流转过程也具有一定的国际货物买卖特征。故案涉仲裁条款有效。且仲裁裁决内容亦没有与中国公共政策抵触之处，因此承认与执行该仲裁裁决不违反中国的公共政策。同时，该裁定还指出黄金置地公司实际参与全部仲裁程序，主张仲裁条款有效，并在仲裁裁决做出后部分履行了裁决确定的义务。在此情况下，其又以仲裁条款无效为由，主张拒绝承认与执行涉案仲裁裁决的申请，不符合禁止反言、诚实信用和公平合理等公认的法律原则，故对其主张不予支持。

【典型意义】

自贸试验区是中国推进“一带一路”建设的基础平台、重要节点和战略支撑。接轨国际通行做法，支持自贸试验区发展、健全国际仲裁以及其他非诉讼纠纷解决机制，有助于增强中国法治的国际公信力和影响力。本案裁定在自贸试验区推进投资贸易便利的改革背景下，对自贸试验区内外商独资企业之间的合同纠纷，在涉外因素的认定方面给予必要重视，确认仲裁条款有效，并明确“禁止反言”，践行了《纽约公约》“有利于裁决执行”的理念，体现了中国恪守国际条约义务的基本立场。同时，该案由点及面推动了自贸试验区内企业选择境外仲裁的突破性改革，是自贸试验区可复制可推广司法经验的一宗成功范例。2017 年 1 月，最高人民法院发布《关于为自由贸易试验区建设提供司法保障的意见》，规定自贸试验区内注册的外商独资企业相互之间约定将商事争议提交域外仲裁的，不应仅以其争议不具有涉外因素为由认定相关仲裁协议无效；并规定一方或者双方均为在自贸试验区内注册的外商投资企业，约定将商事争议提交域外仲裁，一方当事人将争议提交域外仲裁，在相关裁决做出后又主张仲裁协议无效，或者另一方当事人在仲裁程序中未对仲裁协议效力提出异议，在相关裁决做出后又以不具有涉外因素为由主张仲裁协议无效的，人民法院不予支持。这有助于构建更加稳定和可预期的“一带一路”法治化营商环境。

我国作为多法域国家，包含大陆（内地）地区、香港特别行政区、澳门特别行政区、台湾地区四个法域。海事关系如果涉及我国香港特别行政区、澳门特别行政区或台湾地区，也参照涉外关系确定法律适用。《最高人民法院关于适用〈中华人民共和国涉外民事关系法律适用法〉若干问题的解释（一）》第 17 条规定：“涉及香港特别行政区、澳门特别行政区的民事关系的法律适用问题，参照适用本规定。”

2. 海事关系不存在涉外因素的例外情形

也有少数例外情形规定，即使海事关系不存在涉外因素，国际海事条约的规定也将适用。例如，《最高人民法院关于审理船舶油污损害赔偿纠纷案件若干问题的规定》第 5 条第 1 款规定：“油轮装载的持久性油类造成油污损害的，应依照《防治船舶污染海洋环境管理条例》、《1992 年国际油污损害民事责任公约》的规定确定赔偿限额。”此种规定的主要原因是由于国务院制定的《防治船舶污染海洋环境管理条例》作为行政法规，规定了关于船舶油污损害赔偿责任限额不分国际、国内航线而并轨适用。①《防治船舶污染海洋环境管理条例》第50条第1款规定：

> 船舶污染事故的赔偿限额依照《中华人民共和国海商法》关于海事赔偿责任限制的规定执行。但是，船舶载运的散装持久性油类物质造成中华人民共和国管辖海域污染的，赔偿限额依照中华人民共和国缔结或者参加的有关国际条约的规定执行。

根据上述规定，无论船舶从事国际航线还是沿海航线运输，也不考虑形成的海事关系是否存在涉外因素，只要船舶载运散装持久性烃类矿物油在我国海域造成污染，赔偿责任限额均适用《1992年国际油污损害民事责任公约》的规定。②

理论探讨

国际条约在中国适用的规则变化

《民法通则》第142条第2款规定了国际条约在我国民事领域适用的一般规则，但2010年通过的《涉外民事关系法律适用法》未对此作出规定，主要原因应是我国国际私法学界对于国际条约国内适用规则的性质存在争议，倾向于认为属于民事实体法规范而非冲突规范。例如，梁慧星明确指出：

> 现行民法通则第一百四十二条规定，中华人民共和国缔结或者参加的国际条约同中华人民共和国的民事法律有不同规定的，适用国际条约的规定，但中华人民共和国声明保留的条款除外。按照这一规定，我国缔结或者参加的国际条约，除声明保留的条款之外，是我国现行法之一部。其适用规则是：如国际条约的规定与民事法律的规定不同，则应适用该国际条约的规定；如国际条约的规定与民事法律的规定相同，则应适用民事法律的规定。此项规则虽然规定在民法通则第八章，但其性质上不属于国际私法（冲突法）的内容，因此2010年制定的涉外民事关系法律适用法未作规定。显而易见，制定涉外民事关系法律适用法时，立法机关已经注意到民法通则第一百四十二条，不属于涉外民事关系法律适用法的内容，而应当在民法

① 参见刘寿杰、余晓汉：《〈关于审理船舶油污损害赔偿纠纷案件若干问题的规定〉的理解与适用》，载《人民司法》2011年第17期，第33页。

② 参见胡正良主编：《海事法》（第3版），北京大学出版社2016年版，第457页。

典编纂时规定在民法总则编。[①]

但是，2020年通过的《民法典》不含涉外民事关系法律适用的规定，也未涉及国际条约的国内适用。2021年1月1日民法典生效施行后，《民法通则》即告废止，导致的结果是目前我国法律关于国际条约国内适用缺少统一的一般规则，仅有《海商法》《民用航空法》《票据法》等特别法的特别规定可以适用。

此种规则变化同样将会影响国际海事条约在我国的适用。虽然《海商法》第268条第1款明确规定了国际条约的国内适用，但对于《海商法》本身未规定对应具体制度的国际海事条约的适用，典型即为船舶污染损害赔偿领域的国际公约，应当依据《海商法》还是《民法通则》，长期以来我国的司法实践并不统一。《海商法》第268条第1款的表述是"同本法有不同规定的"，似乎依据本款适用的国际条约应以本法存在对应制度可供比较为前提。以《国际燃油污染损害民事责任公约》为例，司法实践适用公约的法律依据，既有《海商法》第268条第1款，[②]也有《民法通则》第142条第2款，[③]更有不援引任何规定而直接适用公约的情况。[④]此类国际海事条约未来在我国的适用，法律依据尚不明确。

第三节 国内立法

国内立法是海商法最为主要的法源。根据《立法法》的规定，我国的国内立法主要分为四个层次：一是法律，二是行政法规，三是地方性法规、自治条例和单行条例、规章，四是地方政府规章。海商法几乎不涉及地方性立法，国内立法层面的法源主要是法律、行政法规、部门规章，其中法律和行政法规是正式法源，部门规章属于非正式法源。

一、法律

（一）法律的制定

狭义的法律是由全国人民代表大会或其常务委员会制定的规范性法律文件，属于正式

① 梁慧星：《民法总则立法的若干理论问题》，载《暨南学报（哲学社会科学版）》2016年第1期，第21页。
② 参见广州海事法院民事判决书，（2015）广海法初字第950号；广东省高级人民法院民事判决书，（2017）粤民终520号。
③ 参见宁波海事法院民事判决书，（2009）甬海法事初字第32号；浙江省高级人民法院民事判决书，（2012）浙海终字第19号。
④ 参见宁波海事法院民事判决书，（2015）甬海法事初字第36号。

法源。《立法法》第 10 条第 1 款规定 :“全国人民代表大会和全国人民代表大会常务委员会根据宪法规定行使国家立法权。”根据《立法法》第 10 条第 2 款、第 3 款的规定，全国人民代表大会制定和修改刑事、民事、国家机构和其他方面的基本法律，全国人民代表大会常务委员会制定和修改基本法律以外的其他法律。[①] 航运领域的法律不属于基本法律，均由全国人民代表大会常务委员会制定和修改。

《海商法》与《海上交通安全法》《港口法》以及尚未出台的“航运法”，一同被称为我国航运领域的四大“龙头法”；我国还有诉讼程序方面的《海事诉讼特别程序法》。此外，还有一些航运法律以及涉及航运相关规定的法律，例如《航道法》，以及《海洋环境保护法》第八章“防治船舶及有关作业活动对海洋环境的污染损害”。

（二）法律的效力

1. 法律效力的一般规则

法律效力的一般规则，即上位法优于下位法，是指根据法律制定主体在国家权力体系中的序列确定法律的效力层次。值得说明的是，全国人民代表大会与其常务委员会一般认为属于同一制定主体，即基本法律的效力层次与其他法律相同。

关于法律效力的一般规则，《立法法》第 98 条规定 :

> 宪法具有最高的法律效力，一切法律、行政法规、地方性法规、自治条例和单行条例、规章都不得同宪法相抵触。

第 99 条规定 :

> 法律的效力高于行政法规、地方性法规、规章。
>
> 行政法规的效力高于地方性法规、规章。

根据上述规定，作为海商法法源的国内立法，效力由高至低依次是法律、行政法规、部门规章。

2. 法律效力的特别规则

法律效力的特别规则，是指特别法优于一般法，以及新法优于旧法，二者均仅适用于确定同一主体制定的规范性法律文件之间的关系。《立法法》第 103 条同时规定了上述两项

---

① 参见《立法法》第 10 条第 2 款规定:“全国人民代表大会制定和修改刑事、民事、国家机构的和其他的基本法律。”《立法法》第 10 条第 3 款规定:“全国人民代表大会常务委员会制定和修改除应当由全国人民代表大会制定的法律以外的其他法律；在全国人民代表大会闭会期间，对全国人民代表大会制定的法律进行部分补充和修改，但是不得同该法律的基本原则相抵触。”

规则：

> 同一机关制定的法律、行政法规、地方性法规、自治条例和单行条例、规章，特别规定与一般规定不一致的，适用特别规定；新的规定与旧的规定不一致的，适用新的规定。

《海商法》作为民事特别法，应当优先于一般民事法律适用；对于《海商法》未有规定的事项，应当适用《民法典》以及《保险法》《涉外民事关系法律适用法》等单行法律的一般规定。

理论探讨

《海商法》与《民法典》的效力冲突

《民法典》生效以后，民事法律之间新的一般规定与旧的特别规定之间的效力冲突问题尤为突出，海商法领域亦不例外。尤其是此前《民法通则》的部分规定，较之《海商法》原本属于旧的一般规定，但经由《民法典》复述以后规则本身的内容虽未发生变化，却形成了新的一般规定。此种现象主要是因为《民法典》的出台，导致我国的民事基本法发生了整体更新。

例如，关于诉讼时效期间的中断事由，《民法通则》第 140 条规定：

> 诉讼时效因提起诉讼、当事人一方提出要求或者同意履行义务而中断。从中断时起，诉讼时效期间重新计算。

《海商法》第 267 条第 1 款对此作出了特别规定，有意排除了“当事人一方提出要求”作为诉讼时效期间中断事由：

> 时效因请求人提起诉讼、提交仲裁或者被请求人同意履行义务而中断。但是，请求人撤回起诉、撤回仲裁或者起诉被裁定驳回的，时效不中断。

《民法典》第 195 条的表述虽然发生了较大改动，但规定的实质内容未有明显变化，仍然认可权利人向义务人提出履行请求作为诉讼时效期间中断事由：

> 有下列情形之一的，诉讼时效中断，从中断、有关程序终结时起，诉讼时效期间重新计算：

（一）权利人向义务人提出履行请求；

（二）义务人同意履行义务；

（三）权利人提起诉讼或者申请仲裁；

（四）与提起诉讼或者申请仲裁具有同等效力的其他情形。

此时《民法典》第 195 条与《海商法》第 267 条第 1 款的效力关系，即属于新的一般规定与旧的特别规定。此种效力冲突根据《立法法》第 105 条第 1 款的规定，本应由全国人民代表大会常务委员会作出裁决：

法律之间对同一事项的新的一般规定与旧的特别规定不一致，不能确定如何适用时，由全国人民代表大会常务委员会裁决。

但是，实践中全国人民代表大会常务委员会针对如此具体的法律适用问题作出裁决的情况实属罕见，更多仍应依靠法院在具体适用法律时通过法律解释进行处理。《最高人民法院关于适用〈中华人民共和国民法典〉总则编若干问题的解释》第 1 条第 2 款对此作出了解释，基本能够解决《民法典》生效导致的新的一般规定与旧的特别规定的效力冲突问题：

就同一民事关系，其他民事法律的规定属于对民法典相应规定的细化的，应当适用该民事法律的规定。民法典规定适用其他法律的，适用该法律的规定。

《海商法》立法当时是有意背离了《民法通则》的规定，排除“当事人一方提出要求”作为诉讼时效期间中断事由。因此，《海商法》第 267 条第 1 款应当属于《民法典》第 195 条的细化，此时应当适用《海商法》的规定。

（三）中国主要航运法律

1.《海商法》

《中华人民共和国海商法》是我国最为主要的海事立法，也即我国的海商法典。我国早在 1951 年就成立了中华人民共和国海商法起草委员会，1963 年完成草案第九稿后受“文化大革命”等因素影响起草工作中断，1981 年重新恢复，直至 1992 年 11 月 7 日由第七届全国人民代表大会常务委员会第二十八次会议通过，1993 年 7 月 1 日施行。《海商法》的起草工作历时超过四十年，凝聚了数代人的努力。

《海商法》共计十五章 278 条，主要规定了船舶物权、船员、海上货物运输合同、海上旅客运输合同、船舶租用合同、海上拖航合同、船舶碰撞、海难救助、共同海损、海事赔偿责任限制、海上保险合同、时效、涉外关系法律适用等内容。《海商法》的性质属于民事特别法，其中绝大多数规定均属民事法律规范；少数的例外应是第 4 条至第 6 条关于沿海运输权、船舶国籍和悬挂国旗以及海上运输管理的规定，以及第三章关于船员管理的部分规定，具有行政或经济法律规范的性质。

《海商法》制定时遵循了五项具体原则，反映了该法的主要特色：

（1）从我国海上运输、经济贸易等实际情况出发，例如第四章“海上货物运输合同”是在《海牙—维斯比规则》的基础之上，吸收《汉堡规则》的部分规定形成的混合制度，而且该章由于当时法律制度的差异而不适用于我国国内的水路货物运输合同。

（2）以当时通行的国际海事条约为基础，例如第八章“船舶碰撞”是以《1910 年统一船舶碰撞若干法律规定的国际公约》为基础，第五章“海上旅客运输合同”是以经 1976 年议定书修订的《1974 年海上旅客及其行李运输雅典公约》为基础，第十一章“海事赔偿责任限制”是以《1976 年海事赔偿责任限制公约》为基础。

（3）吸收体现国际海事惯例的民间规则，例如第十章“共同海损”大量吸收了《1974 年约克—安特卫普规则》的规定。

（4）借鉴具有广泛影响的标准格式合同，例如第四章第七节“航次租船合同的特别规定”借鉴了 1976 年 GENCON，第六章“船舶租用合同”关于定期租船合同的规定即借鉴了 1946 年 NYPE 和 1981 年 ASBATIME，关于光船租赁合同的规定借鉴了 1974 年 BARECON。

（5）适当考虑国际海事立法的发展趋势，例如第九章“海难救助”主要参照《1989 年国际救助公约》制定，而在《海商法》通过当时该公约尚未生效。但是，当时国际上通行的《1910 年统一海难援助和救助若干法律规定的公约》的内容已经过时，《1989 年国际救助公约》虽未生效，但代表了海难救助的国际立法趋势。（如表 10）

表 10　《海商法》吸收国际海事条约、国际航运惯例、标准格式合同、外国立法情况对照

第二章　船舶	• 1993 年船舶优先权和抵押权国际公约（草案）[①]
第四章　海上货物运输合同	• 1924 年统一提单若干法律规定的国际公约（海牙规则） • 修正《1924 年统一提单若干法律规定的国际公约》的 1968 年议定书（维斯比规则） • 1978 年联合国海上货物运输公约（汉堡规则） • 1976 年统一杂货租船合同（金康，GENCON）

① 《海商法》起草当时《1993 年船舶优先权和抵押权国际公约》尚未通过。

续表

第五章　海上旅客运输合同	• 1974 年海上旅客及其行李运输雅典公约 •《1974 年海上旅客及其行李运输雅典公约》的 1976 年议定书
第六章　船舶租用合同	• 1946 年定期租船合同（土产格式，NYPE） • 1974 年统一定期租船合同（波尔的姆，BALTIME） • 1974 年标准光船租赁合同（贝尔康，BARECON）
第八章　船舶碰撞	• 1910 年统一船舶碰撞若干法律规定的国际公约
第九章　海难救助	• 1989 年国际救助公约
第十章　共同海损	• 1974 年约克—安特卫普规则
第十一章　海事赔偿责任限制	• 1976 年海事赔偿责任限制公约
第十二章　海上保险合同	• 英国 1906 年海上保险法

《海商法》在体例方面最为突出的特征之一，应是排除了对于我国国内水路货物运输合同的适用。《海商法》第 2 条第 2 款规定："本法第四章海上货物运输合同的规定，不适用于中华人民共和国港口之间的海上货物运输。"与此不同的是，《海商法》第五章"海上旅客运输合同"未排除对于我国港口之间的国内海上旅客运输合同的适用。

《海商法》作出此种规定的主要理由在于：《海商法》起草后期国际海上货物运输制度与国内水路货物运输制度在承运人责任的归责原则、赔偿责任限制、运输单证等方面存在很大差异。当时国际海上货物运输普遍适用《海牙—维斯比规则》，承运人对于货物灭失或损坏的归责原则一般认为是不完全的过错责任原则，承运人享有单位赔偿责任限制的权利，使用的运输单证为提单；国内水路货物运输适用 1981 年《经济合同法》、1986 年国务院批准的《水路货物运输合同实施细则》以及原交通部于 1973 年制定、1987 年修正的《水路货物运输规则》，承运人责任的归责原则为完全的过错责任原则，承运人不享有单位赔偿责任限制的权利，使用的运输单证主要为水路货物运单，装货港、航运公司和卸货港即"两港一航"共同作为承运人。此外，《海商法》制定于我国计划经济时期，国家的国内水路货物运输计划对于船货双方具有约束力，但国际海上货物运输不实行国家运输计划。此种差异在当时被认为难以完全调和。因此，当时在《海商法》中设立国内海上货物运输合同制度，并使之与国际海上货物运输合同制度基本统一的条件尚不成熟。[①]

《海商法》自 1992 年通过以来，随着国际国内航运经济和航运实践，以及我国航运政策与发展战略乃至民事立法的深刻变化，加之《海商法》施行以来陆续暴露的该法本身的缺

① 参见胡正良：《论〈海商法〉修改的必要性》，载《当代法学》2003 年第 12 期，第 142–143 页。

陷与不足，《海商法》已经不能完全适应当前和今后航运活动对于法律的需要，亟待通过修改实现现代化。《海商法》修改列入了《十三届全国人大常委会立法规划》，作为第二类项目，即需要抓紧工作、条件成熟时提请审议的法律草案，[①] 但在十三届全国人大任期内未能完成修法工作。

2.《海上交通安全法》

《中华人民共和国海上交通安全法》于 1983 年 9 月 2 日第六届全国人民代表大会常务委员会第二次会议通过，1984 年 1 月 1 日施行；2016 年 11 月 7 日进行了修正，2021 年 4 月 29 日全面修订。[②]

《海上交通安全法》的性质属于航运行政法，共计 10 章 122 条，主要调整我国管辖海域内的航行、停泊、作业以及其他与海上交通安全相关的活动，[③] 包括船舶、海上设施和船员，海上交通条件和航行保障，航行、停泊、作业，海上客货运输安全，海上搜寻救助，海上交通事故调查处理，监督管理，法律责任等内容。

3.《港口法》

《中华人民共和国港口法》于 2003 年 6 月 28 日第十届全国人民代表大会常务委员会第三次会议通过，2004 年 1 月 1 日施行，此后分别于 2015 年 4 月 24 日、2017 年 11 月 4 日、2018 年 12 月 29 日三次修正。

《港口法》的性质同样属于航运行政法，[④] 共计 6 章 62 条，主要调整港口规划、建设、维护、经营、管理及其相关活动，包括港口规划与建设、港口经营、港口安全与监督管理、法律责

---

① 全国人民代表大会常务委员会的立法规划一般分为三类：第一类是条件比较成熟、任期内拟提请审议的法律草案，此类项目的法律草案一般已经比较成熟；第二类是抓紧工作、条件成熟时拟提请审议的法律草案，此类项目的立法工作一般已经启动，但法律草案本身尚不成熟；第三类是立法条件不完全具备、需继续研究的立法项目，此类项目的立法工作一般尚未启动，或者即使已经启动但法律草案还未成形。

② 我国法律的修改分为修正与修订。修正是对法律部分条款的修改，即局部修改；修订是对法律整体的修改，即全面修改。法律修正提请审议和公布的是修正案或修改法律的决定，例如《中华人民共和国刑法修正案（十一）》和《全国人民代表大会关于修改〈中华人民共和国地方各级人民代表大会和地方各级人民政府组织法〉的决定》，内容主要是说明需要修改、增加、删去的法律条文，而修改后的法律全文则由立法机关另行公布，例如《全国人民代表大会常务委员会关于修改〈中华人民共和国反垄断法〉的决定》末段说明："《中华人民共和国反垄断法》根据本决定作相应修改并对条文顺序作相应调整，重新公布。"法律修订提请审议和公布的是完整的法律修订草案，例如《中华人民共和国主席令第七十九号》的内容如下："《中华人民共和国海上交通安全法》已由中华人民共和国第十三届全国人民代表大会常务委员会第二十八次会议于 2021 年 4 月 29 日修订通过，现予公布，自 2021 年 9 月 1 日起施行。"

③ 参见《海上交通安全法》第 2 条规定："在中华人民共和国管辖海域内从事航行、停泊、作业以及其他与海上交通安全相关的活动，适用本法。"

④ 中国人大网发布的《现行有效法律目录》将《港口法》归入经济法部门。参见中国人大网：《现行有效法律目录（294 件）》，载 http：//www.npc.gov.cn/npc/c30834/202211/02ef739024984d22a2b465b739a7b212.shtml，最后访问日期：2023 年 1 月 18 日。

任等内容。但是,《港口法》的内容仅限于公法规则，而未规定港口货物作业合同等港口经营涉及的民事法律制度。

4.“航运法”

“中华人民共和国航运法”的性质应当属于航运经济法，也即通常所称的航运法。

“航运法”的起草工作始于1996年，直至2004年形成送审稿后中断，主要原因集中于两个方面：一是国务院、全国人民代表大会及其常务委员会的立法任务较重，而立法资源有限，当时我国立法主要围绕市场经济体制建设、国计民生以及重要的民事法律三个方面，行业立法降至相对次要的位置；二是行业立法需要将成熟的以及今后一个时期实施的行业政策以法律条文的形式加以固定，但随着当时我国航运经济的迅速发展，社会主义市场经济体制完善的步伐加快，导致作为“航运法”立法基础的今后一定时期之内我国航运市场的基本政策难以预测和固定。① 虽然交通运输部曾于2010年尝试恢复“航运法”的起草，但目前起草工作仍然处于停滞状态。

目前已有学者提出，我国基本航运政策现已大致定型，政府航运市场监管体制和机制基本成熟，为加快制定“航运法”提供了现实基础。②

5.《海事诉讼特别程序法》

《中华人民共和国海事诉讼特别程序法》于1999年12月25日第九届全国人民代表大会常务委员会第十三次会议通过，2000年7月1日起施行。

《海事诉讼特别程序法》是《民事诉讼法》的特别法，共计12章127条，包括管辖、海事请求保全、海事强制令、海事证据保全、海事担保、送达、审判程序、设立海事赔偿责任限制基金程序、债权登记与受偿程序、船舶优先权催告程序等内容。此外,《海事诉讼特别程序法》另有配套的司法解释，即2003年2月1日施行的《最高人民法院关于适用〈中华人民共和国海事诉讼特别程序法〉若干问题的解释》。

最高人民法院已于2019年启动了《海事诉讼特别程序法》修改的研究工作，但目前修法工作基本处于停滞状态，其中的原因之一是作为实体法的《海商法》修改进展不佳，导致《海事诉讼特别程序法》作为程序法，通过修改规定与实体法匹配的诉讼程序制度存在障碍。

---

① 参见胡正良、郑丙贵:《中国〈航运法〉制定中几个基本理论问题之研究》，载《中国海商法研究》2012年第1期，第65页。

② 参见杨磊、贾大山、张守国等:《美国航运改革法之我见》，载《中国远洋海运》2022年第7期，第50页。

二、行政法规

行政法规是我国最高行政机关即国务院制定的规范性法律文件。《立法法》第72条第1款规定："国务院根据宪法和法律，制定行政法规。"根据《最高人民法院关于裁判文书引用法律、法规等规范性法律文件的规定》第4条，民事裁判文书对于应当适用的行政法规可以直接引用作为裁判依据，行政法规由此属于海商法的正式法源。关于行政法规的立法权限，《立法法》第72条第2款、第3款规定：

> 行政法规可以就下列事项作出规定：
>
> （一）为执行法律的规定需要制定行政法规的事项；
>
> （二）宪法第八十九条规定的国务院行政管理职权的事项。
>
> 应当由全国人民代表大会及其常务委员会制定法律的事项，国务院根据全国人民代表大会及其常务委员会的授权决定先制定的行政法规，经过实践检验，制定法律的条件成熟时，国务院应当及时提请全国人民代表大会及其常务委员会制定法律。

我国航运领域的行政法规多以"条例"为名，主要包括《船舶登记条例》《船员条例》《防治船舶污染海洋环境管理条例》《国际海运条例》《国内水路运输管理条例》《内河交通安全管理条例》等。但是，此类行政法规大多属于航运行政法和航运经济法。海商法领域的行政法规主要是《关于不满300总吨船舶及沿海运输，沿海作业船舶海事赔偿限额的规定》《中华人民共和国港口间海上旅客运输赔偿责任限额规定》。

值得注意的是现已废止的《水路货物运输合同实施细则》，1986年11月8日经国务院批准，1986年12月1日由原交通部发布；2022年4月7日，国务院发布《国务院关于修改和废止部分行政法规的决定》，其中废止了《水路货物运输合同实施细则》，自2022年5月1日起施行。《水路货物运输合同实施细则》的性质属于行政法规还是部门规章，存在一定争议。主要原因是从立法时间的角度，《水路货物运输合同实施细则》产生在先，而《立法法》制定在后。《立法法》第65条第1款规定国务院制定行政法规，而《水路货物运输合同实施细则》只是由国务院批准，制定主体则是原交通部而非国务院，且由原交通部发布，其中第34条规定的解释主体也是原交通部。[①] 而且，《立法法》通过前我国的学理通说认为，行政法规是国务院制定和发布的关于国家行政管理方面的规范性文件，而部门规章也即当时所称

① 参见《水路货物运输合同实施细则》第34条规定："本细则由交通部负责解释。"

行政规章是国务院部委在本部门权限内发布的规范性文件。[①]可见制定和发布主体均是认定规范性文件效力位阶的重要标准。同一时期也确有大量直接由国务院制定、发布的规范性文件，例如《中华人民共和国防治陆源污染物污染损害海洋环境管理条例》由 1990 年 5 月 25 日国务院第 61 次常务会议通过，1990 年 6 月 22 日国务院令第 61 号发布。我国司法实践直接援引《水路货物运输合同实施细则》作为裁判依据的情形也颇为少见。例如，广东省高级人民法院在珠海嘉圣物流有限公司与广东立伟达矿业有限公司运输合同纠纷案中更是直接认为属于部门规章：

> 《水路货物运输合同实施细则》属于部门规章，不具有强制适用的效力。在当事人没有选择适用的情况下，不能作为确定当事人权利义务关系的规则。[②]

但是，根据国务院历次发布的涉及《水路货物运输合同实施细则》的决定，包括 2011 年 1 月 8 日《国务院关于废止和修改部分行政法规的决定》、[③]2022 年 4 月 7 日《国务院关于修改和废止部分行政法规的决定》，[④]似乎倾向于将《水路货物运输合同实施细则》认定为行政法规。

上述《关于不满 300 总吨船舶及沿海运输、沿海作业船舶海事赔偿限额的规定》《中华人民共和国港口间海上旅客运输赔偿责任限额规定》的情况类似，虽然国家法律法规数据库将二者的法律性质归入行政法规，但二者由国务院批准的同时均是以交通部令的形式发布，且由国务院交通运输主管部门负责解释。

第四节 航运习惯

一、航运习惯的概念

航运习惯作为习惯的具体类型，是指航运领域经过长期历史积淀形成而为人们自觉遵守的行为模式。

---

① 参见孙笑侠主编：《法理学》，中国政法大学出版社 1996 年版，第 86 页。

② 广州海事法院民事判决书，（2015）广海法初字第 843 号；广东省高级人民法院民事判决书，（2016）粤民终 1483 号。

③ 参见中华人民共和国国务院令第 588 号。

④ 中华人民共和国国务院令第 752 号。

《民法总则》第 10 条关于民法法源规定:“处理民事纠纷,应当依照法律;法律没有规定的,可以适用习惯,但是不得违背公序良俗。”该条首次在我国明文确立了习惯具有民法法源的地位,而不再限于零星的个别事项。[①]《民法典》第 10 条维持了《民法总则》的上述规定。[②]因此,至少在民事领域应当认为习惯已是正式法源。

理论探讨

航运习惯与航运惯例的关系

关于习惯与惯例的关系,我国民事立法此前更多采用“惯例”的表述,最为典型的便是《民法通则》第 142 条第 3 款以及《海商法》第 268 条第 2 款。但是,习惯与惯例的差别主要集中于国际公法领域,而在商事法律的场合常常混用。例如,王铁崖围绕国际公法中的习惯与惯例认为:

> “习惯”一词常与“惯例”混用。其实,“惯例”有广义与狭义之分:狭义的“惯例”专指习惯,而广义的“惯例”则包括“习惯”在内——外交文件上所用的“惯例”一词可能既包括具有法律拘束力的习惯,即狭义的“惯例”,也包括尚未具有法律拘束力的“惯例”,即《国际法院规约》第 38 条第 1 项丑款所称之“通例”。[③][④]

海商法学界虽有观点主张“航运惯例”与单纯的“航运习惯”存在不同,例如我国台湾地区学者杨仁寿认为“有关海事之习惯法(又称为航运惯例,shipping customs,shipping practice,与单纯的航运习惯 shipping usage 不同)”,[⑤]但未给出明确的理由。传统上认为“usage”与“custom”在法律意义上的区别在于:前者是一个重复的行为,而后者是在此重复行为基础上形成的法律或规则。[⑥]此时二者的区别应当在于是否经过合法性判断。但是,我国《民法典》第 10 条明确规定作为法源适用的习惯不得违背公序良俗,也即必须经过合法性判断,此时习惯与惯例在《民法典》的立场下应无明显差别。

---

① 例如,此前《物权法》第 85 条规定:“法律、法规对处理相邻关系有规定的,依照其规定;法律、法规没有规定的,可以按照当地习惯。”

② 参见《民法典》第 10 条规定:“处理民事纠纷,应当依照法律;法律没有规定的,可以适用习惯,但是不得违背公序良俗。”

③ 王铁崖主编:《国际法》,法律出版社 1995 年版,第 13–14 页。

④ 《国际法院规约》第 38 条第 1 款丑项规定:“法院对于陈诉各项争端,应依国际法裁判之,裁判时应适用:……国际习惯,作为通例之证明而经接受为法律者。”

⑤ 杨仁寿:《最新海商法论》(第 4 版),2010 年自版发行,第 3 页。

⑥ 参见薛波主编:《元照英美法词典》,北京大学出版社 2013 年版,第 1388 页。

全国人大常委会法制工作委员会编写的释义也认为,《民法典》第10条规定的习惯是指在一定地域、行业范围内长期为一般人确信并普遍遵守的民间习惯或者商业惯例,[①] 即习惯既包括民间习惯,也包括商业惯例。因此,至少在我国民事法律领域,包括海商法在内,习惯与惯例更多只是称谓不同,严格区分二者并无实质性意义。考虑到《民法典》作为我国的民事基本法,从法源的角度规定了习惯,本书原则上也采航运习惯的表述。

二、航运习惯的形式

航运习惯的形式成文与否均有可能。[②] 例如,海上货物运输的承运人在舱面装载货物,如果是木材船甲板装载木材,或者专用集装箱船甲板装载集装箱,一般认为符合《海商法》第53条第1款关于舱面货物运输的规定。[③] 此即属于较为典型的不成文航运习惯。

随着习惯编纂活动不断发展,习惯也存在日渐成文化的趋势。例如,共同海损理算的《约克—安特卫普规则》便是典型的成文航运习惯。此外,普遍通行的标准格式合同条款也有可能构成航运习惯。

三、航运习惯的适用

(一)航运习惯适用的基本问题

关于航运习惯的适用,首先应当注意以下四个方面的基本问题:

1. 习惯仅在制定法未有规定时方能适用。关于习惯作为法源的效力位阶,我国《民法典》第10条的规定已经颇为明确,即习惯仅在我国国内立法也即制定法未有规定时方能适用。因此,对于《海商法》未有规定的情形,《民法典》等一般民事法律应当优先于航运习惯适用。

---

① 参见黄薇主编:《中华人民共和国民法典总则编释义》,法律出版社2020年版,第37页。

② 也有不同观点存在。例如,司玉琢主编的《海商法》一书第三版认为:"国际航运惯例通常是指在国际航运中,对同一性质的问题所采取的类似行动,经过长期反复实践逐渐形成的,为大多数航运国家所接受的,具有法律拘束力的不成文的行为规则。"但是,该书第四版已将表述修改为"通常为不成文"。参见司玉琢主编:《海商法》(第3版),法律出版社2012年版,第8页;司玉琢主编:《海商法》(第4版),法律出版社2018年版,第5页。

③ 参见《海商法》第53条第1款规定:"承运人在舱面上装载货物,应当同托运人达成协议,或者符合航运惯例,或者符合有关法律、行政法规的规定。"

理论探讨

航运习惯的适用位阶

《民法典》第10条本已明确规定了习惯的适用位阶，即仅在制定法未有规定时方能适用，《海商法》第268条第2款以及此前《民法通则》第142条第3款的规定亦然。我国作为采取民商合一立法体例的国家，航运习惯的适用位阶应当也不例外。但是，学界对此却有不同观点，主张航运习惯应当优先于一般民事法律适用，也即形成“国际条约→《海商法》→航运习惯→其他民事法律”的法源适用顺序。例如，曹兴国、初北平在《作为特别法的〈海商法〉的修改——制度体系、修法时机及规范设计》一文中认为：

> 《海商法》与民法典之间的特别法与一般法的法律适用关系，也不能简单地处理为《海商法》没有明文规定的，就直接适用民法典，而应重视海商法内部的法源担当，尤其是海事惯例的法律渊源地位，将其列为优先于民法典规范适用的法律渊源。①

我国商法学界也有学者采取类似主张，例如李建伟认为：

> 《民法典》第10条、第11条究竟确立了怎样的商法渊源体系，是“商法规范—民法规范—商事习惯”抑或“商法规范—商事习惯—民法规范”？两种观点分歧在于商事习惯与民法规范的位阶安排，背后原因是对商法之于民法的实质性独立程度有不同认知。“民法规范先于商事习惯”的位阶安排系片面理解与孤立适用“成文法优于不成文法”规则，不恰当地切割商事领域习惯法与制定法，实质损害了商法的独立性。依我国形式私法一元制、实质私法二元制的私法体系，民商法的内在体系不同，商事习惯相较于民事制定法更能够实现对商事关系的妥当调整，由此而确立的“商事习惯先于民法规范”位阶更能维护商法的实质独立性，避免商事审判的“任意向民法逃逸”，更可规模性地避免“有法误用”现象发生。②

论及航运习惯较之一般民事法律的优先效力，学者时常称引的论据是日韩两国的立法例。日本《商法》第1条第2款规定：

---

① 曹兴国、初北平：《作为特别法的〈海商法〉的修改——制度体系、修法时机及规范设计》，载《政法论丛》2018年第1期，第89页。

② 李建伟：《论商事习惯的法源位阶》，载《中国法学》2022年第5期，第243页。

关于商事活动，本法中未规定的事项遵照商习惯；无商习惯的，适用民法（民治二十九年法律第八十九号）规定。[①]

韩国《商法》第 1 条则规定：

关于商事，若本法无规定，依照商事习惯法；若无商事习惯法，则依照民法规定。

日韩两国均采民商分立的立法体例，商法在民商分立的体例下较之民商合一具有更高的独立性。韩国在日本殖民统治时代直接依用日本《商法》，[②]现行韩国《商法》也以日本《商法》为基础。[③]据此上述两国的规定基本相同，惟有日本于 2005 年修法时将“商习惯法”修改为“商习惯”。虽然日韩两国商事立法均肯定了商事习惯的优先效力，但实质上却远非不同的立法例，而是存在明确的继受关系，似乎在大陆法系的民商事立法中也属孤例。而且，日本本国学者对此不无批评，例如服部荣三认为日本《商法》第 1 条第 2 款的立法意图只是强调民法典是商法的补充性渊源，适用民法规定时应持谨慎态度；[④]松波仁一郎则主张“本条全然删除”，理由在于：

无以商惯习法置于民法之上之必要。民法第九十二条，[⑤]既云可认法律行为之当事者为有依于惯习的意思者之时，则从其惯习，故苟可认商行为其他之法律行为之当事者为有依于商惯习的意思者之时，则依此规定，当然先使从其惯习。其不入于此规定之场合，则为不可认当事者为有依于商惯习的意思者之场合，无须斥民法而使从惯习。[⑥]

至于主张航运习惯优先于一般民事法律适用的具体理由，同样不乏可资商榷之处。例如，曹兴国、初北平认为：

海事惯例……作为经由海事实践主体长期适用和遵守而形成的一种行为规范对于海事活动主体具有相当强的预期指引力和约束力——其为特定领域内的海事活

① 刘成杰译注：《日本最新商法典译注》，中国政法大学出版社 2012 年版，第 7 页。

② 参见吴日焕译：《韩国商法》，中国政法大学出版社 1999 年版，第 1 页。

③ See In Hyeon Kim，*Transport Law in South Korea*，Kluwer Law International，2013，p.29.

④ 参见［日］近藤光男：《日本商法总则·商行为法》，梁爽译，法律出版社 2016 年版，第 12 页。

⑤ 日本《民法》第 92 条规定：“有与法令中无关公共秩序的规定相异的习惯，在能确定法律行为的当事人有依习惯的意思时，从其习惯。”参见刘士国、牟宪魁、杨瑞贺译：《日本民法典》，中国法制出版社 2018 年版，第 14 页。

⑥ ［日］松波仁一郎：《日本商法论》，秦瑞玠、郑钊译述，王铁雄点校，中国政法大学出版社 2005 年版，第 18 页。

动主体所熟知，已经形成了法律意义上的调整效力，并具有很强的社会适用力。而且相比于民法一般法，海事惯例直接来源于长期反复的海事实践，因而其更能准确体现海事当事方之间的利益平衡，更符合海事活动主体对海上特殊风险的认识和对海商传统的传承，更适应海事领域对调整规范所应当具有的价值取向和制度特性的期待。[①]

成文的海商法律乃至各类商事制定法均存在固定化且较易落伍于时代的弊端，同样可能因与实际发生的交易活动不相适应而丧失价值。[②] 此种缺陷绝非一般民事法律独有，而是成文法律固有的局限性。法律的确定性要求法律保持相对稳定，但也导致法律与其社会生活或多或少地有所脱节，从而存在滞后性。[③] 而且，成文法是人类对于法的认识达到一定阶段或程度的产物，人类法律的形成和发展本就经历了从习惯到习惯法再到成文法的过程。[④] 海商法所谓的习惯起源性并不能在适用效力上赋予航运习惯有别于其他习惯的特殊性。如果航运习惯确实如此优越，以至于能够体现强大的"社会适用力"，为何不能径直优先于成文的海商法律适用？民事活动以及航运以外的其他商事活动也会形成相应的习惯，却又为何不能优先于一般民事法律适用？质言之，习惯毕竟具有任意性、自治性的特征。基于成文法系的基本立场，突破制定法优于习惯法的原则必须慎之又慎。动辄允许习惯优先于法律适用，难免损害法律的安定性，尤其是确定性。因此，主张航运习惯优先于一般民事法律适用，无论在学理上抑或立法上均显理据孱弱。

2. 习惯的性质是补充性法源。《民法典》第 10 条采用的表述是"可以"而非"应当"。"可以"是相对确定性规则的典型表述，而"应当"用于绝对确定性规则。因此，习惯在个案中能否得到适用，仍需法院根据具体案情加以判断，而不存在必须适用的强制性习惯。航运习惯亦同。

① 曹兴国、初北平：《作为特别法的〈海商法〉的修改——制度体系、修法时机及规范设计》，载《政法论丛》2018 年第 1 期，第 89 页。

② 参见［日］近藤光男：《日本商法总则・商行为法》，梁爽译，法律出版社 2016 年版，第 12 页。

③ 参见徐国栋：《民法基本原则解释——成文法局限性之克服》（增订本），中国政法大学出版社 2001 年版，第 181 页。

④ 参见卓泽渊：《法学导论》（第 2 版），法律出版社 2014 年版，第 88 页。

理论探讨

是否存在强制性的航运习惯?

司玉琢主编的《海商法》一书认为：

> 国际航运惯例可以分为任意性惯例与强制性惯例两种。强制性惯例无须当事人意思表示，即产生法律上的拘束力。任意性惯例是指只有在当事人表示援用时，才对他们有拘束力。在国际航运中，此种惯例居多，如《约克—安特卫普规则》就是典型的一例，它是国际民间航运团体提出的建议性的规则，只有当事人通过协商方式在合同中明确订明采用该项规则时，才对当事人具有法律拘束力。[①]

此种理解应是基于我国学理上对于《海商法》第268条第2款历来存在的一种观点，即只要国际惯例不与我国法律以及我国缔结或参加的国际条约抵触，即使当事人之间未有适用国际惯例的约定，也可以适用国际惯例。[②] 例如，胡正良认为：

> 国际航运惯例在我国的适用，既表现为强制性，也表现为任意性。
>
> 强制性表现在：如果国际航运惯例不与我国的法律和我国缔结或者参加的国际条约相抵触，即可以适用，而不以当事人选择适用作为前提条件。
>
> 任意性表现在两个方面：(1)如果我国的法律和我国缔结或者参加的国际条约规定，国际航运惯例或者某一方面的国际航运惯例的适用需经当事人选择，则只有当事人选择适用时，国际航运惯例才能适用，因为不能不经当事人选择便适用，即与我国的法律和我国缔结或者参加的国际条约规定相抵触。(2)前述《海商法》第268条第2款规定中“可以”两字表明，即使当事人选择适用，国际航运惯例是否最终适用，仍取决于审理案件的法院或者仲裁机构。法院或者仲裁机构在决定是否适用国际航运惯例时，需考虑国际航运惯例是否与当事人在合同中约定的内容相抵触。如果有抵触，则不应适用国际航运惯例；但是，如果当事人没有明示约定排除适用国际航运惯例，可以推定当事人默认适用国际航运惯例。[③]

但是，上文关于“强制性惯例无须当事人意思表示，即产生法律上的拘束力”的观点，

① 司玉琢主编：《海商法》(第4版)，法律出版社2018年版，第5页。
② 参见胡正良主编：《海事法》(第3版)，北京大学出版社2016年版，第23页。
③ 胡正良主编：《海事法》(第3版)，北京大学出版社2016年版，第23页。

明显放大了航运习惯适用的所谓强制性，不仅将其径直等同于强制性规范，而且忽视了同时存在的任意性。

法理学意义上的强制性规范，是指规定人们必须作出或者不作出某种行为，而不允许自由确定或予以变通的法律规范。[①] 无论是《民法典》第 10 条还是《海商法》第 268 条第 2 款、此前《民法通则》第 142 条第 3 款，采用的表述均是“可以”而非“应当”。从立法技术的角度分析，“可以”是相对确定性规则的典型表述，而“应当”才是用于绝对确定性规则。全国人大常委会法制工作委员会《立法技术规范（试行）（一）》第 14 条也规定：“法律在表述义务性规范时，一般用‘应当’……”法条对于习惯的适用采用“可以”的措辞，表明习惯并非当然适用，而由裁判者享有一定的自由裁量权，从而已在很大程度上体现了航运习惯的任意性。而且，当事人如果主张存在习惯，应当首先负担证明义务，即应当举证证明习惯存在。[②] 裁判者依职权主动适用习惯裁判案件的情形实属少数，而且还需考虑习惯是否与当事人的约定抵触。因此，即使裁判者依职权主动适用习惯，也应以当事人之间未有不同约定为前提。

以《民法典》合同编为例，其中的任意性规范采用的表述大多是“当事人另有约定的除外”。如果当事人未有不同约定，裁判者同样可以依职权主动适用任意性规范。可见裁判者是否能够依职权主动适用，不是区分强制性规范和任意性规范的标准。因此，当事人完全可以通过合同约定自由确定是否适用习惯，法理意义上应当不存在所谓的强制性航运习惯。

3. 习惯的适用不要求具有涉外因素。此前根据《海商法》第 268 条第 2 款以及《民法通则》第 142 条第 3 款，航运习惯在我国与国际海事条约同样仅在具有涉外因素的情形能够适用，而在《民法典》明确规定习惯的法源地位后即不再有此限制。

4. 法律另有明确规定适用习惯的情形，应当依其规定。此种情形属于法律已有规定，故而不在《民法典》第 10 条第 2 句的范围之内。例如，《海商法》第 49 条第 1 款规定：“承运人应当按照约定的或者习惯的或者地理上的航线将货物运往卸货港。”其中习惯航线的适用即属法律明确规定的情形，应当优于地理上的航线适用。

① 参见卓泽渊：《法学导论》（第 2 版），法律出版社 2014 年版，第 47 页。

② 参见最高人民法院民法典贯彻实施工作领导小组主编：《中华人民共和国民法典总则编理解与适用》，人民法院出版社 2020 年版，第 87 页。

（二）航运习惯适用的具体条件

航运习惯的适用应当满足四项条件：一是法律对于待决事项未有规定；二是习惯确实存在；三是习惯长期以来作为具有约束力的规则为人们遵守；四是习惯不得违背公序良俗。[①] 其中第一项、第四项来自《民法典》第 10 条的明文规定，而第二项、第三项则是学理通说观点的补充。

关于通说观点补充的两项条件，习惯的存在也被称为习惯具备法律效力的外部要素。由于大量的航运习惯不具有成文的稳定形式，航运习惯适用的难点历来也在于证明其存在。至于习惯作为具有约束力的规则为人们遵守，则被认为是习惯具备法律效力的内部要素。[②] 此项条件要求人们普遍认可特定习惯具有法律的效力，也即确信其为法律而受其约束。

以此前曾对明确我国水路货物运输和水运货物港口作业当事人的权利和义务发挥重要作用的两部部门规章，即合称“两规”的《国内水路货物运输规则》和《港口货物作业规则》为例，“两规”虽于 2016 年被废止，但其中的主要规则符合航运习惯的适用条件，原则上可以作为航运习惯适用：

1. 法律对于待决事项未有规定。“两规”原有规定大多属于《民法典》，《海商法》以及原《合同法》等法律未有规定的事项。以《国内水路货物运输规则》为例，其中第 3 条第 5 项规定的实际承运人，第 46 条规定的承运人与实际承运人的连带责任，第 53 条、第 54 条规定的舱面货物运输规则，第 17 条、第 37 条规定的危险货物运输规则，以及第四章规定的水路货物运单，均属法律未有规定的事项，存在适用航运习惯的空间。

2. 习惯确实存在。航运习惯适用的难点历来在于证明习惯的存在。“两规”此前在我国实施长达十五年之久，构成习惯自不待言。而且，“两规”的原有内容通过交通运输主管部门的部门规章得以固定，具有明确的表现形式，使相应内容作为航运习惯的存在颇易证明。但是，对于其他航运习惯而言，除《约克—安特卫普规则》等获得公认的航运习惯外，当事人援引航运习惯需要负担颇为沉重的证明责任，尤其是各类不具有成文形式的航运习惯。

3. 习惯长期以来作为具有约束力的规则为人们遵守。“两规”原有内容长期以来得到水路货物运输参与者的普遍认可和遵循，即使在“两规”废止后亦是如此，例如不少水路货物运单目前仍然载明适用《国内水路货物运输规则》。此前《最高人民法院关于国内水路货物运输纠纷案件法律问题的指导意见》第 1 条、第 2 条也明确规定《国内水路货物运输规则》

---

① 参见梁慧星：《民法总论》（第 6 版），法律出版社 2021 年版，第 27 页。

② 参见李适时主编：《中华人民共和国民法总则释义》，法律出版社 2017 年版，第 35 页。

可以用于确定当事人的权利义务，[①] 且在“两规”废止后目前并未修改。

4. 习惯不得违背公序良俗。“两规”废止的主要原因在于不符合《立法法》原第 80 条第 2 款现第 91 条第 2 款关于部门规章权限范围的规定，尤其是缺少上位法的规定依据。但是，“两规”毕竟是由国务院交通主管部门制定，且在 2015 年《立法法》修正前并无超出立法权限的内容。“两规”原有内容主要属于商事规范，涉及公共秩序以及一般道德观念较少，至少在当前以及今后一个时期尚不至于存在违背我国的公序良俗的情形。

第五节　司法解释

一、法律解释的概念与分类

广义的法律解释是指有权的国家机关对于现行法律的内容和含义作出的说明。[②] 本节讨论的法律解释，仅限于狭义法律的解释，即对于全国人大及其常委会制定的规范性法律文件的解释。法律的正式解释在我国主要可以分为以下三种：

1. 立法解释，即国家立法机关对于法律作出的解释，此处国家立法机关是指全国人民代表大会常务委员会。《立法法》第 48 条第 1 款规定：“法律解释权属于全国人民代表大会常务委员会。”狭义的法律解释专指立法解释。《立法法》第 48 条第 2 款规定了两种应由全国人大常委会解释法律的情形：一是法律的规定需要进一步明确具体含义；二是法律制定后出现新的情况，需要明确适用法律依据。[③]《全国人民代表大会常务委员会关于加强法律解释工作的决议》第 1 条也明确规定：“凡关于法律、法令条文本身需要进一步明确界限或作补充规定的，由全国人民代表大会常务委员会进行解释或用法令加以规定。”例如，2000 年 4 月 29 日第九届全国人民代表大会常务委员会第十五次会议通过、2009 年 8 月 27 日修正的《全国人民代表大会常务委员会关于〈中华人民共和国刑法〉第九十三条第二款的解释》。

---

① 参见《最高人民法院关于国内水路货物运输纠纷案件法律问题的指导意见》第 1 条规定：“人民法院审理国内水路货物运输合同纠纷案件，应当适用民法通则、合同法等法律的有关规定，同时可以参照《国内水路货物运输规则》的有关规定。”第 2 条规定：“当事人在国内水路货物运单或者其他运输合同文件中明确约定其权利义务适用《国内水路货物运输规则》规定的，人民法院可以按照《国内水路货物运输规则》的有关规定确定合同当事人的权利义务。”

② 参见张文显主编：《法理学》（第 5 版），高等教育出版社 2018 年版，第 90 页。

③ 参见《立法法》第 48 条第 2 款规定：“法律有以下情况之一的，由全国人民代表大会常务委员会解释：（一）法律的规定需要进一步明确具体含义的；（二）法律制定后出现新的情况，需要明确适用法律依据的。”

2. 行政解释，即国家行政机关在依法行使职权时针对如何具体应用法律作出的解释。《全国人民代表大会常务委员会关于加强法律解释工作的决议》第 3 条规定："不属于审判和检察工作中的其他法律、法令如何具体应用的问题，由国务院及主管部门进行解释。"例如，2004 年 8 月 2 日原国务院法制办公室发布的《国务院法制办公室对〈关于提请解释《中华人民共和国行政许可法》有关适用问题的函〉的复函》，[①] 即是为答复《新闻出版总署关于提请解释〈中华人民共和国行政许可法〉有关适用问题的函》[②] 作出的解释。

3. 司法解释，即国家最高司法机关在适用法律时针对如何具体应用法律作出的解释，此处国家最高司法机关是指最高人民法院和最高人民检察院。《人民法院组织法》第 18 条第 1 款规定："最高人民法院可以对属于审判工作中具体应用法律的问题进行解释。"《人民检察院组织法》第 23 条第 1 款也规定："最高人民检察院可以对属于检察工作中具体应用法律的问题进行解释。"[③] 因此，司法解释又可具体分为三类：一是最高人民法院作出的审判解释，二是最高人民检察院作出的检察解释，三是最高人民法院和最高人民检察院共同作出的审判、检察联合解释，例如《最高人民法院 最高人民检察院关于办理海洋自然资源与生态环境公益诉讼案件若干问题的规定》。

司法解释权专属于国家最高司法机关。除最高人民法院、最高人民检察院以外的其他司法机关发布的指导性意见等类似文件，例如上海市高级人民法院《关于为上海国际航运中心建设提供司法服务与保障的若干意见》，不属于司法解释，也不具有法源的效力。但是，基于上级法院与下级法院之间的审判工作监督关系，[④] 此类文件多数对于下级法院具有事实上的约束力。

至于立法解释与司法解释的关系及界限，2015 年《立法法》修改时增加了原第 104 条第 1 款、现第 119 条第 1 款规定："最高人民法院、最高人民检察院作出的属于审判、检察工作中具体应用法律的解释，应当主要针对具体的法律条文，并符合立法的目的、原则和原意。遇有本法第四十八条第二款规定情况的，应当向全国人民代表大会常务委员会提出法律解释的要求或者提出制定、修改有关法律的议案。"此种规定主要是针对实践中司法解释存在的一些突出问题，而且在海商法领域也不同程度地存在：

---

① 参见国法函〔2004〕293 号。

② 参见新出法规［2004］759 号。

③ 《全国人民代表大会常务委员会关于加强法律解释工作的决议》第 3 条也规定："不属于审判和检察工作中的其他法律、法令如何具体应用的问题，由国务院及主管部门进行解释。"

④ 参见《人民法院组织法》第 10 条第 2 款规定："最高人民法院监督地方各级人民法院和专门人民法院的审判工作，上级人民法院监督下级人民法院的审判工作。"

1. 部分司法解释名为“解释”，但实际内容却是全面、系统的配套规定，其中有些内容在法律中没有对应的规定，不存在解释对象，导致司法解释的内容不再限于具体应用法律时对于法律文本的阐释说明，而是创设规则的“准立法”；

2. 部分司法解释明显与法律规定不一致，导致司法解释实际变相修改了法律，损害法律的权威；

3. 部分司法解释不符合立法目的、原则和原意，对于法律规定作出失当的扩大或限缩解释，影响了法律的正确适用；

4. 国家最高司法机关以外的部分地方人民法院、人民检察院也制定和发布抽象的解释性文件，不利于执法尺度的统一。①

海商法领域涉及的法律解释主要是最高人民法院作出的审判解释。《最高人民法院关于司法解释工作的规定》第 5 条规定:“最高人民法院发布的司法解释，具有法律效力。”因此，一般认为司法解释与其解释的法律具有同等效力，但不得与法律的规定抵触。

二、司法解释的分类

（一）司法解释的主要类型

根据《最高人民法院关于司法解释工作的规定》第 6 条,司法解释分为“解释”“规定”“规则”“批复”“决定”五种类型。

1. “解释”是指对于审判工作中如何具体应用某一法律，或者对于某一类案件、某一类问题如何应用法律制定的司法解释，例如《最高人民法院关于适用〈中华人民共和国海事诉讼特别程序法〉若干问题的解释》，即是关于如何具体应用《海事诉讼特别程序法》的司法解释。

2. “规定”是指根据立法精神围绕审判工作的需要而制定的规范、意见等，也是海商法领域涉及最多的司法解释类型，例如《最高人民法院关于审理海上货运代理纠纷案件若干问题的规定》《最高人民法院关于审理船舶碰撞纠纷案件若干问题的规定》《最高人民法院关于审理海上保险纠纷案件若干问题的规定》，均是针对特定的海事海商纠纷类型。

3. “规则”是规范人民法院审判执行活动等方面的司法解释,此种类型的司法解释是《最高人民法院关于司法解释工作的规定》2021 年 6 月修改时新增，例如主要为应对新冠肺炎疫情对于审判工作的影响而制定的《人民法院在线诉讼规则》。海商法领域尚不涉及此类司

---

① 参见冯玉军主编:《新〈立法法〉条文精释与适用指引》，法律出版社 2015 年版，第 386-388 页。

法解释。

4.“批复”是对高级人民法院等提出的审判工作中具体应用法律问题的请示制定的司法解释，例如《最高人民法院关于承运人就海上货物运输向托运人、收货人或提单持有人要求赔偿的请求权时效期间的批复》《最高人民法院关于如何确定沿海、内河货物运输赔偿请求权时效期间问题的批复》，分别是针对山东省高级人民法院、浙江省高级人民法院提出的请示作出的批复。

5.“决定”是用于修改或者废止司法解释，海商法领域少有专门涉及。2020 年年末，最高人民法院为配合《民法典》施行，对于司法解释进行了全面清理，清理的结果以决定的形式于 2020 年 12 月 29 日公布,其中涉及部分海事司法解释。以《最高人民法院关于修改〈最高人民法院关于破产企业国有划拨土地使用权应否列入破产财产等问题的批复〉等二十九件商事类司法解释的决定》为例，其中修改了《最高人民法院关于审理船舶碰撞和触碰案件财产损害赔偿的规定》《最高人民法院关于审理海上保险纠纷案件若干问题的规定》等海事司法解释。

（二）最高人民法院发布的其他文件

除上述五种司法解释外，最高人民法院还发布了许多其他类型的文件。此类文件不属于司法解释，也不构成海商法的法源，但事实上仍然对于下级法院裁判案件具有一定的约束力。

1. 审判工作会议的会议纪要，例如《第二次全国涉外商事海事审判工作会议纪要》《全国法院涉外商事海事审判工作座谈会会议纪要》《全国法院民商事审判工作会议纪要》，部分民法学者将此称为“司法政策”。①

2. 通知，例如《最高人民法院办公厅关于海事行政案件管辖问题的通知》。

3. 针对具体个案的复函，例如《最高人民法院关于能否对连带责任保证人所有的船舶行使留置权的请示的复函》《最高人民法院关于青岛口岸船务公司与青岛运通船务公司水路货物运输合同纠纷案中赔偿请求权诉讼时效期间如何计算的请示的复函》。

4. 指导意见，例如《最高人民法院关于国内水路货物运输纠纷案件法律问题的指导意见》。

---

① 例如，高圣平的《担保法前沿问题与判解研究（第四卷）——最新担保法司法政策精神阐解》一书，其中的“司法政策”即指《全国法院民商事审判工作会议纪要》。参见高圣平:《担保法前沿问题与判解研究（第四卷）——最新担保法司法政策精神阐解》，人民法院出版社 2019 年版。

三、主要海事司法解释

截至2022年9月，最高人民法院已经制定了大量的海事司法解释，主要集中于解释、规定、批复三种类型。

（一）解释

《最高人民法院关于适用〈中华人民共和国海事诉讼特别程序法〉若干问题的解释》，2002年12月3日通过，2003年2月1日施行。

（二）规定

1.《最高人民法院关于审理船舶碰撞和触碰案件财产损害赔偿的规定》，1995年8月18日发布并于当日施行，2020年12月29日公布修改并于2021年1月1日施行；

2.《最高人民法院关于审理海上保险纠纷案件若干问题的规定》，2006年11月13日通过，2007年1月1日施行，2020年12月29日公布修正并于2021年1月1日施行；

3.《最高人民法院关于审理船舶碰撞纠纷案件若干问题的规定》，2008年4月28日通过，2008年5月23日施行，2020年12月29日公布修正并于2021年1月1日施行；

4.《最高人民法院关于审理无正本提单交付货物案件适用法律若干问题的规定》，2009年2月16日通过，2009年3月5日施行，2020年12月29日公布修正并于2021年1月1日施行；

5.《最高人民法院关于审理海事赔偿责任限制相关纠纷案件的若干规定》，2010年3月22日通过，2010年9月15日施行，2020年12月29日公布修正并于2021年1月1日施行；

6.《最高人民法院关于审理船舶油污损害赔偿纠纷案件若干问题的规定》，2011年1月10日通过，2011年7月1日施行，2020年12月29日公布修正并于2021年1月1日施行；

7.《最高人民法院关于审理海上货运代理纠纷案件若干问题的规定》，2012年1月9日通过，2012年5月1日施行，2020年12月29日公布修正并于2021年1月1日施行；

8.《最高人民法院关于扣押与拍卖船舶适用法律若干问题的规定》，2014年12月8日通过，2015年3月1日施行；

9.《最高人民法院关于海事法院受理案件范围的规定》，2015年12月28日通过，2016年3月1日施行；

10.《最高人民法院关于海事诉讼管辖问题的规定》，2015年12月28日通过，2016年3月1日施行；

11.《最高人民法院关于审理发生在我国管辖海域相关案件若干问题的规定（一）》，

2016年5月9日通过，2016年8月2日施行；

12.《最高人民法院关于审理发生在我国管辖海域相关案件若干问题的规定（二）》，2016年5月9日通过，2016年8月2日施行；

13.《最高人民法院关于审理海洋自然资源与生态环境损害赔偿纠纷案件若干问题的规定》，2017年11月20日通过，2018年1月15日施行；

14.《最高人民法院关于审理涉船员纠纷案件若干问题的规定》，2020年6月8日通过，2020年9月29日施行。

（三）批复

1.《最高人民法院关于保函是否具有法律效力问题的批复》，1988年10月4日公布并施行；

2.《最高人民法院关于承运人就海上货物运输向托运人、收货人或提单持有人要求赔偿的请求权时效期间的批复》，1997年7月11日通过，1997年8月7日施行；

3.《最高人民法院关于如何确定沿海、内河货物运输赔偿请求权时效期间问题的批复》，2001年5月22日通过，2001年5月31日施行；

4.《最高人民法院关于海事法院可否适用小额诉讼程序问题的批复》，2013年5月27日通过，2013年6月26日施行；

5.《最高人民法院关于海上保险合同的保险人行使代位请求赔偿权利的诉讼时效期间起算日的批复》，2014年10月27日通过，2014年12月26日施行。

第六节　非正式法源

非正式法源是指仅能在裁判文书理由部分援引，而不得列入裁判依据的法源。海商法的非正式法源，主要包括国内立法中的部门规章以及少数其他效力层次更低的规范性文件，以及指导性案例和法理。

一、部门规章与其他规范性文件

（一）部门规章

部门规章是国务院各部、委员会、中国人民银行、审计署即“部委行署”，以及具有行政管理职能的直属机构制定的规范性法律文件。《立法法》第91条第1款规定：“国务院各部、委员会、中国人民银行、审计署和具有行政管理职能的直属机构以及法律规定的机构，可以根据法律和国务院的行政法规、决定、命令，在本部门的权限范围内，制定规章。”

《最高人民法院关于裁判文书引用法律、法规等规范性法律文件的规定》第6条规定，根据审理案件需要经审查认定为合法有效的部门规章，可以作为裁判文书理由部分的说理依据援引，但不能列入裁判依据。因此，部门规章虽然也是我国国内立法颇为重要的组成部分，但属于非正式法源而不是正式法源。而且，法院如在裁判文书的理由部分将部门规章作为说理依据援引，必须先行审查部门规章是否合法有效。

理论探讨

部门规章的法源地位

部门规章是否构成法源，存在不同观点。例如，李宇在《民法总则要义：规范释论与判解集注》一书中认为：

> 《立法法》并未授权规章及其以下的规范性文件规定民事制度。现行民事法律，亦未规定规章为民法法源。依照司法解释，规章及以下的司法解释，仅可作为裁判说理的依据，且作为说理依据，须经审案法院“审查认定为合法有效”。因此，规章及其以下的规范性文件，并非民法法源。[①]

既然《最高人民法院关于裁判文书引用法律、法规等规范性法律文件的规定》第6条规定，根据审理案件需要经审查认定为合法有效的部门规章，可以作为裁判文书理由部分的说理依据援引，部门规章应当具有非正式法源的地位。

我国航运领域的部门规章名称多是“规定”“规则”“办法”“细则”，主要是由国务院交通运输管理部门即交通运输部或原交通部制定，[②] 例如《国内水路运输辅助业管理规定》《水路旅客运输规则》《船舶登记办法》《国际海运条例实施细则》。目前海商法领域现行有效的部门规章，主要是《水路旅客运输规则》。

---

① 李宇：《民法总则要义：规范释论与判解集注》，法律出版社2017年版，第70页。

② 参见2008年3月15日第十一届全国人民代表大会第一次会议通过的《第十一届全国人民代表大会第一次会议关于国务院机构改革方案的决定》：“组建交通运输部。将交通部、中国民用航空总局的职责，建设部的指导城市客运职责，整合划入交通运输部。组建国家民用航空局，由交通运输部管理。国家邮政局改由交通运输部管理。保留铁道部，继续推进改革。不再保留交通部、中国民用航空总局。”

2015 年修改后的《立法法》对于部门规章的权限范围作了更为明确、严格的规定，目的是为推动依法行政、促进法治政府建设，其中原第 80 条第 2 款、现第 91 条第 2 款规定：

部门规章规定的事项应当属于执行法律或者国务院的行政法规、决定、命令的事项。没有法律或者国务院的行政法规、决定、命令的依据，部门规章不得设定减损公民、法人和其他组织权利或者增加其义务的规范，不得增加本部门的权力或者减少本部门的法定职责。

基于上述规定，此前曾对明确我国水路货物运输和水运货物港口作业当事人的权利和义务发挥重要作用的两部部门规章，即合称“两规”的《国内水路货物运输规则》和《港口货物作业规则》于 2016 年被废止，主要原因便是其中大量规定了当事人的义务，虽然义务本身的内容大多合理，但缺少上位法的依据。例如《国内水路货物运输规则》第 30 条规定了承运人的适航义务，而当时《合同法》对此未作规定：

承运人应当使船舶处于适航状态，妥善配备船员、装备船舶和配备供应品，并使干货舱、冷藏舱、冷气舱和其他载货处所适于并能安全收受、载运和保管货物。

此前《最高人民法院关于国内水路货物运输纠纷案件法律问题的指导意见》第 1 条也规定：“人民法院参照《国内水路货物运输规则》确定当事人权利义务时，应当在判决书说理部分引用论述，但不应作为判决书引用的法律依据。”

（二）其他规范性文件

除法律、行政法规和部门规章外，海商法的法源在极少数情况下也有可能涉及一些效力层次更低的规范性文件。例如，《上海市邮轮旅游经营规范》是由原上海市旅游局和上海市交通委员会，也即直辖市政府部门制定，尚未达到地方政府规章的效力层次。但是，其中部分规定涉及邮轮旅游各方当事人之间的权利和义务，例如第 16 条规定了邮轮公司按照约定航线行驶并提供服务的义务：

邮轮公司应当按照合同上既定的航线行驶，并且提供承诺的相关服务，不得擅自改变航线或者减少服务项目和服务内容。

根据《最高人民法院关于裁判文书引用法律、法规等规范性法律文件的规定》第 6 条，此类规范性文件的适用规则与部门规章相同，也不属于正式法源，但效力层次较之部门规章更低。如果根据审理案件需要经审查认定为合法有效，此类规范性文件可以作为裁判文书理由部分的说理依据援引，但不能列入裁判依据。

二、指导性案例

（一）指导性案例的概念

我国不实行判例法以及判例制度，各级法院的判例在我国原则上不属于法源。但是，我国自 2010 年起建立了案例指导制度。《人民法院组织法》第 18 条第 2 款规定："最高人民法院可以发布指导性案例。"[①] 最高人民法院关于案例指导工作的规范性文件，主要是《最高人民法院关于案例指导工作的规定》以及《〈最高人民法院关于案例指导工作的规定〉实施细则》。

《〈最高人民法院关于案例指导工作的规定〉实施细则》第 2 条规定："指导性案例应当是裁判已经发生法律效力，认定事实清楚，适用法律正确，裁判说理充分，法律效果和社会效果良好，对审理类似案件具有普遍指导意义的案例。"根据《最高人民法院关于案例指导工作的规定》第 2 条，指导性案例应当符合以下五项特征之一：（1）社会广泛关注的案例；（2）法律规定比较原则的案例；（3）具有典型性的案例；（4）疑难复杂或者新类型的案例；（5）其他具有指导作用的案例。可见指导性案例通常多是针对司法实践中裁判存在一定难度的案型。

指导性案例一般由关键词、裁判要点、相关法条、基本案情、裁判结果、裁判理由六个部分组成。以指导案例 108 号为例，指导性案例的形式如下。

指导案例 108 号

浙江隆达不锈钢有限公司诉 A.P. 穆勒－马士基有限公司
海上货物运输合同纠纷案

关键词

民事 / 海上货物运输合同 / 合同变更 / 改港 / 退运 / 抗辩权

裁判要点

在海上货物运输合同中，依据合同法第三百零八条的规定，承运人将货物交付收货人

① 最高人民检察院也可以发布指导性案例。《人民检察院组织法》第 23 条第 2 款规定："最高人民检察院可以发布指导性案例。"但是，海商法领域不涉及最高人民检察院的指导性案例。

之前，托运人享有要求变更运输合同的权利，但双方当事人仍要遵循合同法第五条规定的公平原则确定各方的权利和义务。托运人行使此项权利时，承运人也可相应行使一定的抗辩权。如果变更海上货物运输合同难以实现或者将严重影响承运人正常营运，承运人可以拒绝托运人改港或者退运的请求，但应当及时通知托运人不能变更的原因。

相关法条

《中华人民共和国合同法》第 308 条

《中华人民共和国海商法》第 86 条

基本案情

2014 年 6 月，浙江隆达不锈钢有限公司（以下简称隆达公司）由中国宁波港出口一批不锈钢无缝产品至斯里兰卡科伦坡港，货物报关价值为 366,918.97 美元。隆达公司通过货代向 A.P. 穆勒 - 马士基有限公司（以下简称马士基公司）订舱，涉案货物于同年 6 月 28 日装载于 4 个集装箱内装船出运，出运时隆达公司要求做电放处理。2014 年 7 月 9 日，隆达公司通过货代向马士基公司发邮件称，发现货物运错目的地要求改港或者退运。马士基公司于同日回复，因货物距抵达目的港不足 2 天，无法安排改港，如需退运则需与目的港确认后回复。次日，隆达公司的货代询问货物退运是否可以原船带回，马士基公司于当日回复"原船退回不具有操作性，货物在目的港卸货后，需要由现在的收货人在目的港清关后，再向当地海关申请退运。海关批准后，才可以安排退运事宜"。2014 年 7 月 10 日，隆达公司又提出"这个货要安排退运，就是因为清关清不了，所以才退回宁波的，有其他办法吗"。此后，马士基公司再未回复邮件。

涉案货物于 2014 年 7 月 12 日左右到达目的港。马士基公司应隆达公司的要求于 2015 年 1 月 29 日向其签发了编号 603386880 的全套正本提单。根据提单记载，托运人为隆达公司，收货人及通知方均为 VENUS STEEL PVT LTD.，起运港中国宁波，卸货港科伦坡。2015 年 5 月 19 日，隆达公司向马士基公司发邮件表示已按马士基公司要求申请退运。马士基公司随后告知隆达公司涉案货物已被拍卖。

裁判结果

宁波海事法院于 2016 年 3 月 4 日作出（2015）甬海法商初字第 534 号民事判决，认为隆达公司因未采取自行提货等有效措施导致涉案货物被海关拍卖，相应货损风险应由该公司承担，故驳回隆达公司的诉讼请求。一审判决后，隆达公司提出上诉。浙江省高级人民法院于 2016 年 9 月 29 日作出（2016）浙民终 222 号民事判决：撤销一审判决；马士基公司于判决书送达之日起十日内赔偿隆达公司货物损失 183,459.49 美元及利息。二审法院认为依据合同法第三百零八条，隆达公司在马士基公司交付货物前享有请求改港或退运的权利。在隆达公司提出退运要求后，马士基公司既未明确拒绝安排退运，也未通知隆达公司自行处理，对涉案货损应承担相应的赔偿责任，酌定责任比例为50%。马士基公司不服二审判决，向最高人民法院申请再审。最高人民法院于2017年12月29日作出（2017）最高法民再412号民事判决：撤销二审判决；维持一审判决。

裁判理由

最高人民法院认为，合同法与海商法有关调整海上运输关系、船舶关系的规定属于普通法与特别法的关系。根据海商法第八十九条的规定，船舶在装货港开航前，托运人可以要求解除合同。本案中，隆达公司在涉案货物海上运输途中请求承运人进行退运或者改港，因海商法未就航程中托运人要求变更运输合同的权利进行规定，故本案可适用合同法第三百零八条关于托运人要求变更运输合同权利的规定。基于特别法优先适用于普通法的法律适用基本原则，合同法第三百零八条规定的是一般运输合同，该条规定在适用于海上货物运输合同的情况下，应该受到海商法基本价值取向及强制性规定的限制。托运人依据合同法第三百零八条主张变更运输合同的权利不得致使海上货物运输合同中各方当事人利益显失公平，也不得使承运人违反对其他托运人承担的安排合理航线等义务，或剥夺承运人关于履行海上货物运输合同变更事项的相应抗辩权。

《合同法》总则规定的基本原则是合同法立法的准则，是适用于合同法全部领域的准则，也是合同法具体制度及规范的依据。依据合同法第三百零八条的规定，在承运人将货物交付收货人之前，托运人享有要求变更运输合同的权利，但双方当事人仍要遵循合同法第五条规定的公平原则确定各方的权利和义务。海上货物运输具有运输量大、航程预先拟定、航线相对固定等特殊性，托运人要求改港或者退运的请求有时不仅不易操作，还会妨碍承运人的正常营运或者给其他货物的托运人或收货人带来较大损害。在此情况下，如果要求承运人无条件服从托运人变更运输合同的请求，显失公平。因此，在海上货物运输合同下，托运人并非可以无限制地行使请求变更运输合同的权利，承运人也并非在任何情况下都应无条件服从托运人请求变更的指示。为合理平衡海上货物运输合同中各方当事人利益之平衡，在托运人行使要求变更权利的同时，承运人也相应地享有一定的抗辩权利。如果变更运输合同难以实现或者将严重影响承运人正常营运，承运人可以拒绝托运人改港或者退运的要求，但应当及时通知托运人不能执行的原因。如果承运人关于不能执行原因等抗辩成立，承运人未按照托运人退运或改港的指示执行则并无不当。

涉案货物采用的是国际班轮运输，载货船舶除运载隆达公司托运的4个集装箱外，还运载了其他货主托运的众多货物。涉案货物于2014年6月28日装船出运，于2014年7月12日左右到达目的港。隆达公司于2014年7月9日才要求马士基公司退运或者改港。马士基公司在航程已过大半，距离到达目的港只有两三天的时间，以航程等原因无法安排改港、原船退回不具有操作性为抗辩事由，符合案件事实情况，该抗辩事由成立，马士基公司未安排退运或者改港并无不当。

马士基公司将涉案货物运至目的港后，因无人提货，将货物卸载至目的港码头符合海商法第八十六条的规定。马士基公司于2014年7月9日通过邮件回复隆达公司距抵达目的港不足2日。隆达公司已了解货物到港的大体时间并明知涉案货物在目的港无人提货，但在长达8个月的时间里未采取措施处理涉案货物致其被海关拍卖。隆达公司虽主张马士基公司未尽到谨慎管货义务，但并未举证证明马士基公司存在管货不当的事实。隆达公司的该项主张缺乏依据。依据海商法第八十六条的规定，马士基公司卸货后所产生的费用和风险应由收货人承担，马士基公司作为承运人无需承担相应的风险。

（生效判决审判人员：王淑梅、余晓汉、黄西武）

（二）指导性案例的适用

关于指导性案例的适用，《最高人民法院关于案例指导工作的规定》第7条规定："最高人民法院发布的指导性案例，各级人民法院审判类似案例时应当参照。"其中"应当"一语表明指导性案例的适用具有一定的强制性。

至于指导性案例适用的具体方法，《〈最高人民法院关于案例指导工作的规定〉实施细则》第9条规定："各级人民法院正在审理的案件，在基本案情和法律适用方面，与最高人民法院发布的指导性案例相类似的，应当参照相关指导性案例的裁判要点作出裁判。"第10条规定："各级人民法院审理类似案件参照指导性案例的，应当将指导性案例作为裁判理由引述，但不作为裁判依据引用。"因此，指导性案例作为法源不是适用案例本身，而是应将指导性案例的裁判要点作为裁判理由引述，但不能在裁判依据部分引用。关于指导性案例适用的具体方法，梁慧星指出：

> 法庭对于与指导性案例相似（类似）的案件，既可以按照指导性案例的裁判方案进行裁判，也可以不按照指导性案例的裁判方案进行裁判。当法官选择不按照指导性案例的裁判方案裁判，作出与指导性案例不同甚至相反的判决时，应当在裁判文书中说明理由。而如果法庭选择按照指导性案例的裁判方案进行裁判，应当在判

决书的裁判理由部分引述指导性案例的编号和裁判要点，但不能引用指导性案例作为裁判依据，而应当引用指导性案例的同一判决依据，作为本案的判决依据。例如，该指导性案例以诚实信用原则作为裁判依据，则本案也同样引用诚信原则作为裁判依据。

法庭在参照指导性案例之后，可以不采用指导性案例的裁判方案、作出与指导性案例不同的判决，这种情形法庭有说理的义务，应当在判决书中说明这样做的理由。法官当然不能说指导性案例错误，而应当说明本案事实与指导性案例的事实有差别，如果采用指导性案例的裁判方案将导致本案判决结果违背诚信原则（未在当事人之间实现公平正义）。换言之，法官参照指导性案例，应当以诚信原则作为评价标准：凡采用指导性案例的裁判方案能够使本案判决结果符合诚信原则（在当事人之间实现公平正义）的，即应当按照指导性案例裁判本案；反之，则不应按照指导性案例而应当直接依据诚信原则裁判本案。①

目前我国海事司法实践中适用指导性案例的判决较为少见，但民事领域已经日趋普遍。例如，上海市高级人民法院在中国平安财产保险股份有限公司上海分公司与薛某华、陆某飞机动车交通事故责任纠纷案中，援引指导案例 24 号的裁判要点，分析了交通事故受害人体质状况与侵权责任认定的关系：

正如最高人民法院第 24 号指导案例裁判要点所指出的：交通事故的受害人没有过错，其体质状况对损害后果的影响不属于可以减轻侵权人责任的法定情形。本案中，赵某承担事故的全部责任，并因此受到刑事处罚。陆某良的个人体质状况仅是损害后果发生的介入因素，陆某良本人并无过错可言，不符合可以减轻侵权人责任的法定条件。②

（三）指导性案例的调整

指导性案例依据的法条如果出现明显变动，此时需要对于指导性案例进行调整，例如决定指导性案例不再参照。为配合《民法典》施行产生的法律规定变化，最高人民法院于 2020 年 12 月 29 日发布了《最高人民法院关于部分指导性案例不再参照的通知》：

为保证国家法律统一正确适用，根据《中华人民共和国民法典》等有关法律规

① 梁慧星：《民法总则讲义》（第 2 版），法律出版社 2021 年版，第 26–27 页。
② 上海市高级人民法院民事裁定书，（2018）沪民申 2685 号。

定和审判实际，经最高人民法院审判委员会讨论决定，9号、20号指导性案例不再参照。但该指导性案例的裁判以及参照该指导性案例作出的裁判仍然有效。

目前尚无海事指导性案例涉及不再参照等调整情况。

（四）主要海事指导性案例

截至2022年9月，最高人民法院共计发布了32批185个指导性案例，其中涉及海商法领域的共有以下8个：

1. 指导案例16号：中海发展股份有限公司货轮公司申请设立海事赔偿责任限制基金案；
2. 指导案例31号：江苏炜伦航运股份有限公司诉米拉达玫瑰公司船舶碰撞损害赔偿纠纷案；
3. 指导案例52号：海南丰海粮油工业有限公司诉中国人民财产保险股份有限公司海南省分公司海上货物运输保险合同纠纷案；
4. 指导案例108号：浙江隆达不锈钢有限公司诉A.P.穆勒－马士基有限公司海上货物运输合同纠纷案；
5. 指导案例110号：交通运输部南海救助局诉阿昌格罗斯投资公司、香港安达欧森有限公司上海代表处海难救助合同纠纷案；
6. 指导案例111号：中国建设银行股份有限公司广州荔湾支行诉广东蓝粤能源发展有限公司等信用证开证纠纷案；
7. 指导案例112号：阿斯特克有限公司申请设立海事赔偿责任限制基金案；
8. 指导案例127号：吕某奎等79人诉山海关船舶重工有限责任公司海上污染损害责任纠纷案。

（五）类案检索制度

除指导性案例外，最高人民法院近年来基本每年均会发布海事审判十大典型案例，各个海事法院也会发布本院审判的典型案例。此类案例均不具有法律规定的参照效力，本身不属于海商法的法源。

2018年12月4日，最高人民法院印发了《关于进一步全面落实司法责任制的实施意见》，其中第9条提出：

> 健全完善法律统一适用机制。各级人民法院应当在完善类案参考、裁判指引等工作机制基础上，建立类案及关联案件强制检索机制，确保类案裁判标准统一、法律适用统一。

2020年7月27日，最高人民法院在此基础上发布了《关于统一法律适用加强类案检索的指导意见（试行）》，自2020年7月31日起试行，其中针对类案检索的适用范围、检索主体及平台、检索范围和方法、类案识别和比对、检索报告或说明、结果运用、法官回应、法律分歧解决、审判案例数据库建设等方面作出了较为明确的规定。

根据《关于统一法律适用加强类案检索的指导意见（试行）》，类案是指与待决案件在基本事实、争议焦点、法律适用问题等方面具有相似性，且已经人民法院裁判生效的案件。① 应当进行类案检索的情形主要包括四类：一是拟提交专业（主审）法官会议或者审判委员会讨论的案件，二是缺乏明确裁判规则或者尚未形成统一裁判规则的案件，三是院长、庭长根据审判监督管理权限要求进行类案检索的案件，四是其他需要进行类案检索的情形。②

类案检索应当遵循两个方面的顺位：一是效力层次顺位，应当按照以下顺位依次进行检索：最高人民法院发布的指导性案例，最高人民法院发布的典型案例及裁判生效的案件，本省（自治区、直辖市）高级人民法院发布的参考性案例及裁判生效的案件，上一级人民法院及本院裁判生效的案件。上述顺位涵盖我国各级法院裁判的全部案件，但本省（自治区、直辖市）各级法院发布的参考性案例及裁判生效的案件，除非构成最高人民法院发布的指导性案例或典型案例，③ 否则仅能在本省（自治区、直辖市）作为类案被检索。二是时间范围顺位，应当优先检索近三年的案例或案件，但指导性案例作为非正式法源不受此项顺位限制。④

指导性案例与其他类案的效力存在区别：人民法院对于检索获得的指导性案例应当参照作出裁判，但与新的法律、行政法规、司法解释存在冲突或者为新的指导性案例取代的除外；但是，人民法院对于检索获得的其他类案仅是可以作为裁判的参考，但并非必须参考。⑤ 因此，指导性案例较之其他类案在效力方面具有一定的强制性。

基于上述规定，除指导性案例以外的类案虽非严格意义上的法源，但可以预见仍将具有事实上的影响力，对于相似案件的裁判可有一定的参考价值。

---

① 参见《关于统一法律适用加强类案检索的指导意见（试行）》第1条。

② 参见《关于统一法律适用加强类案检索的指导意见（试行）》第2条。

③ 最高人民法院发布的指导性案例或典型案例未必是最高人民法院审理的案件，例如指导案例31号江苏炜伦航运股份有限公司诉米拉达玫瑰公司船舶碰撞损害赔偿纠纷案，审理法院是上海海事法院；2020年全国海事审判典型案例中的胜船海事公司与中海工业有限公司、扬州中远海运重工有限公司船舶建造佣金合同纠纷案，审理法院也是上海海事法院。

④ 参见《关于统一法律适用加强类案检索的指导意见（试行）》第4条。

⑤ 参见《关于统一法律适用加强类案检索的指导意见（试行）》第9条。

三、法理

法理即法律原理。比较法上关于民法法源大多规定三个层次：一是法律，二是习惯，三是法理。例如，我国台湾地区“民法”第1条规定：“民事，法律所未规定者，依习惯；无习惯者，依法理。”

《民法典》第10条未规定法理作为民法的法源。学理上认为作出此种安排的原因在于，我国除法律规定和习惯外，还有最高人民法院发布的司法解释和指导性案例作为法源。如果明文规定法理作为第三层次的法源，可能引发歧义导致司法解释和指导性案例被排除在民法法源之外。而且，碍于审判人员专业素养参差不齐的现实情况，也存在导致法理滥用的风险。但是，此种规定并非否定法理属于非正式法源。对于既无法律规定和习惯，也无司法解释和指导性案例的情形，法官仍然可以参考公认的法理进行裁判。[①] 例如，梁慧星明确指出：

> 不规定“法理”作为第三层次的民法法源，应有其理由。这个理由就是，按照中国的国情，在法律规定和习惯之外，还有最高人民法院制定和发布的各种司法解释。最高人民法院司法解释，被认为具有相当于法律规定的效力，可以作为裁判案件的依据。最高人民法院司法解释，多数情形是针对现行法律规定如何理解、解释、适用所进行的解释，但针对未有法律规定的案型，创设裁判规则，以弥补法律规定不足的司法解释也不少。例如，最高人民法院《合同法司法解释（二）》第26条，创设情事变更规则；最高人民法院《买卖合同司法解释》第2条创设预约合同规则、第3条创设买卖合同特别效力规则，即其著例。此外，最高人民法院近年还推行指导性案例制度，所发布的指导性案例，亦可作为法官裁判案件的依据。
>
> 质言之，按照中国国情，法官裁判既没有法律规定也没有相应习惯的案件，还要看最高人民法院针对本案型是否有司法解释规则，是否有相应的指导性案例，可资引为裁判依据，并不像立法例和传统民法理论那样，就直接适用法理。如果照搬立法例和传统民法理论，明文规定法理作为第三层次的法源，则最高人民法院司法解释和指导性案例，将被排斥于民法法源之外。这显然是不适当的。是否可以将最高人民法院司法解释、指导性案例和法理，都明文规定为民法法源，恐怕还有待于理论的深入研究和实践经验的观察。此外，考虑到中国法官队伍人数众多而素质参

① 参见梁慧星：《民法总论》（第6版），法律出版社2021年版，第30–31页。

差不齐，如果法律明文规定“可以适用法理”，难免有导致“法理滥用”，损及司法公正性和统一性的风险。至于立法虽未明文规定“可以适用法理”，并不排除法官于裁判既没有法律规定和习惯，也没有相应的司法解释和指导性案例的案件时，可以参考“公认的法理”，自不待言。①

我国海商法研究长期以来重实践而轻理论，对于海商法的法理关注不多，理论研究也以解释实证法为主，海事司法实践中援引法理作为法源的情形颇为少见。但是，其他民商法领域的司法裁判却不乏援引法理的实践，最为典型的应属自甘风险规则。《民法典》第1176条第1款首次在我国立法上创设了自甘风险规则，②《侵权责任法》时代虽然法律对此未有规定，但司法实践常有援引民法理论阐述的自甘风险规则，用以处理文体活动引发的侵权责任纠纷。例如，北京市第三中级人民法院在张北县安固里草原度假有限责任公司与逯某、北京青年旅行社股份有限公司生命权、健康权、身体权纠纷案中认为：

自甘风险是指，受害人明知风险存在，仍愿意主动地介入到该风险当中，如其因为风险的成真而使自身遭受损失，加害人免除或减轻民事责任。自甘风险的基本特征是受害人自愿使自己处于风险之中。自甘风险可以广泛的适用于日常生活的各个方面，对于体育活动意义更为重大。不同于一般的生活领域，在体育活动中，特别是在对抗性项目中，伤害事件是不可避免的，所有理性的体育活动参与者对此都有所预料。需要注意的是自甘风险，应当以合理预知为限，当超出受害人可以预知的合理风险时，加害人的行为便无法通过自甘风险阻却违法性，继而免除或减轻民事责任。

同时，自甘风险并不必须以明确的方式进行表示，可以通过受害人的行为推断出其具有这样的意图。比如受害人明知其参与的活动具有危险性，却依旧寻求刺激，此时尽管受害人没有向任何人表明愿意自行承担风险，但参与活动的行为就表明了这种意愿，法律上应该做出自愿承担风险的推断。

本案中，摔跤活动具有对抗性及人身危险性，出现人身伤害事件属于正常现象。基于这一特点，参与者无一例外地处于潜在的危险之中，既是危险的潜在制造者，又是危险的潜在承担者。在体育活动中出现的正当损害后果是被允许的，否则，

---

① 梁慧星：《〈中华人民共和国民法总则（草案）〉：解读、评论和修改建议》，载《华东政法大学学报》2016年第5期，第9页。

② 参见《民法典》第1176条第1款规定：“自愿参加具有一定风险的文体活动，因其他参加者的行为受到损害的，受害人不得请求其他参加者承担侵权责任；但是，其他参加者对损害的发生有故意或者重大过失的除外。”

将不利于体育活动，尤其是这种具有人身危险性的体育项目的健康发展。逯某作为成年人，参加摔跤活动，应当对摔跤活动的上述特性有较为明确的认识。即使逯某没有明示自甘风险，也应通过其参与摔跤的行为推定其为默示的自甘风险。但由于北青旅公司、张北公司未充分尽到安全保障义务，现有情况已经超出逯某可以预知的合理风险，故北青旅公司、张北公司无法免除民事责任，仅可以减轻民事责任。[①]

理论探讨

援引英国法权威著作进行说理

上海海事法院于2020年2月审结了一起船舶建造佣金支付纠纷，其中援引了英国合同法的权威著作 *Chitty on Contracts* 的论述，分析涉案合同相关术语的含义：

> 在《Chitty on Contracts Volume I：General Principles》（以下简称《Chitty》）一书中（22–031）有关于合同以下概念的阐述：
>
> 变更（novation）是废除（rescission）一份合同并用另一份合同进行替代。比如A和B签订合同，之后A、B和C可以共同约定解除（rescind）原合同并在A和C之间签订的新合同予以替代。
>
> ……
>
> 比较本案中出现的多个英文原词novation、assign/transfer、cancel、rescind、rescission，在被译为中文时对应的表达并未形成绝对的统一标准，需在英文语境下并结合本案特定交易场景进行辨析。两被告根据《Chitty》的解释，认为涉案《造船合同》发生的是权利义务的全部转让，而不是只转让权利的assign，故应当归为novation，其效果之一是原合同取消或解除。该观点似有一定的可采性，……[②]

本案的准据法是英国法，应当依据英国法认定法源。*Chitty on Contracts* 本身是对英国判例法的总结，从英国法的角度此处适用的法源本质上仍是判例法，而不是学术著作呈现的法理。（见图11）

① 北京市朝阳区人民法院民事判决书，（2015）朝民初字第39837号；北京市第三中级人民法院民事判决书，（2016）京03民终6678号。

② 上海海事法院民事判决书，（2019）沪72民初2560号。

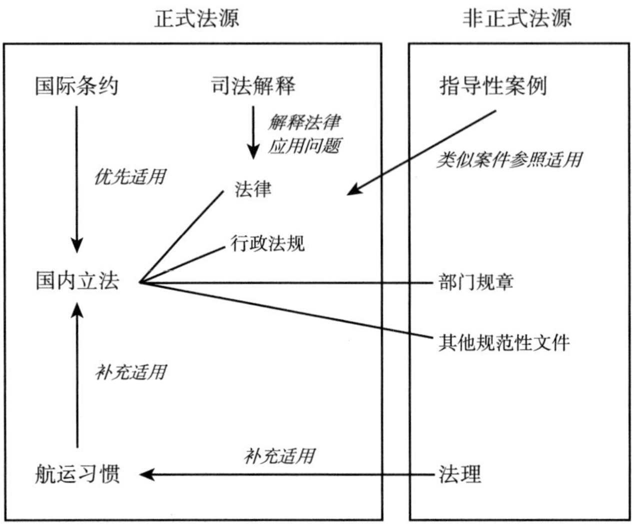

图 11　中国海商法主要法源适用关系

拓展阅读

1. 张文显主编 :《法理学》（第 5 版），高等教育出版社 2018 年版，第五章“法的渊源、分类和效力”第一节“法的渊源”。

2. 李宇 :《民法总则要义 : 规范释论与判解集注》，法律出版社 2017 年版，第十条“民法法源”。

3. 朱庆育 :《民法总论》（第 2 版），北京大学出版社 2016 年版，第一章“民法基础”第三节“民法的法源”。

4. 王铁崖主编 :《国际法》，法律出版社 1995 年版，第十三章“条约”。

5. 雷磊 :《习惯作为法源？——以〈民法总则〉第 10 条为出发点》，载《环球法律评论》2019 年第 4 期。

6. 李建伟 :《论商事习惯的法源位阶》，载《中国法学》2022 年第 5 期。

7. 孙思琪 :《〈民法总则〉视野下的航运习惯 : 法源地位与效力位阶》，载叶柳东主编 :《中国海事审判（2017）》，大连海事大学出版社 2019 年版。

第六讲

海商法律关系

【知识提要】

本讲讨论海商法律关系，即基于一定的海商法律事实，由海商法律规范调整而形成的存在于平等主体之间的以权利和义务为核心的社会关系，属于民事法律关系的具体类型，包含主体、客体、内容三项要素。

1. 海商法律关系的主体。海商法律关系的主体是指参加海商法律关系而享有民事权利、承担民事义务的人，分为自然人、法人、非法人组织三类。

2. 海商法律关系的客体。民事法律关系的客体是指民事法律关系主体享有的民事权利与承担的民事义务、民事责任指向的对象，主要包括物、行为、智力成果、人身利益以及权利五类。海商法律关系的客体仅涉及物和行为两类，其中以作为物的船舶最为典型。

3. 海商法律关系的内容。海商法律关系的内容是指海商法律关系主体享有的权利和承担的义务。

【知识结构】

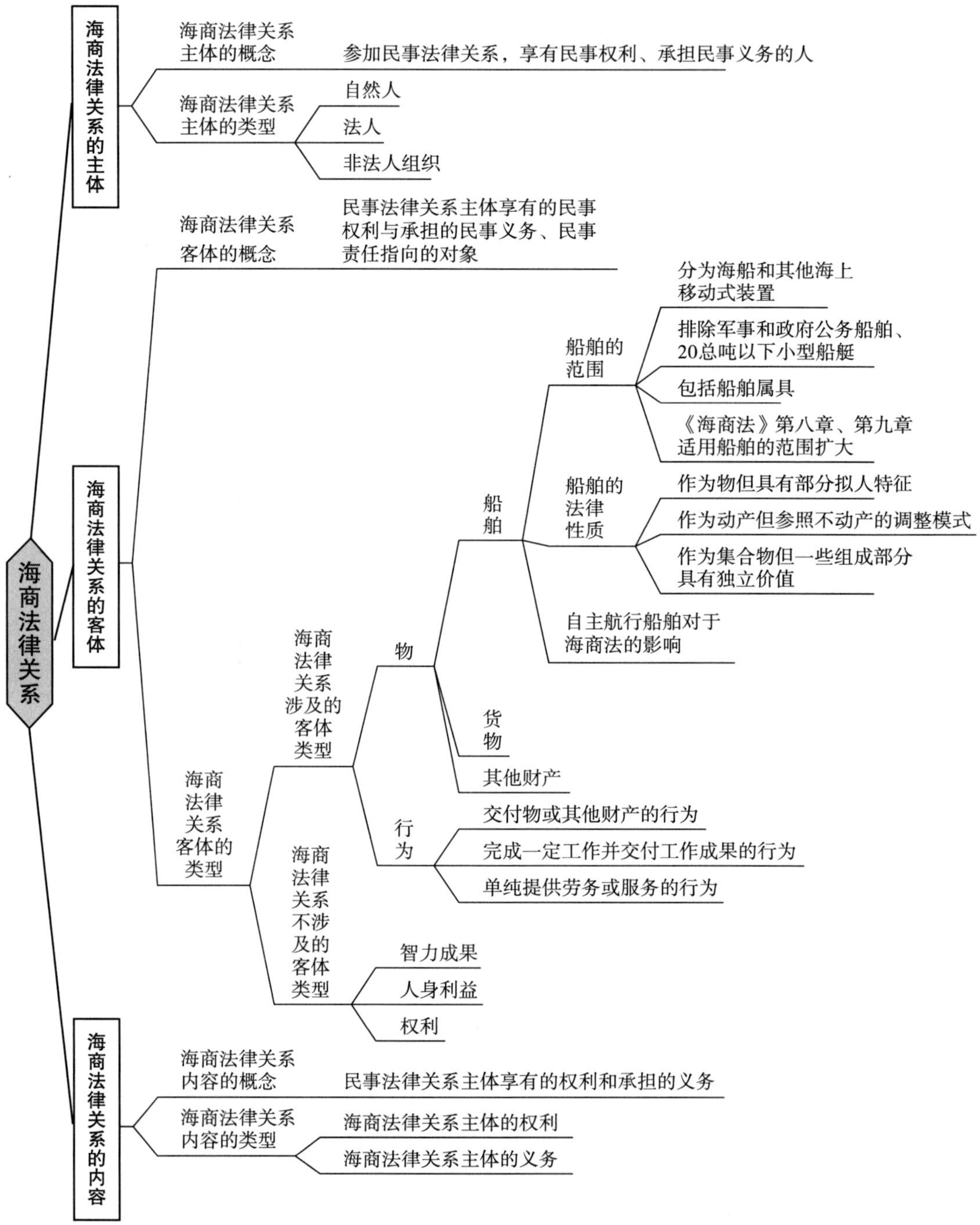
海商法律关系
海商法律关系的主体
海商法律关系主体的概念
参加民事法律关系，享有民事权利、承担民事义务的人
海商法律关系主体的类型
自然人
法人
非法人组织
海商法律关系的客体
海商法律关系客体的概念
民事法律关系主体享有的民事权利与承担的民事义务、民事责任指向的对象
海商法律关系客体的类型
海商法律关系涉及的客体类型
物
船舶
船舶的范围
分为海船和其他海上移动式装置
排除军事和政府公务船舶、20总吨以下小型船艇
包括船舶属具
《海商法》第八章、第九章适用船舶的范围扩大
船舶的法律性质
作为物但具有部分拟人特征
作为动产但参照不动产的调整模式
作为集合物但一些组成部分具有独立价值
自主航行船舶对于海商法的影响
货物
其他财产
行为
交付物或其他财产的行为
完成一定工作并交付工作成果的行为
单纯提供劳务或服务的行为
海商法律关系不涉及的客体类型
智力成果
人身利益
权利
海商法律关系的内容
海商法律关系内容的概念
民事法律关系主体享有的权利和承担的义务
海商法律关系内容的类型
海商法律关系主体的权利
海商法律关系主体的义务

民事法律关系是基于一定的民事法律事实，由民事法律规范调整而形成的存在于平等主体之间的以权利和义务为核心的社会关系，[①] 包含主体、客体、内容三项要素。

海商法律关系作为民事法律关系的具体类型，基于海商法律事实而由海商法律规范调整，本身在法理上较之一般民事法律关系亦无明显特别之处。但是，海商法律关系涉及一些海商法的重要元素，例如作为海上运输工具的船舶是海商法律关系最为典型的客体，提单表征的货物权利可以作为质权的客体，对于理解海商法均有适当介绍的必要。

理论探讨

“海商法法律关系”？

司玉琢主编的《海商法》一书直至 2012 年第三版，对于海商法调整形成的法律关系均称“海事法律关系”,[②] 但第四版却改为“海商法法律关系”。[③] 前者的理由书中曾有明确解释：

> 考虑我国海商法并未易名，为一致起见，本书仍沿用“海商法”习称，但除“海商法”专有名词外，凡“海商”一词均用“海事”代替。[④]

可见对于海商法调整形成的法律关系，统称“海事法律关系”而不是“海商法律关系”，理由仍是对于“海商法”名称的否定，而主张“海事法”是更为合适的名称。但是，基于法律领域名称仍采“海商法”的前提，加之海商法调整海上事故的分支传统上又称为“海事法”，“海事法律关系”的表述确易引起歧义。

但是，“海商法法律关系”的表述也嫌不妥。各个部门法调整形成的法律关系，前缀一般应是对应的调整对象即社会关系，或谓调整的社会活动，例如民法与民事法律关系、刑法与刑事法律关系、行政法与行政法律关系，而少见民法法律关系、刑法法律关系、行政法法律关系的表述。因此，海商法法律关系的表述至少不符合我国法学理论关于部门法形成的法律关系的表述习惯。

既然“海商法”已是约定俗成的习称，对应的法律关系称为“海商法律关系”亦应可以接受。而且,“海商法律关系”或“海事法律关系”在我国学理上均未形成普遍使用的习称，更应与海商法的名称对应为宜。

---

① 参见崔建远等编著：《民法总论》（第 3 版），清华大学出版社 2019 年版，第 50 页。
② 参见司玉琢主编：《海商法》（第 3 版），法律出版社 2012 年版，第 14 页。
③ 参见司玉琢主编：《海商法》（第 4 版），法律出版社 2018 年版，第 10 页。
④ 司玉琢主编：《海商法》（第 3 版），法律出版社 2012 年版，第 3 页。

第一节　海商法律关系的主体

一、海商法律关系主体的概念

主体是民事法律关系的首要要素，[①] 我国法律称为“民事主体”，例如《民法典》第 4 条规定：“民事主体在民事活动中的法律地位一律平等。”民事法律关系的主体是指参加民事法律关系，享有民事权利、承担民事义务的人。海商法律关系的主体，即参加海商法律关系而享有民事权利、承担民事义务的人。

此处的人不限于自然人，即自然而生的人，还包括各类以团体名义从事民事活动的组织体，[②] 即由法律赋予民事能力而成为民事主体的法人及非法人组织。

二、海商法律关系主体的类型

（一）民事法律关系主体的分类

我国民法目前将民事法律关系的主体分为三类，即自然人、法人、非法人组织。《民法典》第 2 条规定：“民法调整平等主体的自然人、法人和非法人组织之间的人身关系和财产关系。”

1. 自然人

自然人是指基于自然规律出生而取得民事主体资格的人，即以生物意义上的人为基础而构造的民事法律关系主体。[③]

自然人作为海商法律关系主体的情形，主要是船员、海上旅客运输的旅客，船舶碰撞、船舶污染等海上事故造成人身损害的受害人，有时也涉及个人所有和经营船舶的个体船民。例如，《国内水路运输管理条例》第 7 条第 1 款规定：“个人可以申请经营内河普通货物运输业务。”《国内水路运输管理条例释义》一书指出：

> 个体工商户是我国特定历史时期的产物。主要是以个人或者家庭为单位从事经营活动，在民法上属于自然人的范畴。与属于企业法人范畴的公司（包括一名自然

① 参见崔建远等编著：《民法总论》（第 3 版），清华大学出版社 2019 年版，第 54 页。
② 参见梁慧星：《民法总论》（第 6 版），法律出版社 2021 年版，第 122 页。
③ 参见谭启平主编：《中国民法学》（第 3 版），法律出版社 2021 年版，第 74 页。

人出资设立的有限责任公司）和属于其他经济组织的个人独资企业在法律属性、承担的民事责任、适用的法律、设立的条件、经营和运作的模式等方面存在区别。

结合国内水路运输行业的具体情况，以个体户的形式从事运输也存在于内河小吨位船舶（受船舶最低配员要求限制，大船和沿海船的配员人数超过了原《城乡个体工商户管理暂行条例》规定的个体户除自身或家庭外，根据经营需要可聘用1~2名帮手的要求），多以“夫妻船”的形式出现。①

2. 法人

法人主要是与自然人对应的民事法律关系主体，是指具有民事权利能力和民事行为能力，依法独立享有民事权利和承担民事义务的组织。②

法人在法律上最为突出的特征应是独立而无限的责任。《民法典》第60条规定：“法人以其全部财产独立承担民事责任。”法律规定法人的财产独立于出资人的个人财产，促使法人得以凭其独立财产对外从事经营等活动，而法人的出资人享有有限责任的待遇，法人的债权人无法向出资人直接追索。③

法人应是海商法律关系最为主要的主体类型，海上运输及周边活动的参与者多以法人的身份出现。例如，中国远洋海运运输集团有限公司作为我国最大的航运企业，属于法人中的有限责任公司。

3. 非法人组织

非法人组织作为自然人、法人以外的第三类民事法律关系主体，是指不具有法人资格，但能够依法以自己的名义从事民事活动的组织。④非法人组织包括个人独资企业、合伙企业、不具有法人资格的专业服务机构，⑤例如会计师事务所、律师事务所、审计师事务所、医疗诊所。⑥

《民法通则》时代法律规定的民事法律关系主体，仅限于自然人和法人。⑦但是，个人

---

① 赵晓光、何建中、宋德星主编：《国内水路运输管理条例释义》，人民交通出版社2012年版，第36页。

② 参见《民法典》第57条规定：“法人是具有民事权利能力和民事行为能力，依法独立享有民事权利和承担民事义务的组织。”

③ 参见李宇：《民法总则要义：规范释论与判解集注》，法律出版社2017年版，第148页。

④ 参见《民法典》第102条第1款规定：“非法人组织是不具有法人资格，但是能够依法以自己的名义从事民事活动的组织。”

⑤ 参见《民法典》第102条第2款规定：“非法人组织包括个人独资企业、合伙企业、不具有法人资格的专业服务机构等。”

⑥ 参见陈甦主编：《民法总则评注》，法律出版社2017年版，第718页。

⑦ 参见《民法通则》第5条规定：“公民、法人的合法的民事权益受法律保护，任何组织和个人不得侵犯。”

独资企业、合伙企业等组织同样是民事活动的参与者，却不符合法人独立承担民事责任的基本条件。《合同法》首先在我国民事法律中引入了其他组织，[①] 作为与自然人、法人并列的民事主体，《民法总则》在此基础上正式确立了非法人组织的概念。法人与非法人组织的主要区别在于：法人是以自己的财产独立承担民事义务；非法人组织除以自己的财产承担义务外，出资人或设立人还应承担无限责任，即非法人组织不是独立承担义务的组织。[②]

非法人组织作为海商法律关系的主体，主要是指独资企业、合伙企业等企业，较少涉及不具有法人资格的专业服务机构，例如律师事务所作为海上货物运输托运人的情形。

理论探讨

国际航运组织是海商法律关系独立的主体类型吗？

司玉琢主编的《海商法》一书认为：

> 海商法法律关系的主体主要是自然人、法人、国家和国际航运组织。
>
> ……
>
> 国际航运组织也是海商法法律关系的主体。国际航运组织是根据国家之间的条约或民间的协议而成立的、具有某种航运职能、参加国际航运经济活动的常设机构，如国际运输工人联合会、波罗的海船舶所有人协会、国际保赔联盟等。

基于海商法作为民事特别法，即海商法律关系属于民事法律关系具体类型的前提，国际航运组织固然可以参与海商法律关系，例如作为托运人成为海上货物运输合同法律关系的主体，但此时国际航运组织或是法人、或是非法人组织，而不是以其自身职能参与海商法律关系。因此，国际航运组织不能作为与自然人、法人、非法人组织并列的海商法律关系主体。

（二）海商法律关系主体的具体类型

海商法调整形成的主要海商法律关系，具体主体分为以下情形：

船舶物权法律关系的主体，船舶所有权作为全面支配船舶的物权，形成的法律关系以船舶所有人为主体的同时，承担义务的主体是不特定的任何人，即船舶所有人可以排除一切

① 参见《合同法》第 2 条第 1 款规定：“本法所称合同是平等主体的自然人、法人、其他组织之间设立、变更、终止民事权利义务关系的协议。”

② 参见李宇：《民法总则要义：规范释论与判解集注》，法律出版社 2017 年版，第 148 页。

他人对于船舶的任何干涉；至于船舶担保物权，船舶优先权法律关系的主体是船舶优先权人即海事请求人，以及承担义务的船舶所有人、光船承租人、船舶经营人；船舶留置权法律关系的主体是造船人和修船人，以及承担义务的应当履行债务即支付造船费用或修船费用的债务人；船舶抵押权法律关系的主体是船舶抵押权人与船舶抵押人。

海商合同法律关系的主体，海上货物运输合同法律关系的主体是承运人与托运人，同时也涉及收货人；多式联运合同法律关系的主体是多式联运经营人与托运人，同时也会涉及收货人；海上旅客运输合同法律关系的主体是旅客与承运人；航次租船合同、定期租船合同、光船租赁合同等租船合同法律关系的主体是出租人与承租人；海上拖航合同法律关系的主体是承拖方与被拖方；海难救助合同法律关系的主体是救助方与被救助方；残骸打捞清除合同法律关系的主体是残骸所有人与打捞人；海上保险合同法律关系的主体是保险人与被保险人；船员与雇主之间形成的劳务合同、雇佣合同等民事合同法律关系，主体是船员与船东，船东通常是船舶所有人、船舶管理人或光船承租人，[①] 具体指向的主体需要根据实际情况加以认定。

船舶碰撞、船舶污染等海上事故形成的侵权法律关系，主体是加害人与受害人，其中加害人一方即船方，最为常见的情形是船舶所有人，具体指向的主体需要根据实际情况加以认定；受害人一方更为多元，凡因船舶碰撞、船舶污染而遭受损害者原则上均为受害人。

共同海损分摊形成债的法律关系，主体是债权人与债务人，其中债权人是受损方，即遭受共同海损并有权请求受益方分摊损失的一方；债务人即受益方，即负有分摊他人共同海损的义务的一方。

海事赔偿责任限制法律关系的主体是享有海事赔偿责任限制权利的船舶所有人、船舶承租人、船舶经营人、救助人，以及作为相对人的索赔人。

第二节 海商法律关系的客体

一、海商法律关系客体的概念

民事法律关系的客体，是指民事法律关系主体享有的民事权利与承担的民事义务、民

---

① 参见《2006 年海事劳工公约》第 2 条第 1 款第 10 项规定："'船东'一词系指船舶所有人或从船舶所有人处承担了船舶经营责任并在承担这种责任时已同意接受船东根据本公约所承担的职责和责任的任何其他组织或个人，如管理人、代理或光船承租人，无论是否有任何其他组织或个人代表船东履行了某些职责或责任。"

事责任指向的对象，也是权利人实现利益的中介。[①]

民事法律关系的客体也即民事权利的客体，传统上民事法律关系的客体主要分为四类，即物、行为、智力成果、人身利益。此类客体属于第一顺位的客体，而权利本身又可以作为第二顺位的客体。[②] 此外,《民法典》第 127 条还规定了网络虚拟财产作为新兴的客体类型,[③] 但海商法律关系不涉及网络虚拟财产作为客体。

二、海商法律关系客体的类型

（一）物

物是存在于人体之外，能够满足权利主体的利益需要，且能为权利主体支配和利用的物质实体。[④] 作为海商法律关系客体的物，除最为常见的船舶和货物外，还涉及其他财产。

例如,《海商法》第 171 条规定："本章规定适用于在海上或者与海相通的可航水域，对遇险的船舶和其他财产进行的救助。"同时，第 172 条第 2 项规定："'财产'，是指非永久地和非有意地依附于岸线的任何财产，包括有风险的运费。"虽然海难救助合同法律关系的客体应是救助方提供的救助行为，而不是获救的财产，但如果救助方依据《海商法》第 188 条第 3 款行使要求被救助方不得将获救财产从救助作业完成后最初到达地点移走的权利，[⑤] 此时权利的客体即为获救财产，其中可能涉及船舶、货物以外的其他财产类型，例如浮船坞、浮筒、渔具以及坠落在海中的飞机、卫星等。[⑥] 但是,船舶仍是海商法律关系最为主要的客体。

1. 船舶的范围

船舶是海上运输的主要运输工具。各国海事立法通常均会首先规定适用的船舶范围。我国《海商法》第 3 条是关于船舶范围的规定：

> 本法所称船舶，是指海船和其他海上移动式装置，但是用于军事的、政府公务的船舶和 20 总吨以下的小型船艇除外。
>
> 前款所称船舶，包括船舶属具。

---

① 参见谭启平主编:《中国民法学》（第 3 版），法律出版社 2021 年版，第 54 页。

② 参见崔建远等编著:《民法总论》（第 3 版），清华大学出版社 2019 年版，第 55-56 页。

③ 参见《民法典》第 127 条规定："法律对数据、网络虚拟财产的保护有规定的，依照其规定。"

④ 参见马俊驹、余延满:《民法原论》（第 4 版），法律出版社 2010 年版，第 66 页。

⑤ 参见《海商法》第 188 条第 3 款规定:"在未根据救助人的要求对获救的船舶或者其他财产提供满意的担保以前，未经救助方同意，不得将获救的船舶和其他财产从救助作业完成后最初到达的港口或者地点移走。"

⑥ 参见胡正良主编:《海事法》（第 3 版），北京大学出版社 2016 年版，第 113 页。

根据上述规定，关于我国《海商法》适用的船舶范围，应从以下四个方面加以理解。

（1）《海商法》适用的船舶分为海船和其他海上移动式装置。

海船是指具有完全的海上航行能力并作为海船进行船舶登记的船舶。我国主管机关对于船舶进行登记时，根据不同的船舶类型制作对应的国籍证书，主要分为以下五类：一是国际航行船舶，二是国内航行 50 总吨或 75 千瓦以上海船，三是国内航行 50 总吨或 75 千瓦以上内河船舶，四是国内航行 50 总吨或 75 千瓦以下船舶，五是国内航行 50 总吨或 75 千瓦以下内河船舶。[①] 因此，不具有海上航行能力，或者虽然具有一定的海上航行能力，但仅作为内河船舶登记的船舶，除《海商法》第八章、第九章另有规定外，不属于船舶的范围。[②]

至于其他海上移动式装置，通说认为是指不具备船舶的外形和构造特点，但具有自航能力，可以在海上移动的装置，例如海上石油开采的浮动平台。[③] 例如，《中华人民共和国海商法问答》一书认为，海上移动式装置的理解，需要注意以下情形：

第一，水上飞机在海面漂浮时，符合海上即处于海水水体表面或水中的要求，也属于海上移动式装置，但水上飞机一旦离开水面即排除在外。

第二，帆船依靠风力推进而具备自航能力，属于海上移动式装置。

第三，沉船由于不具备自航能力，不属于海上移动式装置。

第四，竹筏或木排不符合装置作为构造物的要求，不属于海上移动式装置。

第五，不具备自航能力而依靠其他船舶拖带的驳船或海上装置，不属于海上移动式装置；但是，如果此类驳船或海上装置处于被拖带状态，或者与拖船连为一体，此时可以依靠拖船的动力航行，应与拖船一同视为船舶。[④] 例如，司玉琢认为：“对于海上移动式装置，笔者认为，即使自身没有动力，但在拖航时应视为船舶，适用海商法的规定，这样做要比适用普通法更能体现移动式装置的特殊性。”[⑤]

但是，关于海上移动式装置应否具有自航能力，目前理论和实践之中均有一定争议。仅就《海商法》第 3 条第 1 款的文义而言，无法得出海上移动式装置应当具有自航能力的结论。汉语中“移动”一词是指改换原来的位置，[⑥] 故而“海上移动式装置”之“移动”应当是指可移动，即与海上完全固定而不可移动的装置区分，例如海上固定式钻井平台。至于此种移

---

① 参见交通运输部海事局《船舶登记工作规程》。

② 参见司玉琢主编：《中华人民共和国海商法问答》，人民交通出版社 1993 年版，第 8 页。

③ 参见郭瑜：《海商法教程》（第 2 版），北京大学出版社 2012 年版，第 18 页。

④ 参见司玉琢主编：《中华人民共和国海商法问答》，人民交通出版社 1993 年版，第 8 页。

⑤ 司玉琢主编：《海商法》（第 4 版），法律出版社 2018 年版，第 12 页。

⑥ 参见中国社会科学院语言研究所词典编辑室编：《现代汉语词典》（第 7 版），商务印书馆 2016 年版，第 1545 页。

动是具备自航能力的主动移动，还是依靠拖船等外力的被动移动，现行法律规定并无要求。而且，以具备自航能力与否作为《海商法》适用船舶的范围标准之一，不仅必要性及实际意义值得怀疑，而且可能导致不尽合理的情况发生。例如，一艘政府公务船舶与海上石油开采浮动平台发生碰撞，导致后者损坏而失去自航能力，此后由于政府公务船舶应对不当二者再次发生碰撞，如以是否具备自航能力认定海上移动式装置，将导致第一次碰撞应当适用《海商法》第八章规定的船舶碰撞法律制度，而第二次碰撞却无法适用的奇怪现象。

（2）《海商法》排除了两类船舶的适用：一是用于军事的、政府公务的船舶，二是20总吨以下的小型船艇。

排除军事和政府公务用途的船舶，主要是此类船舶通常享有国家管辖豁免。[①] 国家管辖豁免是指国家根据国家主权和平等原则不接受任何他国管辖的特权，具体体现在国家及其财产在其他国家国内法院享有司法豁免权。[②] 例如，2004年通过的《联合国国家及其财产管辖豁免公约》第16条“国家拥有或经营的船舶”规定：

1. 除有关国家间另有协议外，拥有或经营一艘船舶的一国，在另一国原应管辖的法院有关该船舶的经营的一项诉讼中，只要在诉讼事由产生时该船舶是用于政府非商业性用途以外的目的，即不得援引管辖豁免。

2. 第1款不适用于军舰或辅助舰艇，也不适用于一国拥有或经营的、专门用于政府非商业性活动的其他船舶。

3. 除有关国家间另有协议外，一国在有关该国拥有或经营的船舶所载货物之运输的一项诉讼中，只要在诉讼事由产生时该船舶是用于政府非商业性用途以外的目的，即不得向另一国原应管辖的法院援引管辖豁免。

4. 第3款不适用于第2款所指船舶所载运的任何货物，也不适用于国家拥有的、专门用于或意图专门用于政府非商业性用途的任何货物。

5. 国家可提出私有船舶、货物及其所有人所能利用的一切抗辩措施、时效和责任限制。

6. 如果在一项诉讼中产生有关一国拥有或经营的一艘船舶、或一国拥有的货物的政府非商业性质问题，由该国的一个外交代表或其他主管当局签署并送交法院的证明，应作为该船舶或货物性质的证据。

---

① 参见胡正良主编：《海事法》（第3版），北京大学出版社2016年版，第39页。
② 参见白桂梅：《国际法》（第3版），北京大学出版社2015年版，第207页。

此处军事和政府公务用途的船舶，采用的标准是船舶的用途，或谓从事活动的性质，而非船舶登记的目的或所有权归属。军事或政府公务船舶如果用于经营海上运输，也应属于《海商法》适用的船舶范围。但是，我国目前已经全面停止军队有偿服务，军事船舶无法经营海上运输，但政府船舶仍有可能开展有偿的海难救助等活动。反之，非国家所有的船舶如果被征用而从事军事或公务活动，例如新冠肺炎疫情期间用于运送抗疫物资，同样不属于《海商法》适用的船舶范围。

排除 20 总吨以下的小型船艇，主要是考虑到 20 总吨以下船舶涉及的法律关系多数比较简单，适用一般民事法律即可调整，而不必适用海商法创设的较为复杂的特别法律制度。

（3）船舶包括船舶属具。

船舶属具是指不属于船体的构成部分，但又确属船舶航行或营运需要而附属于船舶的器具，例如救生艇筏、索具、起重机、探测器等。日本学者仓田音吉的《船舶属具》一书，将船舶属具分为索具、捆绑设备和工具、货物装卸设备和工具、救生设备和工具、通风和照明设备和工具、乘用设备和工具。①

船舶属具通常记载于船舶的属具目录或清单。②

（4）《海商法》适用的船舶范围在第八章“船舶碰撞”和第九章“海难救助”中存在变化。

关于《海商法》第八章“船舶碰撞”适用的船舶，第 165 条规定：

> 船舶碰撞，是指船舶在海上或者与海相通的可航水域发生接触造成损害的事故。
>
> 前款所称船舶，包括与本法第三条所指船舶碰撞的任何其他非用于军事的或者政府公务的船艇。

根据上述规定，船舶碰撞的一方船舶必须是《海商法》第 3 条规定的船舶，方可触发《海商法》第八章规定的船舶碰撞损害赔偿法律制度的适用。但是，船舶碰撞的另一方或多方船舶，范围不限于《海商法》第 3 条规定的船舶，而可以是非用于军事或政府公务的任何船舶，即包括内河船舶和 20 总吨以下的小型船艇，只要用途不是军事或政府公务即可。

《海商法》第九章“海难救助”适用的船舶范围基本一致，其中第 172 条第 1 项规定：“‘船舶’，是指本法第三条所称的船舶和与其发生救助关系的任何其他非用于军事的或者政府公务的船艇。”据此海难救助的一方船舶同样必须是《海商法》第 3 条规定的船舶，方可触

① 倉田音吉『船舶属具』（修教社，1942 年）参照。

② 参见郭瑜：《海商法教程》（第 2 版），北京大学出版社 2012 年版，第 18 页。

发《海商法》第九章规定的海难救助法律制度的适用。但是,海难救助的另一方或多方船舶,范围不限于《海商法》第 3 条规定的船舶，而可以是非用于军事或政府公务的任何船舶，即包括内河船舶和 20 总吨以下的小型船艇，只要用途不是军事或政府公务即可。

理论探讨

比较法上船舶的范围与立法理由

比较法上海商法适用的船舶范围，大多较之我国大陆《海商法》更为复杂，往往需要综合多部法律的规定加以认定。以日本为例，日本《商法》第 684 条规定：

> 本编（第七百四十七条除外）所称“船舶”，是指以从事商行为为目的的供航海使用的船舶（手划船以及仅靠橹桨或者主要依靠橹桨移动的船只除外）。①

虽然基于日本学理上关于海商法的海上企业法说,上述规定设有“以从事商行为为目的”的限定，但日本《船舶法》第 35 条第 1 款规定：“商法第三编的规定，对不以进行商行为为目的的航海用船舶准用。但属于官厅或公署所有的船舶，不在此限。”② 日本学者中村真澄、箱井崇史认为,日本《商法》第三编“海商”实际排除的船舶是橹桨船和用于政府公务的船舶：

> 商法海商编所规定的船舶是指“以商行为为目的的供航海使用”的船舶（商第 684 条第 1 款）。海商编的规定,不适用于手划船等仅靠橹桨或主要依靠橹桨(橹桨船）航行的船只（商第 684 条第 2 款）。如上所述,《商法》第 684 条第 1 款将海商编的适用对象限定为以商行为为目的的海船（商行为船），其结果使从事捕鱼这种原始产业的渔船与属非营利船舶的海洋调查船等被排除在了商法中的船舶概念之外。③
>
> 不过，如前所述，根据《船舶法》（附则）第 35 条的规定，对于不以商行为为目的的海船，除用于政府公务的船舶外，准用商法海商编的规定。船舶法的这一规定扩大了商法海商编的实际适用范围。据此，在实质意义上，海商法中的船舶是指除橹桨船和用于政府公务船舶之外（不论船舶的大小与用途，只要是海船即可）的海船。④

---

① 张秀娟、李晓楠、梁赟译：《日本最新商法（有关运输 / 海商部分）和国际海上货物运输法》，载《中国海商法研究》2020 年第 1 期，第 60 页。

② 王秀芬等：《日本海事法规辑要》，吉林大学出版社 2000 年版，第 52 页。

③ 此处日本《商法》的条文编号及内容，均指 2018 年修正以前。

④ ［日］中村真澄、［日］箱井崇史：《日本海商法》，张秀娟、李刚、朴鑫译，法律出版社 2015 年版，第 38 页。

至于船舶碰撞法适用的船舶范围，中村真澄、箱井崇史认为：

适用商法船舶和非适用商法船舶间的碰撞。如上所述，只有碰撞船舶的双方都属于商法适用对象的船舶（或准用船）时，才能适用海商法下的船舶碰撞规定。因此，公务船与私用船舶之间的碰撞，以及内河船相互之间的碰撞，均不适用商法。

这里存在的问题是海船与内河船之间的碰撞。这种情况下，如果海船适用商法，而内河船适用民法的话，相关的法律关系会变得异常复杂，因而不妥。因此，多数学说主张这类船舶应该类推适用海商法，笔者也赞同此观点。[①]

2018年修正后的日本《商法》第791条明确规定海船与非海船之间的碰撞，准用《商法》第三编“海商”第四章“船舶碰撞”的规定，[②]上述多数学说的观点已经在立法上得到确认，但仍排除了内河船舶之间的碰撞。

我国台湾地区关于船舶范围的规定最为特殊，其中船舶碰撞法的适用范围涵盖全部船舶类型之间发生的碰撞，包括“海商法”原则上排除适用的小船、军事建制舰艇、专用于公务的船舶等。我国台湾地区“海商法”第1条规定：“本法称船舶者，谓在海上航行，或在与海相通之水面或水中航行之船舶。”同时，第3条规定：

下列船舶除因碰撞外，不适用本法之规定：

一、船舶法所称之小船。[③]

二、军事建制之舰艇。

三、专用于公务之船舶。

四、第一条规定以外之其他船舶。

学者张新平据此明确指出我国台湾地区“船舶碰撞法”适用的特色之一是“扩大适用于非本法船舶”：

本法船舶限于在海上航行，或在与海相通之水面或水中航行之船舶。惟船舶碰撞时，船舶适用范围扩大，不仅包括第1条规定以外之其他船舶，纵属船舶法所称

① ［日］中村真澄、［日］箱井崇史：《日本海商法》，张秀娟、李刚、朴鑫译，法律出版社2015年版，第310–311页。

② 参见日本《商法》第791条规定：“船舶与非海船之间的事故准用前三条的规定。”此处“前三条”即指日本《商法》第三编“海商”第四章“船舶碰撞”的其余规定。参见张秀娟、李晓楠、梁赟译：《日本最新商法（有关运输/海商部分）和国际海上货物运输法》，载《中国海商法研究》2020年第1期，第66页。

③ 我国台湾地区“船舶法”第3条第8项规定：“小船：指总吨位未满五十之非动力船舶，或总吨位未满二十之动力船舶。”

之小船、军事建制之舰艇、专用于公务之船舶，亦均包括在内。此点与1910年碰撞公约排除军舰与专用于公务之政府船舶之规定，迥不相同。[①]

郑玉波认为此种例外规定的理由如下：

这是因为船舶碰撞，事属侵权行为，其结果将发生损害赔偿问题。这一问题，对于船舶吨位的大小，任务的公私，有否商事性质，以至于航行的地点如何，都不因之而生差异，所以无论任何船舶，都一律适用本法关于船舶碰撞的规定，以资解决。[②]

但是，我国台湾地区学者对于上述规定也有不同理解，例如刘宗荣认为：

船舶碰撞的物体须为二艘或二艘以上的船舶，不包括其他物体或码头。碰撞的船舶不以都是海商法上的船舶为必要，但至少其中一方必须是海商法上的船舶，碰撞的他方即使并非海商法的船舶——例如：专用于公务的船舶、军事建制的船舶、总吨位未满20吨的动力船舶或未满50吨的非动力船舶（即小船）——仍然属于船舶碰撞，……

碰撞船舶皆非海商法上的船舶时，不适用海商法关于船舶碰撞的规定。……

非海商法上船舶与非海商法上船舶的碰撞应适用民法的规定：关于海商法第3条的小船、军事建制之舰艇、专用于公务之船舶之间的碰撞，包括相同种类、不同种类的，是否适用海商法关于船舶碰撞的规定，还是只适用民法关于侵权行为、与有过失的规定，则仍应该厘清。[③]

上述观点似乎不符合我国台湾地区“海商法”第3条的文义。

2. 船舶的法律性质

船舶在法律上的性质，主要体现在以下三个方面。

（1）船舶作为物的同时，具有部分拟人的特征。

每艘船舶原则上均有自身的船名、国籍、船龄等要素，与自然人的姓名、国籍、年龄等具有相似性。

---

① 张新平：《海商法》（增订第5版），台北，五南图书出版股份有限公司2016年版，第310-311页。

② 郑玉波：《海商法》（增订13版），台北，三民书局2003年版，第16-17页。

③ 刘宗荣：《海商法》（修订4版），台北，三民书局2021年版，第426-427页。

英美法系一些法域设有对物诉讼（action in rem）制度，是指确定特定财产的所有权以及当事人对于该财产的权利的诉讼，此类诉讼的判决不仅对于诉讼当事人有效，而且及于所有在任何时间对于该财产主张权益的人。[①] 对物诉讼的被告可以是船舶等物。但是，我国未设对物诉讼或类似制度，诉讼中的被告只能是自然人、法人、非法人组织等民事法律关系的主体，而船舶仅能作为客体。

（2）船舶虽为动产，但在法律上时常参照不动产的调整模式。

不动产与动产的区分，不动产是指依照物理性质不能移动或者移动将会严重损害经济价值的有体物，[②] 例如土地、矿藏、水流、海域，[③] 除此以外均为动产。船舶作为动产参照不动产的调整模式，最为典型的应是船舶物权的变动模式。

凡是权利均会产生动态现象，物权也不例外。物权产生的动态现象称为物权变动。[④] 对于物权本身而言，物权变动是指物权的发生、变更与消灭的运动状态；对于物权主体而言，物权变动意味着物权的取得、设定、内容变更与丧失。究其实质，物权变动是人与人之间对于物的支配和归属关系的法律关系的变更。[⑤] 根据我国现行法律的规定，动产以交付为物权变动的生效要件，[⑥] 而不动产以登记为生效要件。[⑦] 前者更为偏重交易效率，后者倾向于交易安全。

船舶虽为动产，但通常价值较高，而且作为运输工具的权属变动较为频繁。因此，我国立法上将船舶、航空器和机动车三类运输工具作为特殊动产，学理上有时也称为准不动产，采取交付作为物权变动的生效要件的同时，参考不动产的物权变动公示方法，增加登记作为对抗要件，即特殊动产的物权变动未经登记不得对抗第三人。比较法上也多采类似的立法模式。此种调整模式可以较好地兼顾船舶作为运输工具频繁发生权属变动需要的交易效率，以及船舶较高的价值要求的交易安全。《海商法》第 9 条第 1 款规定："船舶所有权的取得、转让和消灭，应当向船舶登记机关登记；未经登记的，不得对抗第三人。"《民法典》第 225 条也规定："船舶、航空器和机动车等的物权的设立、变更、转让和消灭，未经登记，不得对抗善意第三人。"

---

① 参见薛波主编：《元照英美法词典》，北京大学出版社 2013 年版，第 21 页。
② 参见王利明：《物权法研究》（第 4 版），中国人民大学出版社 2016 年版，第 65 页。
③ 参见崔建远：《物权法》（第 5 版），中国人民大学出版社 2021 年版，第 31 页。
④ 参见王轶：《物权变动论》，中国人民大学出版社 2001 年版，第 1 页。
⑤ 参见梁慧星、陈华彬：《物权法》（第 6 版），法律出版社 2016 年版，第 69 页。
⑥ 参见《民法典》第 224 条规定："动产物权的设立和转让，自交付时发生效力，但是法律另有规定的除外。"
⑦ 参见《民法典》第 209 条第 1 款规定："不动产物权的设立、变更、转让和消灭，经依法登记，发生效力；未经登记，不发生效力，但是法律另有规定的除外。"

（3）船舶是集合物，但一些组成部分具有相对独立的功能和价值。

民法上的物根据独立程度，可以分为单独物与集合物。单独物是指依据自然属性而独立存在、自成一体，与其他物保持符合社会习惯的界限的物；集合物是由多个独立物组成，功能上由于社会观念或交易习惯而视为一个完整的物的集群。①

船舶属于集合物，组成船舶的船壳、机器、设备、索具等具有整体性，船舶买卖、抵押、扣押等行为以及投保船舶保险的法律效力原则上及于船舶整体。例如，《中国人民财产保险股份有限公司船舶保险条款（2009版）》规定："本保险的保险标的是船舶，包括其船壳、救生艇、机器、设备、仪器、索具、燃料和物料。"但是，船舶的组成部分有时又相对独立，例如可以针对船壳、机器等分别投保保险。例如，中国人寿财产保险股份有限公司即有专门的《沿海内河船舶保险附加螺旋桨、舵、锚、锚链及子船单独损失保险条款》，即允许针对沿海内河船舶的螺旋桨、舵、锚、锚链以及子船单独投保附加险，其中规定的保险责任如下：

> （一）保险船舶在航行运输或停泊中，发生保险责任范围内的事故，致使螺旋桨、舵、锚、锚链、子船发生单独损失或因此而产生的修理费用，本保险按承保清单所列项目负责赔偿。
>
> （二）因修理螺旋桨、舵所发生的保险船舶进出船坞、上下船台、吊尾等费用，本保险负责赔偿。

类似的情形也可见于英国海上保险，例如初北平在《海上保险法》一书中指出：

> 如果保险标的填写"vessel"，则并非仅承保船体本身，而应理解为承保船体、设备、给养以及其他运输所需的全部设备。若船东不准备投保船舶整体，应在对保险标的的描述中表明。如果保险标的填写为"hull and machinery"则应理解为仅承保船壳和机器，上述其他各项不在承保之列。②

3. 自主航行船舶对于海商法的影响

自主航行船舶是近年航运业智能化发展的重大命题，国际海事组织称之为"海上水面自主船舶"（maritime autonomous surface ships，MASS）。我国此前大多基于无人船舶的立场开展法律研究，但当前自主航行船舶的实际发展程度较之完全无人的船舶仍有较大差距。国际海事组织将自主航行船舶分为以下四个阶段：

---

① 参见谭启平主编：《中国民法学》（第3版），法律出版社2021年版，第72页。

② 初北平：《海上保险法》，法律出版社2020年版，第41页。

第一阶段是具备自动化程序和决策辅助系统的船舶。此类船舶由船员在船控制船舶的系统及相应功能。船舶的部分操作可以通过自动化的方式实现，而且有时可在无人监管的状态下进行，但在船船员应当处于待命状态以便及时接管控制。

第二阶段是配备船员在船的远程控制船舶。此类船舶由船舶以外的其他地点的人员控制和操作，但在船船员可以接管控制船舶的系统及相应功能。

第三阶段是不配备船员在船的远程控制船舶。此类船舶由船舶以外的其他地点的人员控制和操作，而且无船员在船。

第四阶段是完全自主船舶。此类船舶的操作系统可以自主作出决策并执行操作。

英国学者 Baris Soyer、Andrew Tettenborn 和 George Leloudas 提出，上述四个阶段的船舶自主程度可以通过参考人类和计算机系统之间对于船舶控制和操作的责任划分加以理解。（见表 11）

表 11 自主航行船舶不同阶段人类与计算机系统的责任划分 [①]

阶段划分	操作	监控	系统保障
第一阶段	人类	人类	人类
第二阶段	系统	系统	人类
第三阶段	系统	人类或系统	人类或系统
第四阶段	系统	系统	系统

此前关于自主航行船舶的法律研究，主要集中于以海上安全为中心的航运公法领域，特别是自主航行船舶对于《国际海上避碰规则》等国际规则适用带来的影响。国际海事组织海事安全委员会（Maritime Safety Committee，MSC）已于 2021 年 5 月完成了《国际海上人命安全公约》《海员培训、发证和值班标准国际公约》等国际海事安全公约的法规监管范围界定（Regulatory Scoping Exercise），并以 MSC.1/Circ.1638 号通函公布，上述关于自主航行船舶的阶段划分也见于其中。[②]

至于自主航行船舶对于航运私法即海商法的影响，根据当前已有的研究成果显示，主要集中于传统海商法中的各类法律责任及其承担主体，由于船舶智能化的影响而有计算机系

① See Baris Soyer，Andrew Tettenborn & George Leloudas，*Remote Controlled and Autonomous Shipping: Uk Based Case Study*，Swansea University，2022，p.6.

② See International Maritime Organization，*Outcome of the Regulatory Scoping Exercise for the Use of Maritime Autonomous Surface Ships (Mass)*，MSC.1/Circ.1638.

统等因素介入带来的变化。例如，由于远程控制中心（remote control center）的过错造成的货物损失，比如未能及时为大豆通风而导致货物热损，此时的货损责任应当如何承担？远程控制中心的工作人员又能否享受海商法规定的各类赔偿责任限制？此外，计算机系统的广泛使用还将产生传统船舶较少涉及的产品责任问题。

目前我国关于自主航行船舶私法问题的研究相对滞后，主要集中于自主航行船舶发生碰撞的损害赔偿，至多拓展至海难救助等其他海事法律制度。与此形成对比的是，比较法上已有一些较为系统、全面研究自主航行船舶私法规制的学术成果，不仅引领海商法研究的英国如此，日本、韩国等东亚法域也有不同程度的成果问世，其中较为典型的成果如下：

（1）Baris Soyer，Andrew Tettenborn & George Leloudas，*Remote Controlled and Autonomous Shipping：UK Based Case Study*，Swansea University，2022.[①]

（2）藤田友敬、后藤元、南健悟、笹冈爱美、增田史子:《自主航行船舶的法律问题——以民事责任为中心》，日本海法会：《海法会志》复刊第 65 号（通卷第 94 号），劲草书房 2022 年版。[②]

（3）金仁显：《自主航行船舶的到来及法律争点》，韩国经营法律学会：《经营法律》第 32 辑第 2 号，2022 年 1 月。[③]

（二）行为

行为是指能够满足权利主体的特定利益需要的人类活动。[④] 我国学理通说认为，债权法律关系的客体均为行为，即给付行为。[⑤] 例如，海上货物运输合同法律关系的客体是承运人提供的运输服务，而不是作为物的货物。具体而言，作为海商法律关系客体的行为，可以分为以下三类：

1. 交付物或其他财产的行为，例如船舶买卖合同法律关系的客体是卖方向买方交付约定船舶的行为，船舶碰撞、船舶污染等损害赔偿法律关系的客体是加害人向受害人赔偿损失等承担侵权责任的行为。

2. 完成一定工作并交付工作成果的行为，例如船舶建造合同法律关系的客体是造船人

---

① 本文系斯旺西大学国际航运和贸易法研究中心的研究报告，对应的中文译文《远程控制与自主航运：基于英国案例的研究》由郑睿、金皓峰翻译，发表于上海浦江教育出版社 2022 年出版的《海大法律评论 2020—2021》。

② 藤田友敬 = 後藤元 = 南健悟 = 笹岡愛美 = 增田史子「自動運航船をめぐる法的諸問題——民事責任を中心に」海法会誌復刊第 65 号（2022 年）117 頁以下参照。

③ 김인현, “자율운항선박의 도래와 그 법적 쟁점”, 경영법률 32 권 2 호（2022）.

④ 参见谭启平主编：《中国民法学》（第 3 版），法律出版社 2021 年版，第 55 页。

⑤ 参见马俊驹、余延满：《民法原论》（第 4 版），法律出版社 2010 年版，第 72 页。

交付建造完毕的船舶的行为。

3. 单纯提供劳务或服务的行为，典型即为海上运输合同法律关系的客体是承运人提供的运输服务，海难救助合同法律关系的客体是救助方的救助行为。

（三）智力成果

智力成果作为知识产权法律关系的客体，是指人类的智力活动形成的创造性的、以一定形式表现出来的成果，即人的大脑与客观物质和其他信息相互作用而产生的信息，[①] 主要包括作品及其传播媒介、工业技术、工业标志、经营性资信等。[②]

海商法律关系的客体不涉及智力成果。但是，受到海法理论的影响，一些观点往往尝试将涉海法律与陆上法律的各个部门逐一对应，甚至提出了海事知识产权的概念。例如，关正义在《民法视野中的海商法制度》一书中认为：

> 即使在海商法、海事行政法、海事刑法、海事公约以及海事知识产权领域并进发展的局面下，以民法为基础和上位法的海商法也应当是大海法格局中的“龙头”。[③]

不可否认的是，航运活动确实可能涉及知识产权，较为典型的便是船舶建造，其中涉及诸多专利和商标。例如，中国船舶工业贸易公司的船舶建造合同标准格式第 16 条“专利、商标和版权”规定：

> 本船的机器和设备可能印有专利号、商标和厂商名称。卖方应保证买方不受专利责任或各种性质与种类的专利侵权的索赔，其中包括履行本合同用于本船的已获专利或可获专利的发明而支出的费用，也包括可能有的诉讼费用和开支。
>
> 本条所述内容不应理解为可以转让本合同有关设备的专利权、商标号和版权。上述权利应完全归其真实、合法所有人持有。当本合同其他条文相反，卖方基于本条的责任，将不随任何具体期限届满而终止。
>
> 卖方在此承担的保护范围不包括由买方提供给卖方的设备或部件。

林源民在《船舶建造》一书中专设“专利、商标和版权”一章，其中讨论了知识产权与船舶建造的关系：

> 在船舶建造中不可避免地会涉及专利和商标及其使用，不仅船厂的设计和建造

---

① 参见李明德：《知识产权法》（第 2 版），法律出版社 2014 年版，第 1 页。
② 参见吴汉东：《知识产权法》，法律出版社 2021 年版，第 34-35 页。
③ 关正义：《民法视野中的海商法制度》，法律出版社 2015 年版，第 6 页。

会涉及专利或商标，船厂的采购同样有可能涉及到专利或商标。但相对而言商标及其使用在船舶建造中似乎并不是经常会引起索赔或争议的原因，而专利及其使用引起索赔或争议的可能性则会大一些。船舶建造合同标准格式的规定也大多是针对专利作出的。从我国知识产权局公布的统计数据来看，与船舶建造有关的专利申请主要集中在船舶或其他水上船只和船用设备；船只下水、拖出或进干坞；船舶的推进装置或操舵装置；船上辅助设备等方面。在所有船舶建造涉及的知识产权中，有的是船厂自己拥有的，例如船舶建造工艺等；有的则是他人拥有的，例如设备供应商拥有的专利。①

上述船舶建造领域的知识产权问题，本质上只是知识产权法律制度在航运活动中的具体运用，而不涉及航运活动的特殊性，特别是与海上特殊风险无涉，不属于海商法的内容。正如国际邮轮船上销售免税商品，只是普通的民事商品买卖活动而已。因此，所谓海事知识产权的概念实则并不存在，海商法律关系的客体也不涉及智力成果。

（四）人身利益

人身利益是人身权法律关系的客体，分为人格利益与身份利益。人格利益是指民事法律关系主体得以存在的自然性的或社会性的基础要素，例如生命、健康、姓名、肖像、荣誉、隐私等；身份利益是指人们在特定身份关系中取得相互帮助，特别是一定财产保障的利益，例如配偶之间要求相互扶助、供养的利益。②

海商法虽以注重人身利益的保护为主要特性之一，但海商法律关系的客体不涉及人身利益。原因在于海商法并未创设任何人身权利，而是以海上特殊的人身损害赔偿法律制度体现对于人身利益的保护，此时侵权损害赔偿法律关系的客体是行为，即加害人向受害人赔偿损失等承担侵权责任的行为，而不是人身利益本身。

（五）权利

民事法律关系的客体也是权利的客体，而权利本身作为客体时属于第二顺位的客体。物权的客体是以物为原则，而以权利为例外。③

海商法律关系的客体不涉及权利，但提单作为海商法的重要元素，表征的权利可以作为质权的客体，即提单质押。提单质押与海上特殊风险无涉，不构成海上运输及周边活动的

---

① 林源民：《船舶建造》，上海浦江教育出版社 2013 年版，第 786 页。

② 参见谭启平主编：《中国民法学》（第 3 版），法律出版社 2021 年版，第 55 页。

③ 参见李宇：《民法总则要义：规范释论与判解集注》，法律出版社 2017 年版，第 409 页。

范畴，适用物权法的一般规则即可调整，故而不属于海商法的调整范围。《民法典》第440条规定：

> 债务人或者第三人有权处分的下列权利可以出质：
>
> （一）汇票、本票、支票；
>
> （二）债券、存款单；
>
> （三）仓单、提单；
>
> （四）可以转让的基金份额、股权；
>
> （五）可以转让的注册商标专用权、专利权、著作权等知识产权中的财产权；
>
> （六）现有的以及将有的应收账款；
>
> （七）法律、行政法规规定可以出质的其他财产权利。[①]

质权是指为担保债权的实现，债权人依法占有债务人或第三人的动产，或者控制债务人或第三人的可转让的财产权利，债务人不履行到期债务或发生了当事人约定的实现质权的情形时，债权人就该动产或财产权的变价而由被担保债权优先受偿的物权。[②] 提单的功能之一是作为承运人保证据以交付货物的凭证。[③] 提单质权的性质历来存在争议，既有主张为动产质权，即以提单为客体，也有主张为权利质权，即以提单代表的权利为客体。《民法典》第440条将提单质权规定在权利质权，应当是将提单代表的权利本身作为质权的客体。此时质权的客体即为提单代表的可让与的财产权利。

理论探讨

提单表征的权利

关于提单的功能，英美法系论著较常出现的概念是“document of title”。例如，《海牙规则》第1条第b项关于海上货物运输合同的定义即有“a bill of lading or any similar document of title”的表述。英国学者John Wilson在*Carriage of Goods by Sea*一书中也明确指出提单的

---

① 《民法典》第440条的文字表述存在瑕疵，即其中第1项至第3项规定的汇票、本票、支票、债券、存款单、仓单、提单，均非可以出质的权利本身，而是表征权利的票据或单证，与“下列权利可以出质”的表述无法对应。

② 参见崔建远：《物权法》（第5版），中国人民大学出版社2021年版，第503页。

③ 参见《海商法》第71条规定：“提单，是指用以证明海上货物运输合同和货物已经由承运人接收或者装船，以及承运人保证据以交付货物的单证。提单中载明的向记名人交付货物，或者按照指示人的指示交付货物，或者向提单持有人交付货物的条款，构成承运人据以交付货物的保证。”

功能之一是“As a document of title”。[①]

关于 document of title 的具体含义，*Black's Law Dictionary* 的解释如下：

A written description，identification，or declaration of goods authorizing the holder（usu.A bailee）to receive，hold，and dispose of the document and the goods it covers.[②]

《元照英美法词典》的解释则是：

> 权利凭证 持有这种凭证的人有权接受、持有和处置该凭证和凭证中所列的货物，如提单、码头收据、码头提货单等。[③]

美国《统一商法典》（Uniform Commercial Code，UCC）专设第 7 篇规定了 document of title，并在第 1.201 条第 b 款第 16 项规定了 document of title 的定义：

> “所有权凭证”指具有全部下列特征的记录：在正常业务或融资中，被认为足以证明其占有人或控制人有权接收、控制、持有或处置该记录及其所覆盖的货物；显示系由货物保管人出具，或系出具给货物保管人;覆盖由货物保管人占有的货物;该货物已特定化，或系已特定化的批量货物中一定份额的种类物。“所有权凭证”包括提单、运输文件、码头收货单、码头收据、仓单和交换命令。电子所有权凭证系由储存在电子介质中之信息组成的记录予以证明。实体所有权凭证系由记录在实体介质中之信息组成的记录予以证明。[④]

我国海商法学界关于 document of title 的含义长期存在较为激烈的争议，而且似乎在当前以及今后一个时期也无法形成多数学者认可的有力观点，此一术语在中国法乃至大陆法系也确实难以找到可以较好对应的概念。关于 document of title 最为通行的译法是“物权凭证”，或者更为具体的“所有权凭证”。例如，我国海商法泰斗魏文翰早在 1965 年出版的《海商法讲座》一书中即指出提单的功能之一是“货物所有权的凭证”，[⑤] 该书也是新中国成立后正式出版的第一部海商法著作。但是，不少学者对于“物权凭证”的概念多有质疑，同时选择将 document of title 译为“权利凭证”。例如，袁发强在翻译上述 *Carriage of Goods by Sea* 一书时特别指出：

---

① See John Wilson，*Carriage of Goods by Sea*，Pearson Education Limited，2010，p.132.

② See Bryan A.Garner（ed.），*Black's Law Dictionary*，Thomson Reuters，2019，p.610.

③ 薛波主编：《元照英美法词典》，北京大学出版社 2013 年版，第 431 页。

④ 潘琪译：《美国统一商法典》（第 2 版），法律出版社 2020 年版，第 7 页。

⑤ 参见魏文翰：《海商法讲座》，法律出版社 1965 年版，第 66 页。

许多中文书籍和论文都将“document of title”翻译和理解为“物权凭证”，这并不完全符合其本意。正如本书下文所提到的，提单仅仅是起到“收取货物的权利”，与大陆法系中“物权”的概念不完全相同，因此译为“权利凭证”更符合英国法下的含义。①

关于提单的法律性质我国另有占有权利凭证说、债权关系说、阶段论说、有价证券说等诸多观点。②我国海事司法实践也偶有采用“物权凭证”的表述，例如厦门海事法院在厦门鸿量进出口有限公司与厦门中泓基国际货运代理有限公司、深圳永航国际船务代理有限公司厦门分公司海上货物运输合同纠纷案中认为：

提单是债权凭证，某些情况下是物权凭证，提单是涉外运输和贸易最主要的单证，其物权凭证的效力是配合国际贸易支付而存在的。从货款的支付上看，本案是国内贸易，只不过因为货物要外销，部分条款含有涉外因素，但这也并未改变本案交易国内贸易的性质。本案提单关系不能适用于原告，在内贸合同中，标的物的所有权自标的物交付时转移，即原告将货交第一承运人时，所有权已经转移给第三人。因此，即使原告持有提单，也不代表物权凭证，至多只不过是获取一种担保。③

关于提单是物权凭证的观点在海商海事以外的其他司法实践领域更为普遍，最为典型的当属引起广泛讨论的最高人民法院指导性案例第111号，中国建设银行股份有限公司广州荔湾支行诉广东蓝粤能源发展有限公司等信用证开证纠纷案，最高人民法院在该案中认为：

提单具有债权凭证和所有权凭证的双重属性，但并不意味着谁持有提单谁就当然对提单项下货物享有所有权。对于提单持有人而言，其能否取得物权以及取得何种类型的物权，取决于当事人之间的合同约定。

但是，提单的功能仍应依据法律规定确定。根据《海商法》第71条关于提单是“承运人保证据以交付货物的单证”的规定，应当认为提单体现的权利是向承运人提取货物的权利，即提货权。

---

① ［英］约翰·F.威尔逊：《海上货物运输法》，袁发强译，法律出版社2014年版，第127页。
② 参见陈芳：《提单法律性质诸论评议》，载《江西社会科学》2013年第1期，第155-160页。
③ 厦门海事法院民事判决书，（2013）厦海法商初字第178号。

第三节 海商法律关系的内容

一、海商法律关系内容的概念

民事法律关系的内容，是指民事法律关系主体享有的权利和承担的义务。民事权利是基于国家强制力予以保障的类型化的民事主体享有的利益，此种法律之力与特定利益的结合构成权利；民事义务是义务人为满足权利人的要求而为一定行为或不为一定行为的法律负担。[①]

海商法律关系的内容是海商法律关系主体享有的权利和承担的义务。

二、海商法律关系内容的类型

海商法的调整对象涉及多种不同的社会关系，由此决定了海商法律关系的内容也颇为多元，产生了数量可观的权利与义务类型。而且，基于权利与义务的对应关系，作为海商法律关系内容的权利与义务总是成对出现，一方主体享有权利的同时，对方主体必然承担对应的义务。

海商法律关系主体享有的权利，最为典型的应是船舶物权，即船舶所有权以及船舶优先权、船舶留置权、船舶抵押权三种船舶担保物权。

海商合同主体享有的权利，首先表现为价款的请求权。例如，海上货物运输合同的承运人和航次租船合同的出租人享有运费请求权，海上旅客运输合同的承运人享有客票票款请求权，定期租船合同和光船租赁合同的出租人享有租金请求权，海上拖航合同的承拖方享有拖航费用请求权，海难救助合同的救助方享有救助款项请求权，海上保险合同的保险人享有保险费请求权。与此对应，合同相对人负有支付上述价款的义务。

海商合同的主体同时享有其他一些较为典型的权利，例如海上运输合同的承运人享有单位赔偿责任限制的权利，海上货物运输合同的承运人另有货物留置权，以及航海过失免责等法定免责的权利，而托运人享有要求承运人签发提单或其他运输单证的权利；定期租船合同的出租人对于特定货物、财产以及转租收入享有留置权；海上拖航合同的承拖方享有对于被拖物的留置权；海难救助合同的救助方享有要求被救助方不得将获救财产从救助作业完成

① 参见王利明：《民法总则》（第 2 版），中国人民大学出版社 2020 年版，第 84 页。

后最初到达地点移走的权利；海上保险合同的保险人享有代位求偿权，而被保险人享有请求保险赔偿的权利。

船舶碰撞、船舶污染等海上事故形成的侵权损害赔偿法律关系，受害人享有的主要是损害赔偿请求权，加害人对应负有承担侵权责任的义务。

共同海损法律关系涉及的权利，主要表现为受损方的共同海损分摊请求权，而受益方对应负有分摊共同海损的义务；海事赔偿责任限制法律关系涉及的权利，即为责任限制主体享有的海事赔偿责任限制的权利，索赔人此时负有的义务表现为能够请求损害赔偿的金额受到法律规定的限制。

海商法律关系主体负有的义务，最为典型的应是海上货物运输合同承运人负有的强制性法定义务，其中最为主要的是以下三项：一是谨慎处理使船舶适航；二是妥善和谨慎地管理货物；三是船舶不进行不合理绕航。

此外，海商法律关系主体负有的其他较为典型的义务，还包括海上货物运输合同的托运人负有提供约定货物、妥善包装和正确申报货物，及时办理货物运输手续，妥善托运危险货物等义务；海上旅客运输合同的旅客负有在船期间遵守客运规章，服从船长的指挥与管理等义务；海上拖航合同的承拖方负有提供拖船并使之适航、适拖，以及救助被拖物等义务，而承拖方负有提供被拖物并使之适拖，以及服从拖船船长指挥等义务；海上保险合同的被保险人负有告知义务。

拓展阅读

1. 马俊驹、余延满：《民法原论》（第 4 版），法律出版社 2010 年版，第三章“民事法律关系”。

2. 谭启平主编：《中国民法学》（第 3 版），法律出版社 2021 年版，第三章“民事法律关系”。

3. 朱庆育：《民法总论》（第 2 版），北京大学出版社 2016 年版，第三编“权利主体”。

4. 梁慧星：《民法总论》（第 6 版），法律出版社 2021 年版，第五章“民事权利客体”。

5. 林源民：《船舶融资》，上海浦江教育出版社 2017 年版，第 1 章“航运概论”Ⅱ“船东”、Ⅲ“船舶”、Ⅳ“船舶登记及船旗”。

6. 郭瑜：《海商法的精神——中国的实践和理论》，北京大学出版社 2005 年版，第四章“人性化的世界”。

7. 崔建远：《物权法》（第 5 版），北京大学出版社 2021 年版，第二十章“质权”第四节“权利质权”。

第七讲

海商法的沿革

【知识提要】

本讲讨论海商法的沿革，包括海商法在世界范围之内的历史发展，海商法在当代的发展趋势，以及中国海商法制与海商法学发展的简要历史。

1. 海商法的历史发展。海商法在世界范围之内的发展，主要经历了四个历史阶段：一是以《罗得法》为代表的古代海商法萌芽时期，二是以《罗得海法》以及中世纪三大海法即《奥列隆惯例集》《康索拉多法典》《维斯比法》为典型的中世纪海事惯例编纂时期，三是发端于 1681 年法国《海事敕令》的近代国家立法时期，四是以 1897 年国际海事委员会成立为标志，经历 1959 年原政府间海事协商组织即现国际海事组织的成立，延续至今的现代国际立法时期。

2. 当代海商法的发展趋势。当代海商法的发展趋势主要体现在三个方面：一是船方责任不断加重，包括海上运输承运人责任不断加重、海事赔偿责任限额明显提高、强制责任保险适用范围逐步扩大、共同海损由货方分摊日趋困难；二是私法规则融入海上安全的内容，涉及残骸打捞清除、船舶污染损害赔偿、海上货物运输合同、海难救助等制度；三是国际统一进程逐步放缓。

3. 中国海商法简史。中国海商法制的历史发展主要以三部立法文件为脉络，即 1909 年《大清商律草案》第五编“海船律”，1929 年《中华民国海商法》，以及 1992 年《中华人民共和国海商法》。中国海商法学的发展历程大致可以分为五个阶段，分别是 1949 年以前即中华人民共和国成立以前、1949 年至 1981 年的《海商法》起草前期及停滞阶段、1981 年至 1992 年的《海商法》恢复起草阶段、1992 年至 2000 年的《海商法》施行初期、2000 年至今的海商法持续发展阶段，代表性前辈学人则有魏文翰、魏文达、黄廷枢。

【知识结构】

- 海商法的沿革
  - 海商法的历史发展
    - 古代海商法萌芽时期
      - 《罗得法》
    - 中世纪海事惯例编纂时期
      - 《罗得海法》
      - 《奥列隆惯例集》
      - 《康索拉多法典》
      - 《维斯比法》
    - 近代国家海事立法时期
      - 法国1681年《海事敕令》
        - 法国1807年《商法》
        - 德国1861年《商法》
        - 美国1893年《哈特法》
    - 现代国际海事立法时期
  - 当代海商法的发展趋势
    - 船方责任不断加重
      - 海上运输承运人责任不断加重
        - 承运人责任的归责原则趋于严格
        - 承运人单位赔偿责任限额明显提高
      - 海事赔偿责任限额明显提高
      - 强制责任保险适用范围逐步扩大
      - 共同海损由货方分摊日趋困难
    - 私法规则融入海上安全内容
    - 国际统一进程逐步放缓
  - 中国海商法简史
    - 中国海商法制简史
      - 《大清商律草案》第五编“海船律”
      - 《中华民国海商法》
      - 《中华人民共和国海商法》
        - 起草历程
        - 体例结构
        - 修改动向
    - 中国海商法学简史
      - 发展历程
        - 第一阶段：1949年以前 中华人民共和国成立以前
        - 第二阶段：1949年至1981年 《海商法》起草前期及停滞阶段
        - 第三阶段：1981年至1992年 《海商法》恢复起草阶段
        - 第四阶段：1992年至2000年 《海商法》施行初期
        - 第五阶段：2000年至今 海商法持续发展阶段
      - 前辈学人
        - 魏文翰
        - 魏文达
        - 黄廷枢

第一节　海商法的历史发展

海商法在世界范围之内的发展，主要经历了四个历史阶段：一是以《罗得法》为代表的古代海商法萌芽时期，二是以《罗得海法》以及中世纪三大海法即《奥列隆惯例集》《康索拉多法典》《维斯比法》为典型的中世纪海事惯例编纂时期，三是发端于1681年法国《海事敕令》的近代国家立法时期，四是以1897年国际海事委员会成立为标志，经历1959年原政府间海事协商组织即现国际海事组织的成立，延续至今的现代国际立法时期。

一、古代海商法萌芽时期

古代海商法的发展脉络较为清晰：古代两河流域地区产生了世界上最早的海商法，此后被擅长航海经商的腓尼基人继承，而腓尼基人的海商法又被其殖民地罗得岛吸收。①

早在约公元前二十世纪，被认为是世界上第一部成文法典的《乌尔纳姆法典》（Code of Ur–Nammu）即有关于海上运输的规定："不依照指定他的航线行驶而使船失事者，除船价本身外，应对船主人按……计算租船之费。"②

此后《汉谟拉比法典》（Code of Hammurabi）也有不少规定属于海商法的范畴，例如其中第140条关于船舶碰撞规定："倘逆流之船撞沉顺流之船，则沉没之船之主人应对神宣誓证明全部船上之损失，而撞沉顺流之船的逆流之船应赔偿船只及船上之全部损失。"③

古代海商法萌芽时期最具代表性的法律应是古希腊的《罗得法》（Rhodian Law），有时也意译为"罗得海法"。《罗得法》因爱琴海的罗得岛（Rhodes）而得名，罗得岛也是爱琴文明的起源地之一，耸立于罗得岛港口的罗得岛太阳神铜像被誉为古代世界七大奇迹之一。古希腊的民主政治与哲学艺术非常发达，经济贸易与航海造船也颇为繁荣。兴旺发达的海上贸易催生了欧洲最早的海商法即《罗得法》。人们普遍认同《罗得法》存在的同时，对其产生的具体时间却众说纷纭，有些观点认为诞生于公元前九世纪，有些观点认为形成于公元前300年左右。由于史料的缺乏，《罗得法》的具体内容和产生年代已不可考。学界已经基本

① 参见王小波：《〈罗得海商法〉研究》，中国政法大学出版社2011年版，第120页。

② 周一良、吴于廑主编：《世界通史资料选辑：上古部分》，林志纯主编，商务印书馆1962年版，第42页。

③ 周一良、吴于廑主编：《世界通史资料选辑：上古部分》，林志纯主编，商务印书馆1962年版，第86页。

达成的一个共同认识应是,《罗得法》主要规定了船舶弃货与共同海损分摊的问题,[①]其中最为著名的是“罗得弃货规则”,[②]现代共同海损法一定程度上也导源于此。

《罗得法》也在很大程度上影响了罗马法。罗马帝国扩张的过程中,盛极一时的《罗得法》被前往罗得岛学习的罗马人带回罗马,随后古罗马的法学家们对于《罗得法》开展了大量的法理阐释与论述。直至拜占庭时期,古罗马法学家的此类论述被记载在优士丁尼下令编纂的《学说汇纂》(Digesta),由此古代海商法关于共同海损及其中海上弃货等内容的部分原始规定,通过古罗马法学家的记载得以保存。[③]例如,徐国栋在《古罗马的海事风险及其法律规制》一文中指出:

> 由于罗得岛处在海运中心的地位,是海法的诞生地,罗马人接受其海法,《学说汇纂》第14卷第2题专门探讨《关于共同海损的罗得法》。该法的内容是:在发生风暴时,可以弃货减轻船的负载以逃出危险区域。灾难过去后,失去货物的货主可以根据运送合同起诉船舶经营人。而船舶经营人可以起诉那些货物被救的货主分摊损失。船舶经营人可留置被救的货物达到这一目的。这样,被弃货物的损失得到了分摊,货主承受的风险由此减少,构成某种保险,其中,货主们相互以自己货物的价值担保他人货物的安全。可以说,各货主彼此结成了一个保险合伙。但在这样的关系中,不存在预先支付的保费,也不存在独立于货运合同当事人的保险人。在客货混装的情形,乘客是否要分摊海损?这要看乘客是奴隶还是自由人,奴隶有价值,其主人要分摊损失。自由人不受估价,所以,应不分摊损失。但他们带的珠宝和衣服被拯救了的,这部分价值要参与分摊。而路上带的消费品,如食物,不参与分摊。[④]

二、中世纪海事惯例编纂时期

中世纪时期海商法发展的突出特征,应是私人对于海事惯例的成文编纂。此一时期较为典型的海商法是拜占庭帝国的《罗得海法》,以及合称为“中世纪三大海商法”的《奥列隆惯例集》《康索拉多法典》《维斯比法》。

---

① 参见何勤华主编:《法律文明史(第6卷):中世纪欧洲世俗法》,陈灵海、柴松霞等著,商务印书馆2014年版,第634页。

② 罗得弃货规则的译文,可见王小波:《〈罗得海商法〉研究》,中国政法大学出版社2011年版,第221-226页。

③ 参见王小波:《〈罗得海商法〉研究》,中国政法大学出版社2011年版,第120页。

④ 徐国栋:《古罗马的海事风险及其法律规制》,载《华东政法大学学报》2016年第5期,第164-165页。

（一）《罗得海法》

《罗得海法》（*Lex Rhodia*，Rhodian Sea Law）是目前普遍公认的世界上第一部成文的海商法，产生于拜占庭帝国，同样因罗得岛而得名，一般认为形成于公元八世纪。

罗得岛是东地中海的航海贸易中心，往来穿梭的商人大多选择在罗得岛解决航海贸易产生的纠纷，久而久之便逐渐形成了独具特色的海商法律文化，同时也是《罗得海法》得以产生的土壤。《罗得海法》对于保存和发展古代海商法律文明作出了巨大贡献，也在中世纪贸易活动中发挥了重要作用，为后世海商法奠定了基础，故而是世界海商法发展史上承前启后的重要一环。《罗得海法》不是由官方编纂，而是若干世纪以来航海习惯和贸易经验不断积累的结果，性质上属于习惯法的汇编。[①]

《罗得海法》是拜占庭帝国以《学说汇纂》记载的海商法律制度为基础发展而来，[②] 与《罗得法》之间同样存在源流关系。我国学理上更多将《罗得法》译为“罗得海法”，而将《罗得海法》译为“罗得海商法”。但是，此种译法不仅超出了法律名称的原意，而且从现代法律部门划分的角度分析，二者之间也确实尚未实现从海法到海商法的转变。《罗得海法》中仍有不少私法范围以外的规则，例如第 22 条关于船员抢劫和偷盗的规定，具有刑事法律规范的性质：

> 船员奉船长之命抢劫了某商人或乘客。船员被发觉并且逮住。船长应双倍赔偿被抢劫的人，船员要被打 100 下。如果船员自己进行偷盗而被抓住或被证人指认有罪，应将其痛打一顿，尤其如果被盗物品是钱财，让他赔偿被盗者的损失。[③]

由于《罗得法》与《罗得海法》的外文名称接近，中文译名中的“海”或“海商”均为意译加入，时常在我国学理上发生混淆。例如，司玉琢主编的《海商法》一书在介绍《罗得法》时认为：“这是拜占庭帝国推行的航海贸易条例，用以解决有关共同海损分摊、船舶碰撞、海难救助等海事法律制度，并有海上保险的规定。”[④] 此处拜占庭帝国云云，显然是将《罗得海法》的背景误植于此。

国外学者对于《罗得海法》的研究和译注工作由来已久，目前较为权威的文本应是英国学者 Walter Ashburner 勘校的希腊文本及其英文译本，共计 66 个条文，主要涉及船员、乘客、

① 参见王小波：《〈罗得海商法〉译注》，载《古代文明》2010 年第 3 期，第 80 页。
② 参见王小波：《〈罗得海商法〉研究》，中国政法大学出版社 2011 年版，第 120 页。
③ 参见王小波：《〈罗得海商法〉译注》，载《古代文明》2010 年第 3 期，第 85 页。
④ 司玉琢主编：《海商法》（第 4 版），法律出版社 2018 年版，第 14 页。其中关于法律“用以解决……法律制度”的表述，似乎亦有不妥。

货主、海盗、船舶、货物、船舶所有权、船舶担保物权等内容。[①]《罗得海法》建立的诸多规则，对于此后中世纪乃至现代海商法仍有一定影响，例如其中第30条已有关于船舶适航规定的雏形：

> 商人和乘客不准在旧船上装载沉重的和名贵的货物。如果违反上述规定装载，船在航行中发生了损坏或遗失，往旧船上装载货物的人对所发生的损失负责。当商人租用船舶时，他们在装载自己的货物前，应该从此前使用该船航行过的商人那里明确地询问一下，该船舶是否适航，是否配备牢固的帆桁，风帆，遮布，船锚，质量上乘的粗麻绳，摆放整齐的小艇，合适的舵柄，各司其职的船员，敏捷而精明的优秀水手，坚固的船舷。总之，商人必须询问清楚每件事情以便进行装载。[②][③]

《罗得海法》的希腊文本、中文译本及其研究，可见王小波《〈罗得海商法〉研究》，中国政法大学出版社2011年版；王小波《〈罗得海商法〉译注》，载《古代文明》2010年第3期。

（二）《奥列隆惯例集》

《奥列隆惯例集》（Rolls of Olé ron），也称"奥列隆海法"（Law of Olé ron），得名于法国西南部夏朗德省的奥列隆岛（Island of Olé ron），现今通常译为"奥莱龙岛"。关于《奥列隆惯例集》的归属问题，英法两国之间一直存在争议。原因在于此一法典形成的十二世纪当时，奥莱龙岛曾是英国属地。我国学者王彦认为：

> 无论是从《奥列隆惯例集》的名称、语言、内容上，还是法国自身的条件来看，都可以合理地得出结论：《奥列隆惯例集》产生于法国。[④]

关于《奥列隆惯例集》的制定者也存在不同观点，其中较具代表性的是以下两种：一种观点认为是由狮心王理查一世（Richard I）从圣地归来途经奥莱龙岛时整理；另一种观点认为是由英格兰国王亨利二世（Henry II）的妻子阿基坦的埃莉诺（Eleanor of Aquitaine），也即理查一世的母亲编订、颁布。目前国际上多数学者普遍采纳后者。

《奥列隆惯例集》主要收集了十二世纪奥莱龙岛海事审判的判例和习惯，最初用于规范

---

① See Walter Ashburner, *The Rhodian Sea-Law*, The Lawbook Exchange, Ltd., 2015.

② 王小波：《〈罗得海商法〉译注》，载《古代文明》2010年第3期，第87页。

③ 值得注意的是，杨树明、郭东《由承托双方的正义到公共的正义——由船舶适航性的演进看海商法的发展趋势》一文引述本条规定，同样将其误为"公元前9世纪《罗得法》"的内容。杨树明、郭东：《由承托双方的正义到公共的正义——由船舶适航性的演进看海商法的发展趋势》，载《现代法学》2009年第2期，第119页。

④ 王彦：《〈奥列隆惯例集〉归属问题初探——基于史源学的考察》，载《理论月刊》2019年第1期，第106页。

从布列塔尼和诺曼底到英格兰、苏格兰和佛兰德斯的葡萄酒贸易。《奥列隆惯例集》形成后在欧洲西部地区作为普遍遵循的海商法律长达数个世纪之久，[①]也使《罗得海法》被弃而不用成为过去。[②]《奥列隆惯例集》全文共计25条，内容主要集中于船长、船员、船东和商人的责任与义务，[③]例如其中第15条涉及关于船舶碰撞的规定：

> 一船停泊于锚地，另一船与停泊的船相撞。后船的撞击致使前船受损，致使木桶中的酒类货物溢出；应对该损失进行评估，且两船应平均分担该损失。两船载运的酒类货物应分担货商之间的损失。碰撞它船的船舶船长和船员应对福音传教士发誓，他们这样做绝非出于故意；作出本判决的原因在于，一艘破旧船舶如果可以从另外一艘船舶索赔全部损失，破旧船舶会主动挡住状况优良的船舶的航路。[④]

《奥列隆惯例集》的中文译本，可见王彦译《奥列隆惯例集》，载《中国海商法研究》2016年第3期。

（三）《康索拉多法典》

《康索拉多法典》（Book of the Consulate of the Sea）的内容源于西班牙的巴塞罗那地区（Barcelona），全称应为“The maritime customs of Barcelona universally known as the Book of the Consulate of the Sea”，即“普遍称为《康索拉多法典》的巴塞罗那海事习惯”。我国一度采用的英文表述是“Consulate of the Sea”，中文一般译为“海事裁判集”，通说观点认为是因为“consulate”对应的意大利语“consolato”有裁判官之意。[⑤]但是，目前英语文献主要以“Book of the Consulate of the Sea”指称《康索拉多法典》，而以“Consulate of the Sea”表示对应的裁判机构，即阿拉贡王权（Crown of Aragon）[⑥]建立的准司法机构，主要负责海商法和商法事项，此后延伸至整个地中海地区。

《康索拉多法典》的主要内容是十四世纪汇编的地中海西岸的海商惯例，美国学者John Wigmore在《世界法系概览》一书中指出：

---

① 参见［美］约翰·H.威格摩尔：《世界法系概览》，何勤华、李秀清、郭光东等译，上海人民出版社2004年版，第766–772页。

② 参见何勤华主编：《法律文明史（第6卷）：中世纪欧洲世俗法》，陈灵海、柴松霞等著，商务印书馆2014年版，第648页。

③ 参见［加］威廉·台特雷：《国际海商法》，张永坚等译，法律出版社2005年版，第9页。

④ 王彦译：《奥列隆惯例集》，载《中国海商法研究》2016年第3期，第96页。

⑤ 参见王彦：《康索拉度海法评述》，载《中国海商法研究》2017年第2期，第107页。

⑥ 阿拉贡王权是一个复合君主国，又译为“阿拉贡联合王国”，是指由阿拉贡王国及巴塞罗那伯国的君主统治的王国和地区的联邦。阿拉贡王权在十四至十五世纪达到顶峰，作为具有制海权的国家控制着西班牙东部、法国西南部以及远至希腊的地中海主要岛屿。

在阿玛斐法典[①]之后的2至3个世纪内，我们再也没有听说有任何广泛流行的法典，此时中心又一次往西转移至巴塞罗那。一位教会官员在15世纪末描绘巴塞罗那时提及它的法律："几乎在每一个海事城市，船员的争端、商人的纠纷都按照它们或起源于它们的法律加以解决，它们具有巨大的权威性。而且，正如以前人们谈及罗得海法那样，现在所有人都认为巴塞罗那的法律值得一提。"[②]

《康索拉多法典》的内容同时涉及实体法与程序法、私法与公法，全文共计334条，分为三编：

第一编为"裁判庭程序规定"，共45条（第1条至第45条），内容涵盖海事裁判官、上诉法官的选任、宣誓就职、除名、书记员选任，海事裁判官的审理程序、证人、上诉审理程序、管辖权异议、管辖范围、判决执行、被宣判有罪者的不动产处置、运费、工资、贷款的处理、船舶出售、债权人分配、船员工资优先权的行使、诉讼费用的支付等事项。

第二编为"海上善良习惯"，共252条（第46条至第297条），涉及造船、货物运输、旅客运输、租船、海上事故、拖航、救助、捕获、委托等事项，托管船东、船舶共有人、船员、货商、旅客之间的权利与义务，展现了当时的海上善良习惯。

第三编为"私掠武装船只与军舰航行法令"，共37条（第298条至第334条），涵盖捕获的战利品的分配方式及分配程序、私掠协议、私掠冒险法令、船长、书记员的权利与义务等事项。[③]

《康索拉多法典》对于后世海商法的发展同样产生了深远影响，尤其是在海事赔偿责任限制领域。例如，我国学者黄永申认为：

《康索拉度海商法》不仅为建立和完善世界海事赔偿责任限制立法奠定了坚实的法律基础，而且为世界公司法的发展开辟了道路。该法规定的责任限制制度毫不逊色于著名的"罗得法"所规定的共同海损制度，甚至可以说，该制度对世界的贡献要远远大于"共同海损制度"，因为它不仅影响了海上的法律，而且还影响了陆

---

① 《阿玛菲法典》（Amalphitan Table），也译为"阿玛菲法表"，全称是"尊贵的阿玛菲市海事法庭的法令"（Chapters and Ordinances of the Maritime Court of the Noble City of Amalphi），得名于意大利坎帕尼亚大区城市，现今一般译为"阿马尔菲"（Amalfi）。一般认为《阿玛菲法典》制定于11世纪末，共计66个条文，主要规定了船长、船员的权利和义务，弃货和共同海损，以及海上合伙。《阿玛菲法典》的中文译本，可见黄永申：《中世纪海法：阿玛菲海法》，载《中国海商法研究》2017年第1期。

② ［美］约翰·H.威格摩尔：《世界法系概览》，何勤华、李秀清、郭光东等译，上海人民出版社2004年版，第757页。

③ 参见王彦：《康索拉度海法评述》，载《中国海商法研究》2017年第2期，第108页。

上的法律。[①]

关于《康索拉多法典》的评述，可见王彦《康索拉度海法评述》，载《中国海商法研究》2017年第2期。

（四）《维斯比法》

《维斯比法》（Laws of Wisbuy）得名于瑞典哥得兰岛（Gotland）的最大城市维斯比（Visby），也称为“维斯比海法”（Wisbuy Sea Law）或“哥得兰海法”（Gotland Sea Law）。海上货物运输法领域著名的《维斯比规则》，也是由于1963年国际海事委员会在瑞典斯德哥尔摩召开会议讨论该议定书时，曾到维斯比签署草案而得名。此处亦可体现《维斯比法》对于海商法发展的深刻影响。

《维斯比法》的产生时间同样存在争议，一般认为成文于十五世纪，但其中汇编的海事惯例本身导源于十三至十四世纪。《维斯比法》较之《奥列隆惯例集》有了长足的进步，不仅剥离了船难法、拾得物纳贡、捕获等不属于现代意义上海商法的内容，而且不同于采用判例汇编形式的《奥列隆惯例集》，《维斯比法》的条文是按照船舶在航程中可能产生的问题的先后顺序进行排列，条文的内容本身也更为精炼、详细而富有逻辑。[②]

《维斯比法》原文共计66条，译为英文后一般分为70条，内容涵盖船长、船员、船东之间的权利义务以及海难救助、船舶租用、船舶抵押、船舶碰撞、共同海损、船舶优先权等方面，其中不少条文可以在此前的《奥列隆惯例集》中发现类似规定，从中也可略见从《奥列隆惯例集》到《维斯比法》条文风格的转变。例如，《维斯比法》第49条规定：

> 船员应向船长表明用于装卸货物的绳具的状况，如果绳子或者部分绳子需要修补，前述绳子或者部分绳子应得到修补。如果船长未进行修补，船长应对前述绳子导致的任何损失承担责任。但是如果船员未对绳具的状况进行说明，船员应对导致货物损失的事故自行负责。[③]

《奥列隆惯例集》第10条规定：

> 船长安全抵达卸货港；船长应向货商出示其将用于吊卸货物的绳具。如果他注

① 黄永申：《试探海事赔偿责任限制的法律历史渊源——〈康索拉度海商法〉》，载《中国海商法研究》2015年第2期，第69页。

② 参见何勤华主编：《法律文明史（第6卷）：中世纪欧洲世俗法》，陈灵海、柴松霞等著，商务印书馆2014年版，第657页。

③ 王彦：《维斯比海法》，载《中国海商法研究》2017年第1期，第99页。

意到前述绳具需要维修，船长应进行维修，因为如果因为吊索或者绳具的瑕疵导致酒桶灭失，船长与船员应予以赔偿；船长应依据其收取的吊卸费用进行分摊，吊卸费用应首先用于赔偿损失，剩余损失应在船长和船员之间平分。[但若未向货商出示绳具，绳具发生断裂，他们应赔偿所有损失。但如果货商表示绳具完好，后来绳具断裂的，每一个人，即酒类货物的货商都应分摊损失。] 如是判决。[①]

《维斯比法》的中文译本，可见王彦译《维斯比海法》，载《中国海商法研究》2017年第1期。

三、近代国家海事立法时期

近代以降随着国家主权的概念得到普遍采纳，中央集权国家陆续成立，各国开始将以商人习惯法为主要表现形式的海商法纳入国内立法，海商法由此进入了较为兴盛的国家立法时期。

此一时期最为典型的国内立法首推法国1681年的《海事敕令》(*Grande ordonnance de la marine*),由于是路易十四在位期间制定的一项皇家法令,日本学者一般译为“海事王令”。《海事敕令》分为海事裁判所官员与管辖，海上活动的人员与船舶，海商合同，港口、沿岸、锚地与海岸的治安，海上渔业五编，共计713条，同时涵盖私法和公法的内容。经由对于海事习惯及实务全面调查而编纂完成的《海事敕令》，除了在欧洲诸国不断得到效仿以外，欧洲之外的许多国家和地区也将其纳入重要法源之列。

法国1807年《商法》即“拿破仑商法典”，纳入了《海事敕令》关于私法的绝大多数内容，主要是其中第二编和第三编的规定。[②] 此后十九世纪的多个国家的商法典，先后仿照法国1807年《商法》，将海商法的内容编入商法典作为其中一编，典型应是德国1861年《商法》。

此一时期较具代表性的国内海事立法还有1893年美国《船只航行、提单及财产运输的某些义务、责任和权利法》(An Act Relating to Navigation of Vessels，Bills of Lading，and to Certain Obligations，Duties，and Rights in Connection with the Carriage of Property)，即《哈特法》(Harter Act)。十九世纪中期，英国商船队在国际航运市场上具有重要地位。根据当时英国

---

① 王彦：《奥列隆惯例集》，载《中国海商法研究》2016年第3期，第95页。

② 参见［日］中村真澄、［日］箱井崇史：《日本海商法》，张秀娟、李刚、朴鑫译，法律出版社2015年版，第6–7页。

法的规定，海上货物运输合同高度贯彻合同自由原则，允许承运人在海上货物运输合同和提单上列入对于货物灭失或损坏的免责条款。此类免责条款的使用在十九世纪八十年代前后愈演愈烈，以至于人们带有强烈讽刺意味地描述此种情形："承运人除收取运费以外，似乎已无其他责任可言。"[①] 此种混乱无序的状态引起了各国的重视，尤其是遭到了作为最大贸易国的美国的反对。《哈特法》对于现代海上货物运输立法的贡献主要有二：一是为承运人确立了最低限度的义务，即承运人不得在合同中降低或减少自己对于货物应尽的基本义务；二是对于承运人的权利加以限制，通过法律规定取消了承运人的许多过失免责权利，主要保留了船长、船员的航海过失免责，并将航海过失区分为驾驶船舶的过失和管理船舶的过失。《哈特法》的制定对于各国海上货物运输立法产生了重要影响，英美法系的许多国家均效仿美国的做法制定了本国的国内法律，此后更是催生了著名的《海牙规则》。

四、现代国际海事立法时期

随着 1897 年国际海事委员会的成立，并于 1910 年通过了《1910 年统一船舶碰撞若干法律规定的国际公约》《1910 年统一海难援助和救助若干法律规定的公约》，海商法的发展开始进入以国际统一为目标的国际立法时期；1959 年原政府间海事协商组织即现国际海事组织的成立进一步推动了国际海事立法的发展，一直持续至今长达百余年之久。

目前海商法领域通过了众多具有广泛影响力的国际公约，例如《海牙—维斯比规则》《1989 年国际救助公约》《1976 年海事赔偿责任限制公约》《国际油污损害民事责任公约》，涉及海商法的多数分支与具体制度。

第二节　当代海商法的发展趋势

一、船方责任不断加重

不同历史时期的海商法律制度总是与特定时期人们克服海上风险的能力相互适应。航运发展早期由于航海技术和造船技术落后，人们克服海上风险的能力较弱，海商法律制度即以鼓励航运业发展、保护船方利益为价值取向，规定了较低的船方责任。随着航海技术和造

① There seems to be no other obligation on the shipowner than to receive the freight.

船技术以及其他相关技术的发展进步，航运生产力明显提高，人们克服海上风险的能力也相应提高，需要重新平衡船货双方、船东与其他各方的利益；加之海上安全、海洋环境保护和船员权益维护日益受到重视，当代海商法明显呈现船方责任不断加重的趋势，日益朝向公平、合理的价值目标发展。①

船方责任不断加重主要体现在四个方面：一是海上运输承运人责任不断加重，二是海事赔偿责任限额明显提高，三是强制责任保险适用范围逐步扩大，四是共同海损由货方分摊日趋困难。此外，海难救助报酬、沉船打捞清除费用的提高增加了船方的经营成本，也在一定程度上体现了船方责任的加重。

（一）海上运输承运人责任不断加重

1. 承运人责任的归责原则趋于严格

海上货物运输方面，包括我国《海商法》在内，《海牙—维斯比规则》体系下承运人责任采取的过错责任原则，通常称为不完全的过错责任原则，也即在过错责任原则的基础上列明特定的过失免责，即存在少数承运人虽有过错但也可以主张免责的特殊情形，集中表现为航海过失免责和火灾过失免责。此种特殊的归责原则，尤其是其中的航海过失免责，即使是在我国《海商法》起草当时也存在诸多反对意见。例如，当时一些部门、单位、公司和专家认为：

> 90 年代的今天，雷达控制，卫星导航，海船增加了一系列复杂的技术装备，海运风险已远不是 1924 年时的那种情况。以国际海运船舶船员平均人数为例，已从每条船 30 ～ 40 人减少到 20 个人左右，有的国家减少到 8 个人。这个数字的变化足以说明风险减小的程度。同时，由于运输手段的现代化，船长、船员与船东随时保持着密切的联系，作出任何重大的决定之前，不可能不请示船东。……如果今天仍然维持着这个极不合理的条款，未免过于偏袒船方的利益了。②

随着航行安全的提高，此种确有过分偏袒承运人之嫌的归责原则日益受到批评。主张废除航海过失免责的观点认为：首先，海商法是由航运事业早期的惯例发展而来，此种惯例与当时的航海实践紧密关联。随着科学技术的进步，现代科技在航海上的广泛应用大大增强了抵御海上特殊风险的能力。立法上给予船东特殊保护、豁免和特权的经济基础几乎不复存

---

① 参见胡正良主编：《海事法》（第 3 版），北京大学出版社 2016 年版，第 27 页。

② 郭日齐：《我国〈海商法〉立法特点简介》，载交通部政策法规司、交通部交通法律事务中心编：《〈海商法〉学习必读》，人民交通出版社 1993 年版，第 31 页。

在。其次，从船东对船舶的实际控制来看，当时设置船长、船员航海过失免责的理由之一是由于通信手段落后，船东很难控制船舶，甚至对于船上发生的许多情况一无所知。同样随着科技的进步，船舶与岸上的通信已然十分便捷，船东可以有效地控制船舶。最后，随着货物运输的集装箱化和专门化，件杂货的运输逐渐减少，运输程序简单化，货物的周转加快，货损、货差明显减少，船方承担的责任和面临的风险大大降低。现有的承运人责任归责原则导致船方和货方之间的利益和风险逐渐失去了平衡。①

1978 年《汉堡规则》改采完全的过错责任原则，取消了航海过失免责和火灾过失免责，即对于承运人责任采取更为严格的归责原则，减少了能够援引的免责事由，使国际海运各方风险分配的天平开始朝向货方或者使用海运服务的国家倾斜。②《汉堡规则》甚至被称为第三世界国家经过与西方航运国家长期斗争，而在国际海运立法舞台上取得的第一次胜利，但《汉堡规则》最终并未得到国际社会的广泛认可。2008 年《鹿特丹规则》延续《汉堡规则》的立场，同样采取完全的过错责任原则。

海上旅客运输方面，《2002 年海上旅客及其行李运输雅典公约》同样改变了《1974 年海上旅客及其行李运输雅典公约》的过错责任原则，通过借鉴船舶污染损害赔偿法律制度引入更为严苛的无过错责任原则，形成了过错责任原则与无过错责任原则并用的归责原则体系。2002 年公约明确给出了“航行事故”（shipping incident）的定义，即船舶沉没、倾覆、碰撞搁浅，船上发生的爆炸或火灾，以及船舶缺陷。损害是否由航行事故导致，承运人责任适用不同的归责原则。承运人对于因航行事故造成的旅客人身损害，针对每名旅客在每一事故中的赔偿责任在 24 万 SDR 限额之内适用无过错责任原则，上述限额以外适用过错责任原则；承运人对于非因航行事故造成的旅客人身损害的赔偿责任适用过错责任原则，并且承运人一方存在过错的举证责任由索赔方负担。③

2. 承运人单位赔偿责任限额明显提高

承运人单位赔偿责任限制和海事赔偿责任限制是对民商法完全赔偿原则的突破，也是出于海上特殊风险而通过减轻船方责任，以期达成的船货双方之间的实质公平。承运人的单位赔偿责任限额理应随着时代发展不断提高，也即不断朝向完全赔偿靠拢，具体原因有二：

---

① 参见赵月林、胡正良：《我国〈海商法〉是否应该取消航海过失免责的研究》，载《大连海事大学学报（社会科学版）》2003 年第 1 期，第 9 页。

② 参见吴焕宁主编：《国际海上运输三公约释义》，中国商务出版社 2007 年版，第 91 页。

③ 参见司玉琢主编：《海商法》（第 4 版），法律出版社 2018 年版，第 194 页。

第一，受到国际贸易中货物价值的不断提高以及通货膨胀两个方面因素的影响，承运人单位责任限额体现的实际价值总体呈现下降趋势，无法保障在国际贸易中对于货物的灭失或损害作出适当赔偿，需要通过提高承运人单位责任限额以适应社会发展的实际需要。

第二，现代航海技术与造船技术的不断发展，促使航运生产力不断提高，人们克服海上特殊风险的能力有了明显提升，决定了海商法调整对象的特殊性逐渐降低，对于承运人的特殊保护也应相应地逐步减少，从而实现船货双方之间的利益平衡，促使海商法律制度在不同的时代背景下均能基本保持相应的实质公平。

以货物灭失或损坏的单位赔偿责任限额为例，《海牙—维斯比规则》规定为每件或每单位 666.67 SDR，或者毛重每千克 2 SDR；《汉堡规则》规定为每件或每单位 835 SDR，或者毛重每千克 2.5 SDR，较之《海牙—维斯比规则》提高了约 25%；《鹿特丹规则》规定为每件或每单位 875 SDR，或者毛重每千克 3 SDR，较之《海牙—维斯比规则》分别提高了约 31% 和 50%，较之《汉堡规则》则分别提高了约 5% 和 20%。（见表 12）

表 12 国际公约规定的海上货物运输承运人对于货物灭失或损坏的单位赔偿责任限额

国际公约	单位赔偿责任限额	
	每件或每单位	毛重每千克
海牙—维斯比规则	666.67	2
汉堡规则	835	2.5
鹿特丹规则	875	3

单位：特别提款权 SDR。

海上旅客运输的立法趋势基本一致，2002 年《海上旅客及其行李运输雅典公约》规定承运人对于每名旅客在每一事故中的人身损害承担的无过错责任的赔偿限额为 25 万 SDR，约是 1976 年议定书限额 46,666 SDR 的 5.36 倍、1990 年议定书限额 17.5 万 SDR 的 1.43 倍。而且，如果旅客的人身损害的损失金额超过 25 万特别提款权，承运人必须进一步承担限额为 40 万特别提款权的赔偿责任，约是 1976 年议定书的 8.57 倍、1990 年议定书的 2.29 倍。2002 年公约规定的旅客自带行李的赔偿责任限额也有明显提高。而且，2002 年公约第 23 条采纳了修订承运人赔偿责任限额的默认接收程序，将使未来进一步提高赔偿责任限额更为容易。（见表 13）

表 13 《海上旅客及其行李运输雅典公约》规定的承运人单位赔偿责任限额

赔偿项目	雅典公约 1976 年议定书	雅典公约 1990 年议定书	2002 年雅典公约
旅客人身损害	46,667	175,000	400,000
自带行李损害	833	1800	2250
车辆损害	3333	10,000	12,700
其他行李损害	1200	2700	3375
车辆免赔额	117	300	330
其他行李免赔额	13	135	149

单位：特别提款权 SDR。

（二）海事赔偿责任限额明显提高

关于海事赔偿责任限制的国际立法，从《1957 年海船所有人责任限制国际公约》到《1976 年海事赔偿责任限制公约》，再到《1976 年海事赔偿责任限制公约》的 1996 年议定书及其 2012 年责任限额修正案，海事赔偿责任限额也呈现不断提高的立法趋势，此种趋势的形成原因与承运人的单位赔偿责任限额基本相同。

至于船舶油污损害赔偿的国际立法，《1969 年国际油污损害民事责任公约》及其 1984 年议定书、1992 年议定书、2003 年议定书，规定的船舶油污损害赔偿责任限额同样呈现不断提高的立法趋势。①

（三）强制责任保险适用范围逐步扩大

责任保险也称为第三者责任保险，是指以被保险人对于第三人依法应当承担的损害赔偿责任为标的的保险合同。投保人按照约定向保险人支付保险费，当被保险人应当向第三人承担赔偿责任时，保险人按照约定向被保险人给付责任限额范围内的保险赔偿金。②

传统上责任保险是以自愿保险为原则，但目前责任保险在诸多领域已由自愿保险向强制保险转变，我国最为典型的当属机动车交通事故责任强制保险。《机动车交通事故责任强制保险条例》第 2 条第 1 款规定："在中华人民共和国境内道路上行驶的机动车的所有人或者管理人，应当依照《中华人民共和国道路交通安全法》的规定投保机动车交通事故责任强制保险。"例如，温世扬主编的《保险法》一书认为责任保险的发展趋势之一便是向强制保险转变：

① 参见胡正良主编：《海事法》（第 3 版），北京大学出版社 2016 年版，第 27 页。
② 参见邹海林：《保险法》，社会科学文献出版社 2017 年版，第 380-381 页。

> 性质上，责任保险在诸多领域由自愿保险向强制保险转变。责任保险产生之初以自愿订立为条件。投保人是否投保、投多少金额的责任保险、保险人是否承保等，完全取决于投保人与保险人的意愿。但是，建立在自愿基础上的责任保险，难以充分实现保护社会大众的政策目标。一方面，如果投保人不投保，或者保险人拒绝承保责任保险，受害人的损失就无法从责任保险处得到补偿；另一方面，保险人以其经营保险业务的娴熟经验，得约定各种抗辩事由，以拒绝给付保险金。所以，为了实现责任保险保护受害当事人的政策目标，越来越多的国家通过立法的形式，在特定领域实行强制责任保险。例如，英国的强制责任保险除了传统的汽车责任保险和雇主责任保险外，较有特色的还有野生动物责任保险、律师责任保险、海洋油污损害责任保险、核反应堆事故责任保险等。①

《1969 年国际油污损害民事责任公约》首次在国际海事立法中规定了强制责任保险。此后《1996 年海上运输有毒有害物质损害责任和赔偿国际公约》《2001 年国际燃油污染损害民事责任公约》《2002 年海上旅客及其行李运输雅典公约》《2007 年内罗毕国际残骸清除公约》均规定了强制责任保险制度。可见建立强制责任保险制度的领域，多是涉及海上安全即海洋环境安全与和海上交通安全，包括海上人身安全的法律制度。强制责任保险适用范围扩展导致的直接结果，应是加大了船方的经营成本，即船方开展经营活动必须投保对应的强制责任保险，从而间接加重了船方的责任。

（四）共同海损由货方分摊日趋困难

共同海损本应由船货双方按照各自因共同海损行为而受益的财产价值进行分摊。但是，目前实践中船方要求货方分摊共同海损日趋困难，主要原因有二：一是海上货物运输法律规定的承运人免责范围日趋缩小，导致船方无权要求货方分摊共同海损的情形增加；二是法院在承运人援引免责事项时，对于法律规定的解释越来越不利于承运人，承运人需要达到的举证要求也更加严格。②

除共同海损法律制度内部的变化外，近年来关于共同海损制度存废的争论也愈发突出，其中最为集中的批评应是认为共同海损制度过于繁琐。随着船舶吨位增加，货物种类多样化、复杂化，以及航运和运输的其他方面不同程度的发展，共同海损理算工作已经变得颇为复杂。而且，实践中人们往往扩大而不是限制共同海损的范围，更为加剧了海损理算的复杂程度。

---

① 温世扬主编：《保险法》（第 3 版），法律出版社 2016 年版，第 248-249 页。
② 参见胡正良主编：《海事法》（第 3 版），北京大学出版社 2016 年版，第 27-28 页。

过多的文书工作和劳务性收费，也使得共同海损制度运行的效率降低，背离了现代社会普遍追求的合理化和简易化的发展方向。[①] 甚或有人认为，除了海损理算师外，鲜少有人能够完全理解共同海损制度复杂、繁琐的规则。[②] 同时，海上保险制度日益完善，尤其是共同海损牺牲、费用均系海上保险实践中普遍承保的费用风险，共同海损理算费用较之保险费用更高，[③] 也成为主张废止共同海损制度的主要理由之一。我国台湾地区学者杨仁寿针对此种观点认为：

> 近来海上保险制度发达，主张废止共同海损制度者，大有人在。惟不可否认者，持此论者，唯有在二个前提之下，始可成立，亦即所有之利害关系人均与同一保险人订立海上保险契约，或所有之利害关系人所订立保险契约，彼等海上保险人相互间均不行使代位权。事实上此二前提，均难成立，亦难以实现。[④]

至少当前海上保险制度之进展，尚不足以成为废止共同海损制度的充分理由。如果从海商法的公平价值角度进行考察，共同海损由受益方按其价值比例分摊的基本原则仍属公平合理。此项制度毕竟已有悠久的历史，如果目前尚且无法找到一种更为合理、可行的方法进行替代，全面、彻底地废除共同海损制度既无必要也不可行，但此项制度明显应当逐步改革、简化。[⑤] 此亦《约克—安特卫普规则》近年来修订时遵循的原则之一，并且也是海商法作为商法分支理应具有的效率价值追求。我国台湾地区学者陈猷龙认为：

> 共同海损系长期确立之制度，昔日随海运发展，由简而繁，今日因船舶变革、保险及金融制度、资讯科技及观念等之进步，由繁返简，乃自然发展趋势，全面废止虽未逢其时，惟废止论之理由对于共同海损规定之简化，实具有重大之催促作用。[⑥]

二、私法规则融入海上安全内容

海上安全主要是指海上交通安全和海洋环境安全。当代海商法愈加呈现为海上交通安

① 参见郭瑜：《海商法教程》（第2版），北京大学出版社2012年版，第273页。
② 参见蒋跃川：《共同海损》，法律出版社2009年版，第257页。
③ 参见饶瑞正：《海商法论》，台北，三民书局2018年版，第547页。
④ 杨仁寿：《共同海损法论》（第2版），台北，三民书局2000年版，第6页。
⑤ 参见叶伟膺：《海天搏击四十年：海商法文集》，中国商务出版社2012年版，第110页。
⑥ 陈猷龙：《海商法论》，台北，瑞兴图书股份有限公司2018年版，第369页。

全和海洋环境保护服务的趋势，此种变化集中体现为公法义务在海商法中的私法化。保障海上交通安全和保护海洋环境在传统意义上主要是公法规定的义务，但当代海商法越来越多地出现以保障海上交通安全和保护海洋环境为目的，性质上却属于私法内容的权利和义务，主要体现在残骸打捞清除、船舶污染损害赔偿、海上货物运输合同、海难救助等方面。特别是 1978 年《汉堡规则》以来，国际上通过的国际海事条约基本均是围绕海上交通安全和海洋环境安全展开，少数例外则有 2008 年《鹿特丹规则》和《2006 年海事劳工公约》。

（一）残骸打捞清除

船舶发生碰撞、触礁等海上事故沉没或者船载货物落海以后，如果残骸对于海上航行安全、生产作业、海洋环境、渔业生产和其他有关利益构成现实或潜在的危害，为了维护公共安全和社会公共利益，此时需要对于残骸进行打捞清除。[①] 国际海事组织自 1996 年开始制定残骸打捞清除领域的国际公约，并于 2007 年最终通过了《2007 年内罗毕国际船舶残骸清除公约》，公约引言部分说明：

> 本公约各当事国，意识到残骸若不予以清除，可能对航行或海洋环境造成危害这一事实，确信有必要通过统一的国际规则和程序，以确保残骸及时有效的清除和所涉及费用的赔付，注意到许多残骸可能位于包括领海的各国领土内，认识到在规范清除危险残骸的责任和义务的法律制度方面，可通过其统一获得益处，……

可见公约认定残骸存在两个方面的危险性：一是航行危险，二是海洋环境危险，此亦公约着重处理危险性残骸的核心重点所在。[②] 公约制定的目的也是应对残骸对于海上航行安全乃至海洋环境安全可能造成的危害，由此形成的残骸打捞清除法律制度被认为是传统海商法律制度以外的一项新兴制度。[③]

《2007 年内罗毕国际船舶残骸清除公约》第 10 条“所有人的责任”是公约关于残骸打捞清除民事权利义务最为核心的规定，其中规定残骸定位、标记和清除费用的赔偿责任主体应是登记所有人，而且采用无过错责任的归责原则，即无论责任主体对于海上事故是否存在过失，除法定免责事由外，均应承担上述费用。[④] 此项归责原则的确立也呼应了侵权责任法以无过错责任原则应对危险的安全价值目标。

---

① 参见赵月林:《残骸强制打捞清除法律制度之研究》，大连海事大学国际法学专业 2007 年博士学位论文，第 1 页。
② 参见黄裕凯:《2007 年残骸移除国际公约》，台北，五南图书出版股份有限公司 2012 年版，第 96 页。
③ 参见胡正良主编:《海事法》（第 3 版），北京大学出版社 2016 年版，第 2 页。
④ 参见胡正良主编:《海事法》（第 3 版），北京大学出版社 2016 年版，第 202 页。

（二）船舶污染损害赔偿

船舶是海洋环境最为主要的污染源之一。二十世纪五十年代以来，不仅船舶呈现大型化的趋势，海上运输货物的种类也越发多样，其中可能造成海洋污染的至少包括石油、化学品、有毒有害物质、核材料等。此种变化使海洋环境污染日益严重，[①] 船舶污染损害赔偿由此也成为当代海商法的一项重要制度。

虽然普遍认为现代油污法的最初产生是 1967 年 3 月的利比里亚籍油轮 Torrey Canyon 轮案的直接结果，但其实在更早的二十世纪六十年代中期，好望角地区一系列油轮事故造成的污染及其损害赔偿问题已经提出了对于立法的需要。[②] 此后国际社会对于海洋环境保护的重视，不仅体现在根据不同污染源制定了大量防止、减少海洋污染的国际立法，同时也制定了多个关于海洋污染发生以后损害赔偿民事责任的公约。此一领域的国际立法始于《1969 年国际油污损害民事责任公约》，而后陆续产生了《1971 年设立国际油污损害赔偿基金国际公约》《1996 年国际海上运输有毒有害物质损害责任和赔偿公约》《2001 年国际燃油污染损害民事责任公约》以及各个公约的多个议定书。国际海事立法经过多年努力，已经建立了较为完善的船舶污染损害赔偿法律制度，海洋环境保护也已成为当代国际海事立法的重点之一。

（三）海上货物运输合同

海上货物运输法的新近发展，亦有体现对于海洋环境保护的追求。较之《海牙—维斯比规则》以及《汉堡规则》，《鹿特丹规则》第 17 条第 3 款第 n 项增加了一项承运人的免责事由，即“避免或者试图避免对环境造成危害的合理措施”。

此项规定首次在国际海运公约中明确，承运人为了保护环境而作出的努力如果导致货物灭失、损害或迟延交付，可以免于承担赔偿责任。[③] 此项免责事由一定程度上也与《1989 年国际救助公约》创设的特别补偿制度存在关联。[④] 我国台湾地区学者杨仁寿认为：此项规定是出于公益的要求而作出的公益和私益之间的权衡，[⑤] 同样可以体现对于海上安全的关注是当代海商法公私融合倾向的产物。

---

① 参见胡正良主编：《海事法》（第 3 版），北京大学出版社 2016 年版，第 376 页。

② See Baris Soyer & Andrew Tettenborn (ed.) , *Pollution at Sea: Law and Liability*, Informa Law form Routledge, 2012, p.3.

③ 参见吴焕宁主编：《鹿特丹规则释义：联合国全程或者部分海上国际货物运输合同公约》，中国商务出版社 2011 年版，第 88 页。

④ See Francesco Berlingieri, *International Maritime Conventions (Volume I) : The Carriage of Goods and Passengers by Sea*, Informa Law from Routledge, 2014, p.182.

⑤ 参见杨仁寿：《鹿特丹规则》，2015 年自版发行，第 498 页。

（四）海难救助

海难救助法律制度对于海洋环境安全的贯彻，主要体现在两个方面：一是确定救助报酬应当考虑的因素，二是特别补偿制度。

《1989 年国际救助公约》第 13 条第 1 款第 b 项规定，评定救助报酬应当考虑“救助人在防止或减轻对环境损害方面的技能和努力”。设置此项确定救助报酬应当考虑的因素，应是出于鼓励环境保护的目的。而且，此种做法始自《1989 年国际救助公约》，此前《1910 年统一海难援助和救助若干法律规定的公约》尚未将环境因素作为衡量救助报酬多寡的考量因素之一。[①]《1989 年国际救助公约》确定此项因素后，重要性在司法实践之中已有一定程度的体现。最为典型的应属“长崎精神”轮案。法官在援引了公约的上述规定后明确指出：在救助方防止或减少了环境损害而且救助成功的情况下，救助方应得到的报酬数额应高于在前述情形不同结果下应得的报酬。本案最终判定的救助报酬金额高达获救财产价值的 61%，应当是充分考虑了环保因素。[②]

至于特别补偿制度，此项制度本身的目的便是针对救助方在进行救助作业时为保护海洋环境所作的贡献和受到的损害进行补偿。而且，特别补偿与救助报酬的一项重要区别在于，特别补偿的取得不要求对于船舶或船上货物的救助必须有效，也不要求必须取得防止或减少环境污染损害的效果。[③] 也即纵使是在救助作业未成功且未保护环境的情况下，救助方仍有可能获得特别补偿，足见此项制度对于保护海洋环境的鼓励力度之大。

三、国际统一进程逐步放缓

国际统一程度较高是海商法的特性之一。但是，海商法在当代的国际统一进程明显放缓，具体表现在两个方面：一是国际公约本身的立法进程放缓，二是各国国内立法更多开始采用综合多个公约的混合制度。

2008 年《鹿特丹规则》通过以来，海商法领域已有十数年的时间未产生全新的国际条约。而且，此前制定的不少重要的国际条约也尚未生效，典型即为《1996 年海上运输有毒有害物质损害责任和赔偿国际公约》以及 2008 年《鹿特丹规则》。国际条约本是各国互相之间进行利益妥协的产物。特别是随着世界多极化格局的发展，加之国际海事条约呈现日益追求大

---

① 参见王欣、吴煦编著：《海上救捞实务与法律》，大连海事大学出版社 2017 年版，第 108 页。

② See The Nagasaki Spirit [1995] 2 Lloyd's Rep.p.44; [1996] 1 Lloyd's Rep.p.449; [1997] 1 Lloyd's Rep. p.323. 转引自胡正良主编：《海事法》（第 3 版），北京大学出版社 2016 年版，第 141 页。

③ 参见司玉琢、李志文主编：《中国海商法基本理论专题研究》，北京大学出版社 2009 年版，第 423 页。

而全的趋势，要求各国作出妥协的范围和幅度也相应扩大，导致制定和通过新的国际海事条约越发困难。

以海上货物运输法为例，1924年《海牙规则》共计16个条文，全称是“1924年统一提单若干法律规定的国际公约”，其中“若干法律规定”表明公约无意构建体系化的法律制度；与此形成对比的是，2008年《鹿特丹规则》的条文数量达到96条，全称是“联合国全程或者部分海上国际货物运输合同公约”，内容涵盖海上货物运输法的绝大多数事项。

至于各国国内立法，综合多个公约的混合制度的立法例始于1992年我国《海商法》，其中第四章“海上货物运输合同”是以《海牙—维斯比规则》为基础，同时吸收了《汉堡规则》中符合我国国情的合理规定。当时此种立法模式受到国际社会的诸多批评，认为中国在既有的三个海上货物运输国际公约之外创设了第四种规则即“中国规则”，阻碍了海上货物运输法的国际统一。但是，二十一世纪以来越来越多国家的国内立法开始不同程度地采取混合制度，最为典型的应是德国。德国作为《海牙规则》的缔约国，同时也在国内法中吸收了《维斯比规则》的主要内容，但2013年海商法改革取消了航海过失免责与火灾过失免责，从而在承运人责任的归责原则方面采取了与《汉堡规则》《鹿特丹规则》相同的完全过错责任原则，而不再是《海牙—维斯比规则》的不完全过错责任原则。德国学者 Dieter Schwampe 的解释认为，此一变化主要是考虑到过失免责在当代已不具备存在的充分理由。①

第三节　中国海商法简史

一、中国海商法制简史

晚近以降，中国海商法制的历史发展主要以三部立法文件为脉络，即1909年《大清商律草案》第五编“海船律”，1929年《中华民国海商法》，以及1992年《中华人民共和国海商法》。

（一）《大清商律草案》第五编“海船律”

清末法制改革的直接目的之一是强国富民，而当时社会各界大多认为制定商法是“以商兴国”的直接途径，清政府由此选择商事立法作为法制改革的起点。②1908年，清政府由于

① See Dieter Schwampe，*Transport Law in Germany*，Kluwer Law International，2018，p.104.

② 参见朱勇主编：《中国法制史》（第3版），法律出版社2016年版，第299页。

此前《钦定大清商律》及《破产律》存在的诸种问题，决定重新制定商法，由修订法律馆聘请日本学者志田钾太郎等人帮助编纂商法。1909年即宣统元年起，志田钾太郎负责起草的《大清商律草案》陆续脱稿，分为总则、商行为、公司律、票据法、海船律五编，合计1008条，很大程度上参考了日本1899年《商法》以及德国1897年《商法》，学界称为“志田案”。

《大清商律草案》体例严谨，内容周详，但也有不少脱离中国实际之处。例如，谢振民编著的《中华民国立法史》指出：

> 宣统二年，各商会以修订法律馆所编之《商律》，系直接采取日本法，恐于国情不甚相合，乃实际访查商场习惯，参照各国最新立法例，编成《商法调查案》，上呈政府。[①]

按照清宪政编查馆的计划，《大清商律草案》是清末筹备宪政的具体步骤之一，须经数年的时间完成编订、核定、施行等程序，但最终未及颁布施行清廷便已覆亡。但是，《大清商律草案》是中国历史上第一部体系比较完整的商法文本，对于后世立法具有重要意义。[②]

《大清商律草案》第五编“海船律”是中国历史上第一部完整、专门的海商法草案，[③]学理上习惯称为“海船法草案”，共计六编263条，体例结构如下：

第一编　总则

第二编　海船关系人

　　第一章　所有者

　　第二章　海员

　　　　第一节　总则

　　　　第二节　船长

　　　　第三节　船员

第三编　海船契约

　　第一章　运输物品契约

　　　　第一节　总则

　　　　第二节　佣船契约

　　　　第三节　搭载契约

① 谢振民编著：《中华民国立法史》，中国政法大学出版社2000年版，第804页。

② 参见张晋藩总主编：《中国法制通史（第九卷）：清末·中华民国》，法律出版社1999年版，第246页。

③ 参见顾荣新：《清末〈海船法草案〉述评》，载《中国海商法研究》2017年第1期，第101页。

第四节　载货凭单

第二章　运送旅客契约

第三章　保险契约

第四编　海损

第一章　共同海损

第二章　海船之冲突

第五编　海难救助

第六编　海船债权之担保

第一章　法定质权

第二章　抵当权

关于采用“海船”而非“海商”作为法律名称的原因，很大程度上体现了日本法上主张海商法是以船舶为中心的常见观点，志田钾太郎曾经就此作出详细说明：

> 船舶（英 Ship，法 Navire，德 Schiff）法，即海商法（英 Law of shipping，法 Droit commercial maritime，德 seehandelsrecht）。海商对于陆商而言，称为海商法，似另有陆商法。按之理论，征之实际，诸多不合，且海商法之内容，以船舶为其中心，不如称为船舶法之为当。但日本除海商法外，另有船舶法，为一种特别法，称海商法为船舶法，又不足以示区别，究嫌未合。中国无单行船舶法，故中国商法典中之海商法，可自初定名为船舶法。[①]

（二）《中华民国海商法》

1925 年，法学家王宠惠掌管修订法律馆，基于《大清商律草案》第五编“海船律”略加修改形成《海船法案》，经中华民国北京政府即北洋政府司法部批准暂行参酌采用，1926 年 11 月 18 日公布；1927 年国民政府建都南京后亦令暂准采用。《海船法案》同样分为六编 263 条，体例结构和内容基本与《大清商律草案》第五编“海船律”一致，仅有个别条文字句、专有名词的修改。[②]

1927 年，国民政府考虑到海商法关乎海上商业发展，决定启动海商法的立法工作，由立法院商法起草委员会负责，主要参与人员兼有法学家和经济学家，包括马寅初、楼桐孙、

---

① ［日］志田钾太郎口述：《商法：有价证券·船舶》，熊元楷、熊元襄、熊仕昌编，上海人民出版社 2013 年版，第 77 页。

② 参见顾荣新：《清末〈海船法草案〉述评》，载《中国海商法研究》2017 年第 1 期，第 105 页。

卫挺生、戴修骏、王世杰等人。[①]1929 年中央政治会议第 183 次会议决议，关于民商立法采取民商合一的立法体例，公司法、票据法、保险法、海商法等订立单行法律作为民事特别法。当时通过的《民商法划一提案审查报告书》提出历史关系、社会进步、世界交通、各国立法趋势、人民平等、编订标准、编订体例、商法与民法之关系八个方面的理由，认为应当制定民商统一的法典。

1929 年 12 月 30 日，《中华民国海商法》正式通过，1930 年 11 月 25 日公布《中华民国海商法施行法》，均于 1931 年 1 月 1 日施行。《中华民国海商法》分为八章 174 条，体例结构如下：

第一章　通则

第二章　船舶

　　第一节　船舶所有权

　　第二节　优先权及抵押权

第三章　海员

　　第一节　船长

　　第二节　船员

第四章　运送契约

　　第一节　货物运送

　　第二节　旅客运送

　　第三节　船舶拖带

第五章　船舶碰撞

第六章　救助及救捞

第七章　共同海损

第八章　海上保险

关于《中华民国海商法》的内容，民国商法学者王效文在《中国海商法论》一书中认为，不同于《大清商律草案》第五编“海船律”主要参考日德商法，其中兼有英美德日诸国海商法的内容：

海商法……较之海船法草案内容稍有不同。盖海船法草案大体系采日法，间

① 参见李建江：《中国近代海商法》，中国政法大学出版社 2015 年版，第 170–173 页。

有仿照德例，而为数不多，全案虽分六编，共二百六十三条，表面似较海商法为丰富，而实则不如海商法之精审远甚，以海商法乃折衷于英，美惯例，德，日成规而成，不若海船法之囿于一隅者可比也。[①]

1949年2月，中共中央废除国民党六法全书，[②]《中华民国海商法》亦不例外，但在我国台湾地区作为地区法律沿用至今，并经过1962年和1999年两次大幅修正。

（三）《中华人民共和国海商法》

1. 起草历程

《中华人民共和国海商法》的起草工作始于二十世纪五十年代初，历时超过四十年，凝聚了数代人的努力。《海商法》的起草主要经历了以下较为重要的时间点：

1951年国家正式成立了“中华人民共和国海商法起草委员会”，其中副主任委员有魏文翰、汤觉先、孟绍濂等人，直至1963年完成草案第九稿上报国务院。

1963年上报第九稿后直至1980年期间，由于受到“文化大革命”等因素的影响，起草工作完全停滞。

1981年5月，原交通部重新组织成立“中华人民共和国海商法起草委员会”，下设办公室具体负责起草工作。

1985年1月，原交通部提交《关于报审〈中华人民共和国海商法〉（送审稿）的报告》，报请国务院审议；此后原交通部又两次提交送审稿的修改稿，期间由于国务院机构人员连续变动，起草工作再次停滞。

1989年1月至8月，原国务院法制办审查小组参考当时我国的行政法规、规章和业务准则，比较了部分典型法域的立法例，重点分析其中对于国际公约、民间规则、标准格式合同的取舍，基于送审稿调整形成了1989年8月征求意见稿，广泛开展征求意见，此后形成1991年3月修改稿。

1991年3月至8月，原国务院法制局、原交通部、商务部、最高人民法院共同主持召开三次座谈会，第一次对象为交通系统、经贸系统、保险系统、中国国际贸易促进委员会，第二次为海事法院系统，第三次为海商法、民法、国际私法学界专家，此后形成1991年8月草案。

---

① 王效文：《中国海商法论》，上海法学编译社1931年版，第10–11页。

② 此处六法全书是指宪法、民法、刑法、民事诉讼法、刑事诉讼法、行政法，而在日本、韩国等采取民商分立立法体例的法域，六法全书通常是指宪法、民法、刑法、商法、民事诉讼法、刑事诉讼法。

1992年6月7日，国务院提请审议《中华人民共和国海商法（草案）》。

1992年11月7日，第七届全国人民代表大会常务委员会第二十八次会议审议通过《海商法》，1993年7月1日起施行。[①]

立法资料

《海商法》的起草经过

时任国务院法制局顾问郭日齐曾在原交通部于1992年11月29日至12月1日在北京举办的“领导干部《海商法》学习班”上，简略回顾了《海商法》起草的经过：

> 《海商法》是与我们国家交通主管部门关系最为密切的一部大法。从50年代起交通部就开始着手《海商法》的起草工作，于1963年完成了第九稿，上报了国务院；后来因为“文革”十年，整个工作停顿下来。到1981年，交通部邀请有关部门、单位、院校重新组织起草委员会，经过四年的工作，于1985年1月18日报请国务院审议，共计18章213条。这部《送审稿》由当时的国务院经济法规研究中心经办。1985年9月18日，根据经济法规研究中心审议的意见，交通部又上报了《送审修改稿》，把条文压缩到170条。后来，又曾一度压缩到144条。在这个过程中，由于机构人事连续变动，工作进度再度受阻。1989年1月，我们奉命重新研究，与交通部、远洋运输总公司共同组成海商法审查研究小组，着手做过细的工作。
>
> 国务院法制局履行协助国务院领导审查法律、法规草案的职责是有严格要求的。鉴于1985年7月～1989年1月的四年间，没有认真书面征求有关部门的意见；对这样一部国际性极强的法律草案，也没有采取走出去或者请人进来作一些必要的调查咨询；特别是一再压缩条文的指导思想，引起有关方面的担心；加上这部法律的起草时间本来就比较长，上报国务院之后又经过了四年，而国际上统一海事立法的努力又不断地取得了新的发展。因此，就不得不在交通部原来已经做了大量工作的基础之上，再进一步做一些思考和补充。
>
> 从1989年1月～8月，审查研究小组参考了现行调整海上法律关系的行政法规、规章和业务准则，比较了几个有代表性的国家的海商法立法例，特别是有重点地分析了他们对国际公约、国际民间规则、标准合同的吸收取舍，对原上报国务院稿初

---

① 《海商法》起草的详细情况，可见司玉琢：《海商法专论》（第2版），中国人民大学出版社2010年版，绪论。

步地做了必要的调整，产生了《1989年8月征求意见稿》，分发各有关部门、地方广泛征求意见。今天到会的许多同志都见过这个稿子，并且提出过意见。与此同时，审查研究小组先后前往广州、深圳、上海等港口城市就征求意见稿与有关各方进行了座谈。两种途径共收集到数以千条计的意见，使我们在很大程度上开拓了思路，加深了认识。

依据所收集到的全部材料，审查研究小组集中了6个月的时间，对《征求意见稿》做了调整，完成了《1991年3月31日修改稿》。这次修改，对所收集到的意见和建议，一条一条地做了分析，吸收了一切应当并可能吸收的内容，注意并采纳了截止1990年最新的资料。在修改期间，审查研究小组对若干重点、难点问题同有关单位进行了一系列专题磋商。考虑到海商法的专业性与复杂性，也考虑到无论是国际统一海事立法还是国内海事立法都存在着承运人和托运人的分歧，为慎重计，国务院法制局和交通部会同经贸部、最高人民法院共同主持召开了三次论证会，再一次组织有关方面就《修改稿》交换意见。一次是由交通系统、经贸系统、中国人民保险公司、中国国际贸易促进委员会等参加的论证会。一次是全国海事法院系统的论证会。一次是邀请国内海商法、民法、国际私法专家出席的论证会。这三次论证会，对《修改稿》进行了热烈的讨论；在原则问题上起到了共同决策的作用，在细节问题上起到了相互补充的作用，在立法技术方面反映了精益求精的要求，特别是在传统的焦点分歧方面基本上达成了谅解。依据论证会意见，审查研究小组对《修改稿》做了必要的增删调整，形成了《1991年8月8日草案》。

今年5月16日，[①] 国务院秘书长罗干通知邀请交通部和经贸部两部领导同志作了最后的磋商、协调。6月5日，国务院常务会议审议通过了《中华人民共和国海商法〈草案〉》。6月7日，李鹏总理签字，向全国人大常委会提出议案。6月23日，受国务院委托，国务院法制局局长杨景宇同志向第七届全国人大常委会第26次会议作了国务院议案的说明。11月7日，第七届全国人大常委会第28会议，顺利通过了《海商法〈草案〉》。至此，我们大家盼望的，特别是交通系统同志盼望多年、辛苦多年的我们国家自己的海商法，终于诞生了。成果来之不易，特向交通部领导同志、交通系统的各位同志表示热烈的祝贺。[②]

---

① 即1992年5月16日。

② 郭日齐：《我国〈海商法〉立法特点简介》，载交通部政策法规司、交通部交通法律事务中心编：《〈海商法〉学习必读》，人民交通出版社1993年版，第21-23页。

2. 体例结构

《海商法》共计十五章 278 条，通过当时是我国条文数量最多的法律，体例结构如下：

第一章　总则

第二章　船舶

第一节　船舶所有权

第二节　船舶抵押权

第三节　船舶优先权

第三章　船员

第一节　一般规定

第二节　船长

第四章　海上货物运输合同

第一节　一般规定

第二节　承运人的责任

第三节　托运人的责任

第四节　运输单证

第五节　货物交付

第六节　合同的解除

第七节　航次租船合同的特别规定

第八节　多式联运合同的特别规定

第五章　海上旅客运输合同

第六章　船舶租用合同

第一节　一般规定

第二节　定期租船合同

第三节　光船租赁合同

第七章　海上拖航合同

第八章　船舶碰撞

第九章　海难救助

第十章　共同海损

第十一章　海事赔偿责任限制

第十二章　海上保险合同

第一节　一般规定

第二节　合同的订立、解除和转让

第三节　被保险人的义务

第四节　保险人的责任

第五节　保险标的的损失和委付

第六节　保险赔偿的支付

第十三章　时效

第十四章　涉外关系的法律适用

第十五章　附则

《海商法》的体系主要具有以下特征：

（1）以章为基本结构划分，每章主要对应一种航运活动形成的社会关系，体系化的提炼色彩较弱。

（2）“海上货物运输合同”一章排除对于国内海上货物运输合同的适用，同时设有“多式联运合同的特别规定”。

（3）传统的三类租船合同分为两个部分，航次租船合同规定在“海上货物运输合同”一章作为特别规定，定期租船合同和光船租赁合同规定在“船舶租用合同”一章。以“船舶租用合同”的表述替代“租船合同”，仅包括定期租船合同和光船租赁合同。

（4）海上拖航合同和海事赔偿责任限制独立成章。

（5）时效和涉外关系的法律适用独立成章，而非分散于各个章节与对应的请求权等权利一并规定。

《海商法》起草期间的体例结构变化，值得注意的应是公法内容的变迁：起草工作由于“文化大革命”等因素而中断以前，草案内容基本限于私法。例如，第九稿分为总则、船舶、船员、海上运输契约、船舶拖带、船舶碰撞、海难救助、共同海损、船主的责任范围等章。1981年起草工作重新启动以后，历次草案长期包含公法内容，例如1982年5月第十稿至1985年7月第十六稿均有引航、国际海上运输管理、沉船沉物打捞清除的专章。直至1987年第十七稿，草案的内容开始重新限定为调整平等主体之间的民事关系。此外，1982年5月至1989年征求意见稿，草案均有专章或专门条款规定船舶油污损害赔偿的民事责任。

立法资料

《海商法》的名称争议

关于《海商法》名称的争议，该法的主要起草人之一司玉琢在其主编的《海商法》一书中曾有如下记载：

在起草过程中，曾就我国海商法采用广义海商法还是狭义海商法进行过几次争论。当时，曾有人从广义海商法的概念出发，认为“海商法”这一名称已不能确切地反映这个法律部门所调整的全部内容，同时也认为使用“商”字不妥，主张改为“海事法”，也有人主张改为“海运法”或“航运法”……一时难以统一。后来，在漫长的《海商法》立法过程中，我国先后制定了《海洋环境保护法》《海上交通安全法》《防止船舶污染海域管理条例》《海船登记规则》《国际船舶代理管理规定》《国际班轮运输管理规定》等法律、法规和规章。这些海运行政法规的相继颁布和实施，使得《海商法》没有必要再包括行政法的内容。随着改革开放的深入发展，制定一部适应海上运输市场需要，调整平等主体间的民事关系的海商法显得尤为必要，加之受严格按法律属性立法模式的制约，狭义海商法在这种客观形势下便应运而生。至于海商法的法律名称，因其内涵的变化，加之人们的习惯称谓，也就没有必要再作更改。①

3. 修改动向

关于《海商法》修改的讨论始于二十世纪末，至今共经历了三次主管部门立项的系统理论研究。2000 年，原交通部立项“修改《中华人民共和国海商法》研究课题”，由上海海事大学、大连海事大学分别承担，2002 年通过评审结项。两校的研究报告及修改建议稿均已出版。②

2013 年，交通运输部立项“我国《海商法》修改之研究”，由上海海事大学承担、胡正良教授主持，上海海事大学、大连海事大学、华东政法大学等高校的学者以及海事法官、海事律师参加，2016 年通过评审结项。主要研究成果此后受到国家社科基金后期资助项目资

① 司玉琢主编：《海商法》（第 4 版），法律出版社 2018 年版，第 17 页。

② 参见司玉琢、胡正良主编：《〈中华人民共和国海商法〉修改建议稿条文、参考立法例、说明》，大连海事大学出版社 2003 年版；司玉琢主编：《海商法专题研究》，大连海事大学出版社 2002 年版；蒋正雄主编：《中国海商法研究》，上海社会科学院出版社 2004 年版。

助出版。[①]

2017 年，交通运输部法制司立项“《中华人民共和国海商法》（修改建议稿）审核研究”，由大连海事大学承担、初北平教授主持，原意是全面审核“我国《海商法》修改之研究”课题组完成的《海商法（修改建议稿）》，项目启动之后不久逐步发展为《海商法》修改的系统理论研究，此后《海商法》修改在此基础上正式进入国家立法工作层面。

2018 年 3 月 23 日，交通运输部就《中华人民共和国海商法（修订征求意见稿）》开展定向征求意见，涉及八十余家单位。[②]

2018 年 9 月，《海商法》修订正式列入《十三届全国人大常委会立法规划》，作为第二类项目即需要抓紧工作、条件成熟时提请审议的法律草案，并且作为激发市场主体活力和推动形成全面开放新格局的重点领域立法。

2018 年 11 月 5 日，交通运输部通过官方网站等途径就修改后的《中华人民共和国海商法（修订征求意见稿）》公开征求意见。[③]

2019 年 12 月 18 日，交通运输部部务会议审议通过《中华人民共和国海商法（修改送审稿）》，2020 年 1 月 7 日提请国务院审议。[④]

2020 年 5 月，司法部就《中华人民共和国海商法（修改送审稿）》开展定向征求意见。[⑤]

二、中国海商法学简史

（一）发展历程

中国海商法学的发展历程大致可以分为五个阶段，分别是 1949 年以前即中华人民共和国成立以前、1949 年至 1981 年的《海商法》起草前期及停滞阶段、1981 年至 1992 年的《海商法》恢复起草阶段、1992 年至 2000 年的《海商法》施行初期、2000 年至今的海商法持续发展阶段。

1. 第一阶段：1949 年以前

我国海商法学发展的第一阶段主要是指中华人民共和国成立以前。1929 年《中华民

① 参见胡正良、韩立新、孙思琪等：《〈海商法〉修改基本理论与主要制度研究》，法律出版社 2021 年版。

② 参见《交通运输部办公厅关于征求〈中华人民共和国海商法〉（修订征求意见稿）意见的函》（交法办函〔2018〕467 号）。

③ 参见《交通运输部关于〈中华人民共和国海商法（修订征求意见稿）〉公开征求意见的通知》，载交通运输部官网，https：//www.mot.gov.cn/yijianzhengji/201811/t20181107_3125036.html。

④ 参见《交通运输部关于提请审议〈中华人民共和国海商法（修改送审稿）〉的请示》（交法发〔2020〕10 号）。

⑤ 参见《司法部办公厅关于征求对〈中华人民共和国海商法（修改送审稿）〉意见的函》。

国海商法》通过以前，我国海商法学的研究成果极少；该法通过以后研究成果陆续问世，主要以解释《中华民国海商法》以及介绍英国等域外海商法为主。此一阶段的代表性著作例如：

（1）魏文翰：《海上保险学》，中华书局1944年初版、1947年再版；

（2）魏文翰：《共同海损论》，中华书局1943年初版、1946年再版；

（3）王效文：《中国海商法论》，上海法学编译社1930年8月初版、1930年10月再版、1931年三版。

2. 第二阶段：1949年至1981年

第二阶段主要是指中华人民共和国成立以后，直至1981年5月《海商法》起草工作重新启动。此一阶段我国的海商法学研究成果同样极少，由于缺少实证法的依托，内容以介绍国际海事条约、英美海商法为主，同时亦有结合《海商法》各稿草案的相关内容。《海商法》起草工作因"文化大革命"等影响而中断后，理论研究也基本停止。此一阶段我国的海商法著作仅有两种，其中正式出版的仅有一种：

（1）魏文翰：《海商法讲座》，法律出版社1965年版；

（2）黄廷枢编：《海法》，大连海运学院1963年版，未正式出版。

3. 第三阶段：1981年至1992年

第三阶段主要是指1981年5月《海商法》起草工作重新启动以后，直至1992年11月7日《海商法》通过。此一阶段我国海商法的学理论著渐多，但同样由于缺少实证法的依托，内容以介绍国际海事条约、英美海商法为主，同时结合《海商法》各稿草案的相关内容。特别是后期著作的体例与《海商法》草案愈发接近。此一阶段的代表性著作例如：

（1）张既义、司玉琢、尹东年、於世成编著：《海商法概论》，人民交通出版社1983年版；

（2）魏文达编著：《海商法》，法律出版社1984年版；

（3）魏文达：《共同海损理算规则解释（约克—安特华普规则）》，法律出版社1983年版；

（4）司玉琢主编：《新编海商法学》，人民交通出版社1991年版；

（5）任建新主编：《海商法讲义》，人民法院出版社1988年版；

（6）吴焕宁主编：《海商法学》，法律出版社1989年版。

4. 第四阶段：1992年至2000年

第四阶段主要是指1992年11月7日《海商法》通过以后，直至2000年。此一阶段我国的海商法学研究成果以解释《海商法》为主，间或涉及海上货物运输法、船舶碰撞法等海商法的具体制度，偶有专题著作问世。此一阶段的代表性著作例如：

（1）交通部政策法规司、交通部交通法律事务中心编：《〈海商法〉学习必读》，人民交通出版社 1993 年版；

（2）司玉琢、胡正良、傅廷忠、李海、朱清、汪鹏南编著：《海商法详论》，大连海事大学出版社 1995 年版；

（3）於世成、杨召南、汪淮江编著：《海商法》，法律出版社 1997 年版；

（4）郁志轰主编：《海商法》，杭州大学出版社 1993 年版；

（5）郭瑜：《提单法律制度研究》，北京大学出版社 1997 年版；

（6）司玉琢、吴兆麟：《船舶碰撞法》（第 2 版），大连海事大学出版社 1995 年版；

（7）杨良宜、林源民：《船舶买卖法律与实务》，人民交通出版社 1995 年版；

（8）司玉琢主编：《海商法大辞典》，人民交通出版社 1998 年版。

5. 第五阶段：2000 年至今

第五阶段主要是指 2000 年至今。此一阶段我国的海商法学研究成果不再限于《海商法》的解释，而是拓展至海商法的各个分支，研究层次也有明显提升，专题著作大量出版。可以认为传统海商法的理论研究在此一阶段基本成熟，而且开始引领东亚地区的海商法研究。具体而言，2000 年以来我国的海商法研究主要呈现以下特征：

（1）研究内容时常超出广义海商法的范围，特别是 2010 年以后海法理论逐步发展推进，许多海商法学者的研究领域开始向航运公法乃至海洋法拓展，其中尤以司玉琢教授领衔的大连海事大学学者为代表。

（2）理论研究与立法工作的互动关系明显，《鹿特丹规则》《2006 年海事劳工公约》以及《海商法》修改，乃至《海事诉讼特别程序法》修改先后成为理论研究的热点问题。

（3）海商法基础理论研究开始受到关注，较早由 2017 年 3 月胡正良、孙思琪发表的《海商法基础理论的内涵、研究现状与研究意义》一文提出，① 此后如曹兴国、孙思琪分别出版了《海商法自体性研究》、②《当代海商法价值论》③ 等海商法基础理论领域的专著。

（4）航运活动涉及的新兴领域也时有法学研究成果问世，例如自主航行船舶、邮轮旅游、北极航道治理、突发公共卫生事件下的船员和邮轮旅客权益保障等。

① 参见胡正良、孙思琪：《海商法基础理论的内涵、研究现状与研究意义》，载《中国海商法研究》2017 年第 1 期。

② 参见曹兴国：《海商法自体性研究》，法律出版社 2020 年版。

③ 参见孙思琪：《当代海商法价值论》，法律出版社 2023 年版。

（二）前辈学人

1. 魏文翰

魏文翰（1896—1987），天津人。1915 年毕业于天津南开中学；1921 年毕业于南京金陵大学，获得法学学士学位；1922 年至 1923 年就读于美国哈佛大学；1927 年毕业于美国芝加哥大学，获得法学博士学位。魏文翰不仅活跃于海商法的理论研究，而且在航运领域的实践经验涉及船东、保险、律师、海损理算等多个方面，应是名副其实的中国海商法泰斗。

早在二十世纪二十年代末，魏文翰已经担任东吴大学法学院教授。1928 年至 1938 年，魏文翰在上海作为执业律师处理海事案件；1939 年至 1943 年，担任民生实业公司协理、代总经理；1946 年，作为船东代表赴美国西雅图参加国际劳工组织国际劳工局第 28 届会议，并当选为执行委员；1948 年，担任上海市轮船业同业公会理事长；1949 年，担任南北通航谈判首席代表。魏文翰在此期间先后创办海鹰轮船公司、海兴保险公司，还于 1942 年 11 月接受委托作成“民本”轮共同海损理算书，应是国人首次承担共同海损理算事务，对于我国海损理算事业具有开创性意义。魏文翰与魏文达、陈干青并称民国三大海损理算师，魏文翰位居其首。魏文翰在《共同海损论》一书中记录：

> 如遇发生海难，均托外人办理及理算。查在我国办理是项事件者，仅有英籍海损理算人一人，名史蒂芬氏（W.R.M.Stevens），在上海执行职务，办理我国内河沿海所发生之一切海损事件，在九一八前，日人永井在沪曾操斯业数年，嗣以我国商民因东北事件恶之，遂离去，而我国人则向无办理此事者。
>
> 自八一三事起，我国后方水道与沪隔绝，复自太平洋事起，该英籍史蒂芬氏亦离沪他去，遂至我国后方水道之海损事件，无人理算，著者以在沪办理海事法律案件有年，加以数年之航业实际经验，对此项学识，亦略有心得，一九四一年十二月间民生实业公司之民本轮在川江发生海难后，以该公司业务主持人及有关保险公司主持人之委托，曾作成民本轮之共同海损理算书，……①

1959 年原交通部在上海组建上海海运学院，魏文翰与胞弟魏文达一同进入上海海运学院讲授海商法，共同开创了新中国的海商法专业教育，同时也是现今上海海事大学海商法学科的奠基人。

1972 年 10 月，时为上海市政协委员的魏文翰希望携妻儿出境探亲，但遭遇重重阻碍，

① 魏文翰：《共同海损论》（第 2 版），中华书局 1946 年版，第 1–2 页。

只能向南开中学校友周恩来求助。周恩来在公安部的请示上批示："请告魏先生夫妇及其子魏友忠，可以来去自由，不加限制。如愿回来参观，仍可携其他子女同回，参观后再去。如愿久驻海外，悉听其便。"①1974年，魏文翰移居美国新泽西州恩格尔伍德地区，此后由于健康原因未能返回中国。

魏文翰的主要学术著作如下：

（1）《海运法》，青光书局1933年版；

（2）《海上保险法要论》，上海市保险业同业公会1933年版；

（3）《共同海损论》，中华书局1943年初版、1946年再版；

（4）《海上保险学》，中华书局1944年初版、1947年再版；

（5）《海商法讲座》，法律出版社1965年版；

（6）*Code of Maritime Law*（*Chinese Text with English Translation*），《英译〈中华民国海商法〉》，与John McNeill合译，The China Law Journal 1931年版。

此外，根据魏文翰自传，另有中英对照的海上避碰规则注释著作未能出版。

2. 魏文达

魏文达（1905—1994），天津人。1934年毕业于东吴大学法学院，后赴英国特许保险学会进修海商法。

魏文达曾任东吴大学教授、大夏大学教授、上海海鹰轮船公司常务董事、副总经理兼海关保险公司经理、五洲理算师事务所理算师、英国劳氏船级社理事等职；中华人民共和国成立后担任上海海运学院教授、海商法研究室主任、水运经济科学研究所副所长、《远洋运输》杂志编辑委员会主任委员、学位评定委员会委员、学术委员会委员，兼任中国海商法起草委员会副主任委员、中国国际法学会理事、中国航海学会理事、上海市法学会国际法研究会总干事、上海市第三律师事务所第一接待室负责人等职。1978年上海海运学院恢复教师职称评定工作，为首批定职的唯一一位教授。

1979年，魏文达荣获上海市劳动模范称号，主要原因是其作为专家参与了两起重要的海事纠纷的处理。魏文达之子、曾经任教于华东政法大学的魏友宏回忆指出：

> 1979年前后有两个重大案件我父亲也有参与。可以这么说，我父亲能当上海市劳动模范大概就是因为这两个案件。
>
> 一个是"冻鸡案"。案情是一家中国进出口公司在上海港装了一批冻鸡出口到

① 周海民：《出国护照话沧桑》，载《新民晚报》2010年4月22日，第B8版。

中东，承运的是外国船舶，采用的是 FOB 价格术语，到目的港卸货时却发现冻鸡融化变质了，因此买方向中国公司提出了索赔。当时是中国公司代办的保险，因此中国公司找到保险公司，但是后者拒绝赔偿，要中国公司去找船方，因为冻鸡变质是船舶不适航造成的，而船舶不适航不属于保险公司的理赔范围。而船方也拒绝赔偿，认为是运输造成的问题。中国当时没有《海商法》，没人能回答这个问题，讨论了很久没有结果，后来有人偶然间告诉了我父亲这个案件，我父亲说我有办法，进出口公司就来找我父亲问怎么办。我父亲说别着急，这是冷冻仓出了毛病，而船舶在装货之前要给港方发准备就绪的通知，又因为这个案件中提单适用《海牙规则》，发出上述通知即默示保证船舶适货，所以货物出现问题，是船方的问题，应当由船方赔偿。我父亲为此起草了一份信，除了说明要适用《海牙规则》外，还引用了一系列已经形成判例的英国判例法，中国公司以自己的名义将这份信寄给外国船东，后来外国船东看到信后也就服气了，赔付了 13 万 5 千美元，避免了中国公司损失。

另外一个是 1980 年的“豆油案”。该案中一艘外国船舶承装 1 万多吨的豆油进口到上海，结果在进入黄浦江前、途径上海长江口外围海域时发生泄漏，船舶承装的部分豆油漏到了海里，船长即向上海港发出了求救信号。上海港监派船前去救助，首先将这条船拖至上海港，再对船体漏的部位进行水下焊接，最后把泄漏到海上的豆油清理完毕。但到了卸货的时候，船长不放货，主张共同海损，要求货方共同承担救助费用。当时据说船长是个大个子，态度很蛮横，而且傲气的很，无论如何就是不放货。进口公司实在没办法，找到我父亲，我父亲直接亲自指导他们如何处理，即：第一，要弄清楚泄漏的性质，如果是船方的过失造成的，比如说船体有裂漏，这就属于船舶不适航，而且船方无法证明尽到了谨慎从事的义务，那么就根本不属于共同海损，救助费用应当由船方全部承担；第二，豆油漏到海里所造成的货损也应当由船方承担；第三，漏油造成海区污染所产生的油污赔偿，也应该由船方承担，虽然豆油是植物油而非矿物油，但是公约所规定的“油”包括任何油类混合物。最后，法院在 1986 年判决上述三项主张全部成立，船方总共赔偿了 150 万元人民币。[①]

魏文达的主要论著如下：

（1）《海商法》，法律出版社 1984 年版；

① 杜彬彬、张永坚：《我的父亲魏文达——魏友宏先生访谈录之二》，载 https://mp.weixin.qq.com/s/BUiP8zbtqSFc4MMwNFRVxw，最后访问日期：2022 年 8 月 31 日。

（2）《共同海损理算规则解释（约克—安特华普规则）》，法律出版社 1983 年版；

（3）《海商法浅说》，武汉河运专科学校科技情报室 1983 年版；

（4）《英国一九〇六年海上保险法解释》，载《上海保险》1986 年第 4 期至 1988 年第 12 期连载；

（5）《中国大百科全书·法学》海商法相关词条，中国大百科全书出版社 1984 年版。

3. 黄廷枢

黄廷枢（1908—1995），福建人。1930 年毕业于福建马尾海军堂。

二十世纪五十年代，黄廷枢任大连海运学院教授，讲授航海课程，曾任驾驶学系主任。此后从事海商法的教学与研究，成为大连海运学院海商法学科的奠基人，培养了张永坚、胡正良等海商法学者。曾任中华人民共和国海商法起草委员会委员、外交部法律顾问。

黄廷枢在海商法领域的主要著作是大连海运学院的试用教材《海法》，大连海运学院 1963 年版，但未正式出版。

拓展阅读

1.Robert D.Benedict，*The Historical Position of the Rhodian Law*，18 Syracuse Journal of International Law and Commerce 223，1909.

2.W.Paul Gormley，*The Development of the Rhodian-Roman Maritime Law to 1681，with Special Emphasis on the Problem of Collision*，3 Inter-American Law Review.317，1961.

3.Timothy J.Runyan，*The Rolls of Oleron and the Admiralty Court in Fourteenth Century England*，19 American Journal of Legal History 95，1975.

4.［美］约翰·H. 威格摩尔：《世界法系概览》，何勤华、李秀清、郭光东等译，上海人民出版社 2004 年版，第十三章“海事法系”。

5. 王小波：《〈罗得海商法〉研究》，中国政法大学出版社 2011 年版。

6. 王小波：《〈罗得海商法〉译注》，载《古代文明》2010 年第 3 期。

7. 徐国栋：《古罗马的海事风险及其法律规制》，载《华东政法大学学报》2016 年第 5 期。

8. 王彦译：《奥列隆惯例集》，载《中国海商法研究》2016 年第 3 期。

9. 王彦：《〈奥列隆惯例集〉归属问题初探——基于史源学的考察》，载《理论月刊》2019 年第 1 期。

10. 王彦：《康索拉度海法评述》，载《中国海商法研究》2017 年第 2 期。

11. 黄永申 :《试探海事赔偿责任限制的法律历史渊源——〈康索拉度海商法〉》，载《中国海商法研究》2015 年第 2 期。

12. 王彦译 :《维斯比海法》，载《中国海商法研究》2017 年第 1 期。

13. 胡正良主编 :《海事法》(第 3 版)，北京大学出版社 2016 年版，第一章“海事法概述”第三节“海事法的发展趋势”。

14. 李建江 :《中国近代海商法》，中国政法大学出版社 2015 年版。

15. 李建江 :《清末〈海船法草案〉再评价》，载《中国海商法研究》2018 年第 1 期。

16. 顾荣新 :《清末〈海船法草案〉述评》，载《中国海商法研究》2017 年第 1 期。

17. 司玉琢 :《海商法专论》(第 2 版)，中国人民大学出版社 2010 年版，绪论。

第八讲

海事诉讼时效

【 知识提要 】

本讲讨论海事诉讼时效，诉讼时效是指权利人在法定期间之内不行使权利，义务人即有权提出拒绝履行的抗辩的法律制度，即法律对于民事权利设置的时间限制。

1.海事诉讼时效的基本问题。诉讼时效的功能在于督促权利人及时行使权利、维护既已形成的法律秩序的稳定，以及利于证据收集和判断。我国目前对于诉讼时效的效力采取抗辩权发生主义。诉讼时效的适用范围原则上仅限于债权请求权，但包括集装箱在内的未登记动产的返还原物请求权是否适用诉讼时效存在争议。诉讼时效在我国具有强制性。海事诉讼时效的主要特征是时效期间短期化，一是为了适应海商活动迅速进行的需要，二是由于海事海商纠纷的证据许多不易保存。

2.海事诉讼时效期间与起算点。特定请求权的诉讼时效主要由两项元素组成，即诉讼时效期间和起算点。海事诉讼时效期间和起算点在我国可以分为两类：一是《海商法》第十三章“时效”规定的诉讼时效期间和起算点；二是司法解释规定的诉讼时效期间和起算点。《海商法》和司法解释均未规定的海事请求权的诉讼时效期间和起算点，依据特别法优于一般法的规定，应当适用《民法典》的一般规定。

3.海事诉讼时效期间的中止与中断。诉讼时效期间的中止，是指在诉讼时效期间行将完成之际，发生与权利人无关的事由而使权利人无法行使请求权，法律为保护权利人而使时效期间暂停计算，待事由消除后继续计算；诉讼时效期间的中断，是指发生法定事由，此前已经计算的诉讼时效期间完全归于无效，待法定事由消除之后诉讼时效期间重新计算。

【知识结构】

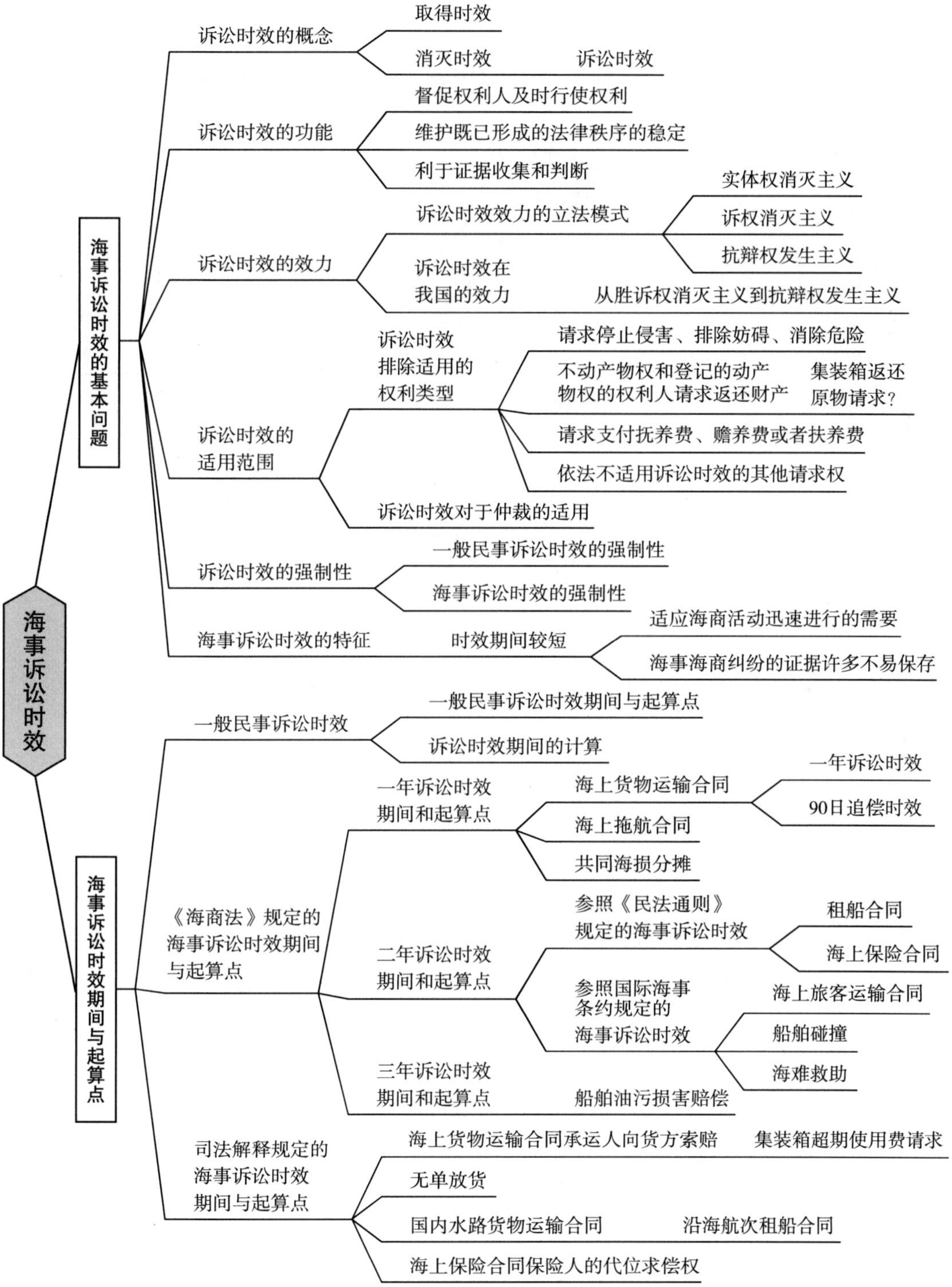
海事诉讼时效
海事诉讼时效的基本问题
诉讼时效的概念
取得时效
消灭时效
诉讼时效
诉讼时效的功能
督促权利人及时行使权利
维护既已形成的法律秩序的稳定
利于证据收集和判断
诉讼时效的效力
诉讼时效效力的立法模式
实体权消灭主义
诉权消灭主义
抗辩权发生主义
诉讼时效在我国的效力
从胜诉权消灭主义到抗辩权发生主义
诉讼时效的适用范围
诉讼时效排除适用的权利类型
请求停止侵害、排除妨碍、消除危险
不动产物权和登记的动产物权的权利人请求返还财产
集装箱返还原物请求？
请求支付抚养费、赡养费或者扶养费
依法不适用诉讼时效的其他请求权
诉讼时效对于仲裁的适用
诉讼时效的强制性
一般民事诉讼时效的强制性
海事诉讼时效的强制性
海事诉讼时效的特征
时效期间较短
适应海商活动迅速进行的需要
海事海商纠纷的证据许多不易保存
海事诉讼时效期间与起算点
一般民事诉讼时效
一般民事诉讼时效期间与起算点
诉讼时效期间的计算
《海商法》规定的海事诉讼时效期间与起算点
一年诉讼时效期间和起算点
海上货物运输合同
一年诉讼时效
90日追偿时效
海上拖航合同
共同海损分摊
二年诉讼时效期间和起算点
参照《民法通则》规定的海事诉讼时效
租船合同
海上保险合同
参照国际海事条约规定的海事诉讼时效
海上旅客运输合同
船舶碰撞
海难救助
三年诉讼时效期间和起算点
船舶油污损害赔偿
司法解释规定的海事诉讼时效期间与起算点
海上货物运输合同承运人向货方索赔
集装箱超期使用费请求
无单放货
国内水路货物运输合同
沿海航次租船合同
海上保险合同保险人的代位求偿权

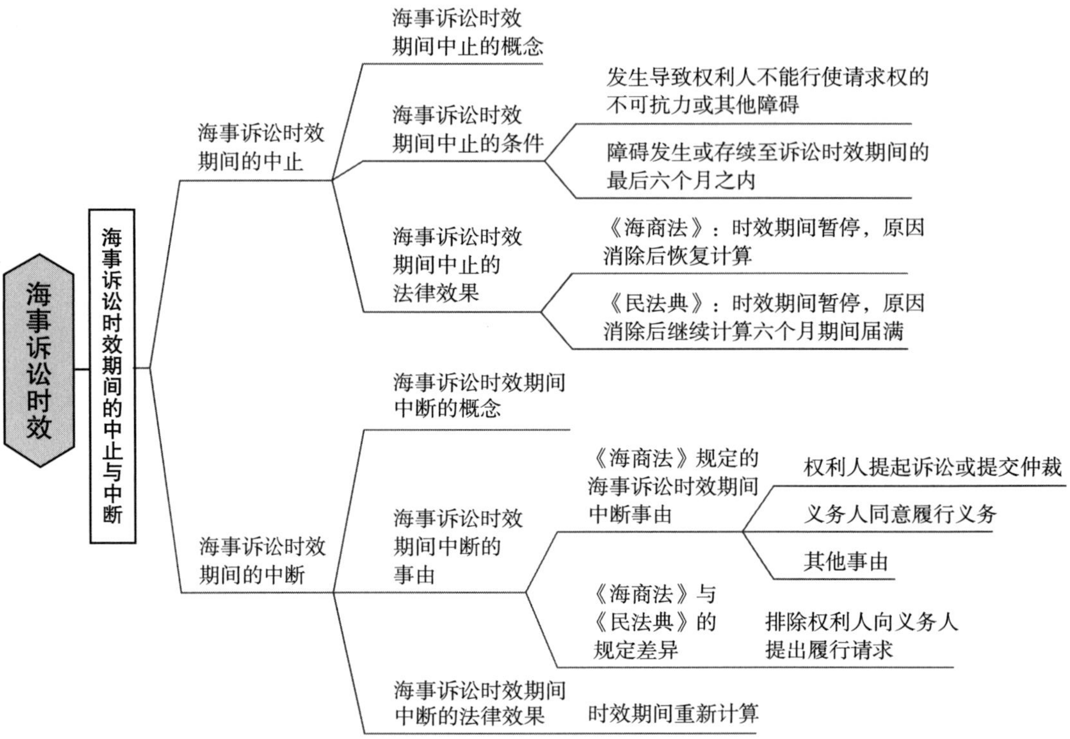

第一节　海事诉讼时效的基本问题

一、诉讼时效的概念

时效是指一定的事实状态持续经过法定期间，即产生对应法律效果的民事法律制度。传统民法上的时效分为取得时效和消灭时效。取得时效是指占有他人财产达到法定期间，即可取得对应财产权利的法律制度。[①] 例如，日本《民法》第162条第1款规定："二十年间，以所有的意思，平稳且公然占有他人之物者，取得该物所有权。"[②] 我国大陆现行法律未规定取得时效制度。

诉讼时效是指权利人在法定期间之内不行使权利，义务人即有权提出拒绝履行的抗辩的法律制度。我国大陆法律规定的诉讼时效，在比较法上一般称为"消灭时效"，即与取得

① 参见马俊驹、余延满：《民法原论》（第4版），法律出版社2010年版，第240页。
② 刘士国、牟宪魁、杨瑞贺译：《日本民法典》，中国法制出版社2018年版，第30页。

时效对应。取得时效规定权利的取得，而消灭时效规定权利的消灭或不受法律保护。例如，韩国《民法》第162条明确采用了消灭时效的表述："①债权经过十年不行使，即完成消灭时效。②债权以及所有权以外的财产权经过二十年不行使，即完成消灭时效。"

我国清末修法受到日本法的影响，采纳取得时效和消灭时效的概念，作为正式的法律术语引入《中华民国民法》，并在我国台湾地区作为地区的正式术语沿用至今。《民法通则》以来，我国大陆采用诉讼时效的表述，主要来自苏俄民法的继受与翻译。但是，诉讼时效制度并非仅与诉讼程序有关，而是在诉讼程序之外仍有适用的场合与意义。首先，诉讼时效期间的中止、中断事由可发生于诉讼程序之外，并产生相应的法律效果；其次，诉讼程序启动前行使时效抗辩权亦具效力，其后启动的诉讼程序只是对于先前行使抗辩权的争议作出认定；再次，民事执行程序中执行时效同样适用诉讼时效期间的中止、中断等规则；最后，仲裁程序中也可适用诉讼时效的规定。①

二、诉讼时效的功能

仅就制度的直观效果而言，诉讼时效似乎有悖于民法保护权利的基本理念，因为此项制度承认时间经过可以导致权利丧失法律保护。由此决定了解释诉讼时效制度的功能或谓价值，必要的同时却又殊为不易。②我国学理通说对于诉讼时效制度的功能，采取"三目的说"，即诉讼时效制度主要具有以下三个方面的功能：

1. 督促权利人及时行使权利。法谚有云："法律帮助勤勉人，不帮助睡眠人。"诉讼时效制度的立法理由在于：权利上之睡眠人，终必丧失其权利。③唯有权利人积极行使自身权利，方能促进民事关系流转、提高社会经济效率。

2. 维护既已形成的法律秩序的稳定。社会生活中一定事实状态的长期持续必然产生相应的法律秩序。权利人如果在过于漫长的时间之后方才行使权利，虽然权利本身确有正当性，但权利的行使将会推翻既定秩序，包括损害合理信赖此种事实状态及对应法律秩序的第三人的利益。诉讼时效制度此时的功能在于能够将长期以来形成的事实状态以法律的手段加以固定。

---

① 参见杨巍：《中国民法典评注·规范集注（第1辑）：诉讼时效·期间计算》，中国民主法制出版社2022年版，第3页。

② 参见杨巍：《中国民法典评注·规范集注（第1辑）：诉讼时效·期间计算》，中国民主法制出版社2022年版，第7页。

③ 参见郑玉波：《法谚（一）》，法律出版社2007年版，第72页。

3. 利于证据收集和判断。民事案件证据的收集有时颇为复杂，如无时间限制将会导致权利人的举证负担加重，例如由于时日久远发生证据灭失、证人死亡等严重情形，法院也会增加审判负担。此时诉讼时效是作为证据之代用，[①] 不仅能够保护义务人免于负担过于沉重的举证责任，而且法院可以直接基于时效完成的事实以及义务人抗辩权之行使，判决驳回请求人的诉讼请求，节约诉讼成本。

理论探讨

诉讼时效功能的新近观点

近来我国学界常有对于“三目的说”的质疑观点，此类观点尝试从其他视角解释诉讼时效制度的功能，以此修补“三目的说”的弊端。杨巍在《中国民法典评注·规范集注（第1辑）：诉讼时效·期间计算》一书中对此曾有较为全面的梳理：

> 第一种观点“信赖利益保护说”认为，请求权人长期不行使权利，会呈现出该权利不存在的状态，第三人有可能会对义务人的财产状况和经济实力产生错误判断，并基于对权利不存在状态的信赖进行各项民事活动。诉讼时效是保护不特定第三人信赖利益的制度。[②]
>
> 第二种观点“权利推定说”认为，对诉讼时效制度价值的既有解释均可归入“权利消减”和“权利推定”两种角度。对诉讼时效制度价值进行理论解释时，没有必要也不可能真正兼顾“权利消减”与“权利推定”两个方面。应将诉讼时效制度理解为一种“权利推定”的制度。[③]
>
> 第三种观点“利益衡量说”认为，诉讼时效并非专为保护某一方特定当事人利益的制度，而是在某种基本价值取向框架内衡量各方（权利人、义务人、第三人、社会公共）利益的一种制度，通过这种利益衡量使各方利益得以平衡。[④]
>
> 第四种观点“多元抽象价值（安全、效率、公平）说”认为，诉讼时效制度价值是多元的而非单一的。该说主要以安全、效率、公平等抽象概念来论证诉讼时效

① 参见梁慧星：《民法总论》（第6版），法律出版社2021年版，第254页。

② 参见王轶：《民法总则之期间立法研究》，载《法学家》2016年第5期，第153页。

③ 孙鹏：《去除时效制度的反道德性——时效制度存在理由论》，载《现代法学》2010年第5期，第56-58页。

④ 张雪楳：《诉讼时效审判实务与疑难问题解析——以〈民法总则〉诉讼时效制度及司法解释为核心》，人民法院出版社2019年版，第11-12页；连光阳：《诉讼时效制度伦理基础之反思与证成》，载麻昌华主编：《私法研究》第24卷，法律出版社2019年版，第104-105页；张家勇：《诉讼时效制度的利益结构分析》，载《社会科学研究》2009年第2期，第88页。

制度价值，通常并不涉及诉讼时效具体制度的讨论。持该观点的学者均认为各价值之间存在顺序关系，但对于具体顺序则意见不一。①

第五种观点“动态价值说”认为，诉讼时效制度价值是动态的，而非静态的；是可变的，而非不变的。诉讼时效制度价值主要受不同历史阶段的法文化与社会需要的影响。我国诉讼时效制度价值，应结合我国现实社会作具体分析。②

第六种观点“中心—外围说”认为，现有各学说所采平行根据体系既无法说明各根据间的逻辑关系，也无法统一解释我国诉讼时效各项制度及其实践，应当对诉讼时效根据作“中心—外围”的层次性体系重构。保护义务人是中心或枢纽，督促权利人和维护秩序是其外围或延伸。③

第七种观点“合理配置司法资源说”认为，诉讼时效制度的基本价值在于合理配置司法资源。由于司法资源有限性以及民事诉讼高成本等原因，为了使有限的司法资源得到最大化的有效利用并节约诉讼成本，基于立法政策的判断，法律对于时效期间届满的纠纷拒绝提供救济。④⑤

三、诉讼时效的效力

（一）诉讼时效效力的立法模式

关于诉讼时效的效力，也即诉讼时效期间届满的法律后果，各个法域立法的规定存在差异，目前主要存在以下三种模式：

1. 实体权消灭主义，即诉讼时效期间届满后实体权直接消灭。例如，日本《民法》第166条第1款规定：“债权在下列情形因时效而消灭：1. 债权人在知道可以行使权利之时起五年内不行使时；2. 自可以行使权利之时起十年内不行使时。”⑥ 此处规定债权因时效而消灭，即为典型的实体权消灭主义。

---

① 汪渊智、曹克奇：《论诉讼时效制度的法律价值》，载《晋中学院学报》2009年第4期，第68-72页；陈明国：《论诉讼时效价值》，载《西南民族大学学报（人文社科版）》2008年第10期，第201-204页；黄娅琴、蒋万庚：《时效价值取向之重构》，载《广西大学学报（哲学社会科学版）》2005年第6期，第56页。

② 冯恺：《诉讼时效制度研究》，山东人民出版社2007年版，第39-44页。

③ 霍海红：《诉讼时效根据的逻辑体系》，载《法学》2020年第6期，第46页。

④ 杨巍：《反思与重构：诉讼时效制度价值的理论阐释》，载《法学评论》2012年第5期，第46-47页。

⑤ 杨巍：《中国民法典评注·规范集注（第1辑）：诉讼时效·期间计算》，中国民主法制出版社2022年版，第8-9页。

⑥ 刘士国、牟宪魁、杨瑞贺译：《日本民法典》，中国法制出版社2018年版，第30-31页。

2. 诉权消灭主义，即诉讼时效期间届满后实体权利本身仍然存在，但诉权归于消灭，权利人不能请求法律保护以及要求法院强制执行，此时当事人之间的债属于自然之债。例如，俄罗斯联邦《民法典》第 195 条规定："诉讼时效是被侵权人为维护自己的权利而提起诉讼的期限。"[①] 秘鲁共和国《民法典》第 1989 条更是明确规定："时效消灭诉权，但不消灭权利本身。"[②]

3. 抗辩权发生主义，即诉讼时效期间届满后义务人取得拒绝履行的抗辩权。如果义务人自动履行，视为放弃抗辩权，履行应为有效。抗辩权发生主义以德国《民法》最为典型，其中第 214 条规定："（1）在消灭时效完成后，债务人有权拒绝履行给付。（2）为满足某项已经完成消灭时效的请求权而已给付的标的，即使是在不知道该项请求权的情况下给付的，也不得请求返还。债务人的合于合同的承认以及担保的提供，亦同。"[③]

理论探讨

胜诉权消灭主义

我国民法理论早先受到苏联影响较大，尤其在诉讼时效领域，不仅诉讼时效的称谓来自苏联，诉讼时效的效力此前也长期依循苏联民法理论，采取胜诉权消灭主义，即诉讼时效期间届满后当事人丧失的是胜诉权。苏联学理上曾有二元诉权论，将诉权分为程序意义上的诉权和实体意义上的诉权，即起诉权和胜诉权。[④] 例如，我国学者佟柔主编的《民法原理》一书认为：

> 自罗马法创立消灭时效之后，各国相继沿用。然而关于消灭时效的法律后果如何，则各国立法不一。有的国家民法规定，消灭时效届满后权利人的实体权利消灭，有的国家民法规定，消灭时效届满后仅发生义务人之抗辩权，即债务人有权拒绝履行；1922 年的苏俄民法典关于诉讼时效的规定，实际上是指消灭实体意义上的诉权，即胜诉权，而非程序意义上的诉权。[⑤]

虽然我国理论通说和立法实践均已改采抗辩权发生主义，但一些海商法教材至今仍然

---

① 黄道秀译：《俄罗斯联邦民法典》，北京大学出版社 2007 年版，第 109 页。
② 徐涤宇译：《秘鲁共和国新民法典》，北京大学出版社 2017 年版，第 361 页。
③ 陈卫佐译注：《德国民法典》（第 5 版），法律出版社 2020 年版，第 80–81 页。
④ 参见王利明：《民法总则研究》（第 3 版），中国人民大学出版社 2018 年版，第 800 页。
⑤ 佟柔主编：《民法原理》（第 2 版），法律出版社 1987 年版，第 125–126 页。

依循胜诉权消灭主义。例如，司玉琢主编的《海商法》认为诉讼时效的法律后果首先表现为“权利人丧失胜诉权”，但其中具体论述又有抗辩权发生主义的色彩：

> 权利人在法定期间届满前没有向义务人行使权利的，则丧失请求法院依据诉讼程序法强制义务人履行义务的权利。这表明权利人超过诉讼时效的法律后果是在法律程序上丧失了胜诉权（right to win），虽然权利人在实体上的民事权利尚未丧失，但由于诉讼时效期间届满后，义务人对权利人产生了诉讼时效的抗辩权（right to defence），即使权利人向法院起诉，也很难胜诉。①

甚至最高人民法院的裁判文书，迟至2019年仍有采取胜诉权消灭主义的表述：

> 关于原判决未予支持哈尔滨空调公司提出的保险赔偿金利息主张是否属于基本事实缺乏证据证明以及适用法律是否确有错误的问题。因哈尔滨空调公司提起本案诉讼时，诉讼时效期间已届满，在其对保险赔偿金丧失胜诉权的同时，亦丧失了以保险赔偿金为基础的相应利益。其主张保险赔偿金利息的申请理由无事实和法律依据。②

上述观点殊为不妥。不仅我国法律早已改采抗辩权发生主义，而且“胜诉权”的概念本身也无法成立。任何当事人在法院经过审理得出裁判结果以前，均不存在既定的胜诉权。朱庆育在《民法总论》一书就此明确指出：

> 权利本身即代表着应得到支持的正当性。然而，原告是否能够胜诉，取决于是否有足够的证据支持其主张。证据充足，原告胜诉；反之，被告胜诉。因而，在法院裁判之前，任何一方当事人均不享有先在的“胜诉权”。③

（二）诉讼时效在我国的效力

诉讼时效在我国法律制度下的效力，经历了从胜诉权消灭主义向抗辩权发生主义的转变。

1986年《民法通则》未直接规定诉讼时效的效力，但第135条前段采取的表述是“向

---

① 司玉琢主编：《海商法》（第4版），法律出版社2018年版，第373页。

② 最高人民法院民事裁定书，（2018）最高法民申6054号。

③ 朱庆育：《民法总论》（第2版），北京大学出版社2016年版，第541页。

人民法院请求保护民事权利的诉讼时效期间”。[1] 此后 1992 年《最高人民法院关于适用〈中华人民共和国民事诉讼法〉若干问题的意见》第 153 条规定：“当事人超过诉讼时效期间起诉的，人民法院应予受理。受理后查明无中止、中断、延长事由的，判决驳回其诉讼请求。”胜诉权消灭主义由此一度也成为我国学理上的通说。但是，我国司法实践并未持续采取胜诉权消灭主义。2003 年最高人民法院《人民法院民事诉讼风险提示书》第 4 条说明：

> 当事人请求人民法院保护民事权利的期间一般为二年（特殊的为一年）。原告向人民法院起诉后，被告提出原告的起诉已超过法律保护期间的，如果原告没有对超过法律保护期间的事实提供证据证明，其诉讼请求不会得到人民法院的支持。

根据上述说明，法院对于诉讼时效期间是否届满一般不依职权审查，而由当事人自行举证解决，立场已经接近抗辩权发生主义。

2008 年通过、2020 年修正的《最高人民法院关于审理民事案件适用诉讼时效制度若干问题的规定》第 1 条前段规定“当事人可以对债权请求权提出诉讼时效抗辩”，原第 3 条规定：“当事人未提出诉讼时效抗辩，人民法院不应对诉讼时效问题进行释明及主动适用诉讼时效的规定进行裁判。”[2] 此时诉讼时效期间届满的法律后果是债务人取得抗辩权，标志着我国改采抗辩权发生主义。至于抗辩是否提出由债务人自行决定，法院既不得依职权进行调查，也不得主动适用诉讼时效。2014 年《最高人民法院关于适用〈中华人民共和国民事诉讼法〉的解释》第 219 条也相应规定：“当事人超过诉讼时效期间起诉的，人民法院应予受理。受理后对方当事人提出诉讼时效抗辩，人民法院经审理认为抗辩事由成立的，判决驳回原告的诉讼请求。”

2017 年《民法总则》第 188 条第 1 款第 1 句虽然仍采“向人民法院请求保护民事权利的诉讼时效期间”的表述，[3] 较之《民法通则》未见明显变化，[4] 但该法第 192 条明确规定：

---

① 《民法通则》第 135 条规定：“向人民法院请求保护民事权利的诉讼时效期间为二年，法律另有规定的除外。”

② 该条在 2020 年修正时调整为第 2 条：“当事人未提出诉讼时效抗辩，人民法院不应对诉讼时效问题进行释明。”删去“不应……主动适用诉讼时效的规定进行裁判”的原因应是《民法典》第 193 条对此已有明确规定，司法解释不必重复。参见最高人民法院民法典贯彻实施工作领导小组办公室编著：《最高人民法院实施民法典清理司法解释修改条文（111 件）理解与适用》，人民法院出版社 2022 年版，第 187–188 页。

③ 参见《民法总则》第 188 条第 1 款规定：“向人民法院请求保护民事权利的诉讼时效期间为三年。法律另有规定的，依照其规定。”

④ 杨巍对此作出解释认为：“因《民法典》第 192 条已就时效届满效力专设规定，因此第 188 条第 1 款不再构成时效届满效力规则，而仅为普通时效期间规范。换言之，‘人民法院不予保护’并非时效届满的当然结果，而是当事人行使时效抗辩权的效力体现。”参见杨巍：《中国民法典评注・规范集注：诉讼时效・期间计算》（第 1 辑），中国民主法制出版社 2022 年版，第 123 页。

诉讼时效期间届满的，义务人可以提出不履行义务的抗辩。

诉讼时效期间届满后，义务人同意履行的，不得以诉讼时效期间届满为由抗辩；义务人已自愿履行的，不得请求返还。

第193条规定：

人民法院不得主动适用诉讼时效的规定。

上述规定首次在法律层面明确了我国对于诉讼时效的效力采取抗辩权发生主义，分别延续至2020年《民法典》第192条和第193条。

司法实践

海事诉讼时效效力的抗辩权发生主义

大连海事法院在大连金鼎石油化工机器有限公司与舟山锦弘海运有限公司水路货物运输合同纠纷案中认为：

承运人就国内水路货物运输向托运人主张运费的请求权，时效期间为一年，自承运人交付或者应当交付货物之日起计算。涉案货物于2018年4月21日卸货完毕，故锦弘公司应于2019年4月20日前向金鼎公司主张运费。2018年5月28日，锦弘公司通过微信向高某万主张运费。高某万代表金鼎公司与锦弘公司联系运输相关事宜，故锦弘公司向高某万主张支付运费即为向金鼎公司主张，诉讼时效中断，重新起算后至2019年5月27日届满。锦弘公司再次向高某万和孟某主张运费均系2019年5月27日后，故锦弘公司的运费请求权已经超过诉讼时效期间。金鼎公司在庭审中提出了诉讼时效抗辩，根据《中华人民共和国民法总则》第一百九十二条第一款"诉讼时效期间届满的，义务人可以提出不履行义务的抗辩"的规定，驳回锦弘公司要求金鼎公司向其支付运费50万元及相应利息的诉讼请求。①

青岛海事法院在烟台乔治家纺有限公司与马士基有限公司等海上、通海水域货物运输合同纠纷案中认为：

《中华人民共和国海商法》第二百五十七条规定："就海上货物运输向承运人要求赔偿的请求权，时效期间为一年，自承运人交付或者应当交付货物之日起计算。"第二百六十七条规定："时效因请求人提起诉讼、提交仲裁或者被请求人同意履行义务而中断。"乔治公司

① 大连海事法院民事判决书，（2020）辽72民初24号。

就海上货物运输向马士基有限公司要求赔偿，诉讼时效应自马士基有限公司向收货人交付案涉货物之日即2020年2月3日起算，而乔治公司于2021年2月7日提起本案诉讼，已超过一年的时效期间，且乔治公司未能举证证明马士基有限公司同意履行义务，本案不存在诉讼时效中断的情形，故本案诉讼时效期间已届满。根据《中华人民共和国民法总则》第一百九十二条“诉讼时效期间届满的，义务人可以提出不履行义务的抗辩”规定，马士基有限公司以本案诉讼时效届满为由要求驳回乔治公司诉讼请求的主张于法有据，本院予以支持。①

四、诉讼时效的适用范围

（一）诉讼时效排除适用的权利类型

诉讼时效适用的权利类型，也即诉讼时效的客体。传统上我国学理通说认为，诉讼时效仅适用于请求权，而且限于债权请求权。请求权是权利人得以请求他人为或不为一定行为的权利，而债权请求权是指债权人请求债务人为或不为一定行为的权利，包括合同之债、侵权之债、无因管理之债、不当得利之债等债的类型产生的请求权。例如，马俊驹在《民法原论》一书中认为：

> 我国诉讼时效的客体只能是请求权。支配权作为权利人对客体的管领，一般不直接涉及与第三人的关系，即使在权利行使过程中，第三人只负担消极义务，因而支配权不可能成为诉讼时效的客体；形成权则凭权利人单方的意思表示即可导致法律关系的产生、变更或消灭，不需要对方当事人的配合，因而无诉讼时效适用的余地；而所谓抗辩权是拒绝相对人的请求以维持现状的手段，故亦不可能受诉讼时效限制。②

但是，《民法典》第196条的规定很大程度上突破了上述学理通说：

> 下列请求权不适用诉讼时效的规定：
> （一）请求停止侵害、排除妨碍、消除危险；
> （二）不动产物权和登记的动产物权的权利人请求返还财产；
> （三）请求支付抚养费、赡养费或者扶养费；
> （四）依法不适用诉讼时效的其他请求权。

① 青岛海事法院民事判决书，（2021）鲁72民初430号。
② 马俊驹、余延满：《民法原论》（第4版），法律出版社2010年版，第252页。

1. 请求停止侵害、排除妨碍、消除危险

停止侵害、排除妨碍、消除危险均为民事责任的承担方式。停止侵害是指行为人实施了侵权行为，而且侵权行为正在继续，当事人可以请求法院责令行为人停止侵权行为；排除妨碍是指行为人实施的行为导致他人的权利无法行使，权利人可以要求行为人排除权利行使的障碍；消除危险是指行为人实施的行为导致他人的权益面临现实危险，当事人可以要求采取有效措施消除现实危险。[①]此类救济性请求权主要是基于物权、人格权、知识产权等支配权。

此类救济性请求权不适用诉讼时效，主要原因是与诉讼时效制度之间无法兼容。诉讼时效制度的本意是权利受到侵害后如在法定期间之内仍不行使，即对权利予以限制。但是，上述三种请求权针对的是正在进行且侵害状态仍然持续存在的权利受损或可能受损状态，继续性侵害行为本质上不可能适用诉讼时效，尤其诉讼时效期间的起算点无法确定。而且，此类请求权指向现实存在的妨害和危险，一般也就排除了向不特定的第三人呈现权利不存在状态的可能，不特定的第三人不会产生权利不存在的错误信赖，[②]此时尚无既已形成的法律秩序需要维护。

海事诉讼时效较少涉及此类救济性请求权，虽然船舶等财产的权利人理论上也可能需要请求停止侵害、排除妨碍、消除危险，但此类请求无关海商法的特殊性，不属于海事海商纠纷的范围，而应适用一般民事法律。

2. 不动产物权和登记的动产物权的权利人请求返还财产

（1）返还原物请求权与诉讼时效

诉讼时效的客体应为请求权，即权利人得以请求他人为或不为特定行为的权利。物权、人格权等不属于请求权的权利，性质为支配权，即权利人得以直接支配标的而具有排他性的权利。此类权利不适用诉讼时效制度目前已无争议。因此，海商法领域的船舶物权不受诉讼时效的限制。

物权本身不适用诉讼时效，但物权的请求权是否适用诉讼时效，理论上存在争议。物权请求权，是指基于物权而产生的请求权，旨在排除对于物权现实的或潜在的妨害，从而回复物权的圆满状态。我国学理上的多数意见认为，诉讼时效适用的请求权不包括物权请求权。例如，马俊驹在《民法原论》一书中认为：

---

① 参见陈甦主编：《民法总则评注》，法律出版社 2017 年版，第 1276–1278 页。
② 参见陈甦主编：《民法总则评注》，法律出版社 2017 年版，第 1417 页。

> 物权之请求权虽然不一定是物权的权能，却是维护物权完整性的救济方法，是保障物权人对物的支配权所必需的。它虽然有其独立性，却是不能与物权相分离的权利，当物权之请求权由权利人转让时，应视为权利人将物权亦同时转让。所以，物权之请求权成为物权所特有的效力，其必须附从于物权本身而存在，无形中成为其护身符，形影不离。既然物权不因诉讼时效而消灭，则其物权之请求权自应与其同命运，亦不因诉讼时效而消灭。如果因物权之请求权适用于诉讼时效，造成一个无法恢复支配圆满状态的物权，则显然与物的支配权之本质相矛盾，使物权不能成为名副其实的物权。①

《最高人民法院关于审理民事案件适用诉讼时效制度若干问题的规定》第1条前段规定“当事人可以对债权请求权提出诉讼时效抗辩”，即使在配合《民法典》实施而修正后亦未调整表述，实际也在一定程度上明确了诉讼时效适用的权利类型原则上应当限于债权请求权。

物权请求权主要包括停止侵害、排除妨碍、消除危险、返还原物等类型，《民法典》第196条第1项仅排除了前三者，而第2项排除了不动产物权和登记的动产物权的权利人请求返还财产。依其反对解释，②未经登记的动产物权权利人请求返还财产，似应适用诉讼时效的规定。

《民法总则》起草期间，学界关于返还原物请求权是否适用诉讼时效存在不同主张，既有主张不适用诉讼时效，也有主张已登记的不动产不适用诉讼时效，还有主张原则上应当适用诉讼时效，原因在于善意取得、取得时效和失权无法完全取代诉讼时效。司法实践中也有法院判决明确援引物权请求权不适用诉讼时效的学理，排除了确认房屋所有权、出租人作为所有权人请求返还房屋的请求权适用诉讼时效。③《民法总则》草案一审稿第175条第2项的表述原是“登记的物权人请求返还财产”，④即不区分动产和不动产，物权人请求返还财产排除适用诉讼时效均以登记为前提。但是，此后草案提交十二届全国人大五次会议审议时，部分代表提出目前不少农村地区的房屋尚未办理不动产登记，为更好地保护农民的房屋产权，建议将不适用诉讼时效的范围扩大至全部不动产物权的返还请求权。原全国人民代表大会法律委员会经过研究，作出修改从而形成了《民法总则》第196条第2项的规定。⑤立法

① 马俊驹、余延满：《民法原论》（第4版），法律出版社2010年版，第252页。
② 反对解释是指依照法律规定的字面含义，推导其反面结论，以此阐明法律的真实含义。
③ 参见陈甦主编：《民法总则评注》，法律出版社2017年版，第1414—1415页。
④ 何勤华、李秀清、陈颐编：《新中国民法典草案总览》（增订本），北京大学出版社2017年版，第1567页。
⑤ 参见全国人民代表大会法律委员会2017年3月12日《关于〈中华人民共和国民法总则（草案）〉审议结果的报告》。

机关的释义认为：

> 动产以占有和交付为所有权享有和变动的公示方法。理论上讲，他人无权占有动产后，动产即与所有人分离，动产物权的权利人如果长期不请求返还财产，他人基于占有公示产生的对抗力就越来越强，第三人随着时间推移越发相信无权占有人就是事实上物的所有人，进而基于这种信赖与之发生一定的法律关系。信赖利益是民法上的重要利益。法律对信赖利益进行保护，对维护新产生的民事法律关系的效力及整个社会经济秩序的稳定均有积极意义。但是，有的意见提出，如果规定动产物权的权利人请求返还财产一概不适用诉讼时效，在理论上似乎出现一个矛盾。例如，甲占有乙价值 10 元的物，又向乙借款 100 万元。如果规定所有的动产物权的权利人请求返还财产均不适用诉讼时效，乙对价值 10 元的物可以长期请求返还，但对于更大价值的 100 万元债权，却只能在普通诉讼时效期间的 3 年内主张，看似法律对价值小的法益保护更重。此外，在实践中，一律规定所有的动产物权的权利人返还财产请求权不适用诉讼时效，在操作上面临很多困难，也没有必要。一般动产价值小、流动大、易损耗，如果不适用诉讼时效的规定，多年后再提起诉讼，一是因年代久远存在举证困难，二是增加诉累，三是不利于矛盾的及时解决。综合考虑，可以规定这类普通动产适用诉讼时效。船舶、航空器和机动车等动产，价值较大，被称为“准不动产”，准用不动产管理的很多规则，这类动产多进行物权登记。本法第 225 条规定，船舶、航空器和机动车等的物权的设立、变更、转让和消灭，未经登记，不得对抗善意第三人。由此可见，法律对船舶、航空器和机动车等动产的登记采取登记对抗主义。如果进行了登记，与不动产登记一样产生强有力的公示公信效力，登记动产物权的权利人请求返还财产不适用诉讼时效。①

上述释义的举例实则过于极端。不仅物权优于债权已是原则，法律上仅有买卖不破租赁等少数例外存在突破，而且占有 10 元的物的情形多是日常生活，而借款 100 万元却以商事借贷为主，当事人之间应当具有的法律风险防范意识截然不同。因此，上述举例也只是“看似法律对价值小的法益保护更重”。

即使在《民法总则》施行后，学理和实务中对于返还原物请求权是否适用诉讼时效，仍然存在明显的意见分歧。肯定说径直对于《民法典》第 196 条第 2 项作出反对解释，得出返还原物请求权适用诉讼时效的结论。例如，广东省肇庆市中级人民法院在钟某更与夏某成、

① 黄薇主编：《中华人民共和国民法典总则编释义》，法律出版社 2020 年版，第 530-531 页。

梁某财动产质权纠纷一案中，针对当事人之间关于请求返还字画的纠纷，直接讨论诉讼时效期间是否届满，而未排除诉讼时效的适用。[①]

否定说则未对《民法典》第196条第2项进行反对解释，而是采取其他解释路径：

一是回避解释《民法典》第196条第2项，转而笼统地适用《民法典》第196条，认定请求返还动产属于物权请求权，故而不适用诉讼时效。例如，湖南省高级人民法院在长沙市天心区新金厦建筑器材租赁经营部与长沙市建筑工程有限责任公司租赁合同纠纷一案中认为："申请人在一审的诉请中有一项明确的诉讼请求是要求被申请人返还租赁的架管等建筑器材，行使的是物权请求权，根据《中华人民共和国民法总则》第196条的规定，动产权利人请求返还财产的请求权不适用诉讼时效的规定。"[②]

二是依据《民法典》第196条第1项，认定请求返还动产属于物权请求权，其中包含排除妨碍的行为内容，故而不适用诉讼时效。例如，云南省昭通市中级人民法院在中国石油天然气股份有限公司云南昭通销售分公司与昭通市青创劳务服务有限公司合同纠纷一案中认为："上诉人请求运回撬装设备，实质上也存在请求众鑫公司排除妨碍上诉人运回设备的行为，该请求权应不适用诉讼时效的规定，原审法院以超过诉讼时效为由驳回上诉人的诉讼请求不符合法律规定。"[③][④]

（2）集装箱返还原物请求权与诉讼时效

《民法典》的规则变化对于海事诉讼时效的影响，最为明显的应是集装箱返还请求权。集装箱超期使用是海事司法实践的常见纠纷类型，承运人主张返还集装箱的同时，还可以要求支付集装箱超期使用费。例如，上海海事法院的审判调研指出：

> 集装箱超期使用费是海事司法实践中经常碰到的问题。由于承运人本身凭借集装箱的正常周转可以获得营运收益，一旦集装箱被超期占用便会造成收益上的损失。为了保护承运人的合法利益，督促收货人、提单持有人或托运人及早提箱、及时还箱，并使承运人的损失得到适当补偿，承运人可收取集装箱超期使用费。在双方没有做特别约定的情况下，审判实践中通常对承运人收取的集装箱超期使用费以一个

① 参见广东省肇庆市端州区人民法院民事判决书，（2019）粤1202民初5037号；广东省肇庆市中级人民法院民事判决书，（2020）粤12民终808号。

② 湖南省长沙市中级人民法院民事判决书，（2019）湘01民终11551号；湖南省高级人民法院民事裁定书，（2020）湘民申1542号。

③ 云南省昭通市昭阳区人民法院民事判决书，（2019）云0602民初2584号；云南省昭通市中级人民法院民事判决书，（2019）云06民终2013号。

④ 杨巍：《中国民法典评注·规范集注（第1辑）：诉讼时效·期间计算》，中国民主法制出版社2022年版，第271–272页。

新箱重置价值为限。[①]

此前我国海事审判实践较为一致地认为集装箱返还请求权不适用诉讼时效，但集装箱超期使用费请求权作为债权请求权，属于诉讼时效的适用范围。例如，山东省高级人民法院审理的上海新海丰集装箱运输有限公司青岛分公司与上海金曦国际货物运输代理有限公司海上、通海水域货物运输合同纠纷案明确指出：

> 关于承运人的返还集装箱的请求权，属于物权请求权的范围，其法律性质属绝对权的范畴，不属于债权请求权的诉讼时效的范围，本案涉及的集装箱至今处于无人提取的状态，不存在超出诉讼时效的问题。关于承运人的集装箱超期使用费诉讼请求，属于债权请求权的范围。[②]

宁波海事法院在上海海华轮船有限公司诉中基宁波对外贸易股份有限公司海上货物运输合同纠纷案中也认为：

> 对于集装箱占有问题。这是侵犯原告的物权，应不受时效的限制，也即，原告可以主张返还箱子，不受一年诉讼时效的限制。[③]

集装箱属于动产，绝大多数国家对于集装箱均未实行登记制度，我国亦不例外。基于《民法典》关于诉讼时效适用范围的规则变化，集装箱返还请求权属于未登记的动产物权的权利人请求返还财产的情形，如果基于肯定说的立场，似乎也应适用诉讼时效。但是，《民法总则》施行以来海事审判实践的通行做法并未发生明显变化，例如最高人民法院审判理论研究会主持编写、2021 年 3 月出版的《海上货物运输合同纠纷案件裁判规则》仍然认为：

> 承运人清空、返还集装箱的请求权，系基于集装箱所有权而行使的排除妨碍、返还财产等权利，不属于债权请求权，不适用诉讼时效的规定。[④]

3. 请求支付抚养费、赡养费或者扶养费

抚养费、赡养费、扶养费支付请求权，事关权利人的生存利益，需要法律给予特别保护。

---

① 王蕾：《集装箱超期使用费返还问题探析》，载上海海事法院网，http：//shhsfy.gov.cn/hsfyytwx/hsfyytwx/spdy1358/jpal1435/2021/08/11/09b080ba7a149c19017b2ef998650fc8.html，最后访问日期：2022 年 8 月 31 日。

② 青岛海事法院民事判决书，（2015）青海法海商初字第 632 号；山东省高级人民法院民事判决书，（2016）鲁民终 2076 号。

③ 宁波海事法院民事判决书，（2002）甬海商初字第 613 号。

④ 王淑梅主编：《海上货物运输合同纠纷案件裁判规则》，法律出版社 2021 年版，第 338–339 页。

此类请求权的权利人与义务人之间存在夫妻、父母子女等身份关系，如果适用诉讼时效，将会迫使权利人以起诉或书面请求等方式主张权利或中断时效，有碍人伦亲情。[①] 因此，抚养费、赡养费、扶养费支付请求权不适用诉讼时效，但海事诉讼时效不涉及此类请求权。

4. 依法不适用诉讼时效的其他请求权

《民法典》第 196 条第 4 项规定的依法不适用诉讼时效的其他请求权，主要是指《最高人民法院关于审理民事案件适用诉讼时效制度若干问题的规定》第 1 条规定的情形：

> 当事人可以对债权请求权提出诉讼时效抗辩，但对下列债权请求权提出诉讼时效抗辩的，人民法院不予支持：
>
> （一）支付存款本金及利息请求权；
>
> （二）兑付国债、金融债券以及向不特定对象发行的企业债券本息请求权；
>
> （三）基于投资关系产生的缴付出资请求权；
>
> （四）其他依法不适用诉讼时效规定的债权请求权。

上述规定列举的请求权，多是建立在生存利益、社会公共利益或交易安全等政策判断的基础之上，[②] 海事诉讼时效亦不涉及。

支付存款本金及利息请求权，主要是考虑到百姓存款的目的是将资金进行储蓄，以备日后使用，多数时候在短期之内尚无行使债权的需要。百姓基于对银行的信赖而将货币存在银行，银行不能以时效届满为由不再返还本金和利息。而且，百姓将钱款储蓄在银行的行为，本身也是积极行使所有权的表现。

兑付国债、金融债券以及向不特定对象发行的企业债券本息请求权，国债是以国家信誉为担保，投资者对于此类债权的清偿高度信赖，而且国债的债务偿还本是正常的业务活动，不会因为债权人超过特定时间不行使权利而受到影响，并无适用诉讼时效的必要；至于金融债券和向不特定对象发行的企业债券，法律的特别规定主要是为保护投资者的利益。

基于投资关系产生的缴付出资请求权，投资关系属于继续性的法律关系，只要法律关系仍然存续，随之派生的请求权也应相应存续。投资人投资企业从事经营活动，而经营活动长期持续，投资人的利益也应持续，否则不利于保护长期投资。[③]

至于其他依法不适用诉讼时效规定的请求权，通常涉及国有财产受到侵害的侵权请求

---

① 参见李宇：《民法总则要义：规范释论与判解集注》，法律出版社 2017 年版，第 950 页。

② 参见朱庆育：《民法总论》（第 2 版），北京大学出版社 2016 年版，第 537 页。

③ 参见王利明：《民法总则研究》（第 3 版），中国人民大学出版社 2018 年版，第 771–772 页。

权、协助不动产登记请求权、公共维修金请求权、拆迁补偿款请求权、离婚损害赔偿请求权。[①]

（二）诉讼时效对于仲裁的适用

《海商法》第十三章的名称是“时效”，其中具体条文也均采相同表述，而未采取当时《民法通则》使用的“诉讼时效”。此种立法处理的主要考虑在于，海事海商纠纷大量通过仲裁解决，该章规定的时效应当同时适用于仲裁，避免由于“诉讼”二字而产生歧义。关于诉讼时效的语词表述，王利明认为：

> 虽然对于仲裁、诉讼外的请求都可以适用诉讼时效制度，但国家通过法院保护权利人请求权的实现是现代社会的通例，它可以普遍适用于所有的请求权。民法上许多规定虽主要针对诉讼活动而设立，但也可以适用于仲裁，诉讼时效也不例外。时效既是对权利人请求权行使的限制，当然，对诉讼中确定当事人一方的权利是否应当受到保护，也是受到诉讼时效的限制。因此，将其称为诉讼时效是恰当的。另一方面，消灭时效概念有可能会使人误以为时效届满将导致实体权利消灭，但在我国法中，时效届满并不发生请求权的消灭，而只是使义务人获得时效抗辩权。消灭时效强调消灭某种权利，但这和时效的本质不完全吻合。此外，就我国的立法实际而言，一直采用的是诉讼时效的概念，从法的延续性的角度而言，仍然应该继续采用这一概念，从而有利于保持法律的稳定性和民众对法律的一贯理解。[②]

《海商法》生效不久以后，1994 年《仲裁法》第 74 条已明确规定：“法律对仲裁时效有规定的，适用该规定。法律对仲裁时效没有规定的，适用诉讼时效的规定。”《民法总则》第 198 条吸收了该规定：“法律对仲裁时效有规定的，依照其规定；没有规定的，适用诉讼时效的规定。”《民法典》第 198 条的规定相同。目前我国法律对于仲裁时效的特别规定，主要是指劳动仲裁和农村土地承包经营纠纷仲裁，[③]而不涉及民商事仲裁。因此，《海商法》第十三章规定的时效与《民法典》及原《民法通则》规定的诉讼时效并无区别，同样应当适用于仲裁，而不论法律条文采用的语词表述是否包含“诉讼”二字。[④]

---

① 参见杨巍：《中国民法典评注·规范集注（第 1 辑）：诉讼时效·期间计算》，中国民主法制出版社 2022 年版，第 277–283 页。

② 王利明、杨立新、王轶、程啸：《民法学》（第 6 版），法律出版社 2020 年版，第 288 页。

③ 《劳动争议调解仲裁法》第 27 条第 1 款规定：“劳动争议申请仲裁的时效期间为一年。仲裁时效期间从当事人知道或者应当知道其权利被侵害之日起计算。”《土地承包经营纠纷调解仲裁法》第 18 条规定：“农村土地承包经营纠纷申请仲裁的时效期间为二年，自当事人知道或者应当知道其权利被侵害之日起计算。”

④ 《海商法》2018 年 3 月修订征求意见稿、2018 年 11 月修订征求意见稿、2020 年 5 月修改送审稿均已改采“诉讼时效”的表述。

五、诉讼时效的强制性

（一）一般民事诉讼时效的强制性

诉讼时效的强制性也称法定性，是指诉讼时效的期间、计算方法以及中止、中断事由均由法律规定，当事人既不能通过约定排除时效的适用或预先抛弃时效利益，也不能约定变更时效期间或计算方法乃至中止、中断事由，即与法律规定抵触的单方或双方法律行为应当归于无效。①

比较法上不乏将消灭时效定位为任意性规定的立法例。既有同时允许缩短或延长时效，例如法国《民法》第2254条第1款、第2款规定：

> 时效期间，得经各方当事人一致同意的协议缩短或延长；但是，不得将其减少到不满1年，或者延长到超过10年。
>
> 各方当事人也可以一致同意在法律规定的中止或中断时效的原因之外增加其他原因。②

也有仅允许减轻或加重时效的半强制性立法例，例如韩国《民法》第184条第2款规定：“消灭时效不得依法律行为排除、延长或者加重，但可以缩短或减轻。”但是，诉讼时效在我国具有明确的强制性。

我国法律关于诉讼时效的规定，始自1986年《民法通则》第七章“诉讼时效”。虽然《民法通则》和《关于贯彻执行〈中华人民共和国民法通则〉若干问题的意见（试行）》均未规定诉讼时效的规范性质，但《民法通则》时代诉讼时效完成效力的通说观点是胜诉权消灭主义，诉讼时效制度也被解释为规范国家与个人之间的关系，学理通说认为此类规范应属强制性规范自不待言。③

最高人民法院曾于2004年以复函的形式间接确认了诉讼时效的强制性。《关于借款到期后债务人在多份空白催收通知单上加盖公章如何计算诉讼时效的请示的答复》④指出：“时效制度属强制性规定，不允许当事人依自由意志排除时效的适用或改变时效期间。”2008年《最高人民法院关于审理民事案件适用诉讼时效制度若干问题的规定》虽然对于诉讼时效完成效力改采抗辩权发生主义，但同时首次明确规定了诉讼时效的强制性，其中第2条规定：

---

① 参见王利明主编：《中国民法典学者建议稿及立法理由·总则编》，法律出版社2005年版，第416页。

② 罗结珍译：《法国民法典》，北京大学出版社2010年版，第495页。

③ 参见朱庆育：《民法总论》（第2版），北京大学出版社2016年版，第545页。

④ 参见〔2004〕民二他字第28号。

“当事人违反法律规定，约定延长或者缩短诉讼时效期间、预先放弃诉讼时效利益的，人民法院不予认可。”

2017年《民法总则》第197条正式以法律的形式规定了诉讼时效的强制性，而且延续至2020年通过的《民法典》第197条，其中规定：

> 诉讼时效的期间、计算方法以及中止、中断的事由由法律规定，当事人约定无效。
>
> 当事人对诉讼时效利益的预先放弃无效。

诉讼时效的强制性主要体现在四个方面：

一是禁止当事人通过约定排除诉讼时效的适用，例如当事人在订立海上货物运输合同时约定，托运人对于货物的损害赔偿请求权不受诉讼时效限制。值得注意的是，如果当事人之间对于法律规定不适用诉讼时效的请求权，合意约定适用诉讼时效，同样违反了诉讼时效的强制性，而且由于构成权利人预先放弃时效利益而无效。

二是禁止当事人通过约定延长或缩短诉讼时效期间，例如当事人约定对于租船合同的请求权，诉讼时效期间由法律规定的二年缩短为一年。

三是禁止当事人另行约定诉讼时效期间的计算方法，例如当事人约定对于海难救助的诉讼时效，二年的时效期间自海难事故发生之日起算，而不是法律规定的救助作业终止之日。

四是禁止当事人另行约定诉讼时效期间的中止、中断事由，例如当事人在订立海上旅客运输合同时约定，被请求人同意履行义务虽是法律规定的时效期间中断事由，但不发生中断时效期间的效果。

规定诉讼时效的强制性的立法理由，通说认为主要在于社会公共利益的考量，特别是诉讼时效制度负有维护社会秩序的功能。例如，梁慧星认为：

> 考虑到诉讼时效制度的本质是对民事权利的法定限制，关乎社会公共利益和市场法律秩序的统一。若允许改变时效期间，难免被居于优势地位的企业和经营者滥用，不利于消费者、劳动者及中小企业合法权益的保护。且《民法通则》以来的裁判实践，肯定诉讼时效期间的规定属于强行性规定、诉讼时效期间绝对不允许当事人变更。[①]

① 梁慧星：《民法总论》（第6版），法律出版社2021年版，第258页。

理论探讨

诉讼时效强制性的反思

随着比较法上诉讼时效的强制性日渐减弱，我国学理上对此也多有反思。例如，李宇在《民法总则要义：规范释论与判解集注》一书中对诉讼时效的强制性进行了较为系统的检讨：

但近年来，反思诉讼时效强行性的研究已不断涌现。反对诉讼时效强行性的理由，从各个方面切入，包括：其一，法理溯源。历史溯源表明，诉讼时效在罗马法上的产生，只是为应对裁判官的执政期限及其职责而产生的权宜工具，此后的存在发展则遭受诸多质疑与争论，诉讼时效制度的价值基础并不在于督促权利人及时行使权利、减轻法院审判负担或维持社会秩序稳定等所谓公益目的，而仅在于使已履行义务的义务人或非义务人免于长期备证以抗御干扰此一私益，诉讼时效的存在基本无关公益，自然不能因涉及公益而具有强行性，故应适当肯认诉讼时效的任意性，给予当事人合意约定的空间。其二，体系矛盾。诉讼时效的效力采抗辩权发生主义，这就将诉讼时效的效力局限在当事人之间，此时仍以公共利益为由固守强制规范立场，理由牵强；诉讼时效制度虽附有保障法律确定性的公共利益因素，但债务人放弃或不行使时效抗辩权，公共利益亦不受影响；诉讼时效司法解释既然认为诉讼时效为强制性规范，则应无视当事人的意志而均予以贯彻，但其又规定法院不能主动适用时效规定，且不允许法官释明，这体现了明显的内部体系冲突。其三，实践弊端。诉讼时效制度本身包含的大量任意性规则不应受到忽视，如债务人承认、放弃时效利益、自愿履行债务等，而完全禁止诉讼时效的约定，在实践中并未达到理想的制度效果，甚至促发了种种实践乱象。诉讼时效的强制性不仅会挫败当事人的正当期待，还会诱使背信行为的大量发生，引发社会信任危机。

是否承认诉讼时效制度的任意性，涉及对时效制度立法目的的理解。如认为时效制度系关于公益的规定，将倾向于其强制性；如认为时效制度主要是涉及私益的规定，将倾向于其任意性。关于时效制度目的的诸多学说互不相下，似均不足以排斥他说、而垄断对时效制度正当化理由的论证。时效制度既然具有保护公益和保护私益的多重维度，则完全强制说和完全任意说，均难谓妥当。且即便认为时效规定具有公益性，也不能径直得出绝对不允许变更的结论。至少在无害于公益的范围内，应容许当事人变更时效制度中的某些规定。尤其对于商人之间的交易、特别是国际交易而言，时效规定的公益性更为薄弱。“一刀切”地禁止变更时效规定反而有损交易效率，窒碍交易习惯。更适宜的规则，是原则上允许变更时效规定但设置强制性的底线规则。例如，对约定加长、缩短时效期间设定最短和最长期间限制；不得排除法定的诉讼时效中止、中断事由。[①]

上述三个方面的理由均有可资讨论之处，至少不足以构成诉讼时效制度由强制性径直转向任意性的立法理由。

1. 法理溯源不宜用于否定现时功能

学理研究对于诉讼时效制度的历史追问指出，消灭时效的形成史表明其在罗马法上带有强烈的权利剥夺色彩。消灭时效制度最初实质上系为应对裁判官的一年执政期限及其职责而产生的权宜工具，因而在根本上欠缺一些实质价值的支撑。[②] 据此否定了我国关于诉讼时效功能的通说。

一项制度的价值或功能如何，并不在于制度创设当时如何规划，而应考察制度在运行期间实际体现了何种价值或功能。因此，不能仅以诉讼时效制度导源于罗马法之初的权宜功用，否定此项制度现时具有的功能。我国学理上关于诉讼时效制度功能的通说，应当认为正是来自长期实践运行效果的客观提炼。诉讼时效制度通过督促权利人及时行使权利，对于怠于行使权利者进行制裁，促使权利义务关系确定化。如果权利人能够行使权利而长期不行使，义务人的法律地位将始终处于不确定状态，进而导致当事人之间社会关系的事实状态和法律状态明显不一致，不利于当事人建立新的、确定化的社会关系。同时，诉讼时效制度的设置，客观上也有利于法院及时、正确处理民事纠纷，免去对于年深日久的民事纠纷进行查证及取证的困难。[③] 凡此种种皆与诉讼时效制度的所谓法理溯源并不矛盾。

诉讼时效制度在以上三项功能的基础之上，呈现的价值在于合理配置、有效利用有限的司法资源，从而确定公权力对于私权利进行救济的界限，同时亦可平衡权利人与义务人之间的利益关系。[④] 司法资源的有限性在我国尤其突出，特别是近年“诉讼爆炸”现象日趋严峻，基层法院审判人员的办案压力不断加重。2022 年《最高人民法院工作报告》显示：最高人民法院 2021 年全年受理案件 33,602 件、审结 28,720 件，地方各级人民法院和专门人民法

---

① 李宇：《民法总则要义：规范释论与判解集注》，法律出版社 2017 年版，第 956–957 页。
② 参见郑永宽：《诉讼时效强制性的反思》，载《厦门大学学报（哲学社会科学版）》2010 年第 4 期，第 44 页。
③ 参见徐国栋：《民法总论》，高等教育出版社 2007 年版，第 395 页。
④ 参见杨巍：《民法时效制度的理论反思与案例研究》，北京大学出版社 2015 年版，第 138–144 页。

院受理案件3,351.6万件、审结或执结3,010.4万件，[①]纠纷及案件数量不可谓不惊人。如果断然放弃诉讼时效制度的强制性，将会直接导致更多纠纷不再罹于时效而诉至法院，既有案件也将有相当部分需要进行更为深入的实质审理。即使对于当事人之间的利益平衡而言，如果允许通过合意改变诉讼时效，虽然法律对于格式条款的规制日渐完善，但难免将被居于优势地位的企业和经营者滥用，不利于消费者、劳动者以及中小企业合法权益的保护。[②]因此，诉讼时效始自罗马法的法理溯源，不宜用于否定此项制度现时具有的督促权利人行使权利、减轻法院审判负担、维持社会秩序稳定等方面的功能，而此类功能的发挥又需要在很大程度上依赖制度的强制性作为保障。

2. 公益考量尚不排斥当事人的援用

赋予诉讼时效强制性的主要理由，通说认为在于此项制度具有的公共利益考量。史尚宽指出："时效制度，基于维持社会秩序之公益上之理由而设，故关于时效之规定为强行法。"[③]我国民事立法沿袭苏俄立法及学说，将诉讼时效定位为调整国家与人民之间的关系，此即诉讼时效强制性以及早先胜诉权消灭主义之由来。[④]

学者否定诉讼时效强制性的理由之一在于，我国目前对于诉讼时效的完成效力改采抗辩权发生主义，即时效完成后实体权利和诉权仍然存在，但义务人取得拒绝履行的抗辩权。如果诉讼时效属于强制性规范，法院应当能够依职权主动适用，即强制性规范应当得到遵守，而当事人意志如何则在所不问。[⑤]但是，我国立法却禁止法官主动适用诉讼时效。而必须以当事人援用为前提，即时效的效力局限于当事人之间。

上述所谓体系矛盾或冲突，实则在比较法上已有多种解释方案可供参考。以日本为例，日本《民法》对于消灭时效的强制性未有明文规定，但学说上普遍仍将消灭时效解释为强制性规范，即使在2017年债法大修后仍是如此。虽然日本《民法》关于消灭时效的完成效力采取典型的实体权消灭主义，对于权利人权利的影响远甚于抗辩权发生主义，但该法第145条同样规定："时效，当事人（消灭时效者，含保证人、物上保证人、第三取得人及就权利之消灭有正当利益之人。）不援用者，法院不得依此作出裁判。"[⑥]由此当事人对于时效的援用，也是日本法上时效发生效力的要件之一。而且，日本学者对于消灭时效制度存在的理由，总

---

① 参见周强：《最高人民法院工作报告——二〇二二年三月八日在第十三届全国人民代表大会第五次会议上》，载《人民日报》2022年3月16日，第2版。

② 参见梁慧星：《民法总论》（第6版），法律出版社2021年版，第258页。

③ 史尚宽：《民法总论》，中国政法大学出版社2000年版，第625页。

④ 参见陈甦主编：《民法总则评注》，法律出版社2017年版，第1425页。

⑤ 参见朱庆育：《民法总论》（第2版），北京大学出版社2016年版，第546页。

⑥ 王融擎编译：《日本民法：条文与判例》，中国法制出版社2018年版，第120页。

体上也采取与我国类似的“三目的说”，即事实状态的尊重、证明的困难，以及法律不保护在权利上睡眠者。① 因此，公共利益考量与法官不得主动适用时效之间的所谓矛盾，在日本法上同样存在。要求时效完成的同时，还要求援用时效，围绕二者之间看似矛盾的关系，加之立法过程以及对待时效制度的不同认识等因素，② 学理上至少形成了攻击防御方法说、不确定效果说、法定证据提出说等诸种学说。③

攻击防御方法说、不确定效果说总体上均是基于实体法说的立场，即将时效制度定位为实体法的内容。攻击防御方法说主张在援用之前时效的效果已经确定，但如果当事人未予援用，裁判中将不承认此种效果。此时当事人的援用被定位为民事诉讼辩论主义的要求，即提出构成裁判基础的事实属于当事人的责任，④ “攻击防御”的名称亦即指诉讼之攻防。不确定效果说则主张仅凭时效的完成，时效的效果尚未完全确定。此时要求由当事人决定是否援用时效的理由在于两个方面：一是所谓“良心规定”，即义务人因时效而免于义务一定程度上违反道德，故而将是否享受时效利益交由义务人的良心决定；二是禁止利益的强加，即利益是否获取应由当事人自行决定。⑤ 日本判例以往主要采取攻击防御方法说，但此后也出现了部分采取不确定效果说的判例。⑥ ⑦

关于要求当事人援用与时效制度公共利益考量的关系，日本学者明确指出：

> 在由时间的经过这一量变向质变发展的过程中，是尊重最先的当事人的意思而由事实状态向法律状态飞跃的。要求有当事人的援用的理由就在于此。待当事人的援用，时效的效力才确定，与时效是所谓的公益上的制度并非不相容，把这种所谓公益看作考虑到当事人立场的公益足矣。⑧ ⑨

---

① 参见［日］近江幸治：《民法讲义 I：民法总则》，渠涛等译，北京大学出版社 2015 年版，第 308–309 页。

② 参见［日］近江幸治：《民法讲义 I：民法总则》，渠涛等译，北京大学出版社 2015 年版，第 310 页。

③ 内田貴『総則・物権総論（民法 I）』（東京大学出版会，2008 年）328 頁参照。

④ 日本法上民事诉讼的辩论主义，是指将确定裁判基础事实需要的诉讼资料的提出，即主要事实的主张与必要证据的申请，作为当事人的权能及责任。辩论主义的基础观念在于，关于私益的事项的处理应当委诸当事人的自由，即在实体私法上作为当事人自由处分的事项。关于此类事项的纠纷如果诉至法院，纠纷解决的内容也应尽量尊重当事人的意思，以期实现近似自主性的解决。参见［日］新堂幸司：《新民事诉讼法》，林剑锋译，法律出版社 2008 年版，第 305 页。

⑤ 参见［日］山本敬三：《民法讲义 I：总则》（第 3 版），解亘译，北京大学出版社 2012 年版，第 475–478 页。

⑥ 最判昭和 61 年 3 月 17 日民集 40 巻 2 号 420 頁参照。

⑦ 内田貴＝山田誠一＝大村敦志＝森田宏樹『民法判例集 総則・物権』（有斐閣，2014 年）102 頁参照。

⑧ 末川博：《因侵权行为的损害赔偿请求权的时效》，载末川博：《权利侵害与权利滥用》，岩波书店 1970 年版，第 643 页。转引自于敏：《侵权损害赔偿请求权的消灭时效》，载梁慧星主编：《民商法论丛》第 22 卷，金桥文化出版（香港）有限公司 2002 年版，第 204 页。

⑨ 高圣平在引用该文时，脱漏了“与时效是所谓的公益上的制度并非不相容”一句中的“非”字，其意截然相反。高圣平：《诉讼时效立法中的几个问题》，载《法学论坛》2015 年第 2 期，第 30 页。

因此，诉讼时效制度虽有公共利益的考量，但并不排斥当事人享有决定援用时效与否的权利，反而是以义务人单方的意思自治为基础，不仅能够较好地实现公益与自治、国家与人民关系的平衡，而且也体现了诉讼时效作为民事法律制度的自由价值。诉讼时效制度部分放弃保护权利人之理由，在于“新秩序理宜尊重，旧秩序不足维持”。[①] 通说认为诉讼时效制度具有的三项功能，也与抗辩权发生主义似无龃龉。虽然法律不保护权利上的睡眠者，但如果作为相对方的义务人自愿接受权利的行使，法律更无不予认可的理由，此时证据收集和判断的困难也由于义务人的认可而不复存在；加之当事人之间既已选择放弃新秩序而尊重旧秩序，维护社会关系和秩序稳定的公共利益考量仍然得以贯彻。

即使是从法律规范的角度，强制性规范虽然要求人们必须作出或不作出某种行为，而不允许人们自由确定或变通法律规定，[②] 但《民法典》第 197 条关于诉讼时效强制性的规定，只是禁止另行约定诉讼时效的期间、计算方法、中止和中断事由以及预先放弃时效利益，而是否援用诉讼时效本不属于强制性规范的约束之列。主要法域的立法例也大多如此。因此，诉讼时效制度的强制性置于抗辩权发生主义的立场之下，仍然可以得到充分遵守，二者之间亦无冲突。

3. 实践弊端无关诉讼时效的规范属性

所谓诉讼时效强制性的实践弊端，意指完全禁止关于诉讼时效的约定，未能达到理想的制度效果，反而引发了大量的背信行为。[③] 学者为此总结了两种典型情形，但似乎均与诉讼时效的规范属性不存在必然联系。

（1）义务人事先承诺排除诉讼时效的适用

此种情形是指义务人在合同订立等交易阶段，承诺权利人行使请求权不受诉讼时效限制，但在诉讼时效期间届满后权利人实际行使请求权时，义务人又提出诉讼时效抗辩。法院此时将会基于诉讼时效的强制性而支持义务人的抗辩。学者认为，此时诉讼时效的强制性将会挫败当事人在时效约定中的合理期待，体现了强制性在私益实现层面的消极后果。而且，诉讼时效的强制性不仅放任了义务人的背信行为，甚或还将显著地诱导背信行为的发生，损及诚信社会的建立。[④]

上述批评难以成立的原因在于，诉讼时效的强制性如今已是法律的明文规定。权利人

① 参见郑玉波：《民法总则》（修订 11 版），台北，三民书局 2008 年版，第 393-395 页。
② 参见卓泽渊：《法学导论》（第 3 版），法律出版社 2021 年版，第 44 页。
③ 参见朱晓喆：《诉讼时效制度的立法评论》，载《东方法学》2016 年第 5 期，第 140 页。
④ 参见金印：《诉讼时效强制性之反思——兼论时效利益自由处分的边界》，载《法学》2016 年第 7 期，第 131 页。

如果选择相信义务人作出的承诺，此时形成的所谓合理期待实则并不合理，而是一种违背法律强制性规定的期待，自然也不应得到法律的认可，义务人的承诺亦作如是观。尤其对于海事诉讼时效而言，海事海商活动涉及的主体主要是成熟的市场参与者，更应对于自身业务涉及的常见问题及其法律规定充分了解，而不是一厢情愿地依赖所谓的合理期待。即使对于消费者等非商事主体而言，置于《民法典》之贯宣如火如荼的今日，普通百姓也应对于法律关于诉讼时效强制性的规定有所知晓。

不妨举一刑法的规定加以佐证：被害人对于生命的承诺无效，即使被害人基于真实意愿请求行为人杀害被害人，并承诺其不必承担刑事责任，行为人的杀害行为也成立故意杀人罪。[①] 此时行为人的行为构成犯罪进而受到法律的惩罚，自然不能认为是由于被害人或其亲属乃至公权力的背信行为，而是由于双方的约定本就由于违反法律规定而不生效力。法律只是众多社会调整方法中的一种，而不是唯一的方法。上述背信行为应当更多诉诸道德等其他社会规范。即使将诉讼时效设定为任意性规定，义务人同样可以利用任意性体制的特征实施类似的背信行为。例如，假意与权利人达成延长诉讼时效期间的合意，借此争取时间人去楼空、逃避债务。因此，放任乃至诱导背信行为的发生，并非由于法律关于诉讼时效强制性的规定，而只是由于当事人、特别是权利人对于法律规定所知甚少，乃至放松了必要的警惕。

（2）要求借款人预先签署催款通知书

此种情形是指银行债权人要求借款人预先在日期空白的催款通知书上签名，一旦借款人未按时还款，银行即在催款通知书中添上相应日期，以满足债务催告的要求，达到诉讼时效中断的效果。[②] 法院通常认定此种做法构成预先放弃时效利益，由于违反诉讼时效的强制性而无效。例如，《最高人民法院关于借款到期后债务人在多份空白催收通知单上加盖公章如何计算诉讼时效的请示的答复》明确指出："时效制度属强制性规定，不允许当事人依自由意志排除时效的适用或改变时效期间。故即使按你院审判委员会的多数意见认为'食品公司在空白催收单上加盖公章的行为是其授权京开大道农行可以根据需要在催收通知单上任意填写时间的真实意思表示，即放弃了因时效期间届满而产生的时效利益和抗辩权'，但因其属于提前抛弃时效的行为，亦应认定为无效。"

部分学者就此认为，基于银行和借款人的利益冲突，借款人确有动机拒收催收通知、拒

① 参见张明楷：《刑法学》（第 6 版），法律出版社 2021 年版，第 1109 页。
② 参见朱晓喆：《诉讼时效制度的立法评论》，载《东方法学》2016 年第 5 期，第 140 页。

绝签字、隐藏地址。预先留存贷款催收通知书的做法虽属无奈之举，但显著降低了债权催收的成本。[①] 但是，银行的此种行为无论从法律抑或道德角度，本就不应认可其法律效力，而与诉讼时效制度的规范属性无关。

首先，银行债权人的行为不能发生诉讼时效中断的法律效果，原因在于银行在催款通知书填写的日期，根本未曾作出向借款人提出履行请求的意思表示，而此类有相对人的意思表示必须经由向相对人实施方才成立，[②] 否则无法构成诉讼时效的中断事由。即使此种行为客观上确有“显著降低债权催收成本”之效果，银行采取的手段也难谓正当。如果法院认可此种行为具备法律效力，意味着允许权利人制造虚假的时效中断事由，实质是对时效中断规则、乃至整个诉讼时效制度的否定，而不在于诉讼时效规范属性的强制或是任意。

其次，即使是在诉讼时效作为任意性规范的立场之下，除非双方约定债权完全不受诉讼时效限制，否则银行仍需通过催收等途径中断或延长时效，而借款人同样也有拒收催收通知、拒绝签字、隐藏地址的可能。而且，关于债权不受诉讼时效限制的约定，颇有可能由于受到格式条款等其他民事法律规则的制约而无效。一如银行要求借款人预先签署的催款通知书，也可能由于银行利用自身的优势地位，导致借款人受到胁迫或显失公平而处于可撤销的效力状态。因此，催收及时效中断的现实障碍，与诉讼时效的强制性并无必然联系。

最后，基于银行债权人与借款人之间的利益对抗关系，部分借款人通过各种手段逃避债务实属必然，此亦当前阶段社会诚信建设的客观现状，同时也是银行作为经营者开展营利性质的借贷活动应当面对的正常经营风险。即使认可要求借款人预先签署催款通知书的效力，也仍然存在诸多弊端难以解决：对于银行方面而言，信贷人员可能因此而怠于进行催收，直至最后机会才向法院提起诉讼，导致增加诉累；至于借款人方面，为了逃避债务时常在诉讼时效期间届满前更换公章，人为制造在债权人自行填写的催收日期当时，借款人使用的公章与催款通知书不符的事实，[③] 进而否定催款通知书的真实性。

（二）海事诉讼时效的强制性

海事诉讼时效应否具有强制性之所以产生争议，主要原因之一应是部分国际海事条约赋予了时效制度一定程度的任意性，主要表现为允许当事人延长诉讼时效期间，但多数限于义务人即被索赔主体。早期的国际海事条约大多未规定延长诉讼时效期间，例如《1910 年

① 参见金印：《诉讼时效强制性之反思——兼论时效利益自由处分的边界》，载《法学》2016 年第 7 期，第 131 页。
② 参见马俊驹、余延满：《民法原论》（第 4 版），法律出版社 2010 年版，第 193 页。
③ 参见王建源：《在空白催收贷款通知书回执上盖章行为的法律效力》，载《人民司法》2007 年第 3 期，第 106 页。

统一船舶碰撞若干法律规定的国际公约》第7条第1款仅规定:"损害赔偿的起诉权时效两年,自事故发生之日起算。"

《海牙—维斯比规则》作为现代海上货物运输法律制度的基础,同时也是目前时效规则任意性程度较高的国际海事条约,其中第3条第6款规定:"除非从货物交付之日或应交付之日起一年内提起诉讼,承运人和船舶在任何情况下都免除对于货物的任何责任。但是,诉讼事由提出后,如经当事方同意,该期限都可以延长。"此项规定是《维斯比规则》的新增规定,允许双方均可提出延长时效期间,但同时需要征得对方当事人的同意,即以双方当事人的合意为基础。

此后《汉堡规则》《鹿特丹规则》虽然也均允许当事人延长诉讼时效期间,但仅限于承运人等义务人一方。[①] 此项规定与《海牙—维斯比规则》不同,后者要求当事人之间采用协议的形式即达成合意,而前者仅需义务人作出声明的单方行为,更多倾向于保护义务人的利益。类似规定亦可见于《1974年海上旅客及其行李运输的雅典公约》第16条第4款、《1989年国际救助公约》第23条第2款,有权延长诉讼时效期间的仅为被索赔人。例如,《1989年国际救助公约》第23条第1款、第2款规定:

> 1. 如在两年内没有提起诉讼或仲裁,本公约规定的有关支付款项的任何诉讼,便丧失时效。时效期限从救助作业结束之日起算。
>
> 2. 被索赔人可在时效期限内的任何时间,通过向索赔人提出声明,延长时效期限。该期限可以同样方式进一步延长。

通常认为此种规定主要参考了《国际货物销售时效期公约》第22条第2款,[②] 后者规定:"债务人可在时效期未届满之前随时向债权人提出书面声明延长时效期。此项声明可予展期。"《国际货物销售时效期公约》对于当事人协议变更时效采取此种消极态度的原因,既是为了在权利人获得救济与法律秩序稳定之间实现基本平衡,也是为了避免由于赋予当事人改变时效的权利,导致国际贸易的弱势一方陷于不利地位。[③] 具体至《汉堡规则》及《鹿特丹规则》的规定,学者对此作出的解释认为:

---

① 参见《汉堡规则》第20条第4款、《鹿特丹规则》第63条,例如前者规定:"被要求赔偿的人可于时效期间进行中随时向要求赔偿人提出书面声明,将此种期间延长。此种期间并可再以一次或多次声明予以延长。"

② 参见杨仁寿:《汉堡规则》,1990年自版发行,第122页;[日]樱井玲二:《汉堡规则的成立及其条款的解释》,张既义等译,对外贸易教育出版社1986年版,第187页。

③ 参见龙威狄:《国际贸易领域时效期间统一立法的晚近发展——〈国际商事合同通则〉与〈国际货物销售时效期间公约〉之比较》,载王文英主编:《仲裁与法律》(第106辑),法律出版社2007年版,第58-60页。

> 允许延长时效，可以确保时效期间的规定不至于成为阻碍当事人达成和解协议的障碍。如果不允许延长时效，索赔人将在诉讼时效期间届满之前，即使有和解的可能性，被迫提起一个索赔费用高昂的诉讼。①②

二十世纪六十年代末以来制定的涉及海洋环境和航行安全的国际海事条约，均未规定诉讼时效的延长，包括《1969 年国际油污损害民事责任公约》第 8 条、《2001 年国际燃油污染损害民事责任公约》第 8 条、《1996 年国际海上运输有毒有害物质损害责任和赔偿公约》第 37 条、《2007 年内罗毕国际残骸清除公约》第 13 条。可见国际海事条约对于诉讼时效的规范属性仍以强制性为主，仅有少数条约允许当事人各方协议延长时效，而更多的条约仅规定义务人一方可以声明延长时效，甚至未规定时效的延长。

理论探讨

《民法典》是否允许当事人延长诉讼时效期间？

虽然《民法典》第 197 条已经明确规定了诉讼时效的强制性，但仍有少数海商法学者对此作出颇为特殊的解释，认为当事人延长诉讼时效期间不违背时效的强制性：

> 事实上，《民法典》第 197 条虽然禁止当事人约定“诉讼时效的期间、计算方法以及中止、中断的事由”，但并未禁止当事人延长诉讼时效期限。故不能将“当事人延长诉讼时效期限”等同于“当事人约定诉讼时效期间”。故尽管“法定诉讼时效期间”与“约定诉讼时效期间”难以并存，但“延长诉讼时效期限”却是以尊重“法定诉讼时效期间”为前提的，当事人延长时效须在法定诉讼时效期限内做出，两者并不矛盾。③

《民法典》第 197 条的表述已经非常明确，即诉讼时效的期间、计算方法以及中止、中断的事由概由法律规定，当事人约定无效。当事人延长时效期间，虽然未必是双方合意约定

---

① ［美］迈克尔·F. 斯特利、［日］藤田友敬、［荷］杰吉安·范德尔·泽尔：《鹿特丹规则》，蒋跃川、初北平、王彦等译，法律出版社 2014 年版，第 302 页。

② 此种立法考量至少置于中国法下未必充分，原因在于依据《海商法》第 267 条之规定，权利人一旦提起诉讼，即可产生诉讼时效中断即期间重新计算的法律效果。此时如果义务人确有赔偿意向，权利人可以选择撤诉，或者在诉前调解环节与义务人达成协议，仍然能够得到时效制度的保护，却不会产生过于高昂的诉讼成本。

③ 向明华：《中国海事诉讼时效“中断难”法律问题研究——兼析〈海商法（修订征求意见稿）〉相应修改方案》，载《法学杂志》2020 年第 8 期，第 73 页。

的结果，但至少是改变了法律规定的时效期间，自然也在禁止之列。不允许当事人约定加长或缩短时效期间，也是诉讼时效强制性即内容法定的基本要求。[①] 学理通说对此亦无异议。上述观点无论从何种角度，均不是法律解释的合理结论。

我国《海商法》关于诉讼时效的强制性未有特别规定，应当适用《民法典》的一般规定。因此，海事诉讼时效在我国同样具有强制性。2008 年《涉外商事海事审判实务问题解答（一）》第 172 条也明确指出：

> 依据《海商法》的规定，诉讼时效是在法定期间内不行使权利的权利人丧失胜诉权的法律制度。诉讼时效的设立，属于强制性规定，当事人协议延长诉讼时效的，不受法律的保护；当事人之间有效约定适用某一国际公约或者某一国法律，该国际公约或者该外国法律规定当事人可以通过协议延长诉讼时效的，从其规定。

司法实践

海事诉讼时效的强制性

上海海事法院在弗伦特萨加公司与中化石油有限公司等共同海损纠纷案中认为：

中化公司认为，原告对中化公司的起诉已超过诉讼时效；平安公司在庭后提交书面意见认为其就理算报告完成时间的确认因违反法律规定而无效，并认为原告提起本案诉讼超过了诉讼时效。本院认为，平安公司作出的其“不会提起任何与上述共同海损理算完成日期及/或船方自该理算完成之日起一年的共同海损分摊请求权的诉讼时效有关的抗辩”的表述，其中涉及放弃诉讼时效利益的承诺部分属于“约定违反诉讼时效期间、预先放弃诉讼时效利益”的情形，依照《最高人民法院关于审理民事案件适用诉讼时效制度若干问题的规定》第二条的规定，本院不予认可，平安公司仍有权在本案中提出诉讼时效抗辩。[②]

---

① 参见杨巍：《中国民法典评注·规范集注（第 1 辑）：诉讼时效·期间计算》，中国民主法制出版社 2022 年版，第 291 页。

② 上海海事法院民事判决书，（2015）沪海法商初字第 1336 号。

理论探讨

约定适用国际海事条约协议延长诉讼时效期间的效力

司玉琢在《海商法专论》一书的“关于协议延长时效”专题研讨中提出：

> 《海牙—维斯比规则》第1条第2款、第3款规定，只要双方当事人同意，诉讼时效可以延长。当承运人向第三者提起追偿之诉，尽管1年诉讼时效届满，只要在受理诉讼法院所在地法律允许的时间内仍可进行。但是，允许的时间自原索赔案件解决之日或向其本人送达诉状之日起计算，不得少于90天。对于《海牙—维斯比规则》第1条第2款、第3款的规定，应该如何适用呢？当当事人在提单中约定适用《海牙—维斯比规则》时，我国法院是否当然认为其约定无效？[①]

我国司法解释对于上述问题实际已有明确规定。《最高人民法院关于适用〈中华人民共和国涉外民事关系法律适用法〉若干问题的解释（一）》第7条规定：“当事人在合同中援引尚未对中华人民共和国生效的国际条约的，人民法院可以根据该国际条约的内容确定当事人之间的权利义务，但违反中华人民共和国社会公共利益或中华人民共和国法律、行政法规强制性规定的除外。”

我国未参加《海牙—维斯比规则》，而其中关于协议延长诉讼时效期间的规定违反了我国《民法典》第197条的强制性规定，应属无效，法院不能依据《海牙—维斯比规则》关于协议延长时效期间的规定，确定当事人之间的权利义务。

理论探讨

国际海事条约允许延长时效的规定能否作为航运习惯适用？

部分观点提出，《海牙—维斯比规则》等国际海事条约关于允许延长诉讼时效期间的规定，可以作为航运习惯适用。例如，吴星奎认为：

> 国际海上运输当事人协议延长诉讼时效的做法实际上已经成为国际航运界的习惯做法，《维斯比规则》和《汉堡规则》也对此做出了规定。我国完全可以将当事人协议延长时效的习惯做法作为国际惯例来处理国际海上运输请求权的时效

① 司玉琢：《海商法专论》（第4版），中国人民大学出版社2018年版，第458页。

问题。[①]

《民法典》第10条明确规定了习惯的法源地位："处理民事纠纷，应当依照法律；法律没有规定的，可以适用习惯，但是不得违背公序良俗。"《海商法》第268条第2款也规定："中华人民共和国法律和中华人民共和国缔结或者参加的国际条约没有规定的，可以适用国际惯例。"但是，无论习惯或谓国际惯例，上述规定均明确了得以适用的前提之一应是我国法律未有规定。学理通说也认为法律对于待决事项未有规定是习惯适用的条件之一。既然《民法典》第197条针对诉讼时效的强制性已有明确规定，国际海事条约关于允许延长诉讼时效期间的规定不符合习惯的适用条件，不存在作为习惯适用的解释空间。

立法资料

《海商法（修改送审稿）》关于协议延长诉讼时效期间的规定

《海商法（修改送审稿）》第315条第1款规定：

> 有关国际海上和国内水路货物运输合同的请求权，诉讼时效期间为一年。向承运人、实际承运人、港口经营人的赔偿请求，其诉讼时效自货物交付或者应当交付之日起计算；向托运人、收货人或运输单证持有人的赔偿请求，其诉讼时效自权利人知道或者应当知道权利被侵害之日起计算。诉讼时效起算后，当事人可以协议延长时效期间。

上述规定允许当事人协议延长国际海上货物运输合同和国内水路货物运输合同的诉讼时效期间，主要参考了《海牙—维斯比规则》的规定。征求意见期间不少单位就此提出了反对意见，例如最高人民法院"建议不允许当事人协议延长诉讼时效"。

海丰国际控股有限公司认为：

> 建议删除"诉讼时效起算后，当事人可以协议延长时效期间"；理由：新出台的民法典在第一百九十七条中仍规定"诉讼时效的期间、计算方法以及中止、中断的事由由法律规定，当事人约定无效"。修改版的海商法建议与其保持一致，时效不得由当事人协议延长。强调不得延长和删除"至少"亦是督促请求权权利人应及时行使其权利。航运运输贸易流程复杂、涉案人员较多、单证较繁杂，对于被诉一

① 吴星奎编著：《海上货物运输合同纠纷案司法审判观点集成》，中国商务出版社2019年版，第428页。

方而言可能面临时间经过太久而难于收集抗辩证据。

瀛泰律师事务所也认为：

建议删除第三百一十五条第一款中协议延长时效期间之规定。理由是：诉讼时效期间是法定期间，在《民法典》中并无允许协议延长诉讼时效期间的规定。而且，在操作中也存在很大的难度。一旦本条所涉时效可以通过协议延长，将与《民法典》的规定不一致。因此，不能仅仅因为我国参加的若干国际海事条约中有当事人可以协议延长诉讼时效期间的规定，就改变我国诉讼时效制度的强制性。而且，不规定诉讼时效可以协议延长，并不影响此种国际条约在我国的适用。

但是，也有少数单位对于上述规定高度肯定。例如，大连海事大学作为《海商法》修改理论研究的主持单位，提出："诉讼时效协议延长制度（目前只适用于海上货物运输纠纷）是否对本法所有索赔全面开放？"

六、海事诉讼时效的特征

《海商法》第十三章"时效"是目前我国民事特别法中唯一设置专章规定的特别诉讼时效立法。海事诉讼时效较为明显的特征应是时效期间较短，主要考量在于以下两个方面：

一是适应海商活动迅速进行的需要。[①] 提高交易效率是商法的基本原则之一，即商法尽量简化交易程序、弱化交易方式，以求交易的便捷、易行、迅速、敏捷，以此提高交易的效率，保障当事人的营利时间和机会。[②] 此种特征也被称为企业交易的快速主义，即商法通过设立各种制度，确保企业关系简易而快速地成立。[③] 时效短期化是提高交易效率的主要措施之一，即对交易行为产生的债权的时效期间予以特别缩短，从速确定行为的法律效果。[④] 此项特征也是诉讼时效维护既有法律秩序稳定的功能在商法领域的具体体现，即商事活动更为需要尽早固定当事人之间的法律秩序。

二是海事海商纠纷的证据许多不易保存。此处主要是基于海上特殊风险等海商法调整对象的特殊性对于诉讼时效功能的影响，特别是船舶碰撞、船舶污染等海上事故，以及运输较易腐烂变质的货物，此类纠纷不仅涉及的证据保存不易，而且也少有证人能够作证。基于

① 参见郭瑜：《海商法教程》（第 2 版），北京大学出版社 2012 年版，第 342 页。
② 参见施天涛：《商法学》（第 6 版），法律出版社 2020 年版，第 21 页。
③ 参见王保树：《商法总论》，清华大学出版社 2007 年版，第 73 页。
④ 参见施天涛：《商法学》（第 6 版），法律出版社 2020 年版，第 22 页。

诉讼时效作为证据之代用的功能，法律应为海事海商纠纷涉及的请求权设计较短的诉讼时效期间，以此督促当事人积极收集证据、行使权利，避免由于时日久远发生证据灭失，导致事实无法确定而影响纠纷解决。

需要说明的是，《海商法》第十三章“时效”规定的特别诉讼时效不少是参照对应的国际海事条约或国际惯例制定。海事诉讼时效期间较短，主要是相对比较法上通行的时效期间长度而言。我国在《民法通则》时代的普通诉讼时效期间仅为二年，而《海商法》规定的海事诉讼时效分为一年、二年、三年三种情形，时效短期化并不明显；《民法总则》以及《民法典》将普通诉讼时效期间加长为三年后，海事诉讼时效的短期化特征稍有凸显，但两相对比差距仍然较小。此种现象主要是由于我国一般民事法律规定的普通诉讼时效期间本就过短。李宇在《民法总则要义：规范释论与判解集注》一书中对此曾有详细论述：

> 《民法通则》规定的普通诉讼时效期间为 2 年。此 2 年的诉讼时效期间，系受苏联民法影响，基于公有制经济体制的背景，着眼于加速经济流转，而不侧重于私权的保护。此种较短的诉讼时效期间，与我国传统的欠债还钱、诚实守信的观念颇有抵触，致不诚信的债务人可因诉讼时效经过而轻易逃脱债务，因此遭到普遍批评。民法学界普遍认为应当延长诉讼时效期间。本法[①]起草过程中，普通诉讼时效期间的规定几经反复。学者大多主张规定为 5 年。但最高人民法院方面强力反对，认为 5 年太长，3 年足够。最终定为 3 年。时效仅加长至 3 年，仍不利于保护人民和企业的合法权益、不利于信用环境的改善。
>
> 从比较法观之，普通诉讼时效期间如 3 年之短者，举世罕见。我国香港《时效条例》规定，简单合约和侵权行为时效为 6 年；《澳门民法典》规定的普通诉讼时效为 15 年，租金等三类债权短期时效也有 5 年;《英国 1980 年时效法》为 6 年;《意大利民法典》为 10 年；《希腊民法典》为 20 年；《西班牙民法典》为 15 年；《波兰民法典》为 10 年；《葡萄牙民法典》为 20 年，租金等短期时效 5 年；《马耳他民法典》为 30 年；《匈牙利新民法典》为 5 年。在亚洲，《柬埔寨民法典》为 5 年；《泰国民法典》为 10 年。在非洲，《埃塞俄比亚民法典》为 10 年。在美洲，《魁北克民法典》为 10 年;《巴西新民法典》为 10 年;《智利民法典》为 5 年。值得注意的是，《德国民法典》2001 年修正时缩短普通时效为 3 年，但同时进一步放松对约定变更时效的限制（第 202 条），特约延长时效的上限为 30 年；且《德国民法典》对于人

① 此处指《民法总则》。

身损害赔偿请求权等各类特殊请求权设有 10 年、30 年等长期时效（第 196 条、第 197 条、第 199 条）。本法既不允许约定变更时效，又未为特殊请求权设有较长时效期间，不可相提并论。[①]

第二节　海事诉讼时效期间与起算点

特定请求权的诉讼时效主要由两项元素组成，即诉讼时效期间和起算点，前者是诉讼时效的时间长度，后者是诉讼时效开始计算的特定时刻。海事诉讼时效期间和起算点在我国可以分为两类：一是《海商法》第十三章“时效”规定的诉讼时效期间和起算点；二是司法解释规定的诉讼时效期间和起算点，主要是参照既有法律作出的规定。《海商法》和司法解释均未规定的海事请求权的诉讼时效期间和起算点，依据特别法优于一般法的规定，应当适用《民法典》的一般规定。

一、一般民事诉讼时效

（一）一般民事诉讼时效期间与起算点

《民法典》第 188 条规定：

> 向人民法院请求保护民事权利的诉讼时效期间为三年。法律另有规定的，依照其规定。
>
> 诉讼时效期间自权利人知道或者应当知道权利受到损害以及义务人之日起计算。法律另有规定的，依照其规定。但是，自权利受到损害之日起超过二十年的，人民法院不予保护，有特殊情况的，人民法院可以根据权利人的申请决定延长。

根据上述规定，我国目前的普通诉讼时效期间为三年，较之《民法通则》规定的二年稍有加长。比较法上关于诉讼时效期间的起算点存在两种基本立法模式：一是客观主义，即以特定客观事实发生的时点为起算点，例如权利可行使之时、损害被确定之时、请求权发生之时；二是主观主义，即以权利人知晓特定事实的时点为起算点。[②] 我国采取主观主义，普

---

① 李宇：《民法总则要义：规范释论与判解集注》，法律出版社 2017 年版，第 886–887 页。

② 参见杨巍：《中国民法典评注・规范集注（第 1 辑）：诉讼时效・期间计算》，中国民主法制出版社 2022 年版，第 32 页。

通诉讼时效期间的起算点为权利人知道或者应当知道权利受到损害以及义务人之日，即应当具备两项要件：一是权利人知道或者应当知道自身的权利受到损害；二是权利人知道或者应当知道损害自身权利的义务人。后者较之《民法通则》属于新增要件，[①]更加明确了时效期间应自权利得以行使之时起开始计算。因此，普通诉讼时效期间的起算点实为行使权利的法律障碍消除且当事人对此知情的最早时点。[②]

本条第2款第3句还设置了二十年的最长诉讼时效期间，即无论时效期间是否由于中止、中断等事由而实际延长，时效期间自权利受到损害之日起最长不超过二十年，除非法院在特殊情况下根据权利人的申请而决定延长。《最高人民法院关于适用〈中华人民共和国民法典〉总则编若干问题的解释》第35条也规定："民法典第一百八十八条第一款规定的三年诉讼时效期间，可以适用民法典有关诉讼时效中止、中断的规定，不适用延长的规定。该条第二款规定的二十年期间不适用中止、中断的规定。"

（二）诉讼时效期间的计算

关于诉讼时效期间的计算，《民法典》第201条第1款规定："按照年、月、日计算期间的，开始的当日不计入，自下一日开始计算。"诉讼时效期间通常是按照年计算的期间。例如，如果权利人知道或者应当知道权利受到损害以及义务人之日为2021年5月28日，2021年5月28日作为开始当日不计入诉讼时效期间，时效期间应自2021年5月29日开始计算。

《民法典》第202条同时规定："按照年、月计算期间的，到期月的对应日为期间的最后一日；没有对应日的，月末日为期间的最后一日。"此时如果按照三年普通诉讼时效期间计算，我国学理通说认为上述举例中的最后一日应为2024年5月28日。[③]

至于"没有对应日"主要是指诉讼时效期间开始日期为闰年2月29日的情形，此时如果到期月所在年份为平年而非闰年，由于在到期月没有对应日，时效期间的最后一日应为到期月的月末日，即2月28日。

---

① 参见《民法通则》第137条规定："诉讼时效期间从知道或者应当知道权利被侵害时起计算。但是，从权利被侵害之日起超过二十年的，人民法院不予保护。有特殊情况的，人民法院可以延长诉讼时效期间。"

② 参见杨巍：《中国民法典评注·规范集注（第1辑）：诉讼时效·期间计算》，中国民主法制出版社2022年版，第33页。

③ 如果严格依照《民法典》第201条第1款和第202条的文义进行解释，既然期间的开始当日不计入，而是自下一日开始计算，此时"到期月的对应日"似乎应当是指开始当日的下一日的对应日，即上述举例中三年普通诉讼时效期间的最后一日应是2024年5月29日。但是，我国学理通说主张对应日仍是指开始当日的对应日，即最后一日应是2024年5月28日。参见杨巍：《中国民法典评注·规范集注（第1辑）：诉讼时效·期间计算》，中国民主法制出版社2022年版，第357页。

此外，《民法典》第 203 条第 1 款规定："期间的最后一日是法定休假日的，以法定休假日结束的次日为期间的最后一日。"例如，期间的最后一日是 2022 年 5 月 7 日周六，此时由于周六是法定休假日，期间的最后一日应当顺延至 2022 年 5 月 9 日周一。

二、《海商法》规定的海事诉讼时效期间与起算点

（一）一年诉讼时效期间和起算点

1. 海上货物运输合同

《海商法》第 257 条第 1 款规定：

> 就海上货物运输向承运人要求赔偿的请求权，时效期间为一年，自承运人交付或者应当交付货物之日起计算；在时效期间内或者时效期间届满后，被认定为负有责任的人向第三人提起追偿请求的，时效期间为九十日，自追偿请求人解决原赔偿请求之日起或者收到受理对其本人提起诉讼的法院的起诉状副本之日起计算。

本条规定了两种时效：第一，就海上货物运输向承运人要求赔偿的请求权的诉讼时效，时效期间为一年，起算点为承运人交付或者应当交付货物之日；第二，责任人向第三人追偿的时效，时效期间为 90 日，起算点分为两种情况：一是追偿请求人解决原赔偿请求之日，二是追偿请求人收到受理对其本人提起诉讼的法院的起诉状副本之日。同时，最高人民法院民事审判第四庭《涉外商事海事审判实务问题解答（一）》第 168 条认为："《海商法》规定的就海上货物运输向承运人要求赔偿的请求权，无论当事人以合同还是侵权何种诉因提出，时效期间均为一年。"因此，无论当事人是以违约或侵权为诉由就海上货物运输向承运人要求赔偿，诉讼时效均适用本条规定。

《海商法》第 257 条第 1 款的规定主要来自《海牙—维斯比规则》。《海牙—维斯比规则》第 3 条第 6 款第 3 项规定：

> 遵照第 6 款之一的规定，除非从货物交付之日起或应交付之日起一年内提出诉讼，承运人和船舶在任何情况下都免除对于货物的任何责任。但是，诉讼事由提出后，如经当事方同意，该期限可以延长。

第 3 条第 6 款之一规定：

> 即使在前款规定的年限期满后，如果在受理该案的法院的法律准许的时间内，

仍可以对第三者提出赔偿诉讼。但是，准许的时间不得少于三个月，自提出这种诉讼的人已经解决了对他本人的索赔或者从起诉传票送达他本人之日起算。

上述规定中前者即第3条第6款第3项是《海牙规则》的原有规定，后者即第3条第6款之一是《维斯比规则》的新增规定。

此后海上货物运输国际公约均加长了诉讼时效期间，《汉堡规则》将海上货物运输合同的诉讼时效期间延长为二年，同时规定追偿时效仍以90日为最低期限；[①]《鹿特丹规则》同样采取了二年的时效期间，关于追偿时效的规定仍以90日为基础。[②]

（1）一年诉讼时效期间与起算点

《海商法》第257条第1款第1句规定的一年诉讼时效，起算点分为交付货物之日和应当交付货物之日两种情形，二者适用的对象存在区别。

交付货物之日用于货物最终得以交付的情形，无论是按照合同约定的时间交付，或者迟延交付即晚于合同约定的时间交付。至于整船大宗货物等需要多日方能完成货物交付的情形，我国海事司法实践对于起算点的认定，通常以卸货完毕时间而非卸货开始时间作为货物交付之日。原因在于卸货完毕之后权利人方才可能全面了解货物的情况，也才能够得以行使权利提出货损货差损害赔偿等请求。例如，北海海事法院在中国水利电力对外公司等与南远船务有限公司海上货物运输合同纠纷案中认为：

根据《海商法》第二百五十七条“就海上货物运输向承运人要求赔偿的请求权，时效期间为一年，自承运人交付或者应当交付货物之日起计算”的规定，本案的诉讼时效期间为一年，从被告交付货物之日起计算。承运船舶“永兴门”轮于2007年7月1日在苏丹港开始卸货，7月10日卸货完毕，即承运人交付货物完毕，其

---

① 参见《汉堡规则》第20条第1款规定：“有关按照本公约运送货物的任何诉讼如不在两年期内发动司法或仲裁程序，即失去时效。”第2款规定：“时效期间于运送人交付货物或部分货物之日开始，如货物未交付，则自货物应当交付之最后一日开始。”第20条第5款：“在以上各款规定的时效期间届满后，仍可对认为负有赔偿责任者提出要求赔偿的诉讼，但此项诉讼必须在提起诉讼地国家法律准许的限期内提起。但准许的限期不得少于九十日，自提起此项要求赔偿诉讼者已解决索偿要求或对其本人所提诉讼的传票送达之日起算。”

② 参见《鹿特丹规则》第62条第1款规定：“两年时效期间期满后，不得就违反本公约下的一项义务所产生的索赔或者争议提起司法程序或者仲裁程序。”第2款规定：“本条第1款述及的时效期间，自承运人交付货物之日起算，未交付货物或者只交付了部分货物的，自本应交付货物最后之日起算。时效期间的起算日不包括在该期间内。”第64条规定：“被认定负有责任的人，可以在第62条规定的时效期间期满后提起追偿诉讼，提起该追偿诉讼的时效期间以下列较晚者为准：（a）提起程序的管辖地准据法所允许的时效期间内；或者（b）自追偿诉讼提起人解决原索赔之日起或者自收到向其本人送达的起诉文书之日起九十日内，以较早者为准。”

赔偿请求权的诉讼时效也于该日开始起算，其一年诉讼时效期间止于2008年7月10日。[①]

理论探讨

迟延交付的诉讼时效期间起算点

《海商法》第50条第1款规定了货物的迟延交付："货物未能在明确约定的时间内，在约定的卸货港交付的，为迟延交付。"关于迟延交付的诉讼时效期间起算点，适用交付货物之日还是应当交付货物之日，《中国海商法注释》一书认为：

> "应当交付货物之日"，一般是针对没有交付货物和迟延交付货物的情况而言的。
>
> ……
>
> 延迟交付货物，是指承运人未能在与托运人事先约定的并且在海上货运合同中注明了的交付货物的日期届满之前完成对货物的交付。其"应当交付之日"为托运人和承运人双方约定的交付日期或者该日期届满之前的日期。如果他们双方事先没有关于交付货物日期的约定，也没有在海上货物运输合同中关于这种约定的注明，在此情况下，应当交付货物的日期就只能是一个经推断而确定的合理的日期。[②]

"应当交付货物之日"作为法律推定的交付日期，应是针对货物实际未交付的情况。迟延交付的情形既然货物最终得以交付，无须依靠法律推定确定交付日期。即使从诉讼时效制度功能的角度，迟延交付的情形本已损害了货方的权利，此时如果采用更早发生的应当交付之日作为起算点，而将货物尚未交付即货方行使权利的事实基础仍不明朗的时间计入诉讼时效期间，对于货方有欠公允，也无法发挥敦促权利人及时行使权利的制度功能，即权利人此时仍然无从行使权利。尤其对于货损货差的情形，货方在收到货物之前根本无法了解货损货差的情况，自然也无法行使权利主张请求。

《鹿特丹规则》第62条第2款第1句后段的规定较为明确："未交付货物或者只交付了部分货物的，自本应交付货物最后之日起算。"即应当交付货物之日作为诉讼时效期间起算点，主要针对货物全部或部分未交付的情形。

---

① 北海海事法院民事判决书，（2008）海商初字第275号。

② 司玉琢、张永坚、蒋跃川编著：《中国海商法注释》，北京大学出版社2019年版，第402页。

承运人应当交付货物之日，用于货物未实际交付给提单持有人或其他有权合法提取货物的人的情形，包括无单放货的情形。《中国海商法注释》一书的解释认为：

货物没有交付，一般是因为交运的货物在海上运输途中发生了灭失而承运人不可能再实现对其的交付。其"应当交付之日"应为如果这批货物没有发生灭失而本应被正常地运抵目的港或者目的地并在此正常地实现交付的那个日期。这个日期应当根据运输的航线、季节、途经的海域情况、船舶、货物种类及数量、港口的装卸条件及作业习惯等因素综合确定。[①]

应当交付货物之日具体是指承运人在正常航次中将货物运抵目的港且具备交付条件，提单持有人或其他有权提取货物的人可以提取货物的合理日期。我国司法实践中对于应当交付货物之日作为时效起算点，倾向于应该避免由于各类运输合同以外因素的影响导致承运人的责任加重，即从严认定应当交付货物之日。[②] 例如，最高人民法院在山西杏花村国际贸易公司与港捷国际货运有限公司海上货物运输合同纠纷案中认为：

本案系海上货物运输合同纠纷，根据《海商法》第257条的规定，就海上货物运输向承运人要求赔偿的请求权，时效期间为一年，自承运人交付或者应当交付之日起计算。其中"应当交付货物之日"的规定适用于货物没有实际交付给提单持有人的情况，是指承运人在正常航次中，将货物运抵目的港，具备交付条件，提单持有人可以提到货物的合理日期。现有证据证明，涉案货物自2007年6月9日起，即被存放在目的港海关监管仓库，说明2007年6月9日承运人已经具备交付货物的条件。根据上述事实和法律规定，本案诉讼时效应自2007年6月9日起开始计算。

如前所述，"应当交付之日"是按照运输合同正常履行情况推定出来的期日，其中的正常情况既包括船舶运输环节的正常，也应包括交付环节的正常，即提单持有人正常提货，承运人正常交付的情况。提单持有人未在合理期限内提货，不影响诉讼时效的起算。否则提单持有人迟迟不提货，该时效就无法起算，这不符合法律规定时效制度的目的。承运人向收货人交付货物不同于收货人完成通关提到货物，不能将收货人完成通关提到货物的时间认定为承运人应当交付货物的时间。[③]

---

① 司玉琢、张永坚、蒋跃川编著：《中国海商法注释》，北京大学出版社2019年版，第402页。

② 参见王淑梅主编：《海上货物运输合同纠纷案件裁判规则》，法律出版社2021年版，第325页。

③ 王淑梅主编：《海上货物运输合同纠纷案件裁判规则》，法律出版社2021年版，第319–320页。

此外，承运人如果未凭正本提单交付货物，即构成通常所称的无单放货，也属于货物未实际向提单持有人交付的情形，此时诉讼时效期间同样自承运人应当交付货物之日起计算。下文将基于司法解释的规定对于无单放货的诉讼时效进行专门介绍。

理论探讨

多式联运合同的诉讼时效

《海商法》第四章“海上货物运输合同”第八节为“多式联运合同的特别规定”，但第257条第1款规定的诉讼时效的适用对象明确规定为“就海上货物运输向承运人要求赔偿的请求权”。因此，多式联运合同的诉讼时效期间和起算点应当适用《民法典》的一般规定。

较为特殊的应是《海商法》第106条规定：“货物的灭失或者损坏发生的运输区段不能确定的，多式联运经营人应当依照本章关于承运人赔偿责任和责任限额的规定负赔偿责任。”此时多式联运经营人的责任适用《海商法》第四章关于海上货物运输合同承运人责任的规定，诉讼时效是否也相应适用该法第257条第1款的规定，此前存在一定争议。例如，《中国海商法注释》一书对此持肯定态度：

> 在多式联运的情况下，对于就发生在非海上运输区段的货物灭失、损坏等要求多式联运经营人赔偿的请求权，本款规定的这一时效就不应当然地适用。只有在本法所规定的包括海上运输方式在内的多式联运的货物所发生灭失或者损坏的运输区段不能确定的情况下，根据本法第106条的规定，就此多式联运的货物向多式联运经营人要求赔偿的请求权，才可以适用本条第1款所规定的时效。[①]

但是，最高人民法院审判理论研究会主持编写的《海上货物运输合同纠纷案件裁判规则》一书明确指出，多式联运合同的诉讼时效应当一律适用《民法典》的一般规定：

> 若货物的灭失或者损坏发生于海上货物运输区段或者发生货物灭失、损坏的区段不明的，其时效期间是否适用《海商法》第257条第1款不无争议。《海商法》第13章对诉讼专门作出规定，但并没有明文规定第13章各条与其他各章建立一一对应的关系，认为第4章相关时效问题应适用《海商法》第257条的观点不能成立。明显的例证是《海商法》第257条第2款规定，有关航次租船合同的请求权，时效期间为2年，航次租船合同与多式联运合同均为第4章中的特别规定，但《海商法》

① 司玉琢、张永坚、蒋跃川编著：《中国海商法注释》，北京大学出版社2019年版，第402–403页。

仅对航次租船合同的诉讼时效作出特殊规定。《海商法》把多式联运合同作为第4章海上货物运输合同的特别规定，但从文义上分析多式联运合同与海上货物运输合同显然不同，就多式联运向多式联运经营人要求赔偿的请求权与就海上货物运输合同向承运人要求赔偿的请求权也是有区别的。从国际上来看，《1973年多式联运单证统一规则》《1980年联合国国际货物多式联运公约》《1991年联合国贸易和发展会议/国际商会多式联运单证规则》等关于多式联运的国际规则和公约都对时效问题专门作出，而非援引其他国际海上货物运输公约规定的诉讼时效，即在诉讼时效问题上采取的是单独立法的模式。因此，应该认为《海商法》对多式联运合同的诉讼时效没有作出规定，就多式联运向多式联运经营人要求赔偿的请求权适用普通诉讼时效。[①]

例如，上海海事法院在中国太平洋财产保险股份有限公司浙江分公司与中远集装箱运输有限公司多式联运合同纠纷案中认为：

本案系多式联运合同纠纷。我国海商法对多式联运合同的诉讼时效未作特别规定，故应适用我国民法通则有关一般诉讼时效期间为2年的规定。涉案事故发生于2009年12月27日，检验师于2010年1月19日检验时，货物仍在伊利诺伊州加拿大铁路联运站。据此可以认为，此时货物尚未交付。而原告于2010年12月27日起诉并未超过诉讼时效。被告认为时效仅为180天，应是其理解法律错误。我国海商法对于多式联运的特殊规定，仅限于赔偿责任和责任限额，适用于调整具体区段运输方式的有关法律规定，而诉讼时效并不包含在内。故被告的该项抗辩理由，本院不予采纳。[②]

此外值得注意的是，多式联运经营人的责任形式在不同法域以及国际立法中存在网状责任制、统一责任制等多种立法模式，我国《海商法》采取经修正的网状责任制。[③] 但是，责任形式仅用于确定多式联运经营人就其承运的货物承担的责任，包括归责原则、免责事由、是否享有责任限制以及责任限额等具体规则，但不涉及诉讼时效。2021年《全国法院涉外

① 王淑梅主编：《海上货物运输合同纠纷案件裁判规则》，法律出版社2021年版，第357页。

② 上海海事法院民事判决书，(2011)沪海法商初字第40号。

③ 我国《民法典》和《海商法》对于多式联运经营人的责任形式均采经修正的网状责任制，主要包括四个方面的内容：一是多式联运经营人对于全程运输负责；二是多式联运经营人可与区段承运人约定互相之间的责任，但不得以此对抗货方；三是各个区段适用对应单一运输方式的法律；四是隐蔽损失分别适用《海商法》第四章“海上货物运输合同”或《民法典》第三编“合同”第十九章“运输合同”的规定。

商事海事审判工作座谈会会议纪要》[①] 第 68 条规定：

【涉外多式联运合同经营人的"网状责任制"】具有涉外因素的多式联运合同，当事人可以协议选择多式联运合同适用的法律；当事人没有选择的，适用最密切联系原则确定适用法律。

当事人就多式联运合同协议选择适用或者根据最密切联系原则适用中华人民共和国法律，但货物灭失或者损坏发生在国外某一运输区段的，人民法院应当根据海商法第一百零五条的规定，适用该国调整该区段运输方式的有关法律规定，确定多式联运经营人的赔偿责任和责任限额，不能直接根据中华人民共和国有关调整该区段运输方式的法律予以确定；有关诉讼时效的认定，仍应当适用中华人民共和国相关法律规定。

根据《海商法》第 269 条的规定，对于具有涉外因素的多式联运合同，当事人可以协议选择合同适用的法律。[②] 如果当事人协议选择适用中国法律，只是多式联运经营人的责任形式适用中国法律规定的经修正的网状责任制，而不意味着货物灭失或损坏的赔偿责任和责任限额一律适用中国法律的规定，此时仍需根据《海商法》第 105 条的规定确定货物灭失或损坏适用的法律，[③] 即最终适用的法律也可能是域外法律。但是，此时多式联运合同的诉讼时效应当一律适用中国法律的规定，而不受到多式联运经营人责任形式的影响。

（2）90 日追偿时效期间与起算点

《海商法》第 257 条第 1 款第 2 句规定：

在时效期间内或者时效期间届满后，被认定为负有责任的人向第三人提起追偿请求的，时效期间为九十日，自追偿请求人解决原赔偿请求之日起或者收到受理对其本人提起诉讼的法院的起诉状副本之日起计算。

规定追偿时效主要是为避免包括承运人、实际承运人及其受雇人、代理人在内的承运人一方在对货方或其他主体承担责任后，转而向实际应当承担责任的第三人索赔时发生诉讼

① 最高人民法院《关于印发〈全国法院涉外商事海事审判工作座谈会会议纪要〉的通知》［法（民四）明传〔2021〕60 号］。

② 参见《海商法》第 269 条规定："合同当事人可以选择合同适用的法律，法律另有规定的除外。合同当事人没有选择的，适用与合同有最密切联系的国家的法律。"

③ 参见《海商法》第 105 条规定："货物的灭失或者损坏发生于多式联运的某一运输区段的，多式联运经营人的赔偿责任和责任限额，适用调整该区段运输方式的有关法律规定。"

时效期间届满的情况。上述规定在司法实践中引发的争议颇多，特别是两种起算点如何适用的具体标准尚不清晰。

解决原赔偿请求之日，对于以诉讼、仲裁方式解决的纠纷，是指追偿请求人收到认定其承担赔偿责任的生效判决或裁决之日。《最高人民法院在关于大连港务局与大连中远国际货运有限公司海上货物运输货损赔偿追偿纠纷一案的请示的复函》中说明："根据《海商法》和我国《民事诉讼法》的有关规定，原赔偿请求若是通过法院诉讼解决的，则追偿请求人向第三人追偿时效的起算点应当自追偿请求人收到法院认定其承担赔偿责任的生效判决之日起计算。"[①]

至于以调解、和解等方式解决的纠纷，司法实践通常将追偿请求人实际履行付款义务的日期认定为解决原赔偿请求之日。解决原赔偿请求之日的确定之所以根据纠纷解决方式不同而存在区别，原因在于追偿请求人得以主张行使追偿权利的基本前提，应是原赔偿责任已经确定，即追偿已有明确的具体内容。对于诉讼、仲裁而言，生效的判决或裁决具有强制执行力，一旦追偿请求人收到了认定其承担赔偿责任的生效判决或裁决，此时原赔偿责任便已确定，追偿请求人是否履行了判决或裁决并不能改变已经确定的赔偿责任；但是，调解协议及和解协议本身不具备强制执行力。不仅通过人民调解、商事调解、行业调解等调解组织达成的调解协议，必须经过法院的司法确认程序方才能够基于法院裁定获得强制执行力，即使是诉讼调解中法院根据调解协议制作了调解书的情形，当事人在调解书送达前仍有反悔的权利。[②]因此，调解协议及和解协议的达成不等于原赔偿责任的终局确定，此时追偿请求人主张行使追偿权的基本前提尚不完整，而仍有待其实际履行协议约定的付款义务。

例如，对于以和解方式解决纠纷的情形，最高人民法院在株式会社商船三井、南京海桥实业有限公司海上、通海水域货物运输合同纠纷案中认为：

> 海商法第二百五十七条第一款规定："就海上货物运输向承运人要求赔偿的请求权，时效期间为一年，自承运人交付或者应当交付货物之日起计算；在时效期间内或者时效期间届满后，被认定为负有责任的人向第三人提起追偿请求的，时效期间为九十日，自追偿请求人解决原赔偿请求之日起或者收到受理对其本人提起诉讼的法院的起诉状副本之日起计算。"该条规定的追偿时效，旨在公平保护追偿请求人的权利，避免发生追偿请求人在承担了对原赔偿请求权人的赔偿责任后，因时

① ［2002］民四他字第21号。

② 例如，《民事诉讼法》第102条规定："调解未达成协议或者调解书送达前一方反悔的，人民法院应当及时判决。"

效届满而无法向负有责任的第三人追偿的情况。三井会社承租了总统轮船公司的“GrandView”轮承运涉案锻圆钢材。因锻圆钢材跌落导致船舶受损，三井会社作为负有责任的人向总统轮船公司承担赔偿责任后，向其认为在海上货物运输中负有责任的托运人提起赔偿请求，符合海商法规定的适用追偿时效的情形。依据海商法第二百五十七条第一款的规定，追偿时效自追偿请求人解决原赔偿请求之日起或者收到受理对其本人提起诉讼的法院的起诉状副本之日起计算，时效期间为九十日。前述规定并未排除当事人通过协议解决纠纷的情形。涉案事故发生后，三井会社与总统轮船公司之间就相关索赔问题于2015年8月17日达成和解协议。2015年9月30日，总统轮船公司出具收到三井会社给付上述和解款949614.02美元的收条。三井会社与总统轮船公司以和解的方式解决原赔偿请求，本案追偿时效应自三井会社实际支付赔偿款项之日即2015年9月30日起算。2015年11月5日，三井会社提起本案诉讼，并未超过九十日追偿时效期间。①

对于以调解方式解决纠纷的情形，上海海事法院在联迎（上海）国际货运代理有限公司与中远集装箱运输有限公司海上货物运输合同纠纷案中认为：

本案原告因涉案货物被九鼎公司起诉的案件经一、二审审理后，于2016年6月24日达成二审调解，原告于2016年7月7日通过其代理人尤福雷特公司实际履行了调解书确定的付款义务，故应以2016年7月7日作为本案原告解决原赔偿请求之日，即本案诉讼时效的起算点。②

二审法院上海市高级人民法院对此予以认可。③青岛海事法院在中国外运河南公司诉阳明海运股份有限公司海上货物运输合同纠纷案中也持相同观点：

外运河南公司按照2910号民事调解书中的协议，于2016年6月17日向平安财保河南分公司支付了调解款项，则2016年6月17日应为海商法第二百五十七条中规定的“解决原赔偿请求之日”，至外运河南公司于2016年9月18日提起本案诉讼时，已超过90天。因此，外运河南公司对阳明海运公司的诉讼请求已经超过

① 最高人民法院民事裁定书，（2020）最高法民再173号。
② 上海海事法院民事判决书，（2016）沪72民初2873号。
③ 参见上海海事法院民事判决书，（2016）沪72民初2873号；上海市高级人民法院民事判决书，（2017）沪民终267号。

了诉讼时效。[①]

至于“收到受理对其本人提起诉讼的法院的起诉状副本之日”，由于收到起诉状副本时原诉讼远未结案，而只是诉讼程序的开始，导致的结果是追偿诉讼可能缺乏明确的诉讼请求，即追偿请求人应当承担以及可以追偿何种程度的赔偿责任均未确定。因此，我国海事司法实践较少适用此项起算点。例如，最高人民法院针对《海商法（修改送审稿）》提出的建议，主张将《海商法》第 257 条第 1 款第 2 句规定的起算点修改为“自追偿请求人解决原赔偿请求之日或者收到确认其承担赔偿责任的生效法律文书或仲裁裁决书之日起计算”，即采用目前司法实践解释的解决原赔偿请求之日，而不再规定收到受理对其本人提起诉讼的法院的起诉状副本之日作为起算点。

2. 海上拖航合同

《海商法》第 260 条规定：

> 有关海上拖航合同的请求权，时效期间为一年，自知道或者应当知道权利被侵害之日起计算。

根据上述规定，海上拖航合同的诉讼时效期间为一年，起算点为知道或者应当知道权利被侵害之日。本条规定应当适用于承拖方和被拖方之间基于海上拖航合同产生的各项请求权，包括拖航费的给付请求、被拖物的损害赔偿请求等，但存在以下两种特殊情况：

（1）承拖方和被拖方之间追偿请求的诉讼时效。《海商法》第 163 条规定：“在海上拖航过程中，由于承拖方或者被拖方的过失，造成第三人人身伤亡或者财产损失的，承拖方和被拖方对第三人负连带赔偿责任。除合同另有约定外，一方连带支付的赔偿超过其应当承担的比例的，对另一方有追偿权。”不同于《海商法》第 261 条第 2 句特别规定了第 169 条第 3 款规定的船舶碰撞追偿请求的诉讼时效，《海商法》对于海上拖航合同追偿请求的诉讼时效未设特别规定。由于此种追偿请求也可解释为“有关海上拖航合同的请求权”，权利主体也是海上拖航合同的当事人，也应适用《海商法》第 260 条关于海上拖航合同诉讼时效的规定。根据中国裁判文书网的检索结果，我国对此尚无司法实践案例。

（2）海上拖航视为海上运输的诉讼时效。《海商法》第 164 条规定：“拖轮所有人拖带其所有的或者经营的驳船载运货物，经海路由一港运至另一港的，视为海上货物运输。”此种情况由于法律已将海上拖航拟制为海上货物运输，适用海上货物运输合同法律制度，此时

① 青岛海事法院民事判决书，（2016）鲁 72 民初 1747 号。

诉讼时效也应适用《海商法》第257条第1款关于海上货物运输合同诉讼时效的对应规定。根据中国裁判文书网的检索结果，我国目前对此亦无司法实践案例。

理论探讨

《海商法》与《民法典》诉讼时效期间起算点的关系

《海商法》多处复述了当时《民法通则》第137条规定的诉讼时效期间起算点，即“知道或者应当知道权利被侵害之日”，包括第257条第2款、第259条、第260条。但是，《民法典》第188条第2款规定的起算点“知道或者应当知道权利受到损害以及义务人之日”增加了“知道或者应当知道……义务人”的要件。

虽然《海商法》修改几乎可以肯定将会就此参照《民法典》的规定作出修改完善，但在《海商法》修改之前二者的适用关系存在困难。此时较为可行的方法，应是在解释《海商法》相应条文时，从法律解释的角度采纳《民法通则》时代学理上的多数意见，而将“知道或者应当知道义务人”纳入“知道或者应当知道权利被侵害”的文义之内，即在适用《海商法》相应规定时也要求具备知道或者应当知道义务人的要件。例如，王利明在《民法总则》通过之前即认为：

> 权利人知道或应当知道其权利遭受侵害还应当包括知道具体的侵权人。如果权利人知道权利被侵害，但不知明确的侵权人，在此情况下，因为权利人不能提出请求，时效也不能开始计算。①

3. 共同海损

《海商法》第263条规定：

> 有关共同海损分摊的请求权，时效期间为一年，自理算结束之日起计算。

根据上述规定，共同海损分摊的诉讼时效期间为一年，起算点为理算结束之日。共同海损理算是指通过审核和计算等工作，确定特定共同海损事故中共同海损损失的金额、各个受益方财产的分摊价值，以及各个受益方应当分摊的共同海损金额。② 本条规定较为简略，加之我国海事司法实践极少涉及共同海损的诉讼时效，导致存在一些不甚明确之处：

① 王利明、杨立新、王轶、程啸：《民法学》（第6版），法律出版社2011年版，第152页。
② 参见胡正良主编：《海事法》（第3版），北京大学出版社2016年版，第330页。

（1）本条适用的权利是“有关共同海损分摊的请求权”，从文义解释的角度，应当仅指共同海损损失方要求受益方分摊共同海损损失的请求权，而不包括其他与共同海损相关的请求权，例如无过失的受益方在分摊共同海损损失后向过失方要求追偿的请求权。[①] 此类请求权应当适用本条规定还是《民法典》的一般规定，目前尚不明确，我国司法实践也尚无案例支撑。

（2）“理算结束之日”一般是指共同海损理算书编制完成之日，但理算书实际不是具有最终法律效力的文件。当事人如果对于共同海损理算书涉及的理算人、理算依据、理算结果等存在异议，可以要求重新理算，或者要求另行委托理算人进行理算。此时理算结束之日的确定往往存在困难。[②] 例如，蒋跃川在《共同海损》一书中指出：

> 世界各地的海损理算人大都信誉卓著、业务精良，在实践中，他们编制的共同海损理算书通常都会得到当事人的认可和自愿执行。正因为如此，各国法院受理的共同海损案件比实际发生的共同海损案件要少得多。但是，海损理算师和理算机构均属民间性质；因此，从法律上而言，他们编制的共同海损理算书对任何人都不具有法律拘束力，而“只能起到参考的作用”。任何利害关系方（包括将海损事故提交理算的一方）如果对理算书存有异议，均可以要求海损理算人重新理算，或者另外聘请海损理算师进行理算，或者向法院提起诉讼要求变更理算书的内容，或者就共同海损案件另行提起诉讼，或者根据仲裁协议提交仲裁。同样，即使在没有进行共同海损理算因而不存在海损理算书的情况下，对当事方的诉权也不应产生任何影响，原告仍然可以就其遭受的共同海损损失提起损失分摊的诉讼。但是，如果当事人达成了协议，如签署了“海损协议书”（Average Bond），约定将根据海损理算书的结果履行共同海损分摊义务，则根据合同法的一般原则，当事人应当按照该协议的约定行事。此时，海损理算书便在协议各方之间具有了法律上的约束力。
>
> 如前所述，除非双方另有约定，在一方对另一方所聘请的海损理算人做出的海损理算书不满的情况下，他可以另行聘请海损理算人进行理算。同样，即使是提起共同海损理算的一方，如果他对海损理算人做出的理算书不满意，也仍然可以另外聘请一个海损理算人，进行第二次理算。[③]

---

① 参见司玉琢、张永坚、蒋跃川编著：《中国海商法注释》，北京大学出版社 2019 年版，第 410 页。

② 也有观点认为，如果存在多次理算及多份海损理算书，应以第一次理算结束之日或者第一份海损理算书作出之日作为理算结束之日，即诉讼时效期间的起算点。参见蒋跃川：《共同海损》，法律出版社 2009 年版，第 243 页。

③ 蒋跃川：《共同海损》，法律出版社 2009 年版，第 184–185 页。

（3）共同海损理算不是请求共同海损分摊的必经程序。《海事诉讼特别程序法》第 88 条规定："当事人就共同海损的纠纷，可以协议委托理算机构理算，也可以直接向海事法院提起诉讼。海事法院受理未经理算的共同海损纠纷，可以委托理算机构理算。"[①] 因此，共同海损理算不是针对共同海损分摊提起诉讼的必经程序，特别是一些小额共同海损案件常有不经理算直接提起诉讼。此时从文义解释的角度，将会导致诉讼时效期间始终未能起算。《2016 年约克—安特卫普规则》采用的做法是设置六年的最长时效期间，其中规则 XXIII 第 1 款第 1 项规定："除非要求分摊的一方在共同海损理算书发出后一年内提起诉讼，要求共同海损分摊的权利，包括基于共同海损保证书和担保函的索赔权归于消灭。但在共同海损终止之日起六年后将不得提起诉讼。"[②]

司法实践

共同海损的诉讼时效

上海海事法院在弗伦特萨加公司与中化石油有限公司、中国平安财产保险股份有限公司北京分公司共同海损纠纷案中认为：

中化公司认为，原告对中化公司的起诉已超过诉讼时效；平安公司在庭后提交书面意见认为其就理算报告完成时间的确认因违反法律规定而无效，并认为原告提起本案诉讼超过了诉讼时效。本院认为，平安公司作出的其"不会提起任何与上述共同海损理算完成日期及/或船方自该理算完成之日起一年的共同海损分摊请求权的诉讼时效有关的抗辩"的表述，其中涉及放弃诉讼时效利益的承诺部分属于"约定违反诉讼时效期间、预先放弃诉讼时效利益"的情形，依照《最高人民法院关于审理民事案件适用诉讼时效制度若干问题的规定》第二条的规定，本院不予认可，平安公司仍有权在本案中提出诉讼时效抗辩。

如上所述，安晟公司理算报告符合原、被告各方关于理算机构的约定，该理算报告的签署时间为 2014 年 4 月 29 日。因此，安晟公司的共同海损理算于 2014 年 4 月 29 日完成。原告依据安晟公司理算报告向两被告主张共同海损分摊，有关共同海损分摊请求权的诉讼时效期间应自 2014 年 4 月 29 日起算。原告于 2015 年 4 月 24 日向本院提交起诉状，未超

① 《最高人民法院关于适用〈中华人民共和国海事诉讼特别程序法〉若干问题的解释》第 62 条规定："未经理算的共同海损纠纷诉至海事法院的，海事法院应责令当事人自行委托共同海损理算。确有必要由海事法院委托理算的，由当事人提出申请，委托理算的费用由主张共同海损的当事人垫付。"

② 叶伟膺：《〈2016 年约克—安特卫普规则〉评介》，载上海海事大学海商法研究中心编：《海大法律评论 2016—2017》，上海浦江教育出版社 2018 年版，第 419 页。

过《海商法》第二百六十三条规定的一年的诉讼时效期间。原告在本案审理期间于 2016 年 3 月 14 日增加的有关律师费和清防污费用分摊的诉讼请求对提交本案的起诉书中的诉讼请求基础没有实质改变，仍应按其起诉之日计算诉讼时效。因此，两被告的诉讼时效抗辩不能成立。

中化公司认为，君泰公司和安晟公司的理算报告内容一致，结合理算报告中的利息计算截止日、原告在起诉时主张的利息起算日及原告主张适用的理算规则，应当认定涉案共同海损理算结束之日为君泰公司出具理算报告的 2014 年 1 月 21 日。平安公司也认为平安公司有关共同海损理算结束日的确认与实际情况不符，涉案共同海损理算结束之日为 2014 年 1 月 21 日。本院认为，根据 CTC 集团首席执行官 DamianEly 所作的说明，君泰公司在 2004 年后不应再使用“CTCSHANGHAI”的名义出具报告，安晟公司出具的理算报告为最终报告。而且，平安公司关于放弃诉讼时效利益的承诺虽属无效，但其书面确认安晟公司理算报告完成于 2014 年 4 月 29 日，系对有关案件事实所作的确认，中化公司根据相关利息计算情况所作的推定尚不足以推翻平安公司书面确认的该节事实。平安公司确认涉案共同海损理算于 2014 年 4 月 29 日完成，与安晟公司共同海损理算报告的签署时间一致。因而，两被告关于涉案共同海损理算完成时间及诉讼时效起算的主张不能成立。①

（二）二年诉讼时效期间和起算点

1. 参照《民法通则》规定的海事诉讼时效

（1）租船合同

《海商法》第 257 条第 2 款规定：

有关航次租船合同的请求权，时效期间为二年，自知道或者应当知道权利被侵害之日起计算。

第 259 条规定：

有关船舶租用合同的请求权，时效期间为二年，自知道或者应当知道权利被侵害之日起计算。

根据《海商法》对于租船合同的规范体系，航次租船合同属于海上货物运输合同的特

① 上海海事法院民事判决书，（2015）沪海法商初字第 1336 号。

殊类型，而船舶租用合同包括定期租船合同和光船租赁合同。但是，从诉讼时效的角度，航次租船合同、定期租船合同、光船租赁合同三种租船合同的诉讼时效期间均为二年，起算点是知道或者应当知道权利被侵害之日。

本条规定的诉讼时效与《民法通则》时代的普通诉讼时效一致，无甚特别之处，其中“知道或者应当知道权利被侵害”现在也应解释为包括知道或者应当知道义务人。

司法实践

租船合同的诉讼时效

关于航次租船合同的诉讼时效，浙江省高级人民法院在舟山顺翔海运有限公司与江苏省沿江物流有限公司航次租船合同纠纷案中认为：

关于顺翔公司提出的诉请是否已过诉讼时效。本院认为，根据《中华人民共和国海商法》第二百五十七条第二款规定：有关航次租船合同的请求权，时效期间为二年，自知道或者应当知道权利被侵害之日起计算。本案系航次租船合同纠纷，涉案船舶“正远9”轮于2011年4月15日抵达目的港吴淞港锚地，并于同年4月18日卸货完毕，而顺翔公司提起诉讼的时间为2013年3月21日，并未超过二年的诉讼时效期间。[①]

关于定期租船合同的诉讼时效，上海市高级人民法院在施某康与上海市地质调查研究院定期租船合同纠纷案中认为：

关于施某康的起诉是否超过诉讼时效。本院认为，承博公司与地质研究院签订临时租船协议，约定地质研究院租用“浙岱渔运XXXX6号”船舶及护航船一艘在近海作业。双方之间系定期租船合同关系。根据海商法第二百五十九条的规定，有关船舶租用合同的请求权，时效期间为二年，自知道或者应当知道权利被侵害之日起计算。涉案协议约定船舶租用期间至2014年底，而船舶实际使用至2014年10月底。协议虽未约定付款时间，但地质研究院于2014年12月16日向承博公司支付了船舶租金540,000元。一审法院从该日开始起算诉讼时效符合法律规定。施某康主张地质研究院与承博公司达成了每年分批付款的协议，但地质研究院在2014年后继续付款的事实并不能证明双方达成了每年分批付款的合意，施某康也未能提供其他证据证明上述主张。施某康还主张地质研究院承诺将继续支付涉案款项，构成诉讼时效的中断。海商法规定诉讼时效因请求人提起诉讼、提交仲裁或者被请求人同意履

① 宁波海事法院民事判决书，（2013）甬海法商初字第241号；浙江省高级人民法院民事判决书，（2013）浙海终字第138号。

行义务而中断。施某康提供的视听证据存在无原始载体、人员不明的证据形式瑕疵，且无证据证明视听证据中的人员获得了地质研究院的授权可以代表其对涉案合同的履行进行承诺，对话内容也未对同意履行的费用金额及支付期限等作出明确表示，故该证据不足以证明地质研究院作出了同意履行义务的明确意思表示，本案中不存在诉讼时效中断事由。施某康于2019年12月13日提起本案诉讼已经超过了二年的诉讼时效。本院对施某康关于其起诉未超过诉讼时效的上诉理由不予采纳。①

关于光船租船合同的诉讼时效，青岛海事法院在中交烟台环保疏浚有限公司与于某成、王某光船租赁合同纠纷案中认为：

对于于某成、王某提出中交公司的上述债权已超过诉讼时效期间的抗辩。根据《中华人民共和国海商法》第二百五十九条的规定，“有关船舶租用合同的请求权，时效期间为二年，自知道或者应当知道权利被侵害之日起计算”，而在《津航浚214船光船租赁合同》项下，洪瑞公司应向中交公司支付光船租赁费和物资备件费的分别为2010年3月30日前、4月30日前、5月30日前、6月30日前和2011年6月9日，距离中交公司向一审法院提起诉讼的时间2015年11月20日已超过二年诉讼时效期间，且中交公司未提交证据证明在此期间存在诉讼时效中止、中断的事由；故，一审法院对于某成、王某提出中交公司主张的光船租赁费、物资备件费的诉讼请求已超过诉讼时效期间的抗辩予以支持。另，根据《中华人民共和国民法通则》第一百三十五条和第一百三十七条以及《中华人民共和国合同法》第二百二十六条的规定，结合中交公司与洪瑞公司在《津航浚214船及管线租赁补充协议》中关于2010年4月26日以后的管线租赁费用于2010年10月30日前进行确认、结算、付款和《排泥设备外租合同》中关于每月租费确认后进行结算的约定，洪瑞公司应向中交公司支付2010年4月26日至2010年10月25日排泥设备租赁费360239.16元和2010年10月26日至2011年1月19日的排泥设备租赁费169292.72元的履行期限分别为2010年10月30日和2011年1月19日，而上述履行期限距离中交公司向一审法院提起诉讼的时间2015年11月20日亦超过二年诉讼时效期间，且中交公司未提交证据证明在此期间存在诉讼时效中止、中断的事由；故，一审法院对于某成、王某提出中交公司主张的排泥设备租赁费的诉讼请求已超过诉讼时效期间的抗辩予以支持。②

---

① 上海海事法院民事判决书，(2020)沪72民初180号；上海市高级人民法院民事判决书，(2020)沪民终594号。

② 青岛海事法院民事判决书，(2016)青海法海商初字第1号；山东省高级人民法院民事判决书，(2016)鲁民终2067号。

（2）海上保险合同

《海商法》第264条规定：

> 根据海上保险合同向保险人要求保险赔偿的请求权，时效期间为二年，自保险事故发生之日起计算。

根据上述规定，海上保险合同的被保险人向保险人要求保险赔偿的诉讼时效期间为二年，起算点为保险事故发生之日。本条规定的诉讼时效期间与当时《民法通则》的一般规定相同，仅起算点存在区别。关于本条规定的理解，应当注意以下三点：

一是本条适用的对象范围。本条适用的权利仅限于"根据海上保险合同向保险人要求保险赔偿的请求权"，而不包括其他与海上保险合同相关的请求，例如保险人要求被保险人支付保险费的请求、被保险人向保险人要求退还保险费的请求等。此类请求权的诉讼时效期间和起算点原则上应当适用《民法典》的一般规定。[①]

司法实践

海上保险合同其他相关请求权的诉讼时效

大连海事法院在太平财产保险有限公司宁波分公司与大连金恒东方实业有限公司海上、通海水域保险合同纠纷案中认为：

关于诉讼时效的认定，《中华人民共和国民法通则》第一百三十五条规定："向人民法院请求保护民事权利的诉讼时效期间为二年，法律另有规定的除外。"第一百四十条规定："诉讼时效因提起诉讼、当事人一方提出要求或者同意履行义务而中断。从中断时起，诉讼时效期间重新计算。"本案中，保险合同约定的保险期间截止时间以及金恒公司缴付保险费的截止时间均为2014年10月19日24时，太平分公司向人民法院请求保护民事权利的诉讼时效期间截止日期应为2016年10月20日，而太平分公司提交的民事起诉状落款日期为2016年12月9日，且太平分公司未能充分举证证明诉讼时效期间存在中断的事由，故金恒公司关于太平分公司请求其支付保险费的诉请已过诉讼时效的主张，本院予以支持。[②]

二是"保险事故发生之日"的理解。《海商法》第216条第2款规定："前款所称保险事故，

① 参见郭瑜：《海商法教程》（第2版），北京大学出版社2012年版，第345页。

② 大连海事法院民事判决书，（2017）辽72民初75号。

是指保险人与被保险人约定的任何海上事故，包括与海上航行有关的发生于内河或者陆上的事故。”实践中可能无法确定保险事故发生的准确日期，特别是船舶失踪等情形。司法实践倾向于将保险事故发生之日，理解为被保险人知道或者应当知道保险事故发生之日，而非保险事故实际发生之日。例如，上海海事法院在上海华润大东船务工程有限公司与中国平安财产保险股份有限公司上海分公司海上保险合同纠纷案中认为：

> 我国海商法规定，根据海上保险合同向保险人要求保险赔偿的请求权，时效期间为二年，自保险事故发生之日起计算。这里的“保险事故发生之日”，不是指保险事故实际发生之日，而是指被保险人知道或者应当知道保险事故发生之日，并需待具体的损失金额予以确定。[①]

三是与共同海损分摊相关的海上保险赔偿请求权的诉讼时效。如果被保险人因分摊共同海损遭受损失而根据海上保险合同向保险人请求保险赔偿，此时诉讼时效仍应适用《海商法》第 264 条关于海上保险合同诉讼时效的规定，而不是第 263 条关于共同海损分摊诉讼时效的规定，即时效期间为二年，自保险事故也即共同海损事故发生之日起算。2021 年《全国法院涉外商事海事审判工作座谈会会议纪要》第 74 条第 1 款对此作出了明确规定：

> 【与共同海损分摊相关的海上保险赔偿请求权的诉讼时效】因分摊共同海损而遭受损失的被保险人依据保险合同向保险人请求赔偿的诉讼时效，应当适用海商法第二百六十四条的规定，诉讼时效的起算点为保险事故（共同海损事故）发生之日。

司法实践

海上保险赔偿的诉讼时效

最高人民法院在澳中金属有限公司与中国人民财产保险股份有限公司天津市津南支公司海上保险合同纠纷案中认为：

《海商法》第二百六十四条规定：“根据海上保险合同向保险人要求保险赔偿的请求权，时效期间为二年，自保险事故发生之日起计算。”本案中，涉案货物于 2009 年 6 月 1 日运抵目的港，澳中公司在卸货时发现货物有不同程度的毁损，因此 2009 年 6 月 1 日应视为保险事故发生之日。本案诉讼时效期间应从 2009 年 6 月 2 日起算，至 2011 年 6 月 1 日届满。

① 上海海事法院民事判决书，（2013）沪海法商初字第 797 号。

如澳中公司不能证明本案存在诉讼时效中止、中断的情形，澳中公司于2011年12月7日提起诉讼，已经超过二年的诉讼时效期间。①

上海市高级人民法院在中国平安财产保险股份有限公司上海分公司与上海华润大东船务工程有限公司海上保险合同纠纷案中认为：

本案中，华润公司在得知船舶涂装质量问题后即通知了平保上海，但因保险事故还未得以确认，具体损失金额尚未通过船舶检验和评估予以确定，华润公司也未实际赔偿形成损失，故无法成讼。而平保上海始终参与并主导确认保险事故和损失金额的取证工作，从未作出理赔核定或发出拒赔通知，也未对华润公司提出催告要求。直至2012年6月28日，华润公司在平保上海确认的船舶检验和评估报告业已作出，保险事故和损失金额初步得到确认的基础上，通过与船东达成和解协议并冲抵欠款的方式形成损失，诉讼时效应自该日起算，故华润公司的起诉并未超过二年的诉讼时效。②

2. 参照国际海事条约规定的海事诉讼时效

（1）海上旅客运输合同

《海商法》第258条规定：

就海上旅客运输向承运人要求赔偿的请求权，时效期间为二年，分别依照下列规定计算：

（一）有关旅客人身伤害的请求权，自旅客离船或者应当离船之日起计算；

（二）有关旅客死亡的请求权，发生在运送期间的，自旅客应当离船之日起计算；因运送期间内的伤害而导致旅客离船后死亡的，自旅客死亡之日起计算，但是此期限自离船之日起不得超过三年；

（三）有关行李灭失或者损坏的请求权，自旅客离船或者应当离船之日起计算。

本条规定旅客基于海上旅客运输向承运人要求赔偿的诉讼时效期间为二年。至于诉讼时效期间的起算点，分为以下三种情况：

一是旅客人身受到伤害。此时诉讼时效期间的起算点为旅客离船或者应当离船之日。但是，本项规定的旅客人身损害，由于不包括第2项规定的旅客死亡的情形，此种情形下旅

① 最高人民法院民事裁定书，（2013）民申字第2358号。

② 上海海事法院民事判决书，（2013）沪海法商初字797号；上海市高级人民法院民事判决书，（2014）沪高民四（海）终字第78号。

客必然存在实际离船之日，而不可能余生久居船上。因此，此处起算点其实不必考虑推定的应当离船之日。《1974 年海上旅客及其行李运输雅典公约》第 16 条第 2 款第 a 项仅规定了离船之日一种起算点。

二是旅客死亡。此时诉讼时效期间的起算点分为两种情况，其一死亡发生在运输期间，起算点为旅客应当离船之日，通常是指计划航线的离船之日；其二由于运输期间的伤害导致旅客离船后死亡，起算点为旅客死亡之日，但最长不得超过离船之日起三年，此处离船之日为旅客实际离船之日。同时，此处三年的最长时效期间不应适用中止、中断及延长的规定。《海商法》对此虽未予以明确，但本条参照的《1974 年海上旅客及其行李运输雅典公约》第 16 条第 3 款规定："有关时效期间的中止和中断的事由应受受理案件的法院地法律的制约，但在任何情况下，在旅客离船之日或应离船之日起三年后（以迟者为准），不得根据本公约提起诉讼。"其中"在任何情况下"一语应可表明三年时效期间不受中止、中断及延长等因素的影响。

三是行李灭失或者损坏。此时诉讼时效期间的起算点为旅客离船或者应当离船之日，其中应当离船之日是指旅客在船期间死亡导致未能离船的情形，离船之日是指除此以外旅客实际离船之日。

本条适用的权利仅限于旅客基于海上旅客运输向承运人要求赔偿的请求权。至于其他基于海上旅客运输合同产生的请求权，例如承运人要求旅客支付客票票款的请求权，邮轮旅游的承运人未按照约定航线停靠挂靠港时旅客的损害赔偿请求权，诉讼时效期间和起算点应当适用《民法典》的一般规定。根据中国裁判文书网的检索结果，我国对于海上旅客运输合同的诉讼时效尚无司法实践案例。

本条主要参考了《1974 年海上旅客及其行李运输雅典公约》的规定，其中第 16 条规定：

> 1. 因旅客的死亡或人身伤害或行李灭失或损坏而引起的损害赔偿金的诉讼，其诉讼时效期间为二年。
>
> 2. 上述诉讼时效期间应按下述日期起算：
>
> （a）对人身伤害，自旅客离船之日起算；
>
> （b）对运输中发生的旅客死亡，自该旅客应离船之日起算；对运输中发生的导致旅客在离船后死亡的人身伤害，自死亡之日起算，但此期间不得超过自离船之日起三年；
>
> （c）对行李灭失或损坏，自离船之日或应离船之日起算，以迟者为准。

3. 有关时效期间的中止和中断的事由应受受理案件的法院地法律的制约，但在任何情况下，在旅客离船之日或应离船之日起三年后（以迟者为准），不得根据本公约提起诉讼。

4. 虽有本条第 1 款、第 2 款和第 3 款的规定，在诉因产生后，经承运人声明或经当事各方协议，时效期间可以延长。该声明或协议应以书面做出。

（2）船舶碰撞

《海商法》第 261 条规定：

有关船舶碰撞的请求权，时效期间为二年，自碰撞事故发生之日起计算；本法第一百六十九条第三款规定的追偿请求权，时效期间为一年，自当事人连带支付损害赔偿之日起计算。

本条围绕船舶碰撞分别规定了以下两种请求权的诉讼时效：

一是船舶碰撞的请求权。船舶碰撞涉及的请求权最为主要的便是船舶碰撞损害赔偿的请求权，此时诉讼时效期间为二年，起算点为碰撞事故发生之日。但是，最高人民法院民事审判第四庭《涉外商事海事审判实务问题解答（一）》第 177 条认为："因船舶碰撞事故造成第三人人身伤亡的请求权，适用《海商法》第 261 条规定的诉讼时效。但是伤害当时未曾发现，后经检查确诊并能证明其所受伤害是由船舶碰撞侵害引起的，时效期间从伤害确诊之日起算。"该条针对船舶碰撞导致的潜在型人身损害确定了不同的诉讼时效期间起算点，即伤害确诊之日，目的是为更好地保护第三人的人身权益。但是，上述文件的性质不属于司法解释，况且即使是司法解释也无法修改法律的规定。

司法实践

船舶碰撞的诉讼时效

上海市高级人民法院在中华联合财产保险股份有限公司江苏分公司与吴某荣等船舶碰撞损害责任纠纷案中认为：

关于诉讼时效。本院认为，根据《中华人民共和国海商法》的规定，有关船舶碰撞的请求权，时效期间为二年，自碰撞事故发生之日起计算。涉案事故发生于 2015 年 5 月 8 日，吴某某、魏某某已于 2017 年 4 月 10 日向一审法院提交起诉材料，并未超过二年的诉讼时效。同时，根据中联财保出具的担保函记载，保证期限自担保函开出之日起生效，有效期至生效法律文书规定履行期限最后一日。故担保函约定的保证期限尚未届满，吴某某依据担保函向中联财保提起的起诉也并未超过诉讼时效。本院对中联财保关于吴某某的起诉已经超过诉讼时效的上诉理由不予支持。[①]

广州海事法院在桂平市江口第一水运公司、吴某汉与唐山海港茂韵海运有限公司、姚某旺、俞某珠船舶碰撞损害责任纠纷案中认为：

三被告抗辩称两原告的起诉已超过诉讼时效。根据《中华人民共和国海商法》第二百六十一条“有关船舶碰撞的请求权，时效期间为二年，自碰撞事故发生之日起计算”的规定，涉案碰撞事故发生在2016年4月28日，两原告在本案中提交起诉状的日期为2019年5月27日，确已超过上述法律规定的二年诉讼时效。

两原告认为其就涉案事故损失向本案三被告提起过反诉，构成诉讼时效中断。但是，两原告的反诉因未按期缴纳诉讼费，被本院裁定按撤回起诉处理。《中华人民共和国海商法》第二百六十七条规定：“时效因请求人提起诉讼、提交仲裁或者被请求人同意履行义务而中断。但是，请求人撤回起诉、撤回仲裁或者起诉被裁定驳回的，时效不中断”。两原告因未按期缴纳诉讼费而按撤诉处理，与撤回起诉的法律效果相同，因此不引起时效的中断。三被告关于两原告涉案船舶碰撞的请求权超过法律规定的诉讼时效的抗辩有理，两原告因此丧失其胜诉权，诉讼请求不能予以支持。[②]

二是船舶碰撞涉及的追偿请求权。《海商法》第169条第3款规定：“互有过失的船舶，对造成的第三人的人身伤亡，负连带赔偿责任。一船连带支付的赔偿超过本条第一款规定的比例的，有权向其他有过失的船舶追偿。”此种追偿请求权的诉讼时效期间为一年而非二年，起算点为当事人连带支付损害赔偿之日。根据中国裁判文书网的检索结果，我国对此尚无司法实践案例。

本条主要参考了《1910年统一船舶碰撞若干法律规定的国际公约》，其中第7条规定：

> 损害赔偿的起诉权时效两年，自事故发生之日起算。
>
> 为行使第四条第3款所准许的取得摊款的权利而提起的诉讼，须自付款之日起一年内提出。

---

① 上海海事法院民事判决书，(2019)沪72民初1292号；上海市高级人民法院民事判决书，(2021)沪民终40号。

② 广州海事法院民事判决书，(2019)粤72民初1616号。

上述时效期限得以中止或中断的理由，由审理该案法院所引用的法律决定。

各缔约国有权以本国立法规定：如在上述时效期限内未能在原告住所或主要营业地所在国家领海内扣留被告船舶，便应延长上述时效期限。

（3）海难救助

《海商法》第 262 条规定：

有关海难救助的请求权，时效期间为二年，自救助作业终止之日起计算。

本条规定海难救助的诉讼时效期间为二年，起算点为救助作业终止之日。根据中国裁判文书网的检索结果，我国对此尚无司法实践案例。

本条适用的请求权最为常见的应是海难救助报酬请求权和特别补偿请求权，此外还包括被救助方对于救助方的损害赔偿请求权等各类关于海难救助的请求权。[①]起算点中的救助作业终止，通常是指遇难财产的全部或部分，经救助已经脱离危险状况，例如被送至安全港口或地点。[②]

本条主要参考了《1989 年国际救助公约》，其中第 23 条规定：

1. 如在两年内没有提起诉讼或仲裁，本公约规定的有关支付款项的任何诉讼，便丧失时效。时效期限从救助作业结束之日起算。

2. 被索赔人可在时效期限内的任何时间，通过向索赔人提出声明，延长时效期限。该期限可以同样方式进一步延长。

3. 如果诉讼是在起诉地国的法律允许的时间内提起，即使上述两款规定的时效期限已届满，负有责任的人仍可提起要求补偿的诉讼。

理论探讨

特别补偿追偿请求权的诉讼时效

特别补偿是指对于存在环境污染损害危险的船舶或船上货物进行救助时有权获得的补偿。《海商法》第 182 条规定了特别补偿，其中第 6 款规定："本条规定不影响船舶所有人对其他被救助方的追偿权。"特别补偿支付的义务主体是船舶所有人。如果环境污染损害威胁

① 参见司玉琢、张永坚、蒋跃川编著：《中国海商法注释》，北京大学出版社 2019 年版，第 410 页。
② 参见司玉琢主编：《中华人民共和国海商法问答》，人民交通出版社 1993 年版，第 261 页。

来自船载货物，且船舶所有人对此不存在过错，船舶所有人在向救助方支付特别补偿后，有权向对应的货方进行追偿。关于此种追偿请求的诉讼时效，《中国海商法注释》一书在解释《海商法》第 263 条时认为：

> 本法第 182 条第 6 款规定了船舶所有人就特别补偿向其他被救助方的追偿权。对于这项追偿请求权的时效及其起算点，显然并不能适用本条的规定。[①]

上述观点并无充分依据。特别补偿属于救助款项的具体类型，关于特别补偿的追偿请求权也应属于《海商法》第 262 条规定的“有关海难救助的请求权”，同样适用本条规定的诉讼时效期间和起算点，《1989 年国际救助公约》第 23 条对此也未作区分。

（三）三年诉讼时效期间和起算点

《海商法》规定的三年诉讼时效仅有船舶油污损害的诉讼时效，而且现行《海商法》未规定船舶油污损害赔偿法律制度，仅在“时效”一章规定了对应的诉讼时效。《海商法》第 265 条规定：

> 有关船舶发生油污损害的请求权，时效期间为三年，自损害发生之日起计算；但是，在任何情况下时效期间不得超过从造成损害的事故发生之日起六年。

本条规定船舶油污损害的诉讼时效期间为三年，起算点为损害发生之日，但最长不得超过造成损害的事故发生之日起六年。“在任何情况下”表明此处六年时效期间不受中止、中断及延长等因素的影响。根据中国裁判文书网的检索结果，我国对此尚无司法实践案例。

针对船舶油污损害规定更长的诉讼时效期间，主要是为充分保护船舶油污受害人的合法权益，原因在于船舶油污损害的范围确定等事项通常需要较长的时间，而且船舶油污造成的损害可能需要一定时间才会显现。[②]

本条主要参考了《1969 年国际油污损害民事责任公约》，其中第 8 条规定：

> 如果不在损害发生之日起三年内提出诉讼，按本公约要求赔偿的权利即告失效。但是无论如何不得在引起损害的事件发生之日起六年之后提出诉讼，如该事件包括一系列事故，六年的期限应自第一个事故发生之日起算。

---

① 司玉琢、张永坚、蒋跃川编著：《中国海商法注释》，北京大学出版社 2019 年版，第 410 页。

② 参见交通部政策法规司、交通法律事务中心编：《中华人民共和国海商法条文释义》，人民交通出版社 1993 年版，第 230 页。

其中关于船舶油污事件包含多个事故时六年期限的起算，即自首个事故发生之日开始计算，也应适用于《海商法》第265条的解释。

三、司法解释规定的海事诉讼时效期间与起算点

（一）海上货物运输合同承运人向货方索赔

《海商法》第257条第1款仅规定了就海上货物运输向承运人要求赔偿的诉讼时效，而未规定承运人向货方索赔的诉讼时效，本意是考虑到承运人向货方提出的索赔请求较少受到海上特殊风险的影响，特别是证据不易保存等问题尚不突出，可以适用一般民事法律规定的普通诉讼时效。

1997年8月5日，最高人民法院公布了《关于承运人就海上货物运输向托运人、收货人或提单持有人要求赔偿的请求权时效期间的批复》，[①] 其中规定：

> 承运人就海上货物运输向托运人、收货人或提单持有人要求赔偿的请求权，在有关法律未予以规定前，比照适用《中华人民共和国海商法》第二百五十七条第一款的规定，时效期间为一年，自权利人知道或者应当知道权利被侵害之日起计算。

根据上述规定，海上货物运输合同的承运人向托运人、收货人或提单持有人要求赔偿的诉讼时效，比照适用《海商法》第257条第1款的规定，时效期间同为一年，但起算点则是权利人知道或者应当知道权利被侵害之日。由于至今法律仍未对此作出规定，故而上述批复目前依然有效。同时，最高人民法院民事审判第四庭《涉外商事海事审判实务问题解答（一）》第169条认为：

> 依照最高人民法院法释（1997）3号文的规定，承运人就海上货物运输向托运人、收货人或者提单持有人要求赔偿的请求权，比照《海商法》的规定，时效期间为一年。在该司法解释生效（1997年8月7日）之前，承运人向托运人、收货人或者提单持有人要求赔偿（包括索取运费）的时效期间应当适用民法通则的有关规定。

此时产生的问题是上述批复与《海商法》第257条第1款第2句规定的90日追偿时效的关系，即如果收货人、提单持有人是海上货物运输合同的第三人，后者规定的追偿也可能是承运人向托运人、收货人或者提单持有人追偿，二者的适用对象似乎存在重合。最高人民

---

① 参见法释（1997）03号。

法院针对上述批复的解读认为：

> 这里的“被认定为负责任的人”为承运人，“第三人”应当包括托运人、收货人和提单持有人。因此，如果承运人就海上货物运输向他人承担赔偿责任后，依法可以向托运人、收货人和提单持有人追偿时，他能否援引本批复的规定，主张较长的诉讼时效期间，值得研究。①

我国司法实践对此尚未形成统一而稳定的观点。以株式会社商船三井与南京海桥实业有限公司、江苏远洋新世纪货运代理有限公司、攀港有限公司、南京海浦车辆配件制造有限公司海上货物运输合同纠纷案为例，一审法院武汉海事法院认为应当适用一年诉讼时效期间及起算点：

> 关于三井会社起诉本案是否超过诉讼时效问题。各方当事人争议的核心是对《海商法》第二百五十七条关于海上货物运输合同当事人索赔权诉讼时效规定的理解问题。首先，从法条的主旨来看，《海商法》第二百五十七条第一款及《批复》主要规定海上货物运输关系中当事人相互索赔权的诉讼时效问题，三井会社选择合同之诉维护自身权利系对其诉权的处分，本案为海上货物运输合同纠纷，应当依据上述法律条款的规定处理本案诉讼时效问题。其次，从上述法条的逻辑结构来看，《海商法》第二百五十七条第一款规定：“就海上货物运输向承运人要求赔偿的请求权，时效期间为一年，自承运人交付或者应当交付货物之日起计算；在时效期间内或者时效期间届满后，被认定为负有责任的人向第三人提出追偿请求的，时效期间为九十日，自追偿请求人解决原赔偿请求之日起或者收到受理对其本人提起诉讼的法院的起诉状副本之日起计算。”该条文分别规定了就海上货物运输向承运人要求赔偿的时效、被认定为负有责任的人向第三人提出追偿请求的时效，同时《批复》补充规定了承运人就海上货物运输向托运人、收货人或提单持有人要求赔偿的请求权时效期间为一年，自权利人知道或者应当知道权利被侵害之日起计算。以上条文对时效的不同规定分别适用于不同情形，90 天追偿时效应当仅适用于“被认定为负有责任的人向第三人提出追偿请求”的情形。最后，从法律条文的含义来看，既然上述条文同时规定了承运人向托运人、收货人或提单持有人要求赔偿以及被认定

① 汪治平：《解读〈关于承运人就海上货物运输向托运人、收货人或提单持有人要求赔偿的请求权时效期间的批复〉》，载人民法院出版社编：《司法解释理解与适用全集·涉外商事海事卷》，人民法院出版社 2019 年版，第 310–311 页。

为负有责任的人（包括承运人）向第三人提出追偿请求的情形，则说明此处“第三人”应当不包括托运人、收货人或提单持有人，而是与被认定为负有责任的人（包括承运人）存在其他法律关系（如代理关系、货物保管、集装箱供应等）的与海上运输合同无直接关系的第三人。本案三井会社选择以合同之诉行使自身诉权，只能对涉案海上货物运输合同的相对人行使索赔权，不应适用该 90 天追偿时效的规定，而应按照《批复》的规定适用一年诉讼时效的规定。三井会社于 2008 年第一次就涉案事故向一审法院提起侵权之诉时（因办理公证手续耗时长，一审法院实际于 2009 年 1 月 8 日立案），并未超过诉讼时效，但其在 2012 年 11 月 6 日申请撤回起诉，一审法院以（2009）武海法事字第 20 号民事裁定准予其撤诉。根据《海商法》第二百六十七条第一款的规定“时效因请求人提起诉讼、提交仲裁或者被请求人同意履行义务而中断。但是，请求人撤回起诉、撤回仲裁或者起诉被裁定驳回的，时效不中断。”三井会社再次于 2015 年 11 月 5 日向一审法院起诉，距离其知晓权利被侵害之日已经超过八年，其又未举证证明存在其他时效中断或者终止的事由，故其起诉显然已经超过诉讼时效，据此，三井会社在本案中已丧失了胜诉权。①

二审法院湖北省高级人民法院的观点相同：

关于三井会社提起本案诉讼是否超过诉讼时效的问题。本案中，三井会社作为承运人，选择依据案涉海上货物运输合同向托运人主张违约责任，而非向合同以外的第三人提起追偿请求，因此，本案诉讼时效不适用《海商法》第二百五十七条第一款关于“被认定为负有责任的人向第三人提起追偿请求的，时效期间为九十日”的规定，而应适用《批复》关于承运人就海上货物运输向托运人要求赔偿的请求权的时效期间为一年的规定，该一年期间自权利人知道或应当知道权利被侵害之日起计算。一审查明，“GRANDVIEW”轮船长在海事声明中称，2007 年 11 月 24 日 15 时得知船舶受损；案涉事故发生后，为查明事故原因及损失情况，三井会社委托英佩公司出具检验报告。据三井会社一审提交的证据显示，英佩公司最早于 2007 年 11 月 26 日便出具了检验报告。由此可知，三井会社在案涉事故发生后至英佩公司出具第一份报告前即知晓船舶受损，其权利受到侵害。诉讼时效因此开始起算。尽管三井会社 2008 年 1 月曾向一审法院就案涉事故提起诉讼，要求海桥公司、远洋公司、攀港公司赔偿损失，但其 2012 年 11 月 6 日申请撤回起诉，根据《海商

① 武汉海事法院民事判决书，（2015）武海法商字第 01919 号。

法》第二百六十七条第一款关于时效因请求人提起诉讼而中断，但请求人撤回起诉的，时效不中断的规定，一年时效期间不发生中断，连续计算。因此，三井会社于2015年11月提起本案诉讼，已超过一年时效期间，一审对此认定正确，三井会社关于本案可适用90天追偿时效，即使适用一年时效亦应从其确切知道损害数额开始计算的上诉理由不能成立。①

但是，最高人民法院却认为应当适用90日追偿时效：

海商法第二百五十七条第一款规定："就海上货物运输向承运人要求赔偿的请求权，时效期间为一年，自承运人交付或者应当交付货物之日起计算；在时效期间内或者时效期间届满后，被认定为负有责任的人向第三人提起追偿请求的，时效期间为九十日，自追偿请求人解决原赔偿请求之日起或者收到受理对其本人提起诉讼的法院的起诉状副本之日起计算。"该条规定的追偿时效，旨在公平保护追偿请求人的权利，避免发生追偿请求人在承担了对原赔偿请求权人的赔偿责任后，因时效届满而无法向负有责任的第三人追偿的情况。三井会社承租了总统轮船公司的"GrandView"轮承运涉案锻圆钢材。因锻圆钢材跌落导致船舶受损，三井会社作为负有责任的人向总统轮船公司承担赔偿责任后，向其认为在海上货物运输中负有责任的托运人提起赔偿请求，符合海商法规定的适用追偿时效的情形。依据海商法第二百五十七条第一款的规定，追偿时效自追偿请求人解决原赔偿请求之日起或者收到受理对其本人提起诉讼的法院的起诉状副本之日起计算，时效期间为九十日。②

此外，我国海事司法实践对于集装箱超期使用费请求权，也适用上述批复规定的一年诉讼时效期间和起算点，即同样以权利人知道或者应当知道权利被侵害之日为起算点，主要理由在于集装箱超期使用费发生在海上货物运输合同履行期间，集装箱超期使用费纠纷属于海上货物运输合同纠纷，③且是承运人向货方的索赔，符合上述批复的规定。例如，广州海事法院在中远海运集装箱运输有限公司与厦门嘉联恒进出口有限公司海上、通海水域货物运输合同纠纷案中认为：

关于中远集装箱公司的起诉是否超过诉讼时效。嘉联恒公司向中远集装箱公司

① 湖北省高级人民法院民事判决书，（2018）鄂民终1378号。

② 最高人民法院民事裁定书，（2020）最高法民再173号。

③ 参见王淑梅主编：《海上货物运输合同纠纷案件裁判规则》，法律出版社2021年版，第338页。

的代理公司订舱出运涉案货物，中远集装箱公司授权其代理公司向嘉联恒公司签发了以自己为抬头单位的正本提单，中远集装箱公司使用船舶将嘉联恒公司委托承运的货物自深圳盐田港运输至巴西桑托斯港，中远集装箱公司和嘉联恒公司之间成立海上货物运输合同关系，中远集装箱公司为承运人，嘉联恒公司为托运人，双方均应当按照合同约定和法律规定行使权利和履行义务。中远集装箱公司提供集装箱装载货物并将涉案货物安全运抵目的港，已经履行了承运人的义务。嘉联恒公司指定的收货人 MERIDIAN 公司负有及时提取货物并向承运人返还集装箱的义务。但涉案货物运抵目的港后，因 MERIDIAN 公司未提取货物，导致本案 CBHU8951435 号集装箱被长期占用而无法投入正常周转。中远集装箱公司有权根据海上货物运输合同关系就迟延履行归还集装箱给该公司造成的损失向托运人嘉联恒公司索赔。根据《最高人民法院关于承运人就海上货物运输向托运人、收货人或提单持有人要求赔偿的请求权时效期间的批复》的规定，本案的诉讼时效期间为一年，自权利人知道或者应当知道权利被侵害之日起计算。故本案中远集装箱公司要求嘉联恒公司赔偿集装箱超期使用费的请求权，应从中远集装箱公司知道或者应当知道其权利被侵害之日起算诉讼时效。[①]

至于集装箱超期使用费请求权的诉讼时效期间起算点，即此时权利人知道或者应当知道权利被侵害之日的具体理解，2021 年《全国法院涉外商事海事审判工作座谈会会议纪要》第 66 条将其解释为集装箱免费使用期届满次日：

【请求集装箱超期使用费的诉讼时效】承运人在履行海上货物运输合同过程中将集装箱作为运输工具提供给货方使用的，应当根据海上货物运输合同法律关系确定诉讼时效；承运人请求集装箱超期使用费的诉讼时效期间为一年，自集装箱免费使用期届满次日起开始计算。

（二）无单放货

根据《海商法》第 71 条第 1 句对于提单的定义，[②] 提单的功能之一是作为承运人保证据以交付货物的凭证，即承运人应在卸货港将货物交付给凭提单有权提取货物的人。《海商法》第 71 条第 2 句规定："提单中载明的向记名人交付货物，或者按照指示人的指示交付货物，

① 广州海事法院民事判决书，（2016）粤 72 民初 953 号。

② 参见《海商法》第 71 条第 1 句规定："提单，是指用以证明海上货物运输合同和货物已经由承运人接收或者装船，以及承运人保证据以交付货物的单证。"

或者向提单持有人交付货物的条款，构成承运人据以交付货物的保证。”如果承运人未凭正本提单交付货物，即构成通常所称的无单放货。

关于无单放货的诉讼时效，《最高人民法院关于审理无正本提单交付货物案件适用法律若干问题的规定》第14条规定：

> 正本提单持有人以承运人无正本提单交付货物为由提起的诉讼，适用海商法第二百五十七条的规定，时效期间为一年，自承运人应当交付货物之日起计算。
>
> 正本提单持有人以承运人与无正本提单提取货物的人共同实施无正本提单交付货物行为为由提起的侵权诉讼，诉讼时效适用本条前款规定。

第15条规定：

> 正本提单持有人以承运人无正本提单交付货物为由提起的诉讼，时效中断适用海商法第二百六十七条的规定。
>
> 正本提单持有人以承运人与无正本提单提取货物的人共同实施无正本提单交付货物行为为由提起的侵权诉讼，时效中断适用本条前款规定。

根据上述规定，正本提单持有人以无单放货为由向承运人单独索赔，或者向承运人和无正本提单提取货物的人共同索赔，此时请求权的诉讼时效适用《海商法》第257条第1款关于海上货物运输合同诉讼时效的规定，即基于无单放货的索赔同样属于就海上货物运输向承运人要求赔偿的情形。此时诉讼时效期间为一年，起算点为承运人应当交付货物之日，而不包括交付货物之日。原因在于无单放货的场合承运人虽已交付货物，但交付的对象不是正本提单持有人，即对于正本提单持有人而言仍属于未实际交付货物，仅能适用推定的应当交付之日。至于承运人应当交付货物之日的具体理解，2021年《全国法院涉外商事海事审判工作座谈会会议纪要》第64条将其进一步解释为货物运抵目的港并具备交付条件的合理日期：

> 【无单放货诉讼时效的起算点】根据《最高人民法院关于审理无正本提单交付货物案件适用法律若干问题的规定》第十四条第一款的规定，正本提单持有人以无单放货为由向承运人提起的诉讼，时效期间为一年，从承运人应当向提单持有人交付之日起计算，即从该航次将货物运抵目的港并具备交付条件的合理日期起算。

司法实践

无单放货的诉讼时效

上海市高级人民法院在安徽兴永锦针织有限公司与上海翔应国际物流有限公司海上货物运输合同纠纷案中认为：

一审法院认为，依据海商法第二百五十七条的规定，就海上货物运输向承运人要求赔偿的请求权，时效期间为一年，自承运人交付或者应当交付货物之日起算。依据无单放货司法解释第十四条的规定，正本提单持有人以承运人无正本提单交付货物为由提起的诉讼，时效期间为一年，自承运人应当交付货物之日起计算。在案有效证据显示，涉案货物同提单编号为OOLU260XXXX120项下的货物共同装载于编号为OOCUXXXX530的涉案集装箱内拼箱出运，该集装箱货物于2018年9月2日抵达目的港，2018年9月5日整箱被提取，翔应公司的目的港代理于2018年9月6日整箱交付至收货人，2018年9月10日集装箱空箱返回。一审庭审中，兴永锦公司认为法律规定的“应当交付货物之日”是指货物具备交付条件，收货人提货条件已成就。一审法院对此亦有相同的理解，即承运人在正常航次中，将货物运抵目的港具备交付条件，权利人可以提取货物的合理日期。而对“合理日期”的判断应根据案件的具体情况进行识别与判定。本案中，首先，从承运人整箱货物交付的视角出发，承运人系无船承运人，因两份拼箱货物交付同一收货人，其需向实际承运的船公司提取整箱货物（2018年9月5日）后即具交付条件，因此自兴永锦公司2019年12月6日向一审法院提起诉讼起算，已超过法律规定一年的时效期间。其次，从托运人拼箱货的视角出发，作为实际托运人的兴永锦公司并不知晓涉案货物与他人拼箱后最终交付同一收货人，货抵目的港承运人整箱提货后，需运输至自己控制的场域进行拆箱分拨，货物才具有交付的条件，因此以集装箱空箱返回的时间2018年9月10日进行判定，诉讼时效期间亦超过一年。最后，若按实际交付之日2018年9月6日进行判定，诉讼时效期间也超过一年。

……

关于兴永锦公司的起诉是否超过诉讼时效的问题。根据我国海商法的有关规定，就海上货物运输向承运人要求赔偿的请求权，时效期间为一年，自承运人交付或者应当交付货物之日起算。根据无单放货司法解释有关规定，正本提单持有人以承运人无正本提单交付货物为由提起的诉讼，时效期间为一年，自承运人应当交付货物之日起计算。本案中，无论是以整箱提取之日（2018年9月5日）、整箱交付之日（2018年9月6日）还是集装箱空箱返还之日（2018年9月10日）起计算，至兴永锦公司起诉之日（2019年12月6日）均已超过一年的诉讼时效期间。此外，无论双方当事人邮件沟通内容及兴永锦公司工作人员曾两次前往翔应公司处就货物已被放行进行交涉等情况，均说明其对自身权利已受损害业已知晓而未及时起诉，故本案不存在诉讼时效中止、中断等情形，亦不符合我国法律规定的可以延长诉讼时效的特殊情况。因此，一审法院认定兴永锦公司的起诉已超过诉讼时效并无不当。①

辽宁省高级人民法院在东港市盛润食品有限公司与大连中远海运集装箱运输有限公司海上、通海水域货物运输合同纠纷案中认为：

依据《中华人民共和国海商法》第二百五十七条第一款的规定，就海上货物运输向承运人要求赔偿的请求权，时效期间为一年，自承运人交付或者应当交付货物之日起计算。依据《最高人民法院〈关于审理无正本提单交付货物案件适用法律若干问题的规定〉》第十四条第一款的规定，正本提单持有人以承运人无正本提单交付货物为由提起的诉讼，适用海商法第二百五十七条的规定，时效期间为一年，自承运人应当交付货物之日起计算。原案中，承运船舶于2018年2月18日到达科托努。2018年2月18日，COSU6165588490、COSU6165588500号提单项下的货物开始卸船，2018年2月19日，COSU6165588520号提单项下的货物开始卸船。承运人应当在案涉货物卸船后的合理期间内交付货物，参照案涉集装箱在卸货港的免费使用期为5天，原审法院将承运人交付货物的合理期限裁量为卸船后5天。原案时效应当从2018年2月23日、2018年2月24日开始计算。盛润公司未能举证证明原案存在诉讼时效中止、中断的情形，其于2019年4月22日向原审法院提起诉讼，已经超过一年的诉讼时效。对盛润公司的诉讼请求，不予支持。因盛润公司的诉讼请求已过诉讼时效，对其他实体问题，不予审理。②

浙江省高级人民法院在宁波美航物流有限公司、百斯特欧神环球物流公司与绍兴兆丰纺织品有限公司、东方海外货柜航运（中国）有限公司海上货物运输合同纠纷案中认为：

美航公司上诉认为，本案应依据《最高人民法院关于审理无正本提单交付货物案件适用法律若干问题的规定》适用一年诉讼时效，一审法院在认定百斯特公司适用一年时效前提下，却以美航公司系订舱代理与兆丰公司成立海上货运代理合同关系为由错误认定适用两年时效。百斯特公司上诉认为，一审法院适用《最高人民法院关于审理民事案件适用诉讼时效制度若干问题的规定》认定时效中断不当。

本院认为，《中华人民共和国海商法》第二百五十七条规定“就海上货物运输向承运人要求赔偿的请求权，时效期间为一年，自承运人交付或者应当交付货物之日起计算”，《最

① 上海海事法院民事判决书，(2020)沪72民初93号；上海市高级人民法院民事判决书，(2020)沪民终669号。
② 大连海事法院民事判决书，(2019)辽72民初542号；辽宁省高级人民法院民事判决书，(2020)辽民终109号。

高人民法院关于审理无正本提单交付货物案件适用法律若干问题的规定》第十四条规定“正本提单持有人以承运人无正本提单交付货物为由提起的诉讼，适用海商法第二百五十七条的规定，时效期间为一年，自承运人应当交付货物之日起计算。正本提单持有人以承运人与无正本提单提取货物的人共同实施无正本提单交付货物行为为由提起的侵权诉讼，诉讼时效适用本条前款规定。”故正本提单持有人向承运人就其无单放货行为提起的赔偿请求，无论基于合同法律关系还是侵权法律关系，均规定适用一年诉讼时效。但法律或司法解释并未规定正本提单持有人向货代企业提起无单放货赔偿请求也适用一年诉讼时效。因此，一审判决认为兆丰公司向美航公司主张权利时效为两年正确，应予维持。美航公司上诉要求对其适用一年诉讼时效期间的规定，于法无据，本院不予支持。涉案两个集装箱分别于 2014 年 2 月 22 日到达目的港，同年 3 月 14 日、27 日空箱流转，故兆丰公司主张权利的时效从 2014 年 3 月 27 日起计算，其于 2015 年 5 月 19 日向美航公司提起诉讼并未超过诉讼时效期间。

《最高人民法院关于审理民事案件适用诉讼时效制度若干问题的规定》第十六条规定“义务人作出分期履行、部分履行、提供担保、请求延期履行、制定清偿债务计划等承诺或者行为的，应当认定为民法通则第一百四十条规定的当事人一方同意履行义务”。本案中，百斯特公司收到索赔通知后于 2014 年 6 月 12 日与兆丰公司签订协议及权利转让书。一审判决参照上述司法解释认为该行为应视为“同意履行义务”的行为，亦无不妥。《中华人民共和国海商法》第二百六十七条规定“时效因请求人提起诉讼、提交仲裁或者被请求人同意履行义务而中断。”故本案的时效自该日起重新计算，兆丰公司于 2015 年 5 月 19 日向百斯特公司提起诉讼未超过一年诉讼时效期间。①

（三）国内水路货物运输合同

国内水路货物运输合同本是海上货物运输合同的具体类型。但是,《海商法》第 2 条第 2 款规定：“本法第四章海上货物运输合同的规定，不适用于中华人民共和国港口之间的海上货物运输。”因此,《海商法》第四章关于海上货物运输合同的规定，不适用于国内水路货物运输合同。国内水路货物运输合同即指装货港、卸货港、挂靠港以及运输途经水域均位于我国境内的货物运输合同，包括国内海上货物运输合同和内陆水域货物运输合同两种具体类型。但是,《海商法》第 257 条第 1 款规定的海上货物运输合同的诉讼时效规定于

① 宁波海事法院民事判决书，（2015）甬海法商初字第 527 号；浙江省高级人民法院民事判决书，（2017）浙民终 331 号。

第十三章“时效”，而非第四章“海上货物运输合同”，导致能否适用于国内水路货物运输合同存在争议。

2001 年 5 月 24 日，最高人民法院公布了《关于如何确定沿海、内河货物运输赔偿请求权时效期间问题的批复》，[①] 其中规定：

> 根据《中华人民共和国海商法》第二百五十七条第一款规定的精神，结合审判实践，托运人、收货人就沿海、内河货物运输合同向承运人要求赔偿的请求权，或者承运人就沿海、内河货物运输向托运人、收货人要求赔偿的请求权，时效期间为一年，自承运人交付或者应当交付货物之日起计算。

根据上述规定，国内水路货物运输合同的诉讼时效实际也参照适用《海商法》第 257 条第 1 款的规定。此时诉讼时效期间为一年，起算点为承运人交付或者应当交付货物之日。而且，此处国内水路货物运输合同的请求权，既包括托运人、收货人等货方向承运人索赔，也包括承运人向托运人、收货人等货方索赔。

此前 1986 年国务院批准、原交通部发布的《水路货物运输合同实施细则》第 31 条规定国内水路货物运输合同的诉讼时效期间为 180 日：“承运人与托运人或收货人彼此之间要求赔偿的时效，从货运记录交给托运人或收货人的次日起算不超过 180 日。赔偿要求应以书面形式提出，对方应在收到书面赔偿要求的次日起 60 日内处理。承、托运双方相互索取各项违约金、滞纳金、速遣奖金或滞期费的时效，按有关规定办理。”1995 年原交通部《水路货物运输规则》第 90 条延续了该规定。[②] 但是，《水路货物运输合同实施细则》是根据《经济合同法》制定，1999 年《合同法》生效后，2001 年实施的《国内水路货物运输规则》未有关于诉讼时效的规定。导致的结果是当时司法实践中关于国内水路货物运输合同的诉讼时效存在三种情形：一是仍然参照《水路货物运输合同实施细则》的规定将时效期间确定为 180 日；二是参照《海商法》第 257 条第 1 款的规定将时效期间确定为一年；三是依据《民法通则》的规定将时效期间确定为二年。

根据最高人民法院针对上述司法解释的解读，将沿海、内河货物运输合同纠纷的诉讼时效期间规定为一年，主要是基于以下考虑：

---

① 参见法释〔2001〕18 号。

② 参见 1995 年《水路货物运输规则》第 90 条第 1 款规定：“托运人、作业委托人向承运人和港口经营人要求货运事故赔偿时，应在收到货运记录的次日起的 180 天内提出索赔书（附表十六），超过时效再提出的索赔要求，不再受理。提出货运事故索赔书的同时，应随附货运记录、货运单证、货物损失清单、价格证明等文件。”

考虑到如果比照适用一年的诉讼时效期间，既可以保护托运人或收货人行使诉权，又可以督促其及时行使权利，尽早解决纠纷。对承运人而言，一年的诉讼时效期间在一定程度上可以减轻其责任，有利于国内航运业的发展。……

相比原先适用的180日的诉讼时效期间，一年期间更为合理些。有人认为既然沿海、内河运输也属于《合同法》所规定的运输合同的一种，可以直接适用《民法通则》规定的两年诉讼时效期间，但与原先适用的180日时效期间反差过大，而且相对大大加重了承运人的责任。……

国内水路货物运输与国际货物运输的诉讼时效统一，便于实践中的操作，也有利于中国加入世界贸易组织后，与国际规则的接轨。[①]

此后最高人民法院民事审判第四庭《涉外商事海事审判实务问题解答（一）》第167条也认为：

水路货物运输合同不适用《海商法》第四章关于海上货物运输合同的规定，但可适用该法其他章节的规定。当事人因水路货物运输合同纠纷提起的诉讼应当适用该法关于货物运输诉讼时效为一年的规定。

司法实践

国内水路货物运输合同的诉讼时效

最高人民法院在重庆轮船（集团）有限公司与江西吉祥船务有限公司海上、通海水域货物运输合同纠纷案中认为：

关于本案诉讼时效计算的问题。根据原判决查明的事实，重轮公司与吉祥公司签订的《已二酸海船运输合同》约定，吉祥公司将已二酸从上海港运至浙江瑞安飞云码头，从重轮公司船舶抵达中转港7天内转载至瑞安飞云码头。因案涉船舶系在舟山册子岛桃夭门水域倾覆沉没，故应根据《最高人民法院关于如何确定沿海、内河货物运输赔偿请求权时效期间问题的批复》确定本案诉讼时效。该批复规定："根据《中华人民共和国海商法》第二百五十七条第一款规定的精神，结合审判实践，托运人、收货人就沿海、内河货物运输合

① 汪治平：《解读〈关于承运人就海上货物运输向托运人、收货人或提单持有人要求赔偿的请求权时效期间的批复〉》，载人民法院出版社编：《司法解释理解与适用全集·涉外商事海事卷》，人民法院出版社2019年版，第306–307页。

同向承运人要求赔偿的请求权，或者承运人就沿海、内河货物运输向托运人、收货人要求赔偿的请求权，时效期间为一年，自承运人交付或者应当交付货物之日起计算。”本案中，案涉货物于2016年9月1日在上海中转港装货950吨，最迟应于9月8日交付。原判决认定本案诉讼时效应当自2016年9月8日起算至2017年9月7日，并无不当。重轮公司主张本案诉讼时效应自2017年12月29日重轮公司与保险公司达成调解协议取得货权之日起算，无法律依据，本院不予支持。退一步讲，即使参照《中华人民共和国海商法》第二百五十七条第一款有关“……在时效期间内或者时效期间届满后，被认定为负有责任的人向第三人提起追偿请求的，时效期间为九十日，自追偿请求人解决原赔偿请求之日起或者收到受理对其本人提起诉讼的法院的起诉状副本之日起计算”的规定，重轮公司向吉祥公司追偿的时效期间为九十日，从2017年12月29日重轮公司与保险公司达成调解协议之日起计算，重轮公司于2018年8月13日提起本案诉讼，亦超出诉讼时效期间。

关于本案诉讼时效是否存在中断的问题。重轮公司于2018年3月20日向宁波海事法院对舟欣公司、王某君提起侵权之诉，与本案并非同一法律关系，该侵权之诉对本案的诉讼时效不具有中断的效力。重轮公司有关本案诉讼时效中断的主张，本院不予支持。①

最高人民法院在中外运湖北有限责任公司与武汉中远海运集装箱运输有限公司海上、通海水域货物运输合同纠纷案中认为：

关于诉讼时效，本案双方当事人所争执的关键问题为诉讼时效的法律适用问题，即，确定本案诉讼时效期间应适用海商法还是民法通则或者民法总则，以及诉讼时效起算点应如何认定。

一审认为，本案既不适用海商法规定的九十天追偿时效，也不适用时效批复关于一年的诉讼时效，而应适用民法通则规定的二年普通诉讼时效，自武汉海事法院于2016年12月3日作出(2016)鄂72民初442号民事判决之日或者湖北高院于2017年6月5日作出(2017)鄂民终410号民事调解书之日，至2017年9月26日湖北外运提起诉讼，没有超过诉讼时效。二审认为，本案诉讼时效应适用海商法的特别规定，不适用民法通则关于诉讼时效的普通规定，根据海商法第二百五十七条规定，湖北外运追偿的时效期间为九十日，从湖北外运解决武汉人保的赔偿请求之日2017年6月1日起算，至2017年9月26日湖北外运提起诉讼，已经超过诉讼时效。本院认为，根据本案查明的事实，案涉货物经过武汉阳逻港至上海港的内河运输、上海港至深圳蛇口港的沿海运输再通过陆路运输的方式到达海口，当事人之

① 最高人民法院民事裁定书，(2020)最高法民申33号。

间为多式联运合同关系。负责陆路运输区段的新大陆公司运输案涉集装箱的拖车运输途中在海口当地与限高架曾经发生碰撞，导致货物一角洞穿集装箱地板。在发现货损后，民太安公估公司经查勘后认为：损失原因是车辆颠簸导致货物碰撞、挤压受损，但不排除水路运输、水路转运环节所造成的损失，事故属于保险责任。按常理分析，因发生车辆与限高架发生碰撞的事实，货损发生在海口境内陆路运输区段的可能性较大，但根据公估公司的结论，对于货损具体发生在哪个运输区段不能做出准确认定。对于货损发生的具体区段，当事人亦不能提供充分的证据予以证明。因此，根据本案现有证据，无法判断货损发生在多式联运的哪一个具体区段。合同法第三百二十一条规定："货物的毁损、灭失发生于多式联运的某一区段的，多式联运经营人的赔偿责任和责任限额，适用调整该区段运输方式的有关规定。货物毁损、灭失发生的运输区段不能确定的，依照本章规定承担损害赔偿责任。"海商法第二条第二款规定："本法所称海上运输，是指海上货物运输和海上旅客运输，包括海江之间、江海之间的直达运输。本法第四章海上货物运输合同的规定，不适用中华人民共和国港口之间的海上货物运输。"第二百五十七条第一款规定："就海上货物运输向承运人要求赔偿的请求权，时效期间为一年，自承运人交付或者应当交付货物之日起计算；在时效期间内或者时效期间届满后，被认定为负有责任的人向第三人提起追偿请求的，时效期间为九十日，自追偿请求人解决原赔偿请求之日起或者收到受理对其本人提起诉讼的法院的起诉状副本之日起计算。"时效批复规定，根据海商法第二百五十七条第一款规定的精神，结合审判实践，托运人、收货人就沿海、内河货物运输合同向承运人要求赔偿的请求权，时效期间为一年，自承运人交付或者应当交付货物之日起计算。而时效批复所调整的货物运输的范围仅包含沿海和内河两种货物运输方式，并未对涉及到陆运的多式联运货物运输方式赔偿请求权时效期间做出明确规定。本案是包括内河运输、沿海运输和陆路运输的多式联运，并非单纯的海上、水上运输，且货损具体发生在哪一个运输区段无法判断，因此在诉讼时效问题上不应直接适用海商法的相关规定，应适用民法通则普通诉讼时效规定。民法通则第一百三十五条规定："向人民法院请求保护民事权利的诉讼时效期间为二年，法律另有规定的除外。"本案系湖北外运向保险公司赔偿后，向武汉中远行使追偿权而提起的诉讼。湖北外运于2017年6月1日向武汉人保赔付12万元，应当视为湖北外运已知自身权利受到损害，其于2017年9月26日提起本案诉讼，并未超过民法通则规定的二年诉讼时效期间。《最高人民法院关于适用〈中华人民共和国民法总则〉诉讼时效制度若干问题的解释》第二条规定："民法总则施行之日，诉讼时效期间尚未满民法通则规定的两年或者一年，当事人主张适用民法总则关于三年诉讼时效期间规定的，人民法院应予支持。”湖北外运起诉时民法总则尚未施行，且其已经提起诉讼，故不应也无须适用民法总则关于三年诉讼时效的规定。

综上，关于本案诉讼时效法律适用问题，一审判决正确，二审判决存在错误，本院予以纠正。①

最高人民法院在中国扬子江轮船股份有限公司与上海富仓物流有限公司海上、通海水域货物运输合同纠纷案中认为：

本案系沿海货物运输合同纠纷，扬子江轮船向富仓物流要求支付运费的请求权，系扬子江轮船要求富仓物流赔偿因其不履行运费支付义务而致扬子江轮船遭受经济损失的请求权。一、二审判决认定扬子江轮船要求富仓物流支付运费的诉讼请求属于《最高人民法院关于如何确定沿海、内河货物运输赔偿请求权时效期间问题的批复》中承运人就沿海货物运输向托运人要求赔偿的请求范围，并无不当。根据该批复的规定，承运人就沿海、内河货物运输向托运人要求赔偿的请求权，时效期间为一年。扬子江轮船主张本案应当适用《中华人民共和国民法通则》第一百三十五条规定的二年诉讼时效，理据不足。

原审查明，富仓物流于2012年多次委托扬子江轮船运输货物，双方于2012年8月24日签订对账单，结算截至8月23日的欠付运费。富仓物流于2012年8月27日向扬子江轮船出具还款计划书，承诺分期支付运费，最后一期截至2012年9月底付清，扬子江轮船对该还款计划书签章确认。2012年8月28日，扬子江轮船承运的31个集装箱货物运抵南利。根据上述事实，扬子江轮船于2014年9月18日提起诉讼已超过一年时效期间。扬子江轮船于2013年10月22日向富仓物流发函催要运费亦已超过一年时效期间，并不构成诉讼时效中断。二审判决根据《最高人民法院关于如何确定沿海、内河货物运输赔偿请求权时效期间问题的批复》，认定扬子江轮船的诉讼请求已经超过一年的时效期间，并无不当。②

此外，由于航次租船合同在我国现行法律中属于海上货物运输合同的具体类型，一般认为国内水路货物运输合同也可以分为班轮运输合同和航次租船合同等类型。③ 此时沿海航次租船合同的诉讼时效，最高人民法院民事审判第四庭《涉外商事海事审判实务问题解答（一）》第171条认为：“《海商法》关于航次租船合同的请求权时效期间为二年的规定，适用于沿海航次租船合同。”因此，沿海航次租船合同虽是国内水路货物运输合同的具体类型，

① 最高人民法院民事判决书，（2018）最高法民再457号。
② 最高人民法院民事裁定书，（2017）最高法民申1029号。
③ 参见周明达主编：《水路运输法教程》，人民交通出版社2017年版，第56-57页。

但诉讼时效应当适用《海商法》第 257 条第 2 款关于航次租船合同诉讼时效的规定，而不是第 257 条第 1 款关于海上货物运输合同诉讼时效的规定。此时诉讼时效期间为二年，起算点为知道或者应当知道权利被侵害之日。

司法实践

沿海航次租船合同的诉讼时效

大连海事法院在中福睿（平潭）海运有限公司与中集多式联运发展有限公司、上海长阳物流有限公司航次租船合同纠纷案中认为：

就案涉货物的海上运输，中福睿公司与中集公司签订了《航次租船合同》，约定出租人中集公司向承租人中福睿公司提供船舶装运案涉货物，从一港运至另一港，由承租人中福睿公司支付运费，双方由此形成了航次租船合同关系，该合同系双方真实意思表示，不违反法律行政法规的强制性规定，真实有效，双方均应信守。案涉航次租船合同的起运港、目的港均为国内港口，该合同系沿海航次租船合同。虽然《中华人民共和国海商法》第二条第二款规定“本法第四章海上货物运输合同的规定，不适用于中华人民共和国港口之间的海上货物运输”，但其未排除其他章节规定适用于沿海货物运输合同。在审判实践中，《最高人民法院关于如何确定沿海、内河货物运输赔偿请求权时效期间问题的批复》（法释［2001］18号）中对于沿海货物运输合同诉讼时效期间根据《中华人民共和国海商法》第二百五十七条第一款规定的精神确定时效期间，《最高人民法院关于青岛口岸船务公司与青岛运通船务公司水路货物运输合同纠纷一案中赔偿请求权诉讼时效期间如何计算的请示的复函》［2002］民四他字第13号中确定沿海货物运输合同时效可适用《中华人民共和国海商法》第四章以外的其他章节的规定。基于审判实践中确立的沿海货运合同的诉讼时效期间适用《中华人民共和国海商法》第二百五十七条第一款的规定，本案沿海航次租船合同亦应适用《中华人民共和国海商法》第二百五十七条第二款“有关航次租船合同的请求权，时效期间为二年，自知道或者应当知道权利被侵害之日起计算。”规定，案涉航次租船合同项下的货损赔偿请求权时效期间为二年。双方均认可自货物发生货损之日即2018年12月3日起算诉讼时效，至本案起诉之日2020年10月10日尚未超过二年诉讼时效，故本院对中集公司提出的中福睿公司诉讼请求已过诉讼时效的主张不予支持。①

---

① 大连海事法院民事判决书，（2020）辽72民初1123号。

厦门海事法院在海南嘉鑫船务有限公司与钦州市阳光船务有限公司船舶租用合同纠纷案中认为：

关于本诉原告的起诉是否超过法定诉讼时效期间，涉案合同为沿海航次租船合同，《海商法》第二条仅规定该法第四章不适用于沿海货物运输，故该法第十三章对航次租船合同时效的规定应适用于沿海航次租船合同。本案应适用《海商法》有关租船合同请求权诉讼时效期间的规定。《运输合同》约定嘉鑫公司应于2018年3月1日合同到期解除后退还阳光公司10万元保证金。阳光公司于2020年3月26日提起本案诉讼，已超过法定2年的诉讼时效期间。关于反诉原告的起诉是否超过法定诉讼时效期间的问题。涉案运输合同期限自2017年3月1日起至2018年3月1日止，嘉鑫公司最迟应在2018年3月1日知道或应当知道权利被侵害，其于2020年4月23日提起反诉已超过法定的诉讼时效期间。[①]

（四）海上保险合同保险人的代位求偿权

《海商法》第252条第1款规定了保险人的代位求偿权："保险标的发生保险责任范围内的损失是由第三人造成的，被保险人向第三人要求赔偿的权利，自保险人支付赔偿之日起，相应转移给保险人。"代位求偿权建立在两项规则的基础之上：一是如果保险事故是由第三人造成，第三人不能以被保险人有权或者已经从保险人处获得赔偿为由，主张减轻或免除责任，因为第三人始终是事故的首要责任人；二是保险人不能以被保险人有权从第三人处获得赔偿，主张不承担保险赔偿责任。为了避免被保险人获得过度补偿，违反保险法的损失补偿原则，[②]即获得第三人和保险人的双重赔偿，此时需要赋予保险人在支付保险赔偿以后，向造成保险事故的第三人索赔的权利。

早先我国海事审判实践对于保险人的代位求偿权，一般适用保险人代位的对应请求权的诉讼时效期间，即至少从诉讼时效的角度，代位求偿权不是独立的请求权类型，而是保险人取得被保险人对于第三人享有的请求权的依据。例如，2008年最高人民法院民事审判第四庭《涉外商事海事审判实务问题解答（一）》第176条认为："海上货物运输保险合同的保险人依法取得代位请求权后，其与责任人之间仍为海上货物运输的法律关系，其行使代位请求赔偿权利的诉讼时效也依海上货物运输法律关系所适用的法律所确定。"此时保险人取得的是被保险人基于海上货物运输合同向第三人索赔的权利，应当适用海上货物运输合同的诉

① 厦门海事法院民事判决书，（2020）闽72民初193号。
② 参见郑睿：《海上保险：法律与实务》，上海浦江教育出版社2021年版，第441页。

讼时效期间和起算点。

2013年《最高人民法院关于适用〈中华人民共和国保险法〉若干问题的解释（二）》第16条第2款对此作出了不同规定："根据保险法第六十条第一款[①]的规定，保险人代位求偿权的诉讼时效期间应自其取得代位求偿权之日起算。"即规定代位求偿权的诉讼时效期间起算点为取得代位求偿权之日。此种结果可能对于海事诉讼时效制度产生负面影响，原因在于取得代位求偿权之日大多晚于保险人代位的请求权原先适用的诉讼时效期间起算点，导致诉讼时效期间由于更晚起算而实际得以延长，不仅一定程度上辜负了海事诉讼时效期间短期化的立法初衷，而且也会加重第三人作为义务人的时效负担。

最高人民法院针对上述问题指出：

> 如果适用保险法解释（二）第十六条第二款的规定，允许海上保险人在赔偿被保险人后开始计算向第三人的诉讼时效期间，将对海商法律制度及航运业发展产生消极影响。海商法第二百五十七条规定："就海上货物运输向承运人要求赔偿的请求权，时效期间为一年，自承运人交付或者应当交付货物之日起计算"。此条文规定的短期时效制度是海商法设立的特别法律制度之一，在国际上被广为接受。设立短期时效制度的根本原因在于，海上运输的流动性大，证据更容易灭失，如货方发现货损不及时提起诉讼，事发一段时间后承运人再去收集证据将颇为困难，因此，法律作出了倾向于保护承运人利益的短期时效规定。实践中，海上货物运输绝大多数都有保险，鉴于保险理赔或保险纠纷拖延等原因，保险人经常会在货物交付一年之后甚至更长时间才完成保险赔偿，如果采纳保险人取得保险代位求偿权之日诉讼时效期间才开始起算的观点，则必然允许保险人在货物交付一年之后再向承运人提起索赔诉讼。承运人一旦被诉，无论程序意义上的举证责任还是实体意义上的赔偿责任都将处于不利境地，海商法所设立的短期时效制度将形同虚设，这将严重背离基于海上风险特殊性设计该项制度的初衷。我国是海运大国，2013年海运业分别承担86%的国际贸易运输量和54%的国内贸易运输量。可以想象，如适用保险法解释（二）第十六条第二款的规定，我国航运企业在货损纠纷发生多年后仍将面临国内外货物保险人的索赔，从而失去海商法所提供的短期时效利益保护，而国外航运企业因外国法律之适用，依法可以享受短期时效的保护，以货物保险人超过诉讼

① 《保险法》第60条第1款规定："因第三者对保险标的的损害而造成保险事故的，保险人自向被保险人赔偿保险金之日起，在赔偿金额范围内代位行使被保险人对第三者请求赔偿的权利。"

时效为由拒绝赔偿。长此以往，这将加大我国航运企业的营运成本及负担，逐步丧失与国外航运企业的竞争优势，对我国航运业发展产生的负面影响是可以预见的。[①]

针对上述问题，2014 年《最高人民法院关于海上保险合同的保险人行使代位请求赔偿权利的诉讼时效期间起算日的批复》[②] 规定：

依照《中华人民共和国海商法》及《最高人民法院关于审理海上保险纠纷案件若干问题的规定》关于保险人行使代位请求赔偿权利的相关规定，结合海事审判实践，海上保险合同的保险人行使代位请求赔偿权利的诉讼时效期间起算日，应按照《中华人民共和国海商法》第十三章规定的相关请求权之诉讼时效起算时间确定。

根据上述规定，海上保险合同保险人的代位求偿权的诉讼时效期间起算点，应当根据代位取得的赔偿请求权的具体类型确定。例如，如果保险人取得的是基于海上货物运输合同向承运人要求赔偿的请求权，应当适用《海商法》第 257 条第 1 款的规定，起算点为承运人交付或者应当交付货物之日。至于诉讼时效期间，虽然上述司法解释仅规定了起算点，但我国司法实践的通常做法是将诉讼时效期间一并适用对应请求权的诉讼时效期间，例如基于海上货物运输合同向承运人要求赔偿的请求权的诉讼时效期间为一年。

司法实践

海上保险合同保险人代位求偿权的诉讼时效

广东省高级人民法院在法国达飞轮船有限公司与中国平安财产保险股份有限公司深圳分公司、达飞轮船（中国）有限公司深圳分公司海上货物运输合同纠纷案中认为：

根据《最高人民法院关于海上保险合同的保险人行使代位请求赔偿权利的诉讼时效期间起算日的批复》（法释［2014］89 号），海上保险合同的保险人行使代位请求赔偿权利的诉讼时效期间起算日，应按照《中华人民共和国海商法》第十三章规定的相关请求权之诉讼时效起算时间确定。根据《中华人民共和国海商法》第二百五十七条关于“就海上货物运输向承运人要求赔偿的请求权，时效期间为一年，自承运人交付或者应当交付货物之日起计算”的规定，平安财保深圳分公司代位托运人新会中集公司的身份向人民法院请求保护民事权利

① 傅晓强：《解读〈关于海上保险合同的保险人行使代位请求赔偿权利的诉讼时效期间起算日的批复〉》，载人民法院出版社编：《司法解释理解与适用全集·涉外商事海事卷》，人民法院出版社 2019 年版，第 301 页。
② 参见法释［2014］15 号。

的诉讼时效期间为一年，诉讼时效期间从承运人应当交付货物之日起计算。①

天津市高级人民法院在福建云联商船电子商务有限公司与中国人民财产保险股份有限公司天津市分公司海上、通海水域货物运输合同纠纷案中认为：

根据《最高人民法院关于如何确定沿海、内河货物运输赔偿请求权时效期间问题的批复》和《最高人民法院关于海上保险合同的保险人行使代位请求赔偿权利的诉讼时效期间起算日的批复》的规定，人保天津分公司就本案货损诉请云联公司承担赔偿责任的诉讼时效期间为一年，自交付或者应当交付货物之日起计算。涉案货物于 2018 年 2 月 5 日卸货完成交付，人保天津分公司于 2019 年 1 月 21 日向一审法院寄交立案材料，一审法院于 2019 年 1 月 23 日签收，因此，人保天津分公司的诉请并未超过诉讼时效。②

此外，一般认为上述批复的适用对象应当仅限于保险人代位行使《海商法》第十三章“时效”规定的请求权，以及基于司法解释参照适用该章规定的请求权。其他海事请求权由于《海商法》未设特别规定，也即不存在时效短期化等特殊考量，本应适用《民法典》关于诉讼时效的一般规定，此时保险人代位求偿权的诉讼时效也应适用保险法的一般规定，即《最高人民法院关于适用〈中华人民共和国保险法〉若干问题的解释（二）》第 16 条第 2 款。例如，最高人民法院的释义认为：

保险法解释（二）第十六条第二款已对保险人行使代位求偿权的诉讼时效起算日作出明确规定，如前述分析，《批复》系基于海商法律制度特殊性的考虑从而对海上保险代位求偿权的诉讼时效起算时间作出不同规定，故其适用范围仅限于特定的海事请求权。海商法第四章至第十二章分别就国际海上货物运输、旅客运输、租船运输、船舶碰撞、共同海损等各类特定法律关系进行调整，第十三章就上述海事请求权的诉讼时效分别作出了特别规定，故《批复》明确，适用于《批复》规定的海事请求权应限于第十三章规定的范围。若非基于此范围内的请求权引发的保险代位求偿权诉讼，即便属于海事法院专门管辖，因被保险人与第三人之间的法律关系并不适用海商法，而是适用《中华人民共和国合同法》《中华人民共和国侵权责任法》等一般规定，在此情形下，保险人的代位求偿权诉讼时效起算时间应适用保险法解释（二）的规定。例如，内河船舶在内河水域发生的碰撞纠纷属于海事案件，

① 广州海事法院民事判决书，（2019）粤 72 民初 1002 号；广东省高级人民法院民事判决书，（2020）粤民终 769 号。
② 天津海事法院民事判决书，（2019）津 72 民初 494 号；天津市高级人民法院民事判决书，（2019）津民终 294 号。

由海事法院管辖，但因涉案船舶并非海商法调整的船舶，故不适用于海商法第八章船舶碰撞的规定以及第二百六十一条关于船舶碰撞请求权时效的规定。故船舶保险人在赔付船舶所有人行使代位求偿权时，应依据保险法解释（二）第十六条第二款的规定确定诉讼时效起算日。鉴于《批复》实施后，关于保险人行使代位求偿权诉讼时效起算问题形成了两种不同的起算方式，作为海上保险合同的保险人在处理保险纠纷时应特别注意被保险人与第三人之间的纠纷是否属于海商法调整的范围，以便及时采取必要措施保护其请求权，避免因诉讼时效届满而丧失胜诉权。①

虽然根据中国裁判文书网的检索结果，我国对此尚无司法实践案例，但上述理解似乎存在一定问题，原因在于《最高人民法院关于适用〈中华人民共和国保险法〉若干问题的解释（二）》第16条第2款的表述是“根据保险法第六十条第一款”。因此，至少从文义解释的角度，海上保险合同保险人的代位求偿权的诉讼时效应当适用何种法律规定，判断标准应是代位求偿权的法律依据，即《海商法》第252条第1款还是《保险法》第60条第1款。如果法律依据是前者，即使《海商法》第十三章“时效”未规定对应的诉讼时效，此时根据特别法优于一般法规则应当适用《民法典》第188条的一般规定，诉讼时效期间为三年，起算点是权利人知道或者应当知道权利受到损害以及义务人之日，而不是保险人取得代位求偿权之日。

值得注意的是，沿海、内河货物运输保险合同保险人代位求偿权诉讼时效的起算点，根据2021年《全国法院涉外商事海事审判工作座谈会会议纪要》第75条的规定，应当适用《关于如何确定沿海、内河货物运输赔偿请求权时效期间问题的批复》的规定，即同样应当适用代位取得的赔偿请求权的诉讼时效，也即时效期间为一年，自承运人交付或者应当交付货物之日起算：（见表14）

【沿海、内河保险合同保险人代位求偿权诉讼时效起算点】沿海、内河保险合同保险人代位求偿权的诉讼时效起算日应当根据法释（2001）18号《最高人民法院关于如何确定沿海、内河货物运输赔偿请求权时效期间问题的批复》规定的诉讼时效起算时间确定。

① 傅晓强：《解读〈关于海上保险合同的保险人行使代位请求赔偿权利的诉讼时效期间起算日的批复〉》，载人民法院出版社编：《司法解释理解与适用全集·涉外商事海事卷》，人民法院出版社2019年版，第301页。

表 14　海事诉讼时效一览

请求权类型		期间	起算点
一般民事诉讼时效		3 年	权利人知道或者应当知道权利受到损害以及义务人之日
海上货物运输合同（包括海上拖航视为海上运输）	货方向承运人索赔	1 年	货物最终交付（包括迟延交付）：交付货物之日 货物最终未交付（包括无单放货）：应当交付货物之日
	承运人向货方索赔（包括集装箱超期使用费请求）	1 年	权利人知道或者应当知道权利受到损害之日
	被认定为负有责任的人向第三人追偿	90 日	追偿请求人解决原赔偿请求之日或者收到受理对其本人提起诉讼的法院的起诉状副本之日
国内水路货物运输合同		1 年	货物最终交付（包括迟延交付）：交付货物之日 货物最终未交付（包括无单放货）：应当交付货物之日
多式联运合同		3 年	权利人知道或者应当知道权利受到损害以及义务人之日
租船合同（包括沿海航次租船合同）		2 年	权利人知道或者应当知道权利受到损害之日
海上旅客运输合同	旅客人身伤害	2 年	旅客离船或者应当离船之日
	旅客死亡		发生在运输期间：旅客应当离船之日 运输期间伤害导致离船后死亡：旅客死亡之日，但自离船之日不超过三年
	行李灭失或者损坏		旅客死亡未能离船：应当离船之日 其他情形：离船之日
海上拖航合同		1 年	权利人知道或者应当知道权利受到损害之日
船舶碰撞	一般请求	2 年	碰撞事故发生之日
	追偿请求	1 年	当事人连带支付损害赔偿之日
海难救助（包括特别补偿及追偿）		2 年	救助作业终止之日
共同海损	共同海损分摊	1 年	理算结束之日
	其他请求	3 年	权利人知道或者应当知道权利受到损害以及义务人之日
船舶油污		3 年	损害发生之日，但自造成损害的事故发生之日起不超过 6 年
海上保险合同	被保险人要求保险赔偿	2 年	保险事故发生之日
	保险人代位求偿	对应请求权的诉讼时效	
	其他请求	3 年	权利人知道或者应当知道权利受到损害以及义务人之日

第三节　海事诉讼时效期间的中止与中断

一、海事诉讼时效期间的中止

（一）海事诉讼时效期间中止的概念

诉讼时效期间的中止，是指在诉讼时效期间行将完成之际，发生与权利人无关的事由而使权利人无法行使请求权，法律为保护权利人而使时效期间暂停计算，待事由消除后继续计算。[①]

《海商法》第 266 条规定：

> 在时效期间的最后六个月内，因不可抗力或者其他障碍不能行使请求权的，时效中止。自中止时效的原因消除之日起，时效期间继续计算。

上述规定与当时《民法通则》第 139 条的规定一致。[②]

（二）海事诉讼时效期间中止的条件

根据《海商法》第 266 条，海事诉讼时效的中止需要满足两项条件：一是发生导致权利人不能行使请求权的不可抗力或其他障碍；二是障碍发生或存续至诉讼时效期间的最后六个月之内。

1. 发生导致权利人不能行使请求权的不可抗力或其他障碍

发生导致权利人不能行使请求权的不可抗力或其他障碍，此处不仅要求存在不可抗力或其他障碍，而且必须达到导致权利人无法行使权利的程度。

关于诉讼时效的中止事由，分为不可抗力和其他障碍两类。《民法典》第 180 条第 2 款规定了不可抗力："不可抗力是不能预见、不能避免且不能克服的客观情况。"例如，权利人感染新冠肺炎，被转移至方舱医院治疗，由于缺少通信以及其他必要条件，无法准备诉讼材料提起诉讼、主张权利。

至于其他障碍的认定，《最高人民法院关于审理民事案件适用诉讼时效制度若干问题的

---

① 参见梁慧星：《民法总论》（第 6 版），法律出版社 2021 年版，第 268–269 页。

② 参见《民法通则》第 139 条规定："在诉讼时效期间的最后六个月内，因不可抗力或者其他障碍不能行使请求权的，诉讼时效中止。从中止时效的原因消除之日起，诉讼时效期间继续计算。"

规定》原第 20 条规定：

> 有下列情形之一的，应当认定为民法通则第一百三十九条规定的“其他障碍”，诉讼时效中止：
>
> （一）权利被侵害的无民事行为能力人、限制民事行为能力人没有法定代理人，或者法定代理人死亡、丧失代理权、丧失行为能力；
>
> （二）继承开始后未确定继承人或者遗产管理人；
>
> （三）权利人被义务人或者其他人控制无法主张权利；
>
> （四）其他导致权利人不能主张权利的客观情形。

《民法典》第 194 条第 1 款将上述司法解释的规定上升为了法律：

> 在诉讼时效期间的最后六个月内，因下列障碍，不能行使请求权的，诉讼时效中止：
>
> （一）不可抗力；
>
> （二）无民事行为能力人或者限制民事行为能力人没有法定代理人，或者法定代理人死亡、丧失民事行为能力、丧失代理权；
>
> （三）继承开始后未确定继承人或者遗产管理人；
>
> （四）权利人被义务人或者其他人控制；
>
> （五）其他导致权利人不能行使请求权的障碍。

基于上述规定，其他障碍主要包括三种情形，即法定代理人欠缺、继承人或遗产管理人未定、权利人被控制，其中需要特别解释的应是权利人被控制。权利人被控制是指权利人被限制身体自由或精神自由、意思自由，导致不能行使请求权的状态，包括合法控制和非法控制。合法控制如权利人因涉嫌刑事犯罪而被羁押、因被判决有罪而收监服刑、因成为刑事案件证人而被隔离询问、因涉嫌违纪而被隔离审查，又如权利人在新冠肺炎疫情期间处于封控地区，被要求足不出户且住所安装门磁、加贴封条；非法控制如被他人绑架、非法拘禁、施加精神控制。法人、非法人组织也可能被控制，例如法人、非法人组织等权利人与法定代表人、负责人等义务人之间存在代表关系，此时义务人为权利人的意思机关，权利人实际已被义务人控制。①

此外，对于与共同海损分摊相关的海上保险赔偿请求权的诉讼时效，2021 年《全国法

① 参见李宇：《民法总则要义：规范释论与判解集注》，法律出版社 2017 年版，第 919 页。

院涉外商事海事审判工作座谈会会议纪要》第 74 条第 2 款明确规定，如果被保险人已经申请进行共同海损理算，但在时效期间的最后六个月内理算报告尚未作出，同样属于导致权利人不能主张权利的客观情形，构成诉讼时效期间的中止事由：

> 涉及海上保险合同的共同海损分摊，被保险人已经申请进行共同海损理算，但是在诉讼时效期间的最后六个月内，因理算报告尚未作出，被保险人无法向保险人主张权利，属于被保险人主观意志不能控制的客观情形，可以认定构成诉讼时效中止。中止时效的原因消除之日，即理算报告作出之日起，时效期间继续计算。

2. 障碍发生或存续至诉讼时效期间的最后六个月之内

要求障碍发生或存续至诉讼时效期间的最后六个月之内，具体分为两种情形：一是不可抗力或其他障碍可以直接发生在诉讼时效期间的最后六个月之内；二是虽然发生在最后六个月之前，但延续至最后六个月之内，即最后六个月之内应当存在障碍。

如果障碍发生在诉讼时效期间的最后六个月之前，且未存续至最后六个月之内，不构成时效期间的中止事由。

（三）海事诉讼时效期间中止的法律效果

关于诉讼时效期间中止的法律效果，《海商法》第 266 条第 2 句规定：“自中止时效的原因消除之日起，时效期间继续计算。”《民法典》与《民法通则》及《海商法》的规定存在区别。《民法典》第 194 条第 2 款规定：“自中止时效的原因消除之日起满六个月，诉讼时效期间届满。”即中止时效期间的障碍消除后，时效期间应当继续计算六个月方才届满，本质上导致诉讼时效期间的延长；《民法通则》和《海商法》规定的法律效果则是中止时效期间的障碍消除后，时效期间继续计算。中止事由发生前时效期间的剩余时间，即为中止事由消除后继续计算的时间。《民法通则》和《海商法》的规定受到较多批评，原因在于剩余期间过短可能导致时效中止制度的目的难以实现，且在法定时效期间本已较短的前提下不利于节省诉讼成本及司法资源。①

例如，2021 年 1 月 17 日旅客结束邮轮旅游下船，回家后发现在日本岸上观光期间购买、在船期间交由船方保管的一套法律图书严重污损。此时旅客行李损坏请求权的诉讼时效期间的起算点为旅客离船之日即 2021 年 1 月 17 日，二年时效期间应自 2021 年 1 月 18 日开始计算，2023 年 1 月 17 日届满。2023 年 1 月 16 日，旅客计划向法院提起诉讼，但当日由于确

---

① 参见杨巍：《中国民法典评注・规范集注（第 1 辑）：诉讼时效・期间计算》，中国民主法制出版社 2022 年版，第 174 页。

诊新冠肺炎而被转移至方舱医院治疗，由于缺少通信以及其他必要条件，无法准备诉讼材料提起诉讼、主张权利。此时诉讼时效发生中止。2023年1月26日，旅客完成治疗荣归故里，此时中止事由消除。根据《海商法》第266条第2句的规定，时效期间应当继续计算，即时效期间应当补足中止前未完成的1日，2023年1月27日届满，旅客仅有1日时间可以完成起诉；但是，根据《民法典》第194条第2款的规定，时效一律应当补足6个月，2023年7月27日届满。可见《民法典》的规定对于权利人的保护更为全面，但目前海事诉讼时效期间的中止仍应适用《海商法》的规定。

允许诉讼时效期间中止的原因在于，法律规定的中止事由均是权利人由于客观障碍而无法行使权利，而非权利人主观上怠于行使权利，此时如果放任时效期间届满不符合诉讼时效制度的功能；但是，由于权利人本身又尚未积极行使权利，此时诉讼时效期间只是暂停计算，而不发生重新计算的法律效果。

二、海事诉讼时效期间的中断

（一）海事诉讼时效期间中断的概念

诉讼时效期间的中断，是指发生法定事由，此前已经计算的诉讼时效期间完全归于无效，待法定事由消除之后诉讼时效期间重新计算。[①] 诉讼时效中断事由与中止事由最为主要的区别在于，前者取决于权利人的意思，且均为权利人积极行使权利的表现，而后者属于与权利人无关的客观情况。

《海商法》第267条规定：

> 时效因请求人提起诉讼、提交仲裁或者被请求人同意履行义务而中断。但是，请求人撤回起诉、撤回仲裁或者起诉被裁定驳回的，时效不中断。
>
> 请求人申请扣船的，时效自申请扣船之日起中断。
>
> 自中断时起，时效期间重新计算。

（二）海事诉讼时效期间中断的事由

1.《海商法》规定的海事诉讼时效期间中断事由

《海商法》第267条第1款、第2款明文规定了三种海事诉讼时效期间的中断事由：一是权利人提起诉讼或提交仲裁，二是义务人同意履行义务，三是权利人申请扣船。此外，随

---

① 参见梁慧星：《民法总论》（第6版），法律出版社2021年版，第269页。

着《民法典》以及《最高人民法院关于审理民事案件适用诉讼时效制度若干问题的规定》等一般民事法律及司法解释的发展，其他一些事由也可导致海事诉讼时效期间的中断。

（1）权利人提起诉讼或提交仲裁

权利人如果针对与义务人的纠纷提起诉讼或提交仲裁，将会导致海事诉讼时效期间的中断。但是，《海商法》第 267 条第 1 款第 2 句又从反面规定："请求人撤回起诉、撤回仲裁或者起诉被裁定驳回的，时效不中断。"

此处规定裁定驳回起诉的情形诉讼时效不中断，混淆了驳回起诉和不予受理的内涵。不予受理是在原告提起诉讼时法院已发现起诉不符合法定条件而作出裁定，驳回起诉则是法院受理原告提起的诉讼后方才发现起诉不合法而作出裁定。通常认为构成诉讼时效期间中断事由的起诉，原告应当完成起诉状的提交行为或者口头起诉行为，其中完成起诉状的提交行为是指原告将起诉状提交至法院立案庭并被接受的事实，而完成口头起诉行为则是指原告口述起诉内容，法院立案庭记入笔录的事实。[①]

至于撤回起诉与时效期间中断的关系。包括最高人民法院在内，我国司法实践对此立场多有反复，学理上主要存在以下三种观点：

一是否定说，即权利人提起诉讼后又撤回起诉，不发生诉讼时效期间中断的法律效果，原因在于起诉行为由于撤诉而归于无效。

二是肯定说，即权利人提起诉讼后又撤回起诉，同样发生诉讼时效期间中断的法律效果，原因在于权利人已以诉讼的方式积极行使了权利，而不存在权利睡眠的怠惰。最高人民法院在《关于四川高院请示长沙铁路天群实业公司贸易部与四川鑫达实业有限公司返还代收贷款一案如何适用法（民）复〔1990〕3 号批复中"诉讼时效期间"问题的复函》中，也曾明确表示撤诉不影响诉讼时效期间中断的效力。[②]

三是限制肯定说，主张区分法院是否已将起诉状副本送达被告，即仅在起诉状副本送达被告，也即主张权利的意思表示到达对方时，方才发生诉讼时效期间中断的法律效果。此种观点的理据之一是 2011 年《全国民事审判工作会议纪要》第 64 条规定："当事人起诉后

---

① 参见杨巍：《中国民法典评注·规范集注（第 1 辑）：诉讼时效·期间计算》，中国民主法制出版社 2022 年版，第 216–218 页。

② 参见《关于四川高院请示长沙铁路天群实业公司贸易部与四川鑫达实业有限公司返还代收贷款一案如何适用法（民）复〔1990〕3 号批复中"诉讼时效期间"问题的复函》（〔1999〕民他字第 12 号）："长沙铁路天群实业公司贸易部（以下简称天群贸易部）为与成都军区铁合金厂清偿货款纠纷，于 1994 年 11 月 25 日向法院起诉，四川鑫达实业有限公司作为第三人参加诉讼。天群贸易部于 1997 年 6 月经法院准予撤诉后，又于 1998 年 3 月向法院起诉，要求鑫达公司返还代收货款。我院经研究认为，根据《民法通则》第一百四十条的规定，天群贸易部向法院起诉，应视为诉讼时效中断，诉讼时效期间应从撤诉之日起重新计算。"

又撤诉或者人民法院依法裁定按撤诉处理，不引起诉讼时效的中断。但起诉后起诉状已送达相对人后又撤诉或被裁定按撤诉处理的，诉讼时效于起诉状送达相对人之日起中断。”①

目前最高人民法院第二巡回法庭 2021 年第 18 次法官会议纪要明确提出采纳肯定说：

> 《民法典》第 195 条规定了“提起诉讼”作为诉讼时效中断的事由，《诉讼时效规定》第 10 条进一步明确诉讼时效从提交起诉状或者口头起诉之日起中断。本案中，权利人虽申请撤诉并经法院审查予以同意，但不影响诉讼时效中断的效力。提起诉讼属于法律规定的诉讼时效中断的持续性事由，应以程序终结之时重新起算诉讼期间。对于起诉后又撤诉引起诉讼程序终结的，诉讼时效期间从法院作出的民事裁定书送达生效之日起重新计算。②

上述关于撤回起诉、撤回仲裁或起诉被裁定驳回的理解，原因均在于无论起诉是否得以顺利被受理并继续进行，当事人提起诉讼本身即是积极行使权利的行为，符合诉讼时效制度的基本立场，应当允许产生时效中断的法律效果。但是，目前海事诉讼时效期间的中断仍应适用《海商法》的规定。

（2）义务人同意履行义务

关于义务人同意履行义务的具体内涵，《最高人民法院关于审理民事案件适用诉讼时效制度若干问题的规定》第 14 条进一步规定：“义务人作出分期履行、部分履行、提供担保、请求延期履行、制定清偿债务计划等承诺或者行为的，应当认定为民法典第一百九十五条规定的‘义务人同意履行义务’。”此种解释应当同样适用于《海商法》第 267 条第 1 款的规定。

同时，最高人民法院民事审判第四庭《涉外商事海事审判实务问题解答（一）》第 173 条认为：“义务人同意与权利人协商赔偿事宜，但未能就具体赔偿额达成协议，不能视为义务人同意履行义务，故不构成诉讼时效中断的理由。”

（3）其他事由

基于我国海事司法实践多年的经验积累，海事诉讼时效期间的中断事由已不限于《海商法》第 267 条的规定，特别是《民法典》作为新法设置了“与提起诉讼或者申请仲裁具有同等效力的其他情形”的兜底规定。此处其他情形主要具有两项特征：一是权利人希望通过享有国家审判权的公权力机关以国家司法强制力认可和保障自身权利；二是权利人藉此表

① 贺小荣主编：《最高人民法院第二巡回法庭法官会议纪要》（第三辑），人民法院出版社 2022 年版，第 394 页。
② 贺小荣主编：《最高人民法院第二巡回法庭法官会议纪要》（第三辑），人民法院出版社 2022 年版，第 395 页。

达行使权利的主张。[①]《最高人民法院关于审理民事案件适用诉讼时效制度若干问题的规定》第11条另行规定了多项与提起诉讼具有同等诉讼时效期间中断效力的事由，原则上同样可以用于海事诉讼时效期间的中断：

> 下列事项之一，人民法院应当认定与提起诉讼具有同等诉讼时效中断的效力：
> （一）申请支付令；
> （二）申请破产、申报破产债权；
> （三）为主张权利而申请宣告义务人失踪或死亡；
> （四）申请诉前财产保全、诉前临时禁令等诉前措施；
> （五）申请强制执行；
> （六）申请追加当事人或者被通知参加诉讼；
> （七）在诉讼中主张抵销；
> （八）其他与提起诉讼具有同等诉讼时效中断效力的事项。

例如，权利人向海事赔偿责任限制基金进行债权登记，也应发生诉讼时效期间中断的效果。

至于《海商法》第267条第2款规定的请求人申请扣船，主要意义仅在强调。船舶扣押作为海事请求保全措施，基于一般民事法律本身也具有与提起诉讼相同的时效中断效力。

2.《海商法》与《民法典》的规定差异

关于诉讼时效期间的中断事由，《海商法》通过当时《民法通则》第140条规定："诉讼时效因提起诉讼、当事人一方提出要求或者同意履行义务而中断。从中断时起，诉讼时效期间重新计算。"现行《民法典》第195条规定：

> 有下列情形之一的，诉讼时效中断，从中断、有关程序终结时起，诉讼时效期间重新计算：
> （一）权利人向义务人提出履行请求；
> （二）义务人同意履行义务；
> （三）权利人提起诉讼或者申请仲裁；
> （四）与提起诉讼或者申请仲裁具有同等效力的其他情形。

---

① 参见最高人民法院民事审判第二庭编著：《最高人民法院关于民事案件诉讼时效司法解释理解与适用》，人民法院出版社2008年版，第255页。

《海商法》第 267 条的规定较之《民法典》和《民法通则》规定的诉讼时效期间中断事由，主要的区别应是排除了权利人向义务人提出履行请求。我国海商法著作对于作出此种规定的理由大多语焉不详，仅有傅廷中认为：

> 海商法的规定之所以比民法严格，乃是因为国际海上货物运输当事人的背景较为复杂，如果权利人仅仅向义务人提出请求就可以中断时效，从表面上似乎对权利人有利，但在实际上常常会使权利人放松警惕，最终使债务人达到逃避法律责任的目的。例如，当一方向另一方提出赔偿请求时，另一方有时会采取拖延战术，在表面上做出一种马上就要赔偿的姿态，使债权人放弃起诉的打算或者将被扣押的财产放行，事后却拒绝承担赔偿责任或者对请求人提出的赔偿请求置之不理，使权利人陷于不利的境地。①

上述解释多有不合诉讼时效原理之处。首先，如果认为提出履行请求即可中断时效将使权利人放松警惕，此种顾虑对于一般民事纠纷同样存在，实非海事海商纠纷的特殊现象；其次，权利人提出履行请求后已经得到了诉讼时效制度的保护，时效此时由于中断而重新开始计算，即使暂时放弃起诉也不妨碍再次起诉，所谓的债务人采取拖延战术亦难产生实效；最后，分析其他时效中断事由，例如义务人同意履行义务使时效中断后却又反悔而拒绝履行，同样可能造成权利人未及时申请法院进行财产保全而丧失优势地位，此种劣势的形成本质上与权利人向义务人提出履行请求是否诉讼时效中断事由无关。

《海商法》作出上述特别规定的目的，主要在于倾斜保护航运企业的利益，尽量促使时效期间不会轻易发生中断，减轻承运人等船方的时效负担，其中含有部门立法的利益考量，一定程度上超出了船货双方以及其他相关方利益平衡的需求限度。但是，目前海事诉讼时效期间的中断仍应适用《海商法》的规定。

（三）海事诉讼时效期间中断的法律效果

《海商法》第 267 条第 3 款规定：“自中断时起，时效期间重新计算。”现行《民法典》以及当时《民法通则》的规定与此相同。

根据上述规定，诉讼时效期间中断的法律效果是时效期间重新计算，即此前已经进行的时效期间也悉数归于无效，原因在于发生时效中断事由表明权利人已经积极行使权利，应当重新获得诉讼时效制度的完整保护。

---

① 傅廷中：《海商法》（第 2 版），法律出版社 2017 年版，第 458 页。

上述规定中“自中断时起，时效期间重新计算”，即权利人一旦提起诉讼时效期间即告中断并且开始重新计算。此种规定较易引致不尽合理的结果发生，尤其可能造成因裁判机构审理时间超过诉讼时效期间，致使重新计算的诉讼时效期间亦告届满，权利人负担不应有的法律后果。《民法典》第195条对此进行修正，规定“从中断、有关程序终结时起，诉讼时效期间重新计算”，即诉讼程序终结时诉讼时效期间方才重新开始计算，对于不予受理、驳回起诉的情形亦同。但是，目前海事诉讼时效期间的中断仍应适用《海商法》的规定。

此外，诉讼时效期间可以多次中断，《最高人民法院关于适用〈中华人民共和国民法典〉总则编若干问题的解释》第38条第1款规定：“诉讼时效依据民法典第一百九十五条的规定中断后，在新的诉讼时效期间内，再次出现第一百九十五条规定的中断事由，可以认定为诉讼时效再次中断。”

司法实践

海事诉讼时效期间的中断

最高人民法院在普及国际货运代理（中国）有限公司与槟榔国际公司海上、通海水域货物运输合同纠纷案中认为：

关于本案是否存在超过诉讼时效情形的问题。海商法第二百五十七条规定：“就海上货物运输向承运人要求赔偿的请求权，时效期间为一年，自承运人交付或者应当交付货物之日起计算。”第二百六十七条规定：“时效因请求人提起诉讼、提交仲裁或者被请求人同意履行义务而中断。”涉案货物在目的港已于2014年5月4日被清关放行，并于5月18日空箱返还港口。槟榔公司向普及公司要求赔偿的请求权应自此时开始计算。根据二审判决查明的事实，2015年1月15日，槟榔公司职员通过邮件向普及公司的职员发送正式函件，要求告知本案所涉货物的目的港相关费用，并着手安排退运事宜，普及公司职员于同日确认收信后再无回复。因此次联系过程中，普及公司并未同意履行义务，故2015年1月15日槟榔公司职员向普及公司职员发送邮件，普及公司确认收信之事由不构成本案诉讼时效中断事由。本案诉讼时效自2014年5月起算，槟榔公司于2016年6月7日提起本案诉讼，已经超过了1年诉讼时效期间。诉讼时效制度设立的主要目的之一即是督促当事人尽早解决不确定的权利义务状态。二审判决认为普及公司、普及宁波分公司同意履行义务状态一直处于延续状态，并未超过诉讼时效，与法律规定不符，应予纠正。槟榔公司提起本案诉讼已经超过了诉讼时效期间，普及公司、普及宁波分公司在一审期间进行了诉讼时效抗辩，槟榔公司要求普及公司、普及宁波分公司赔偿之请求权，不应支持。①

最高人民法院在哈尔滨空调股份有限公司与中国太平洋财产保险股份有限公司黑龙江分公司海上、通海水域保险合同纠纷案中认为：

《中华人民共和国海商法》第二百六十四条规定："根据海上保险合同向保险人要求保险赔偿的请求权，时效期间为二年，自保险事故发生之日起计算。"第二百六十七条第一款规定："时效因请求人提起诉讼、提交仲裁或者被请求人同意履行义务而中断。但是，请求人撤回起诉、撤回仲裁或者起诉被裁定驳回的，时效不中断。"《中华人民共和国海商法》第二百六十七条第一款关于诉讼时效中断的规定不属于《最高人民法院关于审理海上保险纠纷案件若干问题的规定》第一条关于"海商法、保险法均没有规定的"而应予"适用合同法等其他相关法律的规定"之情形。本案中，根据原审查明的事实，"乐同"轮与"天坛海"轮分别于2010年7月12日、2010年9月11日在意大利卸货完毕，故哈尔滨空调公司向太平洋保险公司主张案涉货损保险赔偿的诉讼时效应当分别于2010年7月12日、2010年9月11日开始计算。因太平洋保险公司于2013年4月19日提出了给予150000美元赔付的方案，此属于太平洋保险公司就案涉两船的货损赔偿问题同意履行义务的行为，故本案诉讼时效自2013年4月19日中断，重新计算，至2015年4月18日时效期间届满。哈尔滨空调公司虽数次向太平洋保险公司发出保险赔付请求书，但该行为并不属于《中华人民共和国海商法》第二百六十七条第一款所规定的时效中断的情形。米兰仲裁庭裁决的是哈尔滨空调公司与安莎尔多公司之间的货损纠纷，而非哈尔滨空调公司向太平洋保险公司主张的保险理赔，并不当然发生本案时效中断的后果。②

最高人民法院在王某与法国达飞海运集团海上、通海水域货物运输合同纠纷案中认为：

《中华人民共和国海商法》第二百五十七条规定，就海上货物运输向承运人要求赔偿的请求权，时效期间为一年，自承运人交付或者应当交付货物之日起计算。第二百六十七条规定，时效因请求人提起诉讼、提交仲裁或者被请求人同意履行义务而中断。但是请求人撤回起诉、撤回仲裁或者起诉被裁定驳回的，时效不中断。案涉货物于2006年7月4日出运，一、二审判决综合通常船舶航行时间和货物交付时间，认定涉案货物最迟交付日期为2006年9月3日，王某向达飞集团要求赔偿的请求权时效期间应为自2006年9月3日起的一年，并无不当。王某于2007年1月15日向一审法院提交起诉达贸（中国）船务有限公司（以下简称达贸中国公司）的起诉状，一审法院通知其补齐证明与达贸中国公司存在法律关系等相

① 最高人民法院民事判决书，（2019）最高法民再117号。

② 最高人民法院民事裁定书，（2018）最高法民申6054号。

关材料，王某未予补齐，一审法院未予立案。此后，就同一货损事宜由托运人浙江省义乌市对外经济贸易有限公司（以下简称义乌外贸公司）向宁波海事法院提起诉讼。宁波海事法院于 2007 年 9 月 12 日立案受理。因义乌外贸公司未出庭参加诉讼，宁波海事法院于 2008 年 12 月 8 日裁定该案按撤诉处理。此后，王某迟至 2011 年 8 月 31 日才再次向一审法院提起诉讼，而此时其起诉即已经超过法定的一年诉讼时效期间，由于王某未按照一审法院通知要求补齐相关材料，一审法院仍未予立案。王某于 2015 年 7 月 8 日又向一审法院提起本案诉讼。王某不能提供证据证明本案存在法律规定的诉讼时效中止、中断的情形。一、二审判决认定本案王某的起诉已经超过诉讼时效期间，对其诉讼请求不予支持，适用法律正确。①

最高人民法院在澳中金属有限公司与中国人民财产保险股份有限公司天津市津南支公司海上保险合同纠纷案中认为：

澳中公司主张人保津南支公司对涉案保险事故开展核定理赔工作，系《海商法》第二百六十七条规定的“同意履行义务”之情形，依法构成诉讼时效中断。本院认为，根据《海商法》第二百六十七条的规定，时效因请求人提起诉讼、提交仲裁或者被请求人同意履行义务而中断。《海商法》关于时效中断的规定不同于《民法通则》“诉讼时效因提起诉讼、当事人一方提出要求或者同意履行义务而中断”的规定。澳中公司于 2009 年 8 月 7 日向人保津南支公司提出理赔要求后，人保津南支公司对涉案事故进行了检验、核定工作，但上述行为不能认定人保津南支公司同意履行保险赔偿义务，仅系人保津南支公司决定是否进行保险赔付的前提和依据。本案并无证据证明人保津南支公司同意履行保险赔偿义务。澳中公司主张本案时效因人保津南支公司同意履行义务而中断，缺乏充分的事实依据和法律依据，不予支持。②

理论探讨

《海商法》第十三章未规定的海事诉讼时效期间的中止与中断

关于《海商法》未规定的海事诉讼时效期间的中止与中断，应当适用《民法典》的一般规定，还是《海商法》的特别规定，应当区分以下两种情况：

1. 属于《海商法》适用范围的请求权，例如海上保险合同的保险人向被保险人请求保险费的请求权。此时应当适用《海商法》的特别规定。诉讼时效期间及其中止、中断是诉讼

① 最高人民法院民事裁定书，（2018）最高法民申 2862 号。

② 最高人民法院民事裁定书，（2013）民申字第 2358 号。

时效法律制度的不同组成部分。《海商法》第十三章未规定的诉讼时效期间和起算点，仅表明此类请求权无需设置特别诉讼时效，可以适用普通诉讼时效期间和起算点，而非将其排除在海事诉讼时效的范围之外；《海商法》规定的海事诉讼时效期间中止和中断规则是针对《海商法》整体，即《海商法》的适用范围与该法第十三章的适用范围应当具有同一性，该法适用范围之内的请求权原则上均应适用该法关于诉讼时效期间中止和中断的规定。但是，我国海事司法实践也存在不同做法。例如，大连海事法院在太平财产保险有限公司宁波分公司与大连金恒东方实业有限公司海上保险合同纠纷案中，针对海上保险合同的保险人请求支付保险费的情形，适用了当时《民法通则》关于诉讼时效期间中断的规定，但并未详细说明理由：

> 关于诉讼时效的认定，《中华人民共和国民法通则》第一百三十五条规定："向人民法院请求保护民事权利的诉讼时效期间为二年，法律另有规定的除外。"第一百四十条规定："诉讼时效因提起诉讼、当事人一方提出要求或者同意履行义务而中断。从中断时起，诉讼时效期间重新计算。"本案中，保险合同约定的保险期间截止时间以及金恒公司缴付保险费的截止时间均为2014年10月19日24时，太平分公司向人民法院请求保护民事权利的诉讼时效期间截止日期应为2016年10月20日，而太平分公司提交的民事起诉状落款日期为2016年12月9日，且太平分公司未能充分举证证明诉讼时效期间存在中断的事由，故金恒公司关于太平分公司请求其支付保险费的诉请已过诉讼时效的主张，本院予以支持。[①]

2.《海商法》适用范围之外的请求权，最为典型的当属国内水路货物运输合同涉及的请求权。此时原则上应当适用《民法典》的一般规定，理由同样也是《海商法》适用范围与该法第十三章适用范围的同一性。《海商法》排除适用的请求权，该法第十三章确立的诉讼时效期间中止和中断规则同样应该排除适用。例如，2012年《最高人民法院关于国内水路货物运输纠纷案件法律问题的指导意见》第13条明确规定："最高人民法院《关于如何确定沿海、内河货物运输赔偿请求权时效期间问题的批复》（法释［2001］18号）对国内水路货物运输赔偿请求权诉讼时效期间的中止、中断并没有作出特别规定，人民法院应当适用民法通则有关诉讼时效中止、中断的规定。"仅有的例外应是《海商法》第265条关于船舶油污损害诉讼时效的规定，原因在于《海商法》虽未包含船舶油污损害赔偿法律制度，但该法第十三章却针对对应的请求权专门设置了特别诉讼时效。

① 大连海事法院民事判决书，（2017）辽72民初75号。

拓展阅读

1. 李宇 :《民法总则要义 : 规范释论与判解集注》, 法律出版社 2017 年版, 第九章“诉讼时效”。

2. 陈甦主编 :《民法总则评注》, 法律出版社 2017 年版, 第九章“诉讼时效”。

3. 金印 :《诉讼时效强制性之反思——兼论时效利益自由处分的边界》, 载《法学》2016 年第 7 期。

4. 郑永宽 :《诉讼时效强制性的反思》, 载《厦门大学学报(哲学社会科学版)》2010 年第 4 期。

5. 朱晓喆 :《诉讼时效制度的立法评论》, 载《东方法学》2016 年第 5 期。

6. 朱晓喆 :《〈民法典〉第 192 条(诉讼时效的法律效果)评注》, 载《中国应用法学》2022 年第 2 期。

7. 杨巍 :《中国民法典评注 · 规范集注(第 1 辑): 诉讼时效 · 期间计算》, 中国民主法制出版社 2022 年版, 导论、第 197 条、第 198 条、第 201 条、第 202 条、第 203 条。

8. 杨巍 :《〈民法典〉第 188 条第 2 款第 1、2 句(诉讼时效起算)评注》, 载《法学家》2022 年第 5 期。

9. 杨巍 :《〈民法典〉第 192 条、第 193 条(诉讼时效届满效力、职权禁用规则)评注》, 载《法学家》2020 年第 6 期。

10. 杨巍 :《〈民法典〉第 194 条(诉讼时效中止)评注》, 载《南京大学学报(哲学 · 人文科学 · 社会科学)》2020 年第 6 期。

11. 杨巍 :《〈民法典〉第 195 条评注之一(诉讼外请求、义务承认)》, 载《法学家》2021 年第 4 期。

12. 杨巍 :《〈民法典〉第 195 条评注之二(起诉、其他中断事由)》, 载《法学家》2021 年第 5 期。

13. 杨巍 :《〈民法典〉第 196 条(不适用诉讼时效的请求权)评注》, 载《南大法学》2022 年第 2 期。

14. 杨巍 :《民法时效制度的理论反思与案例研究》, 北京大学出版社 2015 年版。

15. 王淑梅主编 :《海上货物运输合同纠纷案件裁判规则》, 法律出版社 2021 年版, 第 26 条至第 28 条。

16. 人民法院出版社编 :《司法解释理解与适用全集 · 涉外商事海事卷》, 人民法院出版社 2019 年版, 第 296–311 页。

参考资料

一、著作

（一）中文著作

1. 张文显主编：《法理学》（第 5 版），高等教育出版社 2018 年版。

2. 张文显主编：《法理学》（第 3 版），法律出版社 2007 年版。

3. 周永坤：《法理学：全球视野》（第 4 版），法律出版社 2016 年版。

4. 孙笑侠主编：《法理学》，中国政法大学出版社 1996 年版。

5. 卓泽渊：《法学导论》（第 3 版），法律出版社 2021 年版。

6. 卓泽渊：《法学导论》（第 2 版），法律出版社 2014 年版。

7. 付子堂主编：《法理学初阶》（第 6 版），法律出版社 2021 年版。

8. 郑玉波：《法谚（一）》，法律出版社 2007 年版。

9. 王利明：《法学方法论：以民法适用为视角》（第 2 版），中国人民大学出版社 2021 年版。

10. 冯玉军主编：《新〈立法法〉条文精释与适用指引》，法律出版社 2015 年版。

11. ［美］约翰·H. 威格摩尔：《世界法系概览》，何勤华、李秀清、郭光东等译，上海人民出版社 2004 年版。

12. 朱勇主编：《中国法制史》（第 3 版），法律出版社 2016 年版。

13. 张晋藩总主编：《中国法制通史（第九卷）：清末·中华民国》，法律出版社 1999 年版。

14. 何勤华主编：《法律文明史（第 6 卷）：中世纪欧洲世俗法》，商务印书馆 2014 年版。

15. 谢振民编著：《中华民国立法史》，中国政法大学出版社 2000 年版。

16. 何勤华、李秀清、陈颐编：《新中国民法典草案总览》（增订本），北京大学出版社 2017 年版。

17. 徐国栋：《民法哲学》（2021 年精装版），中国法制出版社 2021 年版。

18. 佟柔主编：《民法原理》（第 2 版），法律出版社 1987 年版。

19. 马俊驹、余延满：《民法原论》（第 4 版），法律出版社 2010 年版。
20. 王利明、杨立新、王轶、程啸：《民法学》（第 6 版），法律出版社 2020 年版。
21. 谭启平主编：《中国民法学》（第 3 版），法律出版社 2021 年版。
22. 郭明瑞、房绍坤主编：《民法》（第 4 版），高等教育出版社 2017 年版。
23. 史尚宽：《民法总论》，中国政法大学出版社 2000 年版。
24. 梁慧星：《民法总论》（第 6 版），法律出版社 2021 年版。
25. 朱庆育：《民法总论》（第 2 版），北京大学出版社 2016 年版。
26. 徐国栋：《民法总论》，高等教育出版社 2007 年版。
27. 崔建远等编著：《民法总论》（第 3 版），清华大学出版社 2019 年版。
28. 王利明：《民法总则》（第 2 版），中国人民大学出版社 2020 年版。
29. 王利明：《民法总则研究》（第 3 版），中国人民大学出版社 2018 年版。
30. 王利明：《民法总则研究》（第 2 版），中国人民大学出版社 2012 年版。
31. 郑玉波：《民法总则》（第 11 版），台北，三民书局 2008 年版。
32. 梁慧星：《民法总则讲义》（第 2 版），法律出版社 2021 年版。
33. 李宇：《民法总则要义：规范释论与判解集注》，法律出版社 2017 年版。
34. 陈甦主编：《民法总则评注》，法律出版社 2017 年版。
35. 黄薇主编：《中华人民共和国民法典总则编释义》，法律出版社 2020 年版。
36. 李适时主编：《中华人民共和国民法总则释义》，法律出版社 2017 年版。
37. 最高人民法院民法典贯彻实施工作领导小组主编：《中华人民共和国民法典总则编理解与适用》，人民法院出版社 2020 年版。
38. 最高人民法院民法典贯彻实施工作领导小组办公室编著：《最高人民法院实施民法典清理司法解释修改条文（111 件）理解与适用》，人民法院出版社 2022 年版。
39. 贺小荣主编：《最高人民法院第二巡回法庭法官会议纪要》（第三辑），人民法院出版社 2022 年版。
40. 王利明主编：《中国民法典学者建议稿及立法理由·总则编》，法律出版社 2005 年版。
41. 吴香香：《请求权基础：方法、体系与实例》，北京大学出版社 2021 年版。
42. 徐国栋：《民法基本原则解释——成文法局限性之克服》（增订本），中国政法大学出版社 2001 年版。
43. 杨巍：《中国民法典评注·规范集注（第 1 辑）：诉讼时效·期间计算》，中国民主法制出版社 2022 年版。

44. 杨巍：《民法时效制度的理论反思与案例研究》，北京大学出版社 2015 年版。

45. 冯恺：《诉讼时效制度研究》，山东人民出版社 2007 年版。

46. 最高人民法院民事审判第二庭编著：《最高人民法院关于民事案件诉讼时效司法解释理解与适用》，人民法院出版社 2008 年版。

47. 张雪楳：《诉讼时效审判实务与疑难问题解析——以〈民法总则〉诉讼时效制度及司法解释为核心》，人民法院出版社 2019 年版。

48. [日] 近江幸治：《民法讲义Ⅰ：民法总则》，渠涛等译，北京大学出版社 2015 年版。

49. [日] 山本敬三：《民法讲义Ⅰ·总则》，解亘译，北京大学出版社 2012 年版。

50. 崔建远：《物权法》（第 5 版），中国人民大学出版社 2021 年版。

51. 梁慧星、陈华彬：《物权法》（第 6 版），法律出版社 2016 年版。

52. 王利明：《物权法研究》（第 4 版），中国人民大学出版社 2016 年版。

53. 王轶：《物权变动论》，中国人民大学出版社 2001 年版。

54. 高圣平：《担保法前沿问题与判解研究（第四卷）——最新担保法司法政策精神阐解》，人民法院出版社 2019 年版。

55. [日] 我妻荣：《中国民法债编总则论》，洪锡恒译，中国政法大学出版社 2003 年版。

56. 崔建远：《合同法》（第 4 版），北京大学出版社 2021 年版。

57. 韩世远：《合同法总论》（第 4 版），法律出版社 2018 年版。

58. 程啸：《侵权责任法》（第 3 版），法律出版社 2021 年版。

59. 张新宝：《中国民法典释评·侵权责任编》，中国人民大学出版社 2020 年版。

60. 曾世雄：《损害赔偿法原理》（第 3 版），台北，新学林出版股份有限公司 2005 年版。

61. 刘士国、牟宪魁、杨瑞贺译：《日本民法典》，中国法制出版社 2018 年版。

62. 王融擎编译：《日本民法：条文与判例》，中国法制出版社 2018 年版。

63. 陈卫佐译注：《德国民法典》（第 5 版），法律出版社 2020 年版。

64. 罗结珍译：《法国民法典》，北京大学出版社 2010 年版。

65. 黄道秀译：《俄罗斯联邦民法典》，北京大学出版社 2007 年版。

66. 徐涤宇译：《秘鲁共和国新民法典》，北京大学出版社 2017 年版。

67. 赵万一：《商法基本问题研究》，法律出版社 2002 年版。

68.《商法学》编写组编：《商法学》（第 2 版），高等教育出版社 2022 年版。

69. 施天涛：《商法学》（第 6 版），法律出版社 2020 年版。

70. 王保树：《商法总论》，清华大学出版社 2007 年版。

71. 温世扬主编：《保险法》（第 3 版），法律出版社 2016 年版。

72. 邹海林：《保险法》，社会科学文献出版社 2017 年版。

73. 樊启荣：《保险法》，北京大学出版社 2011 年版。

74. ［日］近藤光男：《日本商法总则·商行为法》，梁爽译，法律出版社 2016 年版。

75. ［日］松波仁一郎：《日本商法论》，秦瑞玠、郑钊译述，中国政法大学出版社 2005 年版。

76. ［日］志田钾太郎口述：《商法：有价证券 船舶》，熊元楷、熊元襄、熊仕昌编，上海人民出版社 2013 年版。

77. 刘成杰译注：《日本最新商法典译注》，中国政法大学出版社 2012 年版。

78. 潘琪译：《美国统一商法典》，法律出版社 2020 年版。

79. 吴日焕译：《韩国商法》，中国政法大学出版社 1999 年版。

80. 吴汉东：《知识产权法》，法律出版社 2021 年版。

81. 李明德：《知识产权法》（第 2 版），法律出版社 2014 年版。

82. 张明楷：《刑法学》（第 6 版），法律出版社 2021 年版。

83. 应松年主编：《行政法与行政诉讼法学》（第 2 版），法律出版社 2009 年版。

84. 张守文主编：《经济法学》（第 6 版），北京大学出版社 2014 年版。

85. 漆多俊：《经济法基础理论》（第 5 版），法律出版社 2017 年版。

86. 王铁崖主编：《国际法》，法律出版社 1995 年版。

87. 周忠海主编：《国际法》，中国政法大学出版社 2008 年版。

88. 白桂梅：《国际法》（第 3 版），北京大学出版社 2015 年版。

89. ［德］W·G. 魏智通主编：《国际法》（第 5 版），吴越、毛晓飞译，法律出版社 2012 年版。

90. 李浩培：《条约法概论》，法律出版社 1987 年版。

91. 陈安主编：《国际经济法》（第 2 版），法律出版社 2007 年版。

92. ［日］中川淳司、［日］清水章雄、［日］平觉、［日］间宫勇：《国际经济法》，白巴根译，北京大学出版社 2007 年版。

93. 何志鹏：《国际经济法的基本理论》，社会科学文献出版社 2010 年版。

94. 沈达明、冯大同编：《国际贸易法》，北京大学出版社 1983 年版。

95. 王传丽主编：《国际贸易法》，法律出版社 2022 年版。

96. 陈立虎：《当代国际贸易法》，法律出版社 2007 年版。

97. 左海聪主编 :《国际商法》(第 2 版),法律出版社 2013 年版。

98. 韩德培主编 :《国际私法》(第 3 版),高等教育出版社、北京大学出版社 2014 年版。

99. 郭瑜 :《海商法的精神——中国的实践和理论》,北京大学出版社 2005 年版。

100. 郭瑜 :《海商法的未来——中国的方向和方法》,北京大学出版社 2022 年版。

101. 魏文翰 :《海商法讲座》,法律出版社 1965 年版。

102. 魏文翰编译 :《海运法》,青光书局 1933 年版。

103. 魏文翰 :《共同海损论》,中华书局 1946 年版

104. 魏文达编著 :《海商法》,法律出版社 1983 年版。

105. 魏文达 :《海商法浅说》,武汉河运专科学校科技情报室 1983 年版。

106. 黄廷枢编 :《海法》,大连海运学院 1963 年版。

107. 於世成、杨召南、汪淮江编著 :《海商法》,法律出版社 1997 年版。

108. 郭瑜 :《海商法教程》(第 2 版),北京大学出版社 2012 年版。

109. 司玉琢主编 :《海商法》(第 4 版),法律出版社 2018 年版。

110. 司玉琢主编 :《海商法》(第 3 版),法律出版社 2012 年版。

111. 司玉琢 :《海商法专论》(第 4 版),中国人民大学出版社 2018 年版。

112. 司玉琢 :《海商法专论》(第 2 版),中国人民大学出版社 2010 年版。

113. 司玉琢 :《海商法专论》,中国人民大学出版社 2007 年版。

114. 司玉琢等编著 :《海商法详论》,大连海事大学出版社 1995 年版。

115. 司玉琢主编 :《新编海商法学》,人民交通出版社 1991 年版。

116. 傅廷中 :《海商法》(第 2 版),法律出版社 2017 年版。

117. 张丽英主编 :《海商法》(第 5 版),中国政法大学出版社 2021 年版。

118. 张丽英 :《海商法学》(第 3 版),高等教育出版社 2016 年版。

119. 张湘兰主编 :《海商法》(第 2 版),武汉大学出版社 2014 年版。

120. 贾林青 :《海商法》,北京大学出版社 2013 年版。

121. 王玫黎、倪学伟、禹华英 :《海商法学》,武汉大学出版社 2010 年版。

122. 向明华主编 :《海商法学》,厦门大学出版社 2012 年版。

123. 罗忆松主编《海商法》,中国法制出版社 2000 年版。

124. 陈宪民、魏友宏、张梅生编著 :《海商法论》(第 2 版),中国法制出版社 2002 年版。

125. 郭萍、韩立新、王欣编著 :《航运业务与海商法》(第 3 版),大连海事大学出版社

2016 年版。

126. 张既义等编著 :《海商法概论》，人民交通出版社 1983 年版。

127. 郁志轰主编 :《海商法》，杭州大学出版社 1993 年版。

128. 郁志轰、沈秋明编著 :《海商法学》，杭州大学出版社 1996 年版。

129. 任建新主编 :《海商法讲义》，人民法院出版社 1988 年版。

130. 吴焕宁主编 :《海商法学》(第 2 版)，法律出版社 1996 年版。

131. 吴焕宁主编 :《海商法学》，法律出版社 1989 年版。

132. 沈木珠编著 :《海商法新论》，中国政法大学出版社 1989 年版。

133. 夏斗寅编著 :《海商法基础》，法律出版社 1988 年版。

134. 张晓萍编 :《海商法》，辽宁大学 1986 年版。

135. 侯军、吕建编著 :《当代国际海事法》，人民交通出版社 1992 年版。

136. 陈安主编 :《国际海事法》，鹭江出版社 1987 年版。

137. 赵德铭主编 :《国际海事法学》，北京大学出版社 1999 年版。

138. 桂裕编著 :《海商法新论》，台北，正中书局 1974 年版。

139. 林群弼 :《海商法论》(修订 2 版)，台北，三民书局 2018 年版。

140. 张东亮 :《海商法新论》(第 2 版)，台北，五南图书出版公司 1986 年版。

141. 郑玉波 :《海商法》(修订 13 版)，台北，三民书局股份有限公司 2003 年版。

142. 张新平 :《海商法》(修订第 5 版)，台北，五南图书出版股份有限公司 2016 年版。

143. 刘宗荣 :《海商法》(修订 4 版)，台北，三民书局 2021 年版。

144. 杨仁寿 :《最新海商法论》(第 4 版)，2010 年自版发行。

145. 赖来焜 :《最新海商法论》，台北，元照出版有限公司 2008 年版。

146. 梁宇贤 :《海商法论》，台北，三民书局 1997 年版。

147. 邱锦添 :《海商法新论》，台北，元照出版有限公司 2008 年版。

148. 陈猷龙 :《海商法论》，台北，瑞兴图书股份有限公司 2018 年版。

149. 饶瑞正 :《海商法论》，台北，三民书局 2018 年版。

150. 许忠信 :《海商法要义》，台北，元照出版有限公司 2016 年版。

151. 王效文 :《中国海商法论》(第 3 版)，上海法学编译社 1931 年版。

152. 杨鹏 :《海商法新论》，朝阳学院出版部 1934 年版。

153. 王孝通编著 :《海商法》，商务印书馆 1935 年版。

154. 刘经旺 :《海商法》，国立武汉大学 1941 年版。

155. 刘笃：《海商法论》（第一分册），国立同济大学法律学会 1947 年版。

156. [日]中村真澄、[日]箱井崇史：《日本海商法》，张秀娟、李刚、朴鑫译，法律出版社 2015 年版。

157. [加]威廉·台特雷：《国际海商法》，张永坚等译，法律出版社 2005 年版。

158. [美]G. 吉尔摩、[美]C.L. 布莱克：《海商法》，杨召南等译，中国大百科全书出版社 2000 年版。

159. 冯辉编著：《英美海商法》，对外经济贸易大学出版社 2004 年版。

160. 胡正良、韩立新、孙思琪等：《〈海商法〉修改基本理论与主要制度研究》，法律出版社 2021 年版。

161. 司玉琢主编：《海商法专题研究》，大连海事大学出版社 2002 年版。

162. 司玉琢、胡正良主编：《〈中华人民共和国海商法〉修改建议稿条文、参考立法例、说明》，大连海事大学出版社 2003 年版。

163. 蒋正雄主编：《中国海商法研究》，上海社会科学院出版社 2004 年版。

164. 王秀芬、朱丽颖、朱延东、宋永君：《日本海事法规辑要》，吉林大学出版社 2000 年版。

165. 石均正译：《俄罗斯联邦海商法典》，中国政法大学出版社 2018 年版。

166. 司玉琢、张永坚、蒋跃川编著：《中国海商法注释》，北京大学出版社 2019 年版。

167. 司玉琢主编：《中华人民共和国海商法问答》，人民交通出版社 1993 年版。

168. 交通部政策法规司、交通法律事务中心编：《中华人民共和国海商法条文释义》，人民交通出版社 1993 年版。

169. 交通部政策法规司、交通部交通法律事务中心编：《〈海商法〉学习必读》，人民交通出版社 1993 年版。

170. 上海海事法院：《上海海事法院服务保障船舶产业发展审判情况通报》，上海海事法院 2021 年版。

171. 青岛海事法院：《青岛海事法院海事审判白皮书（2016 年）》，青岛海事法院 2017 年版。

172. 叶伟膺：《海天搏击四十年：海商法文集》，中国商务出版社 2012 年版。

173. 司玉琢、李志文主编：《中国海商法基本理论专题研究》，北京大学出版社 2009 年版。

174. 曹兴国：《海商法自体性研究》，法律出版社 2020 年版。

175. 关正义：《民法视野中的海商法制度》，法律出版社 2015 年版。

176. 王小波：《〈罗得海商法〉研究》，中国政法大学出版社 2011 年版。

177. 李建江：《中国近代海商法》，中国政法大学出版社 2015 年版。

178. 张辉：《船舶优先权法律制度研究》，武汉大学出版社 2005 年版。

179. 赵鹿军编著：《船舶船员法》，大连海事大学出版社 2017 年版。

180. 张丽：《船舶船员法研究》，吉林大学出版社 2009 年版。

181. 何建华编著：《1993 年船舶优先权和抵押权国际公约释义》，人民交通出版社 1995 年版。

182. 林源民：《船舶建造》，上海浦江教育出版社 2013 年版。

183. 周明达主编：《水路运输法教程》，人民交通出版社 2017 年版。

184. 王淑梅主编：《海上货物运输合同纠纷案件裁判规则》，法律出版社 2021 年版。

185. 吴星奎编著：《海上货物运输合同纠纷案司法审判观点集成》，中国商务出版社 2019 年版。

186. 郭瑜：《提单法律制度研究》，北京大学出版社 1997 年版。

187. 何丽新：《无单放货法律问题研究》，法律出版社 2006 年版。

188. ［英］约翰·F. 威尔逊：《海上货物运输法》，袁发强译，法律出版社 2014 年版。

189. 吴焕宁主编：《国际海上运输三公约释义》，中国商务出版社 2007 年版。

190. 杨仁寿：《汉堡规则》，1990 年自版发行。

191. ［日］樱井玲二：《汉堡规则的成立及其条款的解释》，张既义等译，对外贸易教育出版社 1986 年版。

192. 吴焕宁主编：《鹿特丹规则释义：联合国全程或者部分海上国际货物运输合同公约》，中国商务出版社 2011 年版。

193. 胡正良、於世成、郏丙贵等：《〈鹿特丹规则〉影响与对策研究》，北京大学出版社 2014 年版。

194. 杨仁寿：《鹿特丹规则》，2015 年自版发行。

195. ［美］迈克尔·F. 斯特利、［日］藤田友敬、［荷］杰吉安·范德尔·泽尔：《鹿特丹规则》，蒋跃川、初北平、王彦等译，法律出版社 2014 年版。

196. ［瑞士］亚历山大·凡·基格勒、［瑞典］约翰·斯蔡林、［意大利］斯蒂佛诺·祖纳若礼主编：《2008 年鹿特丹规则》，郭萍、李莹莹等译，法律出版社 2016 年版。

197. 黄裕凯：《2002 年国际海上旅客及其行李运送雅典公约》，台北，五南图书出版股份有限公司 2012 年版。

198. 胡正良主编：《海事法》（第 3 版），北京大学出版社 2016 年版。

199. 杨召南编著：《海事法教程》，大连海运学院出版社 1992 年版。

200. 张湘兰、张辉主编：《国际海事法新发展》，武汉大学出版社 2012 年版。

201. 司玉琢、吴兆麟：《船舶碰撞法》（第 2 版），大连海事大学出版社 1995 年版。

202. 王欣、吴煦编著：《海上救捞实务与法律》，大连海事大学出版社 2017 年版。

203. 黄裕凯：《2007 年残骸移除国际公约》，台北，五南图书出版股份有限公司 2012 年版。

204. 蒋跃川：《共同海损》，法律出版社 2009 年版。

205. 杨仁寿：《共同海损法论》（第 2 版），台北，三民书局 2010 年版。

206. ［美］J·L. 布格拉斯：《共同海损：一九七四年约克—安特卫普规则 美国法律和惯例》，叶伟膺、黎东发、徐士章、阎存厚译，中国国际贸易促进委员会法律事务部 1984 年版。

207. 黄裕凯：《2001 年燃油污染损害责任及赔偿国际公约》，2015 年自版发行。

208. 郑睿：《海上保险：法律与实务》，上海浦江教育出版社 2021 年版。

209. 初北平：《海上保险法》，法律出版社 2020 年版。

210. 侯军主编：《当代海事国际私法》，上海科学技术文献出版社 1990 年版。

211. 王国华：《海事国际私法研究》，法律出版社 1999 年版。

212. 赖来焜：《海事国际私法学（上）：以〈海商法〉与〈国际私法〉交会为中心》，台北，神州图书出版有限公司 2002 年版。

213. 交通研究所：《国际海法》，交通研究所 1971 年版。

214. 张丽：《航运公法专论》，法律出版社 2021 年版。

215. 王秀芬：《海运行政法》，北京师范大学出版社 2014 年版。

216. 李光春：《航运法研究》，法律出版社 2016 年版。

217. 赵晓光、何建中、宋德星主编：《国内水路运输管理条例释义》，人民交通出版社 2012 年版。

218. 於世成：《美国航运法研究》，北京大学出版社 2007 年版。

219. 陈敬根：《国际海事安全条约法律问题研究》，上海大学出版社 2018 年版。

220. 薛波主编：《元照英美法词典》，北京大学出版社 2013 年版。

221. ［英］戴维·M. 沃克：《牛津法律大辞典》，李双元等译，法律出版社 2003 年版。

222.《中国大百科全书》总编辑委员会编：《中国大百科全书·法学》（修订版），中国大百科全书出版社 2005 年版。

223. 中国大百科全书总编辑委员会《法学》编辑委员会、中国大百科全书出版社编辑部编:《中国大百科全书·法学》，中国大百科全书出版社 1984 年版。

224. 周旺生、朱苏力主编:《北京大学法学百科全书：法理学·立法学·法律社会学》，北京大学出版社 2010 年版。

225. 北京大学法学院编委会编:《北京大学法学百科全书：国际公法学·国际私法学》，北京大学出版社 2016 年版。

226. 司玉琢主编:《海商法大辞典》，人民交通出版社 1998 年版。

227. 交通部政策法规司:《海商法参考资料》，交通部政策法规司 1991 年版。

228. 司玉琢主编:《海事实用英语大全》(第 2 版)，大连海事大学出版社 2000 年版。

229. 周一良、吴于廑主编:《世界通史资料选辑·上古部分》，林志纯主编，商务印书馆 1962 年版。

230. 国务院学位委员会第六届学科评议组编:《学位授予和人才培养一级学科简介》，高等教育出版社 2013 年版。

231. 中国社会科学院语言研究所词典编辑室编:《现代汉语词典》(第 7 版)，商务印书馆 2016 年版。

232. 中国社会科学院语言研究所编修:《新华字典》(第 12 版)，商务印书馆 2020 年版。

233. 日本讲谈社编:《日汉大辞典》，上海译文出版社 2002 年版。

234. 王恩田主编:《上海海运学院志》，人民交通出版社 1999 年版。

(二)英文著作

235.David McClean & Kisch Beevers, *Morris: The Conflict of Laws*, Sweet & Maxwell, 2009.

236.David Joseph Attard (ed.), *The IMLI Manual on International Maritime Law (Volume I): The Law of the Sea*, Oxford University Press, 2014.

237.David Joseph Attard (ed.), *The IMLI Manual on International Maritime Law (Volume II): Shipping Law*, Oxford University Press, 2016.

238.David Joseph Attard (ed.), *The IMLI Manual on International Maritime Law (Volume III): Marine Environmental Law and Maritime Security Law*, Oxford University Press, 2016.

239.Yvonne Baatz (ed.), *Maritime Law*, Routledge, 2021.

240.Simon Baughen, *Shipping Law*, Routledge, 2019.

241.Simon Baughen, *Shipping Law*, Routledge, 2015.

242.Thomas J.Schoenbaum, *Admiralty and Maritime Law*, West Academic Publishing, 2019.

243.Robert Force, *Admiralty and Maritime Law (Volume 1)*, Beard Books, 2012.

244.William Tetley, *International Maritime and Admiralty Law*, Editions Yvon Blais, 2003.

245.Martin Davies & Anthony Dickey, *Shipping Law*, Thomson Reuters Australia, 2016.

246.Vincent Power, *EU Shipping Law*, Informa Law from Routledge, 2019.

247.Paul Todd, *Advanced Introduction to Maritime Law*, Edward Elgar Publishing Limited, 2021.

248.Walter Ashburner, *The Rhodian Sea–Law*, The Lawbook Exchange, Ltd., 2015.

249.David Foxton, Howard Bennett, Steven Berry, Christopher Smith & David Walsh (eds.), *Scrutton on Charterparties and Bills of Lading*. Sweet & Maxwell, 2019.

250.Guenter H., Treitel and Francis M.B.Reynolds, *Carver on Bills of Lading*. Sweet & Maxwell, 2017.

251.Howard Bennett, Julia Dias, Stephen Girvin, Stephen Hofmeyr, Simon Kerr, Peter MacDonald Eggers & Richard Sarll (eds.), *Carver on Charterparties*, Sweet & Maxwell, 2020.

252.John F Wilson, *Carriage of Goods by Sea*, Pearson Education Limited, 2010.

253.Francesco Berlingieri, *International Maritime Conventions (Volume Ⅰ): The Carriage of Goods and Passengers by Sea*, Informa Law from Routledge, 2014.

254.James Zhengliang Hu, *Transport Law in China*, Kluwer Law International, 2021.

255.In Hyeon Kim, *Transport Law in South Korea*, Kluwer Law International, 2017.

256.Dieter Schwampe, *Transport Law in Germany*, Kluwer Law International, 2018.

257.C é cile Legros, *Transport Law in France*, Kluwer Law International, 2012.

258.Peter Csoklich & Helga Jesser–Huß, *Transport Law in Austria*, Kluwer Law International, 2014.

259.Hugo Tiberg & Johan Schelin, *Transport Law in Sweden*, Kluwer Law International, 2020.

260.Anders Hedetoft, Henrik Frandsen & Peter Holm Jensen (eds.), *Transport Law in Denmark*, Kluwer Law International, 2012.

261.Hans Jacob Bull & Thor Falkanger, *Transport Law in Norway*, Kluwer Law International, 2019.

262.Graciela Arrola，Patricia Bibiana Barbado，Eduardo Cosentino，María Cecilia Gómez Masía & José Domingo Ray（eds.），*Transport Law in Argentina*，Kluwer Law International，2007.

263.Kyriaki Noussia & Iro Moraiti，*Transport Law in Greece*，Kluwer Law International，2021.

264.Nebojša Jovanović，*Transport Law in Serbia*，Kluwer Law International，2021.

265.Baris Soyer & Andrew Tettenborn（ed.），*Pollution at Sea：Law and Liability*，Informa Law form Routledge，2012.

266.Bryan A.Garner（ed.），*Black's Law Dictionary*，Thomson Reuters，2019.

（三）德文著作

267.Rolf Herber，Seehandelsrecht：Systematische Darstellung，2.Aufl.2015.

268.Dieter Rabe/Kay Uwe Bahnsen，Seehandelsrecht：Fünftes Buch des Handelsgesetzbuches mit Nebenvorschriften und Internationalen Übereinkommen，5.Aufl.2017.

269.Eggert Winter（Hrsg.），Gabler Lexikon Recht in der Wirtschaft，1.Aufl.1998.

（四）法文著作

270.Philippe Delebecque，*Droit maritime*，Dalloz，14e éd.，Paris，2020.

271.Pierre Bonassies，Christian Scapel，*Droit maritime*，L.G.D.J，3e éd.，Paris，2016.

（五）日文著作

272. 内田貴『総則・物権総論（民法Ⅰ）』（東京大学出版会，2008 年）。

273. 内田貴＝山田誠一＝大村敦志＝森田宏樹『民法判例集 総則・物権』（有斐閣，2014 年）。

274. 小町谷操三＝窪田宏『小町谷商法講義 総則』（有斐閣，1967 年）。

275. 小町谷操三＝菅原菊志『小町谷商法講義 会社（1）』（有斐閣，1968 年）。

276. 小町谷操三＝菅原菊志『小町谷商法講義 会社（2）』（有斐閣，1971 年）。

277. 小町谷操三＝田辺康平『小町谷商法講義 保険』（有斐閣，1971 年）。

278. 落合誠一＝大塚龍児＝山下友信『商法Ⅰ -- 総則・商行為』（有斐閣，2019 年）。

279. 中川淳司＝清水章雄＝平覚＝間宮勇『国際経済法』（有斐閣，2019 年）。

280. 落合誠一＝江頭憲治郎『海法大系－日本海法会創立百周年祝賀』（商事法務，2003 年）。

281. 松波仁一郎「海法」末弘厳太郎 編『現代法学全集 第十六巻』(日本評論社,1929 年)。
282. 松波仁一郎『日本海商法』(有斐閣書房,1919 年)。
283. 松波仁一郎『海商法講義』(日本法律学校,1897 年)。
284. 法政研究同志会『海法講義』(法政研究同志会,1902 年)。
285. 加藤正治『海法研究 第一巻』(有斐閣,1916 年)。
286. 加藤正治『海法研究 第二巻』(有斐閣,1922 年)。
287. 高取安太郎『海法覧要』(嵩山房,1927 年)。
288. 藤崎道好『海商法概論』(成山堂書店,1975 年)。
289. 戸田修三『海商法』(文眞堂,1990 年)。
290. 田中誠二『海商法詳論』(勁草書房,1994 年)。
291. 重田晴生=中元啓司=志津田一彦=伊藤敦司『海商法』(青林書院,1994 年)。
292. 中村眞澄=箱井崇史『海商法』(成文堂,2013 年)。
293. 箱井崇史『基本講義 現代海商法』(成文堂,2021 年)。
294. 小林登『新海商法』(信山社,2021 年)。
295. 小林登『新海商法』(信山社,2022 年)。
296. 村田治美『体系海商法』(成山堂書店,2007 年)。
297. 大江忠『要件事実商法(3)海商Ⅱ』(第一法規,2018 年)。
298. 箱井崇史『船舶衝突法』(成文堂,2012 年)。
299. 山戸嘉一『海事国際私法論』(有斐閣,1943 年)。
300. 山戸嘉一『国際海上衝突予防法』(有斐閣,1946 年)。
301. 藤崎道好『海上衝突予防法論』(成山堂書店,1965 年)。
302. 横田利雄『詳説 海上衝突予防法』(海文堂,1963 年)。
303. 海事法研究会『海事法』(海文堂,2020 年)。
304. 住田正一『日本海法史』(巌松堂書店,1927 年)。
305. 法令用語研究会『有斐閣法律用語辞典』(有斐閣,2020 年)。
306. 倉田音吉『船舶属具』(修教社,1942 年)。

(六)韩文著作

307. 金仁顯(2020),海商法,法文社 .
308. 金仁顯(2002),海商法研究,三宇社 .
309. 金仁顯(2008),海商法研究Ⅱ,三宇社 .

310. 金仁顯（2015），海商法研究Ⅲ，法文社 .

311. 宋相現・金炫（2015），海商法原論，博英社 .

312. 崔鍾賢（2014），海商法詳論，博英社 .

313. 金仁顯（2016），船舶衝突法，法文社 .

二、文章

（一）中文文章

1. 吴邦国 :《全国人民代表大会常务委员会工作报告——2011 年 3 月 10 日在第十一届全国人民代表大会第四次会议上》，载《中国人大》2011 年第 6 期。

2. 周强 :《最高人民法院工作报告——二〇二二年三月八日在第十三届全国人民代表大会第五次会议上》，载《人民日报》2022 年 3 月 16 日。

3. 周强 :《最高人民法院工作报告——二〇二一年三月八日在第十三届全国人民代表大会第四次会议上》，载《人民日报》2021 年 3 月 16 日。

4. 刘剑文 ;《论领域法学 : 一种立足新兴交叉领域的法学研究范式》，载《政法论丛》2016 年第 5 期。

5. 梁慧星 :《〈中华人民共和国民法总则（草案）〉: 解读、评论和修改建议》，载《华东政法大学学报》2016 年第 5 期。

6. 梁慧星 :《民法总则立法的若干理论问题》，载《暨南学报（哲学社会科学版）》2016 年第 1 期。

7. 孙鹏 :《去除时效制度的反道德性——时效制度存在理由论》，载《现代法学》2010 年第 5 期。

8. 杨巍 :《反思与重构 : 诉讼时效制度价值的理论阐释》，载《法学评论》2012 年第 5 期。

9. 霍海红 :《诉讼时效根据的逻辑体系》，载《法学》2020 年第 6 期。

10. 高圣平 :《诉讼时效立法中的几个问题》，载《法学论坛》2015 年第 2 期。

11. 张家勇 :《诉讼时效制度的利益结构分析》，载《社会科学研究》2009 年第 2 期。

12. 陈明国 :《论诉讼时效价值》，载《西南民族大学学报（人文社科版）》2008 年第 10 期。

13. 黄娅琴、蒋万庚 :《时效价值取向之重构》，载《广西大学学报（哲学社会科学版）》

2005 年第 6 期。

14. 汪渊智、曹克奇：《论诉讼时效制度的法律价值》，载《晋中学院学报》2009 年第 4 期。

15. 连光阳：《诉讼时效制度伦理基础之反思与证成》，载麻昌华主编：《私法研究》第 24 卷，法律出版社 2019 年版。

16. 郑永宽：《诉讼时效强制性的反思》，载《厦门大学学报（哲学社会科学版）》2010 年第 4 期。

17. 金印：《诉讼时效强制性之反思——兼论时效利益自由处分的边界》，载《法学》2016 年第 7 期。

18. 朱晓喆：《诉讼时效制度的立法评论》，载《东方法学》2016 年第 5 期。

19. 朱晓喆：《〈民法典〉第 192 条（诉讼时效的法律效果）评注》，载《中国应用法学》2022 年第 2 期。

20. 杨巍：《〈民法典〉第 188 条第 2 款第 1、2 句（诉讼时效起算）评注》，载《法学家》2022 年第 5 期。

21. 杨巍：《〈民法典〉第 192 条、第 193 条（诉讼时效届满效力、职权禁用规则）评注》，载《法学家》2020 年第 6 期。

22. 杨巍：《〈民法典〉第 194 条（诉讼时效中止）评注》，载《南京大学学报（哲学·人文科学·社会科学）》2020 年第 6 期。

23. 杨巍：《〈民法典〉第 195 条评注之一（诉讼外请求、义务承认）》，载《法学家》2021 年第 4 期。

24. 杨巍：《〈民法典〉第 195 条评注之二（起诉、其他中断事由）》，载《法学家》2021 年第 5 期。

25. 杨巍：《〈民法典〉第 196 条（不适用诉讼时效的请求权）评注》，载《南大法学》2022 年第 2 期。

26. 王轶：《民法总则之期间立法研究》，载《法学家》2016 年第 5 期。

27. 于敏：《侵权损害赔偿请求权的消灭时效》，载梁慧星主编：《民商法论丛》第 22 卷，金桥文化出版（香港）有限公司 2002 年版。

28. 龙威狄：《国际贸易领域时效期间统一立法的晚近发展——〈国际商事合同通则〉与〈国际货物销售时效期间公约〉之比较》，载《仲裁与法律》（第 106 辑），法律出版社 2007 年版。

29. 王建源 :《在空白催收贷款通知书回执上盖章行为的法律效力》，载《人民司法》2007 年第 3 期。

30. 李建伟 :《论商事习惯的法源位阶》，载《中国法学》2022 年第 5 期。

31. 王作全 :《日本商法上的商业使用人制度及其启示》，载《甘肃政法学院学报》2010 年第 6 期。

32. 李广辉、陈孝杰 :《试论国际私法中的自体法理论》，载《河南师范大学学报（哲学社会科学版）》2000 年第 5 期。

33. 韩德培 :《论国际公法、国际私法与国际经济法的合并问题——兼评新颁〈授予博士、硕士学位和培养研究生的学科、专业目录〉中有关法学部分的修订问题》，载陈安主编 :《国际经济法论丛》第 1 卷，法律出版社 1998 年版。

34. 黄进 :《宏观国际法学论》，载《法学评论》1984 年第 2 期。

35. 左海聪 :《论国际法部门的划分》，载《中国国际私法与比较法年刊》1998 年，法律出版社 1998 年版。

36. 沈涓 :《国际私法调整对象及相关问题再探讨》，载《环球法律评论》2022 年第 5 期。

37. 司玉琢 :《面向海洋世纪 确立海法研究体系》，载《中国社会科学报》2010 年 6 月 8 日。

38. 司玉琢、李天生 :《论海法》，载《法学研究》2017 年第 6 期。

39. 司玉琢、胡正良、曹冲 :《试论海法独立学科体系》，载《航海教育研究》1997 年第 1 期。

40. 初北平、曹兴国 :《海法概念的国际认同》，载《中国海商法研究》2015 年第 3 期。

41. 汤喆峰、司玉琢 :《论中国海法体系及其建构》，载《中国海商法研究》2013 年第 3 期。

42. 王世涛 :《论海法的统合》，载《时代法学》2011 年第 2 期。

43. 曹兴国、初北平 :《我国涉海法律的体系化完善路径》，载《太平洋学报》2016 年第 9 期。

44. 李光春 :《论海法的法哲学基础》，载《大连海事大学学报（社会科学版）》2018 年第 3 期。

45. 王威 :《"一带一路"背景下构建大海法体系的相关问题研究》，载《广西政法管理干部学院学报》2018 年第 1 期。

46. 胡正良：《论〈海商法〉修改的必要性》，载《当代法学》2003 年第 12 期。

47. 曹兴国、初北平：《作为特别法的〈海商法〉的修改——制度体系、修法时机及规范设计》，载《政法论丛》2018 年第 1 期。

48. 何丽新：《海商法的独立与回归》，载唐金龙主编：《海商法保险法评论》第 1 卷，知识产权出版社 2007 年版。

49. 何丽新、陈永灿：《海商法特性论》，载《中国海商法年刊》2008 年版。

50. 王世涛、汤喆峰：《论海商法之于民法的独立性》，载《中国海商法研究》2012 年第 3 期。

51. 朱曾杰：《初论实践与海事立法的关系》，载朱曾杰：《朱曾杰文集》，法律出版社 2008 年版。

52. 顾荣新：《清末〈海船法草案〉述评》，载《中国海商法研究》2017 年第 1 期。

53. 王小波：《〈罗得海商法〉译注》，载《古代文明》2010 年第 3 期。

54. 徐国栋：《古罗马的海事风险及其法律规制》，载《华东政法大学学报》2016 年第 5 期。

55. 黄永申：《中世纪海法：阿玛菲海法》，载《中国海商法研究》2017 年第 1 期。

56. 王彦：《〈奥列隆惯例集〉归属问题初探——基于史源学的考察》，载《理论月刊》2019 年第 1 期。

57. 王彦译：《奥列隆惯例集》，载《中国海商法研究》2016 年第 3 期。

58. 王彦：《康索拉度海法评述》，载《中国海商法研究》2017 年第 2 期。

59. 黄永申：《试探海事赔偿责任限制的法律历史渊源——〈康索拉度海商法〉》，载《中国海商法研究》2015 年第 2 期。

60. 王彦译：《维斯比海法》，载《中国海商法研究》2017 年第 1 期。

61. 胡正良、孙思琪：《海商法基础理论的内涵、研究现状与研究意义》，载《中国海商法研究》2017 年第 1 期。

62. 李海：《关于修订〈海商法〉需要厘清的几个基本理论问题——从〈海商法〉的第一章“总则”说起》，载《中国海商法年刊》2011 年第 1 期。

63. 李天生：《论海商法的概念、调整对象与属性》，载《大连海事大学学报（社会科学版）》2012 年第 6 期。

64. 胡正良：《国际海上货物运输法律的现状与发展趋势》，曹建明主编：《法治与国际和谐社会——第 22 届世界法律大会论文集》，人民法院出版社 2006 年版。

65. 赵月林、胡正良：《我国〈海商法〉是否应该取消航海过失免责的研究》，载《大连海事大学学报（社会科学版）》2003 年第 1 期。

66. 杨树明、郭东：《由承托双方的正义到公共的正义——由船舶适航性的演进看海商法的发展趋势》，载《现代法学》2009 年第 2 期。

67. 陈芳：《提单法律性质诸论评议》，载《江西社会科学》2013 年第 1 期。

68. 叶伟膺：《〈2016 年约克—安特卫普规则〉评介》，载《海大法律评论 2016—2017》，上海浦江教育出版社 2018 年版。

69. [日] 箱井崇史：《日本海商法的继承、发展和修改》，载廖艳嫔、郭萍主编：《中山大学海事法文丛》（第一辑），中山大学出版社 2022 年版。

70. 张秀娟、李晓楠、梁赟译：《日本最新商法（有关运输 / 海商部分）和国际海上货物运输法》，载《中国海商法研究》2020 年第 1 期。

71. 马金星译：《德国〈商法典 · 第五编 海商〉》，载《东南法学》2016 年辑秋季卷，东南大学出版社 2016 年版。

72. 孙思琪：《海洋强国战略背景下我国船员劳动和社会保障制度构建刍议》，载《社会保障研究》2017 年第 3 期。

73. 王秋雯：《海商法的国际统一：从海商自体法到国际海商统一实体法》，载《社会科学辑刊》2012 年第 2 期。

74. 沈军、孙思琪：《限制责任还是惩罚赔偿？——海上运输法与消费者保护法交错下的海运搬家合同》，载《中国海商法研究》2021 年第 4 期。

75. 刘寿杰、余晓汉：《〈关于审理船舶油污损害赔偿纠纷案件若干问题的规定〉的理解与适用》，载《人民司法》2011 年第 17 期。

76. 向明华：《中国海事诉讼时效"中断难"法律问题研究——兼析〈海商法（修订征求意见稿）〉相应修改方案》，载《法学杂志》2020 年第 8 期。

77. 汪治平：《解读〈关于承运人就海上货物运输向托运人、收货人或提单持有人要求赔偿的请求权时效期间的批复〉》，载人民法院出版社编：《司法解释理解与适用全集 · 涉外商事海事卷》，人民法院出版社 2019 年版。

78. 傅晓强：《解读〈关于海上保险合同的保险人行使代位请求赔偿权利的诉讼时效期间起算日的批复〉》，载人民法院出版社编：《司法解释理解与适用全集 · 涉外商事海事卷》，人民法院出版社 2019 年版。

79. 胡正良、郏丙贵：《中国〈航运法〉制定中几个基本理论问题之研究》，载《中国海商法研究》2012 年第 1 期。

80. 杨磊、贾大山、张守国等 :《美国航运改革法之我见》，载《中国远洋海运》2022 年第 7 期。

81. 赵月林 :《残骸强制打捞清除法律制度之研究》，大连海事大学国际法学专业 2007 年博士学位论文。

82. 胡正良 :《中国航运法之研究》，大连海事大学国际法学专业 2003 年博士学位论文。

83. 周海民 :《出国护照话沧桑》，载《新民晚报》2010 年 4 月 22 日。

（二）外文文章

84.William Tetley，*The General Maritime Law – The Lex Maritima*，20 Syracuse Journal of International Law and Commerce 105（1994）.

85.Robert D.Benedict，*The Historical Position of the Rhodian Law*，18 Syracuse Journal of International Law and Commerce 223（1909）.

86.W.Paul Gormley，*The Development of the Rhodian–Roman Maritime Law to 1681，with Special Emphasis on the Problem of Collision*，3 Inter–American Law Review 317（1961）.

87.Timothy J.Runyan，*The Rolls of Oleron and the Admiralty Court in Fourteenth Century England*，19 American Journal of Legal History 95（1975）.

88.Baris Soyer，Andrew Tettenborn & George Leloudas，*Remote Controlled and Autonomous Shipping：Uk Based Case Study*，Swansea University，2022.

89. 小町谷操三「海商法の特色に関する学説史」損害保険研究 35 巻 1 号（1973 年）。

90. 藤田友敬＝後藤元＝南健悟＝笹岡愛美＝増田史子「自動運航船をめぐる法的諸問題——民事責任を中心に」海法会誌復刊第 65 号（2022 年）。

91. 神前禎「海事国際私法の『独自性』」国際私法年報第 2 号（2000 年）。

92. 藤田友敬「海事国際私法の将来」国際私法年報第 2 号（2000 年）。

93. 김인현，“자율운항선박의 도래와 그 법적 쟁점”，경영법률 32 권 2 호（2022）.

三、网络资料

1. 中华人民共和国国务院新闻办公室 :《中国特色社会主义法律体系》，载国务院新闻办公室网 2011 年 10 月 27 日，http：//www.scio.gov.cn/ztk/dtzt/62/3/Document/1035422/1035422.htm。

2. 王沐昕 :《[独家观点] 王沐昕一级律师 : 我对修改〈海商法〉的意见和建议》，载微信公众号“蔡远游”2017 年 7 月 27 日，https : //mp.weixin.qq.com/s/uvbuW9R2RBJDVxAhn21yTA。

3. 王蕾 :《集装箱超期使用费返还问题探析》，载上海海事法院 2021 年 8 月 11 日，http : //shhsfy.gov.cn/hsfyytwx/hsfyytwx/spdy1358/jpal1435/2021/08/11/09b080ba7a149c19017b2ef998650fc8.html。

4. 杜彬彬、张永坚 :《我的父亲魏文达——魏友宏先生访谈录之二》，载微信公众号“口述海商法史”2018 年 3 月 20 日，https : //mp.weixin.qq.com/s/BUiP8zbtqSFc4MMwNFRVxw。

5. 任雁冰 :《海法学基本原理及其寓言》，载微信公众号“涉海法律前沿”2020 年 7 月 22 日，https : //mp.weixin.qq.com/s/fMNYQa_FjsxGZw5gD-GXpQ。

6.International Maritime Organization，*Outcome of the Regulatory Scoping Exercise for the Use of Maritime Autonomous Surface Ships（Mass）*，MSC.1/Circ.1638.

四、裁判文书

1. 最高人民法院（2019）最高法民再 117 号民事判决书。

2. 最高人民法院（2018）最高法民再 457 号民事判决书。

3. 最高人民法院（2020）最高法民再 173 号民事裁定书。

4. 最高人民法院（2020）最高法民申 33 号民事裁定书。

5. 最高人民法院（2018）最高法民申 6054 号民事裁定书。

6. 最高人民法院（2018）最高法民申 2862 号民事裁定书。

7. 最高人民法院（2017）最高法民申 1029 号民事裁定书。

8. 最高人民法院（2013）民申字第 2358 号民事裁定书。

9. 上海市高级人民法院（2021）沪民终 40 号民事判决书。

10. 上海市高级人民法院（2020）沪民终 669 号民事判决书

11. 上海市高级人民法院（2020）沪民终 594 号民事判决书。

12. 上海市高级人民法院（2018）沪民申 2685 号民事裁定书。

13. 上海市高级人民法院（2017）沪民终 267 号民事判决书。

14. 上海市高级人民法院（2014）沪高民四（海）终字第 78 号民事判决书。

15. 浙江省高级人民法院（2017）浙民终 331 号民事判决书。

16. 浙江省高级人民法院（2013）浙海终字第 138 号民事判决书。

17. 浙江省高级人民法院（2012）浙海终字第 19 号民事判决书。
18. 广东省高级人民法院（2020）粤民终 769 号民事判决书。
19. 广东省高级人民法院（2019）粤民终 635、636 号民事判决书。
20. 广东省高级人民法院（2017）粤民终 520 号民事判决书。
21. 广东省高级人民法院（2016）粤民终 1483 号民事判决书。
22. 天津市高级人民法院（2019）津民终 294 号民事判决书。
23. 辽宁省高级人民法院（2020）辽民终 109 号民事判决书。
24. 山东省高级人民法院（2016）鲁民终 2076 号民事判决书。
25. 山东省高级人民法院（2016）鲁民终 2067 号民事判决书。
26. 湖北省高级人民法院（2018）鄂民终 1378 号民事判决书。
27. 湖南省高级人民法院（2020）湘民申 1542 号民事裁定书。
28. 上海市第一中级人民法院（2013）沪一中民认（外仲）字第 2 号民事裁定书。
29. 广东省肇庆市中级人民法院（2020）粤 12 民终 808 号民事判决书。
30. 湖南省长沙市中级人民法院（2019）湘 01 民终 11551 号民事判决书。
31. 云南省昭通市中级人民法院（2019）云 06 民终 2013 号民事判决书。
32. 上海海事法院（2020）沪 72 民初 180 号民事判决书。
33. 上海海事法院（2020）沪 72 民初 93 号民事判决书。
34. 上海海事法院（2019）沪 72 民初 2560 号民事判决书。
35. 上海海事法院（2019）沪 72 民初 1292 号民事判决书。
36. 上海海事法院（2016）沪 72 民初 2873 号民事判决书。
37. 上海海事法院（2016）沪 72 民初 2336 号民事判决书。
38. 上海海事法院（2015）沪海法商初字第 1336 号民事判决书。
39. 上海海事法院（2013）沪海法商初字第 797 号民事判决书。
40. 上海海事法院（2011）沪海法商初字第 40 号民事判决书。
41. 上海海事法院（2019）沪 72 民初 3263 号民事裁定书。
42. 宁波海事法院（2015）甬海法商初字第 527 号民事判决书。
43. 宁波海事法院（2013）甬海法商初字第 241 号民事判决书。
44. 宁波海事法院（2009）甬海法事初字第 32 号民事判决书。
45. 宁波海事法院（2002）甬海商初字第 613 号民事判决书。
46. 宁波海事法院（2015）甬海法事初字第 36 号民事裁定书。

47. 广州海事法院（2019）粤 72 民初 1616 号民事判决书。
48. 广州海事法院（2019）粤 72 民初 1002 号民事判决书。
49. 广州海事法院（2017）粤 72 民初 874、1020 号民事判决书。
50. 广州海事法院（2016）粤 72 民初 953 号民事判决书。
51. 广州海事法院（2015）广海法初字第 950 号民事判决书。
52. 广州海事法院（2015）广海法初字第 843 号民事判决书。
53. 天津海事法院（2019）津 72 民初 494 号民事判决书。
54. 大连海事法院（2020）辽 72 民初 1123 号民事判决书。
55. 大连海事法院（2020）辽 72 民初 24 号民事判决书。
56. 大连海事法院（2019）辽 72 民初 542 号民事判决书。
57. 大连海事法院（2017）辽 72 民初 75 号民事判决书。
58. 青岛海事法院（2021）鲁 72 民初 430 号民事判决书。
59. 青岛海事法院（2016）青海法海商初字第 1 号民事判决书。
60. 青岛海事法院（2016）鲁 72 民初 1747 号民事判决书。
61. 青岛海事法院（2015）青海法海商初字第 632 号民事判决书。
62. 武汉海事法院（2015）武海法商字第 01919 号民事判决书。
63. 厦门海事法院（2020）闽 72 民初 193 号民事判决书。
64. 厦门海事法院（2013）厦海法商初字第 178 号民事判决书。
65. 北海海事法院（2008）海商初字第 275 号民事判决书。
66. 广东省肇庆市端州区人民法院（2019）粤 1202 民初 5037 号民事判决书。
67. 云南省昭通市昭阳区人民法院（2019）云 0602 民初 2584 号民事判决书。
68.Rock Advertising Ltd. *v*. MWB Business Exchange Centres Ltd. [2018] UKSC 24.
69.Ng Sau Foong *v*. Rhombus Food & Lifestyle [2020] 8 MLJ 155.
70.Charles Lim Teng Siang *v*. Hong Choon Hau [2021] SGCA 433.

后　记

本书完稿于2022年春季上海新冠肺炎疫情封控期间。3月17日启动首次网格化筛查封控，我也正式开始本书从讲义到教材的改写工作。尚在哺乳期的妻儿未接种疫苗，我也不敢外出参加志愿者服务。此后三十余日足不出户，每周除去一天用于在线教学的课程录制，间或修改学生论文、参加论文答辩、研究生入学面试，以及每天跑步一小时，其余时间完全用于本书的写作。日复一日朝八晚九，写作时间多在十个小时以上。似乎又回到了攻读博士学位期间，终日写作的时光。本书完稿的4月25日，住所只是从封控区转为“足不出小区”的管控区；为本书写作而从域外诸国收集的文献，大部也还未寄到。除去本书写作的进展外，周遭仍是静止的停滞状态。

本书是我完成的第二部海商法教科书，也是我对语言学家王力先生的名言“教书不是买书教学生，而是写书教学生”，心向往之的第二次实践。记得纪录片中提及，王力先生在“文化大革命”期间下放煤厂，不容于世、不见谅于骨肉的日子里，白天拉煤劳动改造，夜深人静的时候却还坚持写作，浩劫过去拿出两部书稿。我很是羡慕。《孟子》有言：“有官守者，不得其职则去；有言责者，不得其言则去。”疫情期间网络分外热闹，知识分子固然有其言责，但个体对于社会的贡献，最终可能还是在于本职工作。社会稳定而有序地运行，也正是依赖于多数个体妥善完成了本职工作。疫情期间时有乱象，一些甚至令人发指，难道不就是因为有人失守于本职吗？编写可靠而稳定的教科书，保持把课讲好的自觉，就是大学教师的本职工作。我庆幸于疫情之下成月的时间没有虚掷，而是完成了本书之写作。

自2018年春季学期开始，上海海事大学在本科法学专业开设“海商法导论”课程，主要讲解符合入门阶段知识层次的海商法基础理论，最初由我的导师胡正良教授主讲。2019年末我留校任教，翌年秋季学期本校国际法学专业硕士研究生也开设“海商法导论”课程，学院安排由我主讲。当年暑假我编写了课程讲义，计九万余字；次年我又承担本课程本科部分班级的教学任务。考虑到本科课程的学时数更多，加之海事审判实践中时常围绕诉讼时效产生争议，但目前时效在海商法的课程体系中却始终处于无人关注的盲区，我又在讲义中补写了“海事诉讼时效”一讲约四万字。此后春秋两季本硕交替，“海商法导论”作为一门课程，原本于我即有教学上的师生传承意义。

回想 2014 年春季，我在先生的指导下撰写本科毕业论文，选题即属海商法基础理论。论文完成后，先生发来的邮件中写到：

> 我建议你读硕士研究生和两年后读博士研究生期间，潜心研究我国海商法基本理论，将来成为我国海商法基本理论研究第一人，成果填补国内海商法理论研究空白。只要基本理论研究透了，将来研究任何专门问题都会很简单。我会慢慢把所积累的海商法基本理论知识传授给你。

当年暑假先生命我参加“我国《海商法》修改之研究”课题组，负责“海上拖航合同”和“时效”两章的修改工作，邮件中先生又说“我希望此课题研究，你跟踪到底”。至少对于海事诉讼时效而言，我始终不曾离开这个在冷门的海商法中也颇为冷门的研究领域。2022 年进入华东政法大学法学博士后流动站从事博士后研究，我选择的研究主题仍是海事诉讼时效。上述邮件的八年之后，完成这部以海商法基础理论为主要内容，兼及海事诉讼时效的教科书，也是我为完成师命而作出的努力。

我自认本书最为明显的特征，应是具有较为浓厚的比较法色彩。我对比较法的兴趣似乎自始有之，但海商法却一直被认为是不需要开展比较的领域。我目前的两个主要研究方向，似乎都是海商法研究的偏门而非正宗、歧路而非正道。一是海商法基础理论，因为海商法鲜明的实践品格，甚至“海商法没有理论”；二是比较海商法，因为海商法是以国际条约、英美法系为主导。直至 2021 年春季学期，本校硕士研究生开设“比较海商法”课程，我开始较为集中地进行比较海商法研究。除早年即已注重收集的日本、韩国、我国台湾地区等东亚法域的海商法文献外，此次本书写作我又补充了德国、法国等欧陆法域的文献。比较法的经验欠缺，特别是缺少对于德法日韩等大陆法系典型法域的关注，包括舶来的海商法如何与本土的私法传统融合，已经成为中国海商法理论研究乃至立法实践明显的软肋。特别是《海商法》修改工作几乎空白的比较法经验，导致的结果是修改过程中诸多激烈争论的问题，有时在比较法上根本不是问题。修法工作目前之颓势，似乎也因此而注定。

2022 年年初，我以本书申报上海海事大学规划教材，遇到昔日之师友、今日之同事的强烈异议。有趣的是，事后我发现自己确实不符合学校教务部门规定的教材负责人基本要求，即应当具有高级职称——何其令人费解的要求。更有趣的是，同事在邮件中评价自己“不争不抢，非常佛系”。此语虽然通俗而不尽雅致，但我如获至宝，深感确是治学为人的金玉良言。于是以此为印文，治闲章一方，以供本书分赠友人之用。数十日埋头修改书稿，我也时常想起同事推心置腹的敲打，即使句读之微亦不敢懈怠。本书能由十三万字的讲义，扩充为三十余万言的教材，不仅修正了原先讲义中的若干错误及不甚准确之处，而且多数章节已经达到我心中理想的文本状态，甚至包括此前我敬而远之的海商法历史发展部分，动力全赖于此。

学者之立身不难，不过是写出令人信服的论著、讲好学生认可的课程而已；学者之立身也难，因其无休无止，需要始终坚持，恰如里尔克的诗句："何有胜利可言，挺住意味着一切。"我期待着本书将来可有二版、三版的命运。届时回看本书诞生过程的热闹非凡，也许可以拙劣地模仿钱锺书先生说上一句："我真希望今天他们福体安泰……"

孙思琪

2022 年 4 月 27 日

谨识于上海管控区